2021
中国公共经济与社会治理调研报告

Research Report on Public Economy and Social Governance in China

中国公共经济与社会治理调研报告编委会　主编

上海财经大学出版社

图书在版编目(CIP)数据

2021 中国公共经济与社会治理调研报告/中国公共经济与社会治理调研报告编委会主编. —上海:上海财经大学出版社,2021.12
ISBN 978-7-5642-3900-8/F·3900

Ⅰ.①2… Ⅱ.①中… Ⅲ.①中国经济-调查报告-2021②社会管理-调查报告-中国-2021 Ⅳ.①F12②D63

中国版本图书馆 CIP 数据核字(2021)第 220807 号

□ 责任编辑　杨　娟
□ 封面设计　贺加贝

2021 中国公共经济与社会治理调研报告
中国公共经济与社会治理调研报告编委会　主编

上海财经大学出版社出版发行
(上海市中山北一路 369 号　邮编 200083)
网　　址:http://www.sufep.com
电子邮箱:webmaster @ sufep.com
全国新华书店经销
上海华教印务有限公司印刷装订
2021 年 12 月第 1 版　2021 年 12 月第 1 次印刷

787mm×1092mm　1/16　23.75 印张(插页:2)　448 千字
定价:98.00 元

目　录

第一章

中国财政政策

一、全球社会经济发展趋势及政策分析

本次疫情期间，全国财政呈现出收支同降的情况，财政收入的下降主要来源于企业暂时性停工停产导致的与生产性活动相关税收收入下降；财政支出的下降主要来源于疫情导致的部分公共项目暂停。

从收入端看，随着疫情得到有效控制，企业逐渐复产复工，财政收入将逐渐回升，但国内、国外商业活动同比去年明显减弱，国内消费和对外贸易情况不容乐观。因此，预计2020年我国全年一般公共预算收入将同比下降，同比增速在－5％到－6.5％，尤其是本次疫情的重灾区湖北省，其全年一般公共预算收入同比增速在－21％到－29％。

从支出端看，为了支持全国范围内“六稳六保”工作的顺利进行，年初全国范围内大量待开工的公共项目有一部分被取消或延缓，前三季度我国整体的财政支出出现小幅下降。随着疫情稳定，经济活动逐渐步入正轨，累计财政支出的降幅已经出现一定程度的收窄。因此，预计我国全年实际财政支出将同比略有下降，增速在－2％到0％。

从收支两方面来看，此次新型冠状病毒肺炎疫情将加深大部分省份的财政压力，几乎所有省份都将出现全年财政收入同比下滑；此外，疫情抑制了大部分省份的财政支出，特别地，保有较多待开工公共项目而财政收入较低的省份将承担更多的财政预算支出削减，例如贵州省、重庆市和云南省前三季度的实际财政支出远低于其原本的增长路径。

分省份来看，经济基本面较好、经济结构更优的省份，其财政收入具有较好的稳定性。特别地，疫情期间浙江省凭借信息传输软件和信息技术服务业的税收增加，实现第一季度财政收入不降反升。此外，值得注意的是，采矿业规模全国前三的山西省、内蒙古自治区和陕西省在疫情期间均出现财政收入的剧烈下降。这说明更优的经济结构是稳

定区域财政收入的重要因素。

本次新型冠状病毒肺炎疫情对财政的负面影响主要体现在一般公共预算收入的下降，具体而言，与企业生产活动相关的税收收入出现较大的同比下降。前三季度国内增值税收入为42 690亿元，同比下降13.5%；企业所得税收入为30 014亿元，同比下降4.9%。因此，全力维持企业正常运转成为稳定经济的重要目标，严防疫情的复燃、确保企业的生存和关注中小企业的存活势在必行。

（一）研究背景与研究目的

1. 研究背景：新冠肺炎疫情爆发，宏观经济下行

（1）新型冠状病毒肺炎：传染性强、致死率高。2020年年初，具有极强传染性和较高致死率的新型冠状病毒肺炎（COVID-19）在湖北省武汉市被发现，之后在我国迅速传播。国家卫健委提供的疫情通报显示，1月11日，武汉市卫计委初步判定“不明原因的病毒性肺炎”病原体为新型冠状病毒；2月17日，疫情达到最严重的时间节点，当日全国的现有确诊人数达到峰值58 097人；3月1日，疫情得到基本控制，当日全国的累计确诊人数达到80 174人，增长速度趋缓；3月以来，除个别地区出现小规模的聚集性传染事件并被迅速化解以外，国内每日新增病例处于较低水平，疫情防控的主要阵地从国内社区转移到防控境外输入，疫情防控工作取得了阶段性的成效。

在国内新型冠状病毒肺炎疫情得到基本控制的同时，国外的疫情却呈现出爆发的态势。根据美国约翰霍普金斯大学发布的疫情通报，除中国以外，到2020年10月29日全球每日新增确诊人数超过50万人，疫情在世界多国呈现多点爆发的情况。

有两点值得注意：①湖北省是这次疫情初期国内的爆发地和主要的防疫阵地，截至2020年4月14日，湖北省累计确诊病例67 803人，占全国累计确诊病例的81%，湖北省在此次疫情中承担了最为艰巨的防疫任务，有效地减轻了其他省份的防疫压力，其卫生、交通、各次产业都受到了极大的负面影响，湖北省的巨大付出为全国的防疫工作做出了极为重要的贡献；②在4月第一轮疫情基本结束之后，我国疫情防控的工作重点已经转移到严防境外疫情输入。国际人员、货物往来密集的城市和省份成为疫情常态化管理后的主要防疫阵地，截至2020年10月30日，上海、广东、内蒙古、陕西和黑龙江已经分别累计报告200例以上的境外输入确诊病例。随着国外疫情持续的多点爆发，这些省份的防疫工作将具有持续、高压和高风险的显著特征。

（2）宏观财政形势：经济下行遭遇疫情冲击。近年来，我国经济增长速度逐年下降，2017—2019年经济增长速度分别为6.8%、6.6%和6.1%。国内面临经济社会发展转型与改革的并行推进，外部面临反全球化浪潮贸易摩擦的挑战，经济发展面临较为严峻

的困境。而此次疫情严重地冲击了我国的供给侧,年后企业复工复产非常艰难,生产性活动相关的税收收入出现了巨大的下降,对我国财政产生了剧烈的冲击。

社会保障方面,随着人口老龄化的加剧,我国社会保障支出的增长压力十分巨大,近年来一般预算公共支出的增长速度持续保持在10%以上。2020年前三季度,我国一般预算公共支出中,卫生健康支出14 343亿元,同比增长4%,社会保障和就业支出25 865亿元,同比增长8.2%。值得注意的是,国家卫建委在《关于做好老年人新型冠状病毒感染肺炎疫情防控工作的通知》提到,本次疫情的危重症人群以中老年人居多。老年人的基础疾病更多,免疫力更低,染病之后的救治周期更长,这将对我国的医疗保险基金产生较大冲击。

对外贸易方面,近年来我国外贸行业持续受到美国贸易保护主义的负面影响,对外贸易面临巨大的政策不确定性。2020年前三季度,进口货物增值税、消费税为11 007亿元,同比下降9.4%;关税为1 899亿元,同比下降11.6%;出口退税为11 314亿元,同比下降12%,随着疫情在全世界范围内的爆发和蔓延,全球的商品需求同比2019年出现明显下滑。长期来看,我国的对外贸易可能会出现危机。

2. 研究目的:量化疫情影响,预测财政收支

(1)量化新冠肺炎疫情对国家、地方财政的负面影响。此次新型冠状病毒肺炎疫情发展十分迅速,对我国宏观经济造成了十分巨大的损失。从收入上看,全国范围内企业暂时性停工停产、商业活动大量停摆、居民生活出行十分不便,这导致我国与生产活动、消费活动相关的税收收入出现巨大下降,即使在2020年4月份之后疫情得到有效控制,各个行业基本恢复正常运行,高度紧张的防疫工作和防疫意识依然大大降低了经济活动的活跃程度;从支出上看,全国医疗系统高负荷运转,基层公务人员奋战一线,这导致我国财政在卫生健康、社会保障和就业上产生巨大支出,为确保我国的防疫工作和"六稳六保"工作顺利进行,全国大量未开工公共项目暂缓开工,为防疫工作提供财政空间,这使得疫情期间全国财政支出反而出现下降的情况。因此,量化新型冠状病毒肺炎疫情对国家、各省份财政影响的具体大小十分重要,为我们把握疫情实际造成损失、制定相关财政政策、监测各省份财政收支状况提供了现实依据。

(2)预测2020年国家、地方财政收支情况。因为此次疫情发生的时间节点特殊,持续时间较长,发展方向不明朗,对不同省份经济的影响存在差异,所以当前看到的2020年前三季度全国、各省份的财政收支现状不能够直接反映2020年全年的财政收支情况,需要我们具体问题具体分析。本文利用时间趋势分析、经济异质性分析、产业异质性分析等方法估计疫情对国家、地方财政的差异化影响,进而预测全国、地方财政收入和支出

水平，为我们监测全国、地方的财政压力提供预测指标，为后疫情时代财政政策的具体实行提供现实依据。

（二）全国、地方财政的现状及预测

1. 全国财政：收支同降，压力上升

自国家卫计委2020年1月11日首次通报新型冠状病毒肺炎疫情信息以来，全国累计病例在2020年3月1日首次超过80 000例。在此之后，全国每日新增病例大大下降，稳定在100例以下波动，疫情得到了有效控制，全国经济逐步进入复工复产通道。

（1）前三季度全国财政：收支同降。2020年前三季度，中国经济经历了新冠肺炎疫情的境内爆发、偶有反复和境外输入等一系列冲击，在此期间（1—9月份），全国累计一般公共预算收入141 002亿元，同比下降6.4%，全国累计一般公共预算支出175 185亿元，同比下降1.9%。其中，中央一般公共预算收入65 335亿元，同比下降9.3%，中央一般公共预算支出24 542亿元，同比下降2.1%；地方一般公共预算收入75 667亿元，同比下降3.8%，地方一般公共预算支出150 643亿元，同比下降1.9%。

从收入端来看，全国前三季度累计财政收入出现负增长的主要原因是暂时性的停工停产。根据财政部国库司10月21日报告的主要税收收入项目统计，在2020年前三季度，除个人所得税、印花税和契税出现同比增长以外，其他所有主要税收收入项目全部出现同比下降。特别地，国内增值税收入42 690亿元，同比下降13.5%；国内消费税收入10 876亿元，同比下降5%；企业所得税收入30 014亿元，同比下降4.9%。新型冠状病毒肺炎疫情的爆发和反复导致工业、商业活动在上半年持续处于大面积停摆的状态，年后企业无法及时复工复产，线下商业活动无法正常运行，即使在第三季度全国经济已经步入正轨，但实体经济仍然面临较强的防疫压力。因此，与企业生产活动相关的税收收入出现较大的同比下降。

图1—1反映了2015—2020年全国1—9月累计财政收入的时间趋势。随着减税降费改革的推进，2019年1—9月累计财政收入增速已经出现下滑态势，同比增速跌至0.4%；随着新型冠状病毒肺炎疫情的爆发，2020年全国1—9月累计财政收入首次出现负增长，同比增速跌至−6.4%，疫情的爆发加重了我国深化财税体制改革所面临的困难和压力。但是，值得注意的是，由于收入下降的主要原因是企业的停工停产，那么积极地推进全国范围内的复工复产能够有效地缓解本次疫情对全国财政所造成的负面冲击。

从支出端来看，全国前三季度累计财政支出也出现负增长的主要原因是除疫情防控和“六稳六保”支出外，部分公共项目处于暂停状态。具体而言，在所有主要支出科目中，除社会保障和就业支出（同比增长8.2%）、卫生健康支出（同比增长4%）、债务付息支出

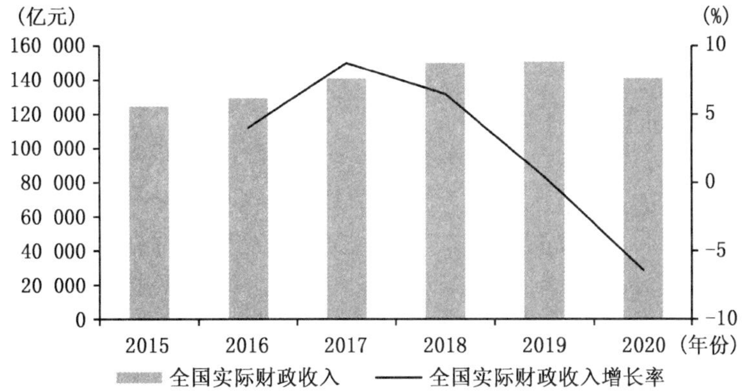

图 1—1　2015—2020 年全国 1—9 月累计财政收入与同比变动

(同比增长 16.8%)以外,其他所有支出科目都出现了不同程度的下降。1—9 月,全国一般公共预算支出 175 185 亿元,仅同比下降 1.9%,中央财政综合采取措施,积极安排资金,协助地方政府切实做好疫情防控经费保障和基层“六稳六保”工作。但是除此以外,教育支出 25 554 亿元,同比下降 1.9%;科学技术支出 5 670 亿元,同比下降 5.7%;城乡社区支出 14 610 亿元,同比下降 31.3%;交通运输支出 8 726 亿元,同比下降 2.5%。

图 1—2 反映了 2015—2020 年全国 1—9 月累计财政支出的时间趋势。在 2016—2019 年这 4 年间,全国 1—9 月累计财政支出增长率持续保持在 5%～10%的较高水平,只有 2020 年由于大量公共项目暂停使得全国 1—9 月累计财政支出首次出现负增长,同比下降 1.9%。随着各类公共项目逐步恢复运行,全国财政支出已经呈现出一定程度的反弹。

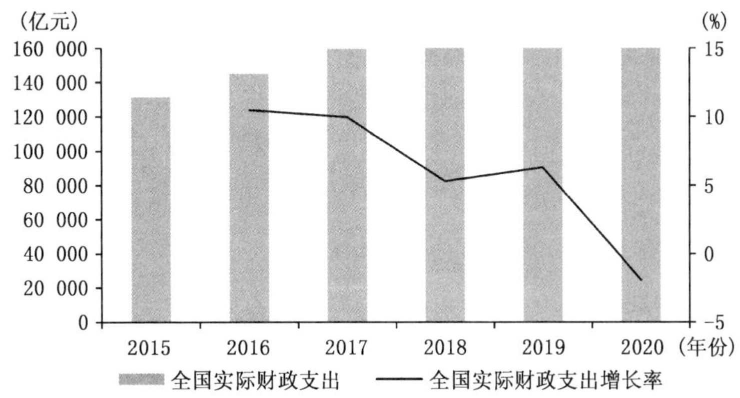

图 1—2　2015—2020 年全国 1—9 月累计财政支出与同比变动

(2)预测 2020 年国家财政收支:收入显著下降,支出略微下降。自 2020 年 3 月我国新型冠状病毒肺炎疫情得到有效控制之后,全国经济逐步进入复工复产通道,至第三季度时已经取得经济增长由负转正的成绩。但值得注意的是,与此同时,新型冠状病毒肺炎疫情在全世界范围内呈现出多点爆发、加速蔓延的态势,国内出现多起输入性病例,我国的防疫压力仍然艰巨。此外,企业在上半年承受的停工损失已经无法弥补,商业活动一定程度上仍然受到防疫工作的限制,这为我们预测 2020 年全年国家财政情况提供了基本面的现实依据。

首先是针对 2020 年全年国家一般公共预算收入的预测。

本报告依据 2020 年全国 1—9 月实际的累计财政收入来预测 2020 年全国财政收入的全年水平。图 1—3 显示了 2015—2019 年全国 1—9 月累计财政收入占全年比重随着时间推移逐渐增大、趋缓的态势,因此本文直接使用 2019 年对应的比重作为 2020 年全国 1—9 月累计财政收入占全年比重(79.15%),来估计 2020 年全年国家一般公共预算收入。

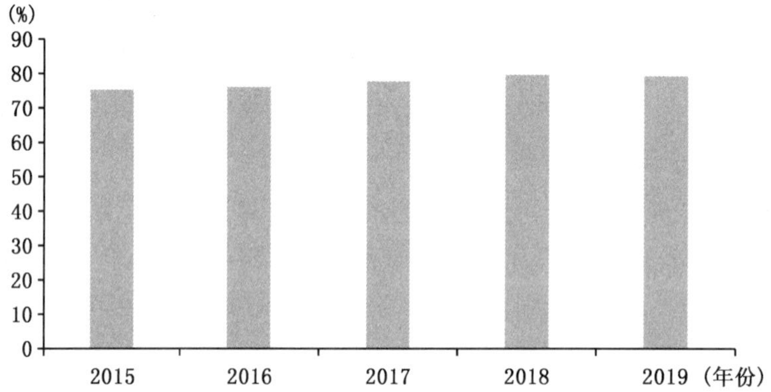

图 1—3 2015—2019 年全国 1—9 月累计财政收入占全年比重

图 1—4 显示了 2015—2020 年全国一般公共预算收入,其中 2020 年对应的是全年国家一般公共预算收入的预测值。2020 年对应的部分为全年国家财政收入的保守预测,它意味着 2020 年 10—12 月份的财政收入状况与 1—9 月份相同,都面临着较大的下行压力,计算方法为使用 2020 年 1—9 月全国财政收入除以 2019 年 1—9 月全国财政收入在当年占比;2020 年对应的两部分之和为全年国家财政收入的乐观预测,它意味着 2020 年 10—12 月份全国经济保持正常运行,财政收入与 2019 年同期水平相同,计算方法为假设全国 2020 年 10—12 月财政收入累计值与 2019 年同期水平持平,与 1—9 月实际财政收入累计值之和;2020 年对应的黑色部分为乐观预测与保守预测之差,它意味着

如果2020年10—12月全国经济能够保持正常运行，且财政收入达到2019年同期水平，那么2020年全年国家财政收入将相比保守估计多出2 549.65亿元，因此，应在第四季度谨防疫情反扑，保证企业正常运行生产，能够有效地缓解本次疫情对全国财政的冲击。

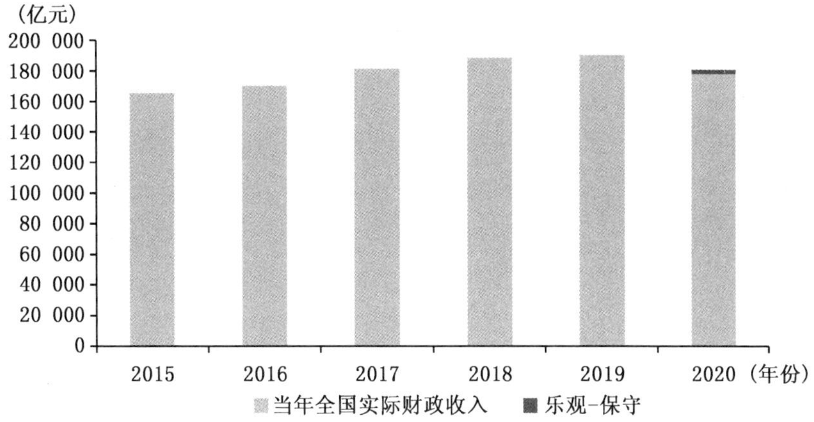

图1—4　2015—2020年全国一般公共预算收入

图1—5显示了2016—2020年全国财政收入增长率的时间趋势，其中2020年对应的全国财政收入增长率的乐观预测值为－5.08%，保守预测值为6.42%。如果第四季度出现明显的疫情反扑，国民的生产生活出现暂时性的停顿，那么10—12月份国家财政收入将面临同1—9月份同样的下行压力，全年的财政收入增长率将低至－6.42%，这将导致全国的财政收支状况严重恶化；如果第四季度疫情被稳定控制，企业保持正常运行生产，那么10—12月份国家财政收入将与2019年同期水平持平，虽然全年的财政收入增长率依然会下降，但是下降幅度将缩小为－5.08%。

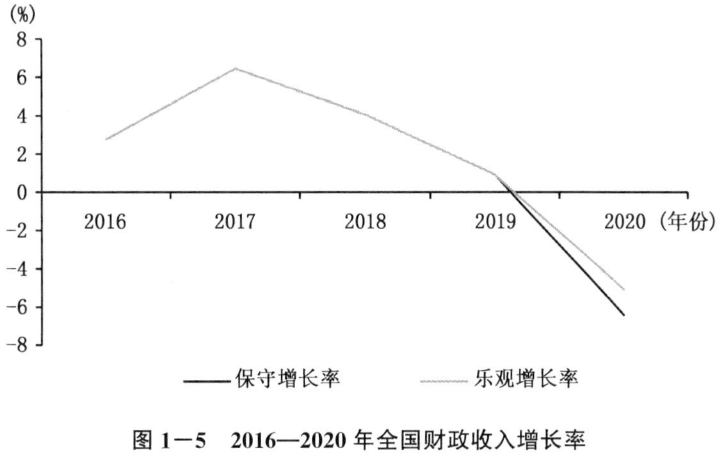

图1—5　2016—2020年全国财政收入增长率

根据以上预测，本次新型冠状病毒肺炎疫情将大概率导致 2020 年全国实际财政收入下降，下降幅度为－5.08％到－6.42％，实际的下降程度取决于全国范围经济活动的恢复情况。如果企业能够保持正常运行生产，商业活动能够基本恢复正常，那么全国财政收支的状况将得到显著改善。

其次是针对 2020 年全年国家一般公共预算支出的预测。

本报告依据 2020 年全国 1—9 月实际的累计财政支出来预测 2020 年全国财政支出的全年水平。图 1—6 显示了 2015—2019 年全国 1—9 月累计财政支出占全年比重随着时间推移逐渐增大、趋缓的态势，因此本书直接使用 2019 年对应的比重作为 2020 年全国 1—9 月累计财政支出占全年比重（74.77％），来估计 2020 年全年国家一般公共预算支出。

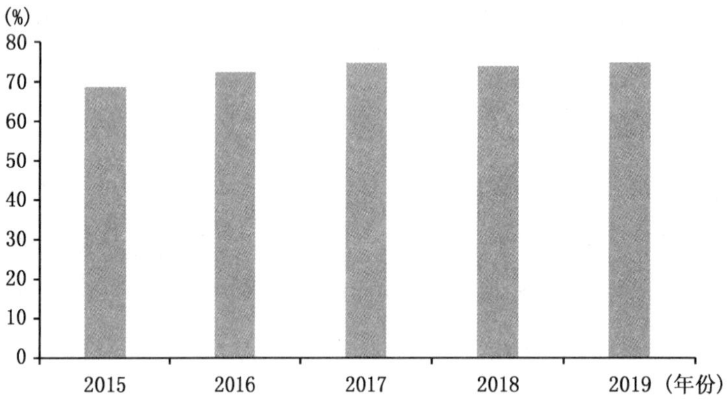

图 1—6　2015—2019 年全国 1—9 月累计财政支出占全年比重

图 1—7 显示了 2015—2020 年全国财政支出绝对值，其中 2020 年对应的是全年国家财政支出的预测值。2020 年对应的部分为全年国家财政支出的保守预测，它意味着 2020 年全年的财政支出增长率与 1—9 月的同比增长率相同，计算方法为使用 2020 年 1—9 月全国财政支出除以 2019 年 1—9 月全国财政支出在当年占比；2020 年对应的深色与浅色部分之和为全年国家财政支出的扩张预测，它意味着政府实行适度扩张的财政政策，计算方法为假设 2020 年的财政支出增长率的下降幅度同 2019 年同期相同；2020 年对应的扩张预测与保守预测之差意味着如果 2020 年政府实行适度扩张的财政政策，即选择 3.76％的增长率，那么 2020 年全年国家财政支出将相比保守估计多出 13 572.00 亿元。

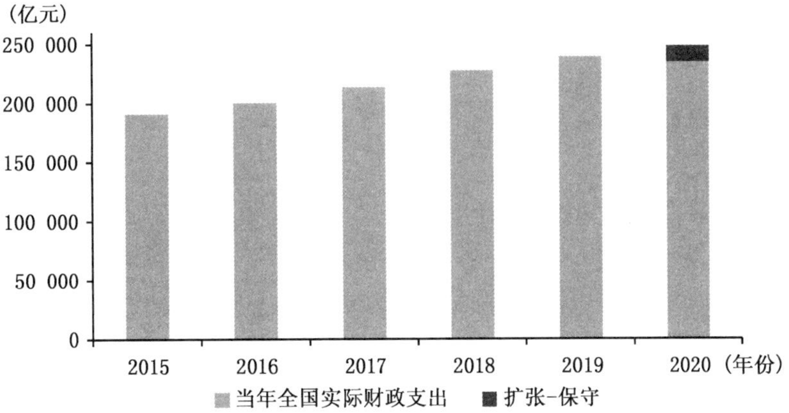

图 1—7　2015—2020 年全国财政支出

图 1—8 显示了 2016—2020 年全国财政支出增长率的时间趋势，其中 2020 年浅色折线对应的是全国财政支出增长率的保守预测值(—1.92%)，深色折线对应的是扩张预测值(3.76%)。如果 2020 年新型冠状病毒肺炎疫情持续处于较高风险，导致 10—12 月的卫生、经济形势同 1—9 月相似，那么我国的防疫工作将持续处于高度紧张状态，大量的公共项目无法有效地恢复运行，全国实际财政支出增长率也将低至保守的—1.92%；如果新型冠状病毒肺炎疫情能够得到有效控制，公共项目能够及时恢复开工状态，国家适度扩张的财政政策能够稳步推进，那么全国实际财政支出增长率将恢复至疫情爆发前的发展状态，即扩张的 3.76%。

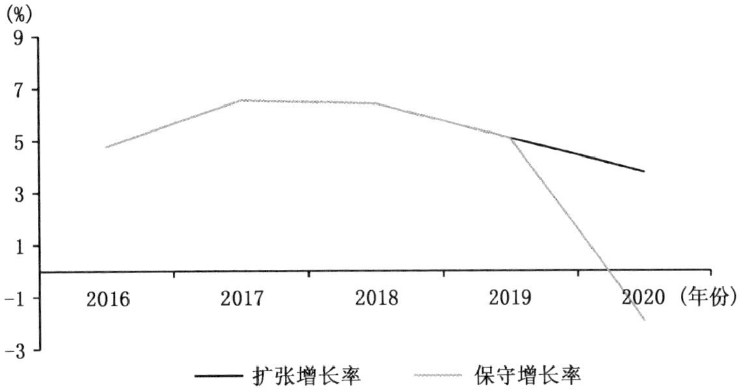

注：2020 年为预测值。

图 1—8　2016—2020 年全国财政支出增长率

(3)预测全国财政缺口：财政压力增大。本书将全国一般公共预算支出与一般公共预算收入之差定义为当年全国财政缺口。根据上文的预测，新型冠状病毒肺炎疫情导致2020 年全国财政收入下降，财政支出上升的概率较大，全国财政收支状况可能会出现恶化，财政缺口将会增大。但随着疫情逐渐得到控制，全国经济逐渐恢复正常运行，疫情对全国财政收支状况的负向冲击将得到缓解。具体而言，依据疫情形势的变化和政府财政政策的力度，2020 年全国财政收支状况存在 4 种可能的状态。

图 1—9 展示了 2020 年全国财政收支状况存在 4 种可能的状态：①扩张的财政支出伴随着保守的财政收入。这种情况意味着政府实行了适度扩张的财政政策，但是经济活力没有出现明显的好转，企业没能有效地复工复产，商业活动仍然处于较低活跃水平，财政收入无法达到 2019 年的同期水平，在这种状态下，全国财政缺口极高，达到 69 706.40 亿元。②扩张的财政支出伴随着乐观的财政收入。这种情况意味着政府实行了适度扩张的财政政策，与此同时，经济活力出现明显好转，企业有效地复工复产，商业活动活跃，财政收入达到 2019 年的同期水平，在这种状态下，全国财政缺口较高，为 67 156.76 亿元。③保守的财政支出伴随着保守的财政收入。这种情况意味着政府实行较为紧缩的财政政策，延续了 1—9 月份的财政支出模式，仅增加疫情防控和"六稳六保"工作的支出，部分公共项目暂停，与此同时，经济活力没有出现明显的好转，财政收入无法达到 2019 年的同期水平，在这种状态下，全国财政缺口适中，为 56 134.41 亿元。④保守的财政支出伴随着乐观的财政收入。这种情况意味着政府实行较为紧缩的财政政策，延续了 1—9 月份的财政支出模式，仅增加疫情防控和"六稳六保"工作的支出，部分公共项目暂停，随着疫情的稳定，经济活力出现明显的好转，财政收入达到 2019 年的同期水平，在这种状态下，全国财政缺口平稳，为 53 584.76 亿元。综合以上分析，2020 年全国财政缺口的变动范围为 53 584.76 亿元—69 706.40 亿元。

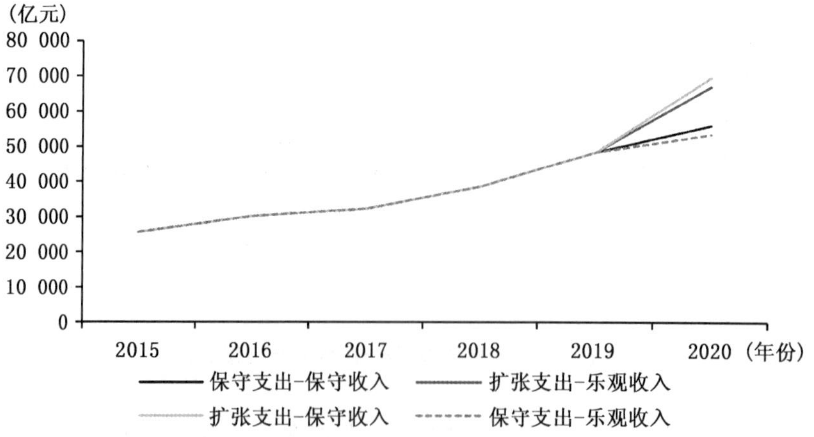

图 1—9 2015—2020 年全国财政收支状况

2. 各省份财政:个别省份受灾严重

(1)前三季度的各省份财政:个别省份受灾严重。总体而言,在前三季度,各省份财政收支状况的变化类似,同全国层面观察到的结果相似,大都表现出财政收入与财政支出同时下降的情况。但是,个别省份财政收入和财政支出的变动幅度十分剧烈,说明此次疫情对不同省份造成的影响存在差异。值得注意的是,不同于全国层面数据,大部分省份尚未报告 2020 年前三季度的财政收支情况,所以本书使用 1—8 月份各省份累计数据进行合理预测。

从收入端来看,图 1—10 展示了 2018—2020 年各省份 1—8 月累计财政收入绝对值。由于财政收入的下降主要来源于生产性活动税收的下降,那么通过观察各省份财政收入在时间趋势上的差异,能够明显看出此次新型冠状病毒肺炎疫情对不同省份经济活动影响的程度不同。具体而言,与 2019 年同期相比,2020 年 1—8 月份湖北省财政收入下降 713.76 亿元,上海市下降 520.96 亿元,北京市下降 414.75 亿元,广东省下降 243.51 亿元,天津市下降 234.55 亿元。

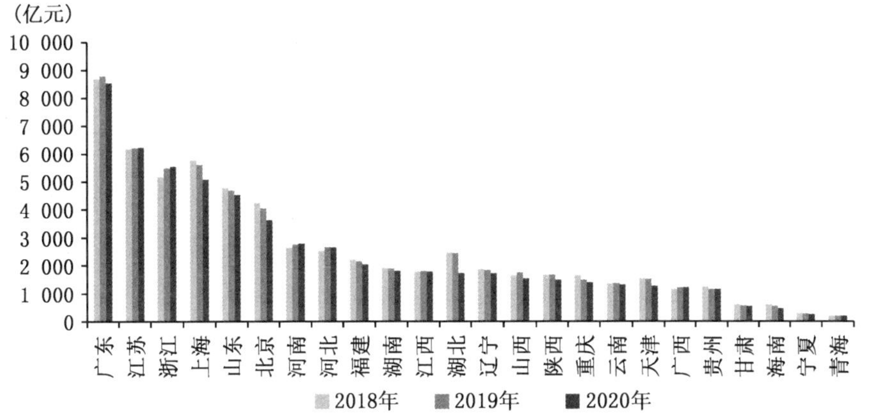

图 1—10 2018—2020 年各省份 1—8 月累计财政收入

从支出端来看,图 1—11 展示了 2018—2020 年各省份 1—8 月累计财政支出绝对值。由于财政支出的下降主要来源于公共项目暂停造成的支出下降,那么通过观察各省份财政支出在时间趋势上的差异,能够明显看出此次新型冠状病毒肺炎疫情对不同省份公共项目建设影响程度的不同。具体而言,与 2019 年同期相比,2020 年 1—8 月份贵州省财政支出下降 621 亿元,上海市下降 462 亿元,湖南省下降 454 亿元,山东省下降 264 亿元。

(2)预测 2020 年各省份财政收支:乐观的收入、保守的支出。首先是针对 2020 年各省份一般公共预算收入的预测。本报告依据 2020 年各省份 1—8 月实际的累计财政收

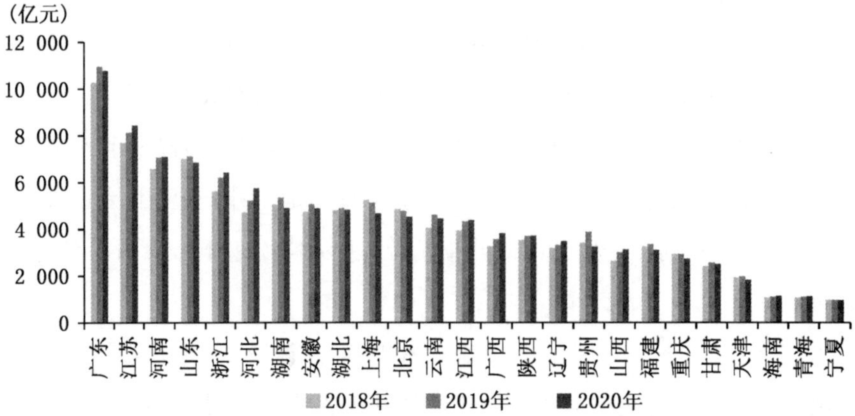

图 1—11 2018—2020 年各省份 1—8 月累计财政支出

入来预测 2020 年各省份财政收入的全年水平。本书直接使用各省份 2019 年 1—8 月累计财政收入占全年比重作为 2020 年各省份 1—8 月累计财政收入占全年比重,进而估计 2020 年全年各省份的一般公共预算收入。

图 1—12 展示了 2019 年和 2020 年各省份全年财政收入绝对值,2020 年为预测值。各省份对应的深灰色部分为保守估计的 2020 年财政收入,它意味着 2020 年 9—12 月份的财政收入状况与 1—8 月份相同,计算方法为使用 2020 年 1—8 月各省份财政收入除以 2019 年 1—8 月各省份财政收入在当年占比;2020 年对应的中灰色部分为全年各省份财政收入的乐观预测,它意味着 2020 年 9—12 月份各省份经济逐步恢复正常,财政收入与 2019 年同期水平相同,计算方法为假设各省份 2020 年 9—12 月财政收入累计值与 2019 年同期水平持平,与 1—8 月实际财政收入累计值之和。

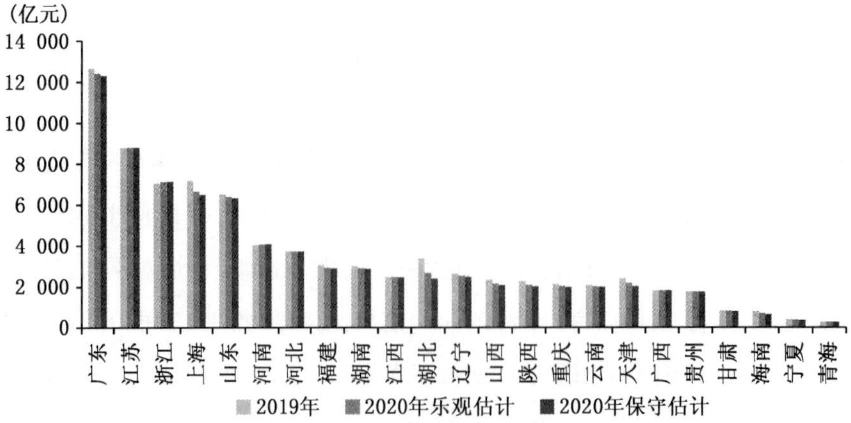

图 1—12 2019 年和 2020 年各省份全年财政收入

图 1—13 展示了预计 2020 年各省份财政收入较 2019 年下降幅度，通过各省份之间的横向对比，我们能够清楚地看到新型冠状病毒肺炎疫情对各个省份财政收入影响程度的排序。如果此次疫情在第四季度出现反扑，持续干扰国民生产生活的有序进行，预计湖北省 2020 年财政收入将下降 29.17%，海南省将下降 18.32%，天津市将下降 15.52%，山西省将下降 11.35%，陕西省将下降 11.29%，等等；如果此次疫情在第四季度继续得到有效控制，全国经济保持正常运行，那么各省份 2020 年财政收入的下降幅度将大大缩小。

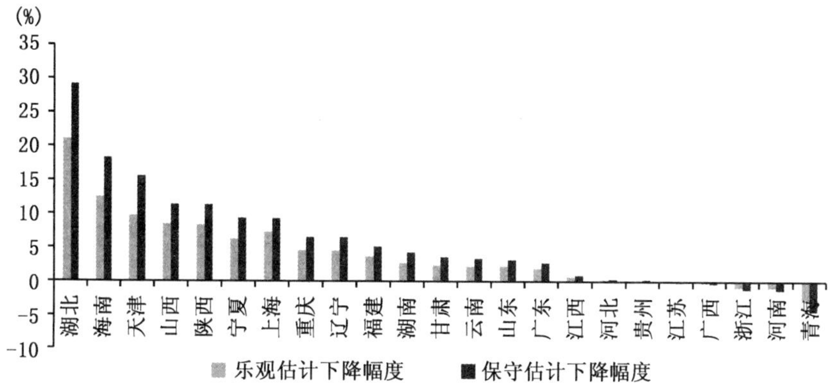

图 1—13　预计 2020 年各省份财政收入较 2019 年下降幅度

其次是针对 2020 年全年各省份一般公共预算支出的预测。本报告依据 2020 年各省份 1—8 月实际的累计财政支出来预测 2020 年各省份财政支出的全年水平。本文直接使用各省份 2019 年 1—8 月累计财政支出占全年比重作为 2020 年各省份 1—8 月累计财政支出占全年比重，进而估计 2020 年全年各省份的一般公共预算支出。

图 1—14 展示了 2019 年和 2020 年各省份全年财政支出绝对值，2020 年为预测值。各省份对应的灰色部分为保守估计的 2020 年财政支出，它意味着 2020 年 9—12 月份的财政支出状况与 1—8 月份相同，计算方法为使用 2020 年 1—8 月各省份财政支出除以 2019 年 1—8 月各省份财政支出在当年占比；2020 年对应的斜线柱状部分为全年各省份财政支出的扩张估计，它意味着 2020 年 9—12 月份各省份公共项目基本恢复运行，财政支出回到扩张路径，计算方法为假设 2020 年各省份财政支出的增长率与 2019 年相同。

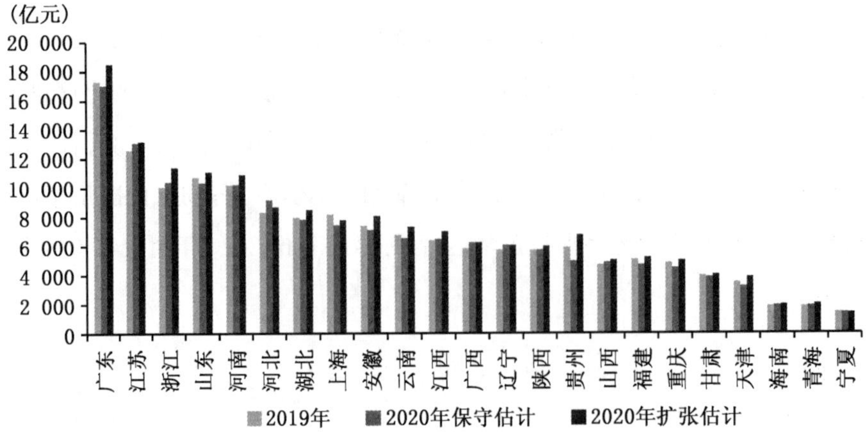

图1—14　2019—2020年各省份全年财政支出

图1—15展示了预计2020年各省份财政支出较2019年变动幅度，通过各省份之间的横向对比，我们能够清楚地看到新型冠状病毒肺炎疫情对各个省份财政支出影响程度的排序。从1—8月的情况来看，各级政府采取了较为保守的财政支出策略，仅重点增加疫情防控和"六稳六保"工作的支出，因此，贵州、浙江、安徽、云南和重庆等存在大量待开工公共项目的省份，其实际的财政支出远低于原本的增长路径；如果政府在第四季度采取适度扩张的财政政策，那么留存大量未开工公共项目的省份的财政支出将出现一定程度的反弹。

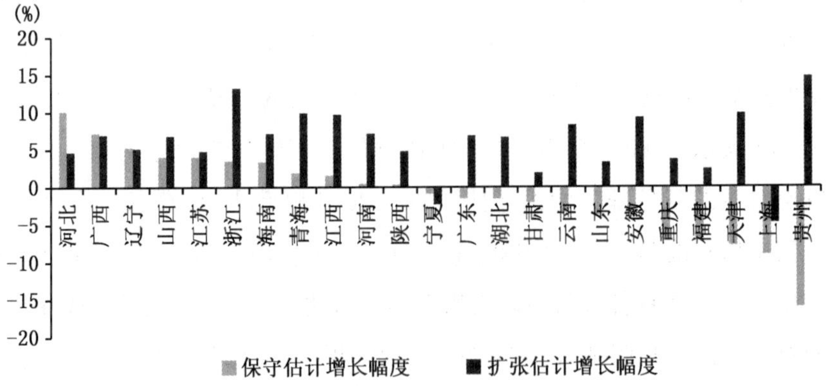

图1—15　预计2020年各省份财政支出较2019年增长幅度

(3)预测各省份财政缺口：财政压力增大。总体而言，2020年年初的新型冠状病毒肺炎疫情抑制了大部分省份财政支出，并显著地降低了财政收入。随着国内疫情逐渐趋于稳定，经济活动恢复正常，各省份的财政支出将随着公共项目的恢复运营而逐渐反弹，但无法回到 2019 年的同期水平;财政收入将随着生产性活动相关税收的增加而逐步回升,减少与往年的差距。因此,2020 年各省份财政收入和财政支出均略有下降成为大概率事件,各省份的财政收支状况可能会出现恶化。

图 1—16 展示了 2020 年各省份财政缺口的预测值。值得注意的是,从最接近 2020 年 1—8 月份各省份财政收支状态的“保守估计财政支出伴随着保守估计财政收入”来预测各省份全年的财政缺口。在这种状态下,全社会的防疫工作仍然较为紧张,政府仅增加疫情防控和“六稳六保”工作支出,部分公共项目暂停,经济活动逐渐恢复,企业逐步复工复产,财政收入缓慢回升。观察图 1—16,我们发现,在此次疫情期间,湖北省、河北省、江苏省、辽宁省、山西省和广西壮族自治区的财政缺口的绝对值出现较大的同比提升,而贵州省、福建省、重庆市、山东省和云南省的财政缺口的绝对值出现较大的同比下降。

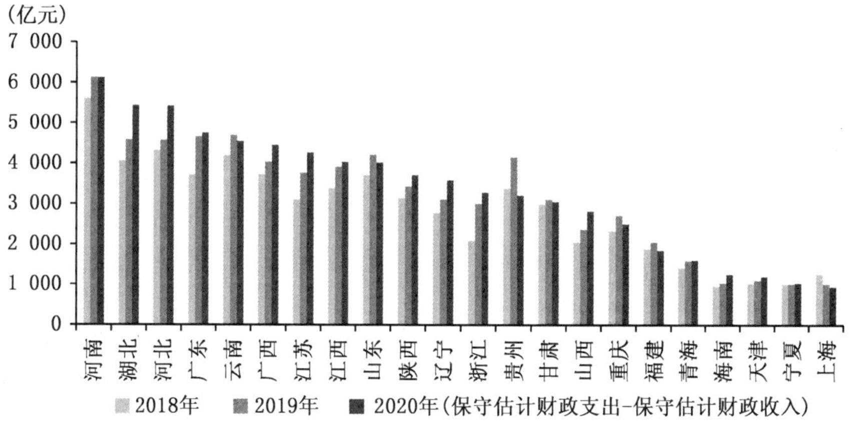

图 1—16 2018—2020 年各省份财政缺口

图 1—17 展示了在“保守估计财政支出伴随着保守估计财政收入”状态下 2020 年各省份财政缺口的增长率排序,反映了各个省份财政受到此次疫情打击的程度。预测海南省的财政缺口与 2019 年相比将上升 20.29%,山西省将上升 19.36%,湖北省将上升 18.89%,河北省将上升 18.73%。值得注意的是,在大多数省份财政压力上升的同时,贵州省全年的预测财政缺口却出现极大的下降,降幅达到 22.67%,而其预测的财政收入几乎与 2009 年同期持平,这说明贵州省财政缺口的收窄主要来源于财政支出的减少。具体而言,根据贵州省财政厅 10 月 15 日的预算报告,贵州省前三季度一般公共预算支出累计完成 3 859.48 亿元,同比下降 17%,其中一般公共服务支出 388.13 亿元,同比下降 31.1%,教育支出 724.61 亿元,同比下降 19.8%。这说明,贵州省收窄的财政缺口主

要来源于对公共部门和教育部门的预算挤压，而 2020 年是脱贫攻坚的收官之年，扶贫压力较大的贵州省依然面临着较大的财政压力，需要谨防疫情对贫困地区公共服务、教育等公共品的挤出效应。

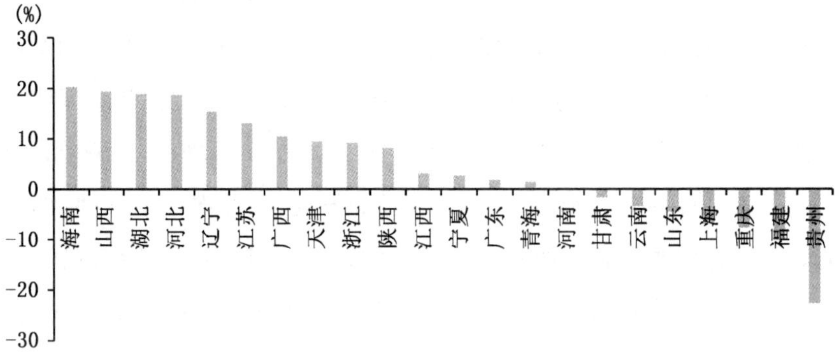

图 1—17　2020 年各省份财政缺口（保守支出—保守收入）的增长率

图 1—18 展示了在“扩张估计财政支出伴随着乐观估计财政收入”状态下 2020 年各省份财政缺口的增长率排序，预测当此次疫情在第四季度完全得到控制，各个省完全回到疫情发生前增长的财政支出水平时，各个省财政缺口的增长率。在这种状态下，大部分省份的财政缺口将同比上升 10%以上。具体原因是，虽然疫情预计在第四季度将得到完全地控制，但是从整个年度来看，其对财政收入的负面影响依然非常明显，即使是在第一季度财政收入逆势上升的浙江省，其前三季度整体的财政收入增长率依然出现明显的同比下跌；此外，诸如浙江省、广东省和贵州省等省份，其往年的财政支出处于较高的增长路径，完全回到疫情前扩张的财政支出水平将导致财政收支的失衡，应当考虑结合疫情对财政收入的负面影响，谨慎、适度地增加财政支出水平。

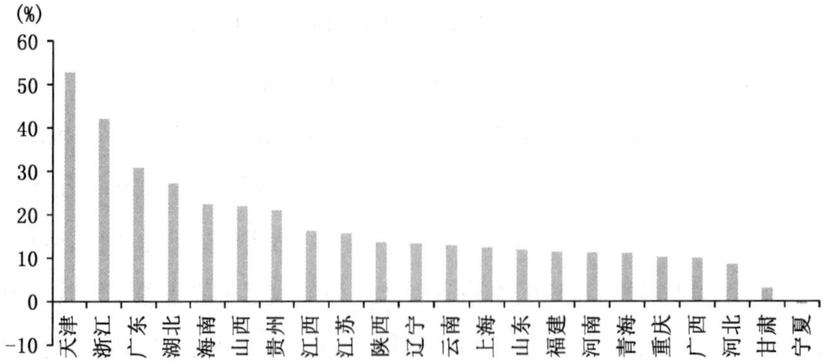

图 1—18　2020 年各省份财政缺口（扩张支出—乐观收入）的增长率

综合以上分析，此次新型冠状病毒肺炎疫情对各省份 2020 年财政收入都将造成不同程度的损害，即使是前三季度财政收入绝对值同比上升的浙江省、江苏省、河南省、广西壮族自治区和青海省，其财政收入的增长率也将出现同比下降；此外，疫情抑制了大部分省份的财政支出，特别是保有较多待开工公共项目而财政收入较低的省份承担了更多的财政预算支出削减，例如贵州省、重庆市和云南省前三季度的实际财政支出远低于其原本的增长路径。

(4)各省份财政受损情况的异质性分析。各个省份在此次新型冠状病毒肺炎疫情中受到的财政冲击存在很强的差异性，但是，无论是从全国整体来看，还是从各省份单独的情况来看，各个省份受到的财政冲击都主要来源于收入端，即由于生产性活动相关的税收收入出现明显下降而引起的财政收入下降。因此，本书将主要从经济发展角度、产业分类角度、疫情严重角度来分析此次新型冠状病毒肺炎疫情对不同省份财政收入影响的异质性，进而判断如何更加有效地缓解此次疫情造成的不利影响。

①经济异质性分析：经济发展越好，收入下降越少。图 1—19 展示了 2020 年各省份一般公共预算收入的预测同比降幅。通过横向比较，我们能够看到经济发展越好的省份，其财政收入预测同比降幅越小。黑色标注的是 GDP 总量排名前五的省份：广东、江苏、山东、浙江和河南；中灰标注的是 GDP 增速排名除湖北以外前五的省份：云南、福建、重庆、贵州和江西，这 10 个省份财政收入的预测同比降幅都明显好于平均水平。这说明经济基本面向好的省份在面临突发疫情时，其生产活动不会出现剧烈的停摆，并且能够更快地实现复工复产，其财政收入具有较好的稳定性，即使存在一定程度的下降，也能够控制在可接受的范围。同时，我们注意到受灾最严重的湖北省，其财政收入的预测同比降幅达到 29%，这说明湖北省前三季度的生产性活动遭到了极大破坏。具体而言，根据湖北省财政厅 10 月 13 日公布的财政收支报告，截至 8 月，湖北省一般公共预算收入完成 1 733 亿元，下降 29.2%，其中增值税为 516 亿元，下降 27.4%；企业所得税（地方分成部分）为 283 亿元，下降 15.2%。

②产业异质性分析：经济结构越好，收入下降越少。因为各个省份的财政收入下降主要来源于生产性活动相关的税收收入下降，所以各个省份在生产性活动中的不同分工地位将导致各省份受到不同的财政收入冲击。本书依据《2018 年中国税务年鉴》中“2017 年国家税务局在各省份各行业的税收收入”，对各省份的各项产业规模进行排序，进而分析产业异质的各个省份在此次疫情中财政收入的具体表现。

图 1—20 显示了 2016—2020 年制造业规模前 6 位省份财政收入增长率变动的时间趋势，虚折线指示全国的整体水平，黑色折线指示受灾最严重的湖北省。我们观察到，在

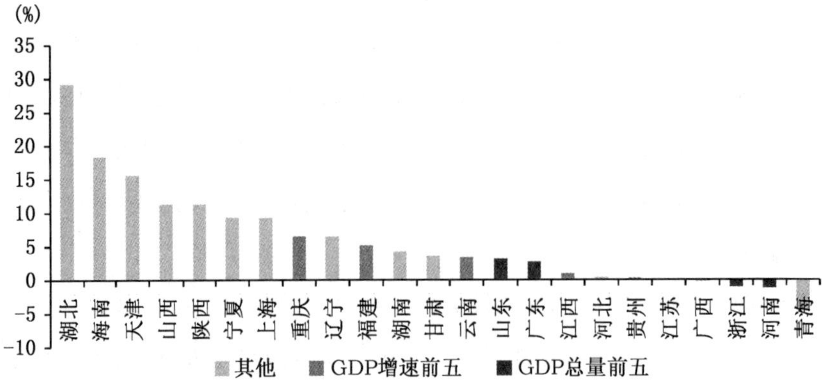

图 1—19　2020 年各省份一般公共预算收入预测同比降幅

疫情发生前的 2016—2019 年，制造业规模较大的省份，其财政收入增长率处于平稳下降的趋势，在 2019 年集中在 0%附近。即使面临 2020 年出现新型冠状病毒肺炎疫情的冲击，除湖北和上海以外，其下降的幅度均小于全国整体水平。这说明，制造业强省在面临突发疫情时，其生产活动不会出现剧烈的停摆，并且能够更快地实现复工复产，其财政收入具有较好的稳定性，即使存在一定程度的下降，也能够控制在可接受的范围。同时，我们注意到制造业排名全国第 6 的湖北省，其财政收入增长率从 2019 年的—1%迅速跌至—29%，爆发的疫情将严重冲击生产性活动，导致本省财政收入出现极大的下滑；此外，我们注意到制造业排名全国第 3 的上海市，其财政收入增长率从 2019 年的—2%迅速跌至—9%，值得一提的是，截至第三季度，上海是境外输入确诊病例最多的地区，持续的疫情防控压力可能会导致上海市的经济活动无法完全回到疫情前的较高水平。这说明各个省份应当将防疫工作摆在最重要的位置，正常运行的制造业是我国稳定财政收入的关键，一旦疫情没能较好地控制，制造业将会受到极大的打击；同时，全世界范围内的疫情蔓延势必会持续负向影响我国经济的正常运行，谨防境外疫情输入成为疫情常态化管理之后的工作重心。

图 1—21 显示了 2016—2020 年采矿业规模前 3 位省份财政收入增长率变动的时间趋势，虚折线指示全国的整体水平。我们观察到，采矿业规模最大的 3 个省份山西、内蒙古和陕西，在面临新型冠状病毒肺炎疫情的冲击时，其财政收入下降的幅度全部远大于全国整体水平，超过了 10%。这说明，处于工业上游的采矿业企业最先受到疫情对经济的不利影响。在疫情期间，市场普遍对 2020 年中国经济看跌，采矿业企业的生产活动会最先受到冲击，根据国家统计局 3 月 16 日发布的《2020 年 1—2 月能源生产情况》，规模以上工业电力生产下降，日均发电量 171.1 亿千瓦时，同比下降 8.2%，其中火电同比下

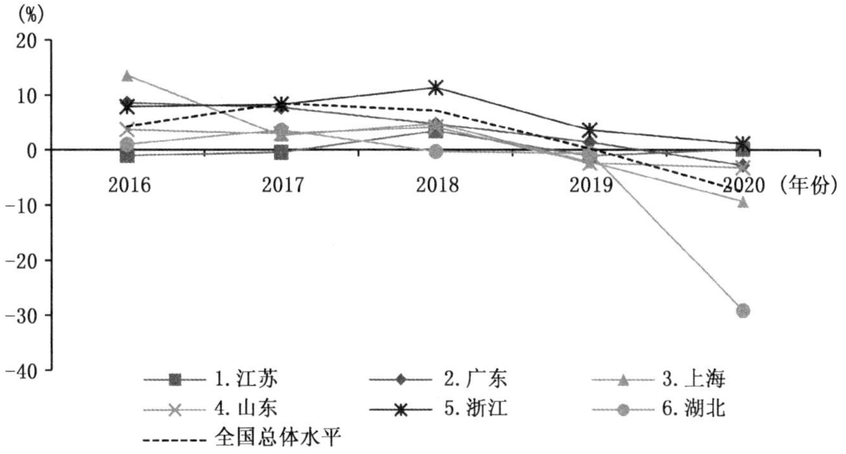

图 1－20　2016—2020 年制造业规模前 6 位省份的财政收入增长率

降 8.9%，疫情期间较低的市场需求严重地抑制了采矿业企业的生产，导致生产性活动相关的税收收入出现迅速、明显的下降。此外，根据国家统计局 10 月 19 日发布的《2020 年 9 月能源生产情况》，规模以上工业原煤产量除 3 月、4 月出现弥补性的反弹以外，其余月份的产量都出现不同程度的同比下降。全国范围内持续正常运转的工业生产是改善采矿业企业财务压力的关键。如果疫情在第四季度也能够得到持续有效的控制，那么中国的宏观经济环境将得到进一步改善，山西、内蒙古和陕西的财政收入下行压力将得到较大的缓解。

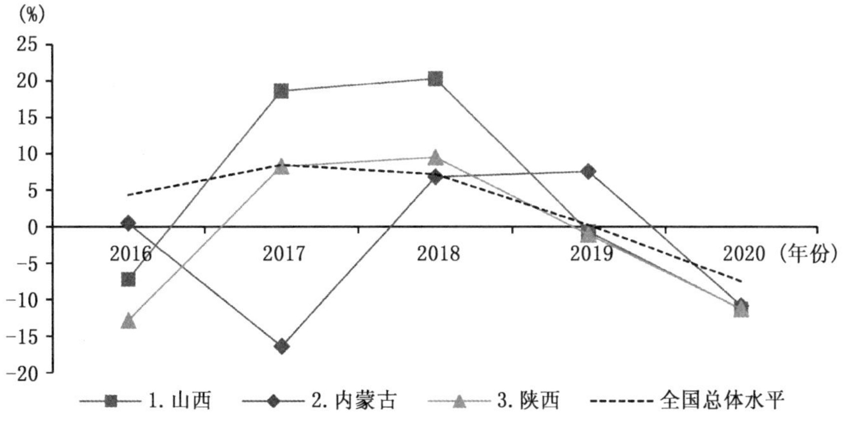

图 1－21　2016—2020 年采矿业规模前 3 位省份的财政收入增长率

图 1－22 显示了 2016—2020 年电力、热力、燃气及水的生产和供应业规模前 5 位省份的财政收入增长率变动的时间趋势，虚折线指示全国的整体水平，星号折线指示受灾

最严重的湖北省。我们观察到，电力、热力、燃气及水的生产和供应业规模前 5 位省份同制造业规模前 6 位省份的名单几乎相同，重复出现的江苏省、广东省、浙江省、山东省、湖北省是我国重要的工业生产区域，除湖北省以外，其他省份在面临新型冠状病毒肺炎疫情的冲击时，其财政收入下降的幅度小于全国整体水平。这说明，如果省内早期疫情并不严重，那么工业基础较好的省份能够克服疫情期间复工复产的困难，较好地保障复工企业的防疫工作和全省的"六稳六保"工作，其生产活动不会出现剧烈地停摆，财政收入具有较好的稳定性，即使存在一定程度的下降，也能够控制在可接受的范围。同时，我们注意到，同为工业强省的湖北省财政收入出现了巨大的下降，爆发的疫情严重冲击了生产性活动，导致本省财政收入出现极大的下滑。这说明各省份当前的防疫工作仍然不能放松，企业正常运转是稳定经济的核心，如果疫情进一步恶化，那么即使是工业基础较好的工业大省，也将不可避免地出现严重的财政收入危机。目前，我国面临着极强的疫情境外输入风险，多个东部重点城市已经出现冷链进口食品携带新冠病毒的案例，北京市新发地市场聚集性疫情、山东省青岛市胸科医院聚集性疫情都已经被证实来源于境外输入，这说明疫情防控的主战场已经转移到国际物流发达的东部沿海城市，而这些地区同样是我国最为重要的工业生产区域，一旦出现疫情防控漏洞就会严重影响本地区的工业生产，危及整体经济的正常运转。

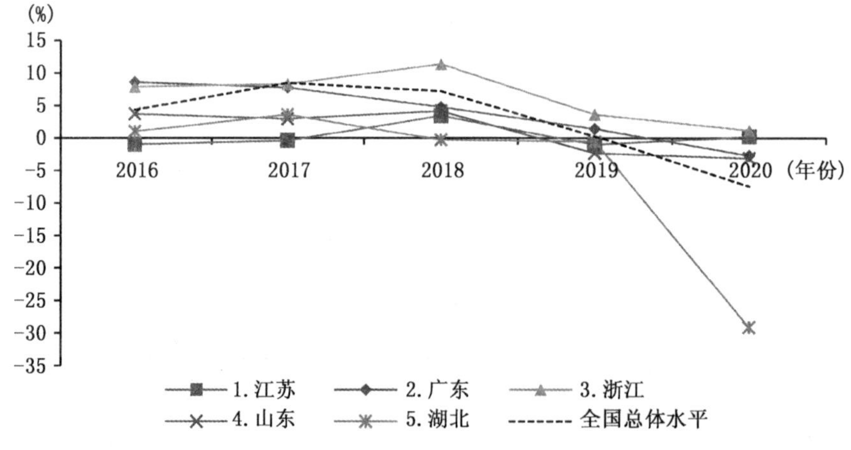

图 1—22　2016—2020 年电力、热力、燃气及水的生产和供应业规模前 5 位省份财政收入增长率

（5）规模前 5 位省份的财政收入增长率。图 1—23 显示了 2016—2020 年建筑业规模前 7 位省份的财政收入增长率变动的时间趋势，虚折线指示全国的整体水平，黑色折线指示受灾最严重的湖北省。建筑业规模较大的省份，其共同点是经济规模较大，经济发展势头较好，经济活动最为活跃，城市化进程最为迅速。值得注意的是，除上文已经讨论过的传统工业发达省份以外，河南省的建筑业规模位列全国第四，并且其财政收入在疫情发生前的 2016—2019 年持续增长，在减税降费改革压力较大的 2019 年仍保持了 4.16％的增长率，经济增长呈现出十分积极的态势。特别地，在新冠肺炎疫情冲击全国的前三季度，河南省依然保持为正的财政收入增长率，预测全年同比上升 1.30％，位列全国第二。河南省在此次疫情期间反应及时，应对果断，及早地从疫情的不利影响中恢复过来。根据河南省财政厅 9 月 1 日的通信稿件，河南省在 2020 年 7 月份就已经实现财政收入累计值由负转正，其中，重大项目建设以及房地产业复工复产进度加快是拉动收入提高的主要因素。这说明，迅速、及时的疫情防控能够有效保障经济的稳定运行，确保处于城市化加速期的省份不会因为疫情而陷入停滞状态。

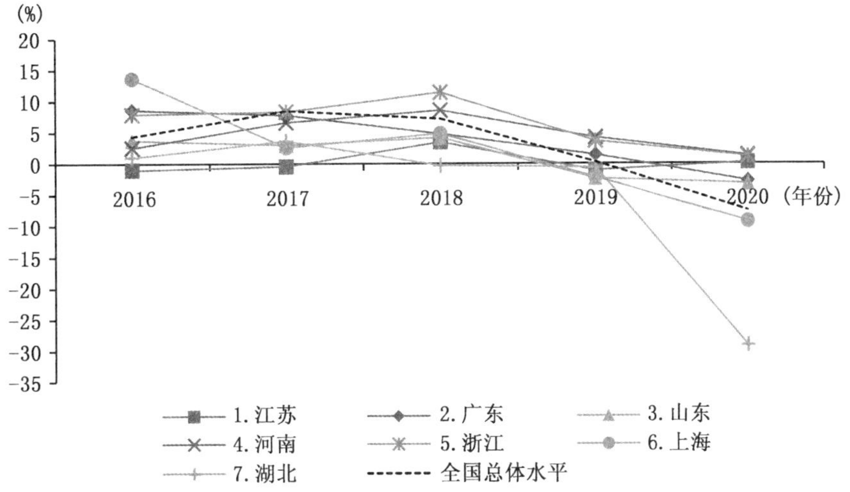

图 1—23　2016—2020 年建筑业规模前 7 位省份的财政收入增长率

①针对第三产业的分析。在第三产业的细分行业中，批发和零售业、住宿和餐饮业的规模具有较强的相关性，在全国排名位于前列的同样也是第三产业规模最大的几个省份。图 1—24 展示了 2016—2020 年第三产业规模前 7 位省份的财政收入增长率。我们观察到，第三产业规模最大的前 7 个省份同时也是中国经济最为发达的地区。根据财政部国库司的报告，2020 年 1—9 月，全国国内消费税同比下降 5％，车辆购置税同比下降 4.4％，这说明，此次疫情对线下的商业活动影响十分明显。除浙江省、河南省的财政收入依然保持增长以外，经济最为发达的其他 5 个省份的财政收入都出现了不同程度的下降。具体而言，根据浙江省财政厅 3 月 24 日发布的财政预算执行情况，浙江 1—2 月累计企业所得税收入 290.96 亿元，增长 13.6％，增收主要来自信息传输软件和信息技术服务业，增长 311.3％；根据浙江省财政厅 10 月 19 日发布的财政预算执行情况，浙江省

1—9 月累计个人所得税收入 363.63 亿元，增长 6.0%，增收部分主要来源于资本市场形势好转带动股权转让收入增收。这说明，浙江省的财政收入增长主要得益于疫情期间迅速发展的线上经济和整体活跃的资本市场。这说明，创新的商业模式、优化的经济结构、活跃的资本市场可以有效地提升财政的风险抵御能力。

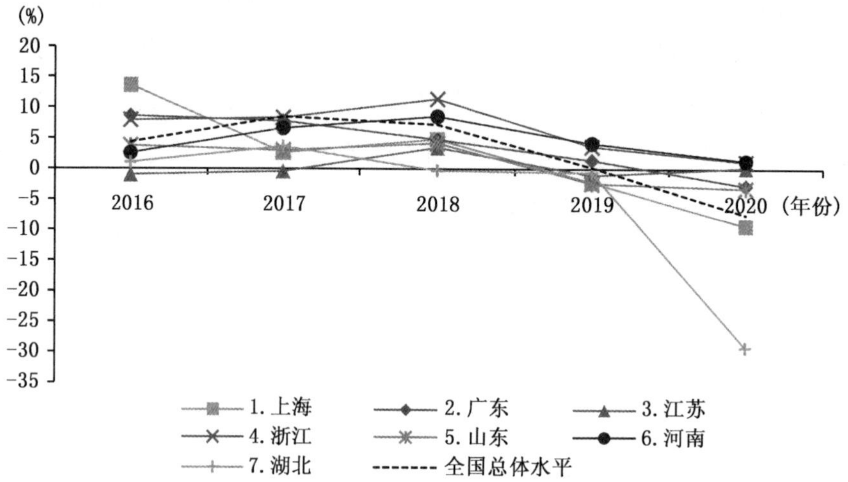

图 1—24 2016—2020 年第三产业规模前 7 位省份的财政收入增长率

图 1—25 展示了 2016—2020 年交通运输仓储和邮政业规模前 9 位省份的财政收入增长率。我们观察到，交通运输仓储和邮政业规模前 9 位省份同时也是中国物流交通最为发达的地区，但是，作为中国重要的采矿业基地山西省 2020 年保守预测的财政收入增长率跌至－11.35%。具体而言，根据国家统计局 10 月 19 日发布的《2020 年 9 月能源生产情况》，规模以上工业原煤产量除 3 月、4 月出现弥补性的反弹以外，其余月份的产量都出现不同程度的同比下降。这说明，疫情对采矿业的负向影响可能迅速地传导到了物流行业。此外，作为中国交通运输仓储和邮政业规模第一的上海市 2020 年保守预测的财政收入增长率跌至－9.30%。具体而言，根据嵊泗县人民政府 9 月 3 日发布的消息，洋山深水港 2020 年 7 月累计集装箱吞吐量同比下降 6.41%。这说明，全球持续蔓延的新冠肺炎疫情可能会在较长一段时间内负向影响我国的国际物流行业。

②受灾程度异质性分析。截至 10 月 31 日，全国共有 7 个省份累计确诊人数超过 1 000 例，这些省份面临着较大的防疫、医疗压力，客观上复工复产的难度会相对更大。图 1—26 展示了中国内地数据完整的 5 个累计病例超过 1 000 人的省份 2016—2020 年财政收入增长率的时间趋势，我们发现，累计病例较多的省份通常是中国经济较为发达的地区，这些省份具有运行良好的社区管理组织，防疫工作更加有效、到位，其生产活动

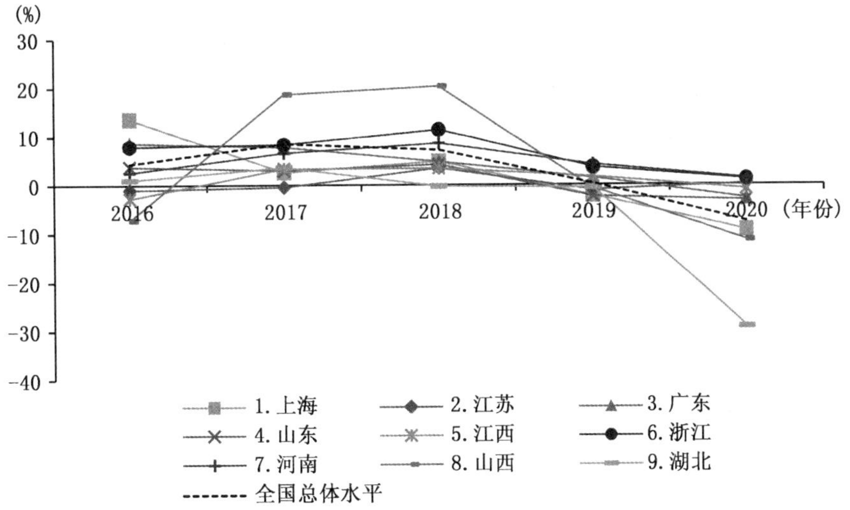

图 1—25　2016—2020 年交通运输仓储和邮政业规模前 9 位省份的财政收入增长率

不会出现剧烈的停摆，并且能够更快地实现复工复产，其财政收入具有较好的稳定性，即使存在一定程度的下降，也能够控制在可接受的范围内，2020 年预测的财政收入增长率大都高于全国水平。但同时，我们观察到面临极大疫情境外输入风险的上海市的预测财政收入出现明显的下滑，增速跌至－9.30％，低于全国平均水平。这说明，疫情对于经济的负面冲击已经从年初的湖北省转移到国际人员流动更加频繁的地区，繁重的疫情防控压力，严格的口岸检疫任务以及较高的无症状患者传染风险使得这些地区面临着不可忽视的财政收入下行压力。

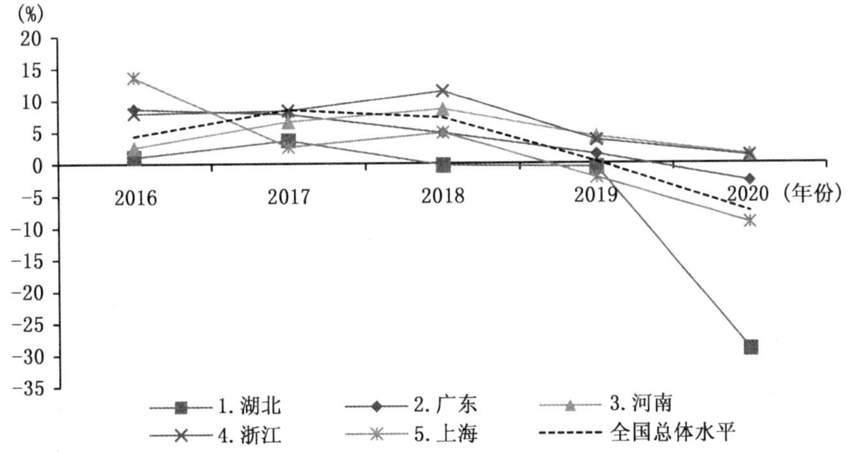

图 1—26　确诊人数超过 1 000 例省份 2016—2020 年财政收入增长率

特别地，图 1—27 展示了境外输入确诊人数前 5 位省份 2016—2020 年财政收入增长率的时间趋势，我们发现，除广东省以外，其他 4 个省份的预测财政收入均明显低于全国平均水平。其中，内蒙古和黑龙江与俄罗斯接壤，陕西与伊朗等伊斯兰国家交往密切，上海是东亚地区国际交往的中心之一，因此，这些省份面临着极大的疫情境外输入风险，当地的经济活动也必然随着国际交往的减少而同比下降，表现为实际财政收入的下降。这说明，我国疫情防控的工作重点已经转移到严防境外疫情输入，这包括严防无症状感染的国际旅客直接入境造成二次传播，严防陆上口岸出现病毒携带者涌入国境造成大规模二次传播，严防国际旅客定点收治医院内部出现二次传播，严防国际冷链物流中携带新冠病毒造成聚集性传播。以上的防控措施都需要当地承担极高的公共卫生支出，并且较大地阻碍了当地第三产业的正常运行。因此，应当重点关注这些省份的财政收支情况。

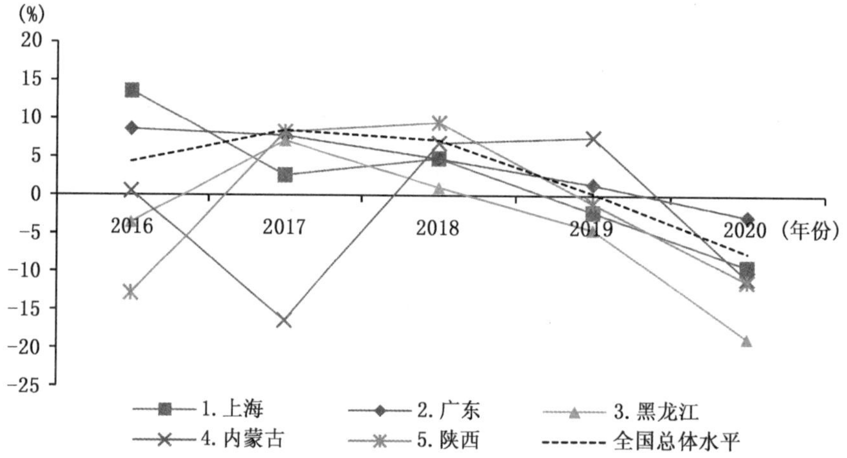

图 1—27　境外输入确诊人数前 5 位省份 2016—2020 年财政收入增长率

3. 进一步讨论：经济结构决定财政稳定性

(1)浙江省：线上经济助力稳定财政收入。在此次疫情期间，浙江省 1—2 月份累计一般预算财政收入不降反升，同比增长 2.8%，与全国财政收入整体下滑的趋势形成鲜明对比。具体而言，浙江 1—2 月企业所得税收入 290.96 亿元，增长 13.6%，增收主要来自信息传输软件和信息技术服务业，增长 311.3%。此外，根据浙江省财政厅 10 月 19 日发布的财政预算执行情况，浙江省 1—9 月累计个人所得税收入 363.63 亿元，增长 6.0%，增收部分主要来源于资本市场形势好转带动股权转让收入增收。这说明，浙江省的财政收入增长主要得益于疫情期间迅速发展的线上经济以及活跃的资本市场。

线上经济搭配总部经济，助力浙江省财政收入逆势上升。总部经济（Headquarters

Economy)这种经济模式是利用单一产业价值的吸引力、聚合大规模资源、形成有特定职能的经济区域。值得注意的是，近年来，各省份企业所得税的税收贡献在逐步攀升，随着“金税工程”的完善和国地税机构合并，企业所得税对财政的贡献度将越来越大，而由于税收制度的特殊性，企业所得税的规模十分依赖总部经济的发展。具体到浙江省而言，其省会杭州市拥有全球最大的电子商务巨头之一阿里巴巴集团，其主要业务涵盖电子商务服务、蚂蚁金融服务、菜鸟物流服务、大数据云计算服务、广告服务、跨境贸易服务这六大主要板块，而这六大板块几乎组成了中国线上经济的大部分基础设施。这次新冠肺炎疫情的爆发极大地增加了市场对线上经济基础设施的需求，例如，在疫情期间，全国范围内出行受限的居民更多地使用手机淘宝、天猫等购物应用，支付宝等金融服务应用，饿了么等外卖订餐应用；阿里巴巴旗下的移动办公应用“钉钉”跃居苹果应用商店下载量第一等。以阿里巴巴集团为代表的电子商务企业的集聚构成了浙江省总部经济的增长发动机，强大的国内市场让浙江省的线上经济巨头享受到了“宅经济”的巨大红利，弥补了浙江省实体经济在此次疫情中对财政收入贡献的下降，有效地稳定了浙江省的财政收支情况。

线上经济促进经济活力，有效抵消新冠肺炎疫情的不利影响。值得强调的是，本次新冠肺炎疫情的本质是一场公共健康危机事件，它对经济的影响主要集中在阻碍经济个体的接触和物质交流，而“线上经济”作为经济活动的一个重要组成部分，有效地补充了受疫情影响显著减弱的线下经济活动，为国内仍然处于正常水平的消费需求提供了途径，助力强大的国内市场发挥托底支撑作用，例如 4 月 6 日央视新闻“谢谢你为湖北拼单”公益活动利用手机淘宝的直播平台和新颖的线上“主播带货”销售方式，吸引了 1 091 万人观看，两个小时之内累计卖出总价值 4 014 万元的湖北商品。此外，发改委在 4 月 20 日例行新闻发布会上强调，线上课堂、网上办公、远程医疗等新业态成长迅猛，(全国一季度)信息传输、软件和信息技术服务业增加值同比大幅增长 13.2%。这些逆势增长的新业态正是线上经济在现实经济生活中不断延伸的例证，特别地，其在疫情期间的出色表现也证明线上经济对突发公共危机冲击的缓冲作用，强大的线上经济可以有效地保护现实经济社会的正常、平稳运转，为区域的财政收入稳定提供有力保障。

(2)采矿业大省：需求冲击导致财政收入波动。本文观察到，采矿业规模最大的三个省份：山西省、内蒙古自治区和陕西省，在面临新型冠状病毒肺炎疫情的冲击时，其财政收入下降的幅度全部远大于全国整体水平，超过了 10%。这说明，处于工业上游的采矿业企业最先受到疫情对经济的不利影响。在疫情得到有效控制之前，企业生产性活动大面积停摆，市场短期内形成了原材料、能源需求下降的预期，普遍对 2020 年中国经济看跌，采矿业企业的生产活动会最先受到冲击。具体而言，根据国家统计局3月16日发布的《2020年1—2月能源生产情况》，规模以上工业电力生产下降，日均发电量171.1亿千瓦时，同比下降8.2%，其中火电同比下降8.9%。此外，根据国家统计局10月19日发布的《2020年9月能源生产情况》，规模以上工业原煤产量除3月、4月出现弥补性的反弹以外，其余月份的产量都出现不同程度的同比下降。全国范围内持续正常运转的工业生产是改善采矿业企业财务压力的关键。如果疫情在第四季度也能够得到持续有效的控制，那么中国的宏观经济环境将得到进一步改善，山西、内蒙古和陕西的财政收入下行压力亦将得到较大的缓解。

随着疫情在上半年逐步得到有效的控制，全社会稳步迈入复工复产的通道，原材料、能源的需求逐渐回归正常水平，采矿业大省下挫的财政收入已经一定程度上得到恢复。财政部10月30日发布的《2020年1—9月全国国有及国有控股企业经济运行情况》显示，在营业总收入、利润总额连续4个月实现月度同比(下同)增长的基础上，1—9月国有企业营业总收入已恢复至去年同期的99.3%。制造业下游企业经营环境的逐步改善意味着整个经济已经完全进入复苏通道，采矿业企业年初所面临的需求负面冲击也将逐渐消减。

4. 总结与对策

(1)总结：乐观的收入，保守的支出。本次疫情期间，全国财政呈现出收支同降的情况，财政收入的下降主要来源于企业暂时性的停工停产导致的与生产性活动相关税收收入下降；财政支出的下降主要来源于疫情导致的部分公共项目暂停。

从收入端看，我国的新型冠状病毒肺炎疫情已经得到有效的控制，随着企业逐渐复工复产，财政收入已经出现一定程度的回升，但是由于疫情在全世界蔓延的趋势愈发严峻，未来全球经济存在重大不确定性，国内、国外商业活动同比去年明显减弱，国内消费和对外贸易情况不容乐观。因此，预计2020年我国全年实际财政收入将同比下降。

从支出端看，为了支持全国范围内“六稳六保”工作的顺利进行，年初全国范围内大量待开工的公共项目有一部分被取消或延缓，结合本年十分严峻的财政收入情况，预计我国整体的财政支出将出现小幅下降。随着疫情稳定，部分公共项目有序开工，经济活动逐渐步入正轨，累计财政支出的降幅已经出现一定程度的收窄。此外，随着年内“新基建”的提出和逐步落实，各省份财政支出大概率会与2019年的财政支出持平。因此，预计2020年我国全年实际财政支出将同比略有下降。

分省份来看，经济基本面较好、经济结构更优的省份，在面临突发疫情时，其生产活动不会出现剧烈的停摆，并且能够更快地实现复工复产，其财政收入具有较好的稳定性，即使存在一定程度的下降，也能够控制在可接受的范围。特别地，疫情期间浙江省凭借信息传输软件和信息技术服务业的税收增加，实现全年预测财政收入不降反升。此外，值得注意的是，采矿业规模全国前三的山西省、内蒙古自治区和陕西省在疫情期间(1－2月份)均出现财政收入的剧烈下降，前三季度累计财政收入的降幅虽有收窄，但仍然明显低于全国平均水平。这说明更优的经济结构是稳定区域财政收入的重要因素。

最后，从收支两方面来看，此次疫情对财政收入的负面影响是比较显著的，几乎所有的省份都出现了财政收入的同比下降，预计仅有三个省份 2020 年全年财政收入增速为正。此次疫情抑制了大部分省份的财政支出，特别是保有较多待开工公共项目而财政收入较低的省份承担了更多的财政预算支出削减，例如贵州省、重庆市和云南省前三季度的实际财政支出远低于其原本的增长路径。

(2)预测：财政缺口普遍增加。根据本书预测，保守的财政支出伴随乐观的财政收入成为大概率事件。值得注意的是，即使在乐观估计下，即 2020 年第四季度我国实际财政收入能够与 2019 年持平的情况下，我国全年的实际财政收入仍会同比略微下降，同比增速预计在－5％到－6.5％，尤其是本次疫情的重灾区湖北省，其全年财政收入同比增速在－21％到－29％。而保守的财政支出意味着第四季度的财政支出将与前三季度的支出情况保持一致，支出重点仍是疫情防控和“六稳六保”工作，部分公共项目暂停或延缓，增长速度预计在－2％到 0％。这就意味着即使是保守的财政支出，其同比降幅仍然小于财政收入的降幅，这将导致全年一般公共预算财政收支的缺口增大，预测将从 2019 年 48 492 亿元扩大到大约 53 585 亿元的水平。

针对不同省份，从收入来看，预计疫情最为严重的湖北省将出现极大的财政收入下降，其实际一般公共预算收入同比增速在－21％到－29％；预计经济结构较为落后的山西省、陕西省、海南省和内蒙古自治区也将出现较大的财政收入下降，山西省全年实际一般公共预算收入同比增速在－8％到－11％，陕西省在－8％到－11％，海南省在－12％到－18％，内蒙古自治区在－6％到－11％。从支出来看，保有较多待开工公共项目而财政收入较低的省份将承担更多的财政预算支出削减，预计贵州省、重庆市和云南省全年实际财政支出将远低于其原本的增长路径。从财政收支缺口来看，预计 2020 年全年大部分省份财政收入的降幅将显著大于财政支出的降幅，各省份均出现不同程度的财政缺口扩大成为大概率事件。

(3)对策：保生产，防输入，求稳定。本次新型冠状病毒肺炎疫情对财政的负面影响主要体现在一般公共预算收入的下降，具体而言，前三季度与企业生产活动相关的税收收入出现较大的同比下降，国内增值税收入 42 690 亿元，同比下降 13.5％；企业所得税收入 30 014 亿元，同比下降 4.9%。因此，支持企业全年保持正常运行，在保稳定的基础上保增长成为今年经济建设任务的主旋律。

①严防疫情复燃。虽然目前国内疫情已经得到有效控制，但我国仍然面临长期的、严峻的国外输入病例和无症状感染者传播的风险，北京新发地市场聚集性传染、青岛胸科医院聚集性传染、新疆喀什聚集性传染等案例为我们敲响了警钟。这要求各地政府做好打疫情防控持久战的准备，实时监测区域内人群聚集地的发热病例，督促已复工企业注意人员的流动情况和发热情况，严防疫情在区域内的复发，确保区域内企业恢复正常运行。

②确保企业生存。本次疫情对企业的影响持续时间较长，对企业的用工、现金流、生产、销售几乎每一个环节都造成了极大的影响，地方政府应当积极配合区域内企业，针对企业在每一环节上的困难提供积极帮助，财政上为企业提供纾困资金，减免或部分地取消社保支出压力，为困难企业提供就业资金补助，利用失业保险基金盈余拨付稳岗补贴，帮助员工在企业复工后及时到岗，行政安排上为企业恢复产能提供便利等。

③关注中小企业。地方上更加关注规模以上企业的复工复产和生存状况，但是此次疫情中受到冲击最为严重的是广大中小企业。中小企业没有足够规模和抵押品，资金极为紧张，长期持续的疫情使得线下经济出现明显停顿，商业活动骤减，现金流趋紧的中小企业容易出现倒闭潮，导致失业上升，中长期来看，居民的消费水平将随着收入的停顿而下降。为防止疫情产生的危机从供给侧传导至需求侧，政府需要制定专项计划帮助疫情期间的中小企业渡过难关，保证中小企业的存活率，避免因失业率激增而产生经济萧条。

（三）全球应对新冠肺炎疫情的财政政策研究

1. 中国财政政策现状与趋势分析

突入其来的疫情不仅对全世界人民的生命健康产生了威胁，同时各行各业都被按下了暂停键，给全球经济带来了前所未有的冲击。在控制疫情持续扩散方面，大多数国家都采取了一系列严格的防疫政策，如居家隔离、保持社交距离等措施，与此同时，也衍生出众多的经济问题，隔离等防疫措施使得企业停产停工，并且居民消费形势低迷。为维持社会稳定、减少疫情对经济的负面冲击，各个国家根据国内疫情的实际发展阶段也相继推出了一揽子政策以期促进经济活力。自疫情爆发以来，中国政府采取了全面而又彻底的防控措施，也正是由于这强有力的严格举措使得国内在两个多月的时间里基本控制住了疫情。国家发改委 3 月中旬的新闻发布会指出，除湖北等个别省份，大部分地区规模以上企业的复工率已超过 90%。我国政府在为民生提供保障、稳定经济发展等方面推出了一系列政策，其中财政政策作为对冲疫情伤害有效的手段，已从多方面为企业、个人缓解了所受到的疫情冲击。就目前来看，现阶段疫情得到了有效地控制，进入常态化的疫情防控期，国内经济正逐步恢复，反映经济发展的各项指标已明显改善。

(1)疫情冲击下的中央财政政策。自疫情爆发至今，可将所推出的财政政策归类为以下两个大的方面。第一，在疫情爆发阶段，这一期间财政政策侧重于支持各类防疫措施；第二，鉴于疫情所带来的众多经济后果，财政部等相关部门推出了相应的财税扶持政策，为经济发展保驾护航。具体来说，在防疫阶段的对策中，主要是为患者提供费用补贴、为支持抗疫的各行各业提供税收减免等优惠措施；在促进经济发展的对策中，主要是对各地区的企业采取税费减免等优惠政策、发行特别国债以及加大专项债发债力度等。以上相关的财政政策以针对企业、个体等微观主体为主，结合发行特别国债、加大专项债发债力度等宏观政策共同对抗疫情的冲击。

①侧重于支持防疫的应对措施。第一，面向个人。为保障人民群众的生命健康，切实支持疫情的防控工作，财政部及国家卫生健康委等部门在第一时间出台了相关政策。该部分主要梳理了侧重于支持防疫、面向个人的相关举措。面向个人的政策主要包括三个方面：一是为患者的医疗费用提供补贴。对于落实患者的费用补助方面，主要就个人负担部分给予补助，补助部分由地方财政与中央财政共同承担，这样一来为患者减轻了经济压力，保障其就医接受治疗的机会。二是为医护人员提供保障。医护工作者作为抗击疫情的中坚力量，各级财政为该群体提供了一定的工作补助，并对抗疫所取得的相关补助、奖金以及单位发放的相关防护用品，进一步免征个人所得税。通过免征个人所得税的方法尽可能减轻医务工作者的经济负担，以期能够为医护人员提供一定的激励保障。三是为支持抗疫的个人减免相关税费。对于个人层面的抗疫行为，给予了税收减免的支持。在疫情期间，物流问题突出，为进一步保障物资流通，对于运输防控重点保障物资所取得的收入，可免征增值税；对于提供公共交通、生活服务，以及为居民提供必需生活物资快递收派服务取得的收入，同样免征增值税。

第二，面对医疗机构、企业。医疗机构作为防疫的重要承载方，对其疫情期间所需的防护、治疗设备诊断试剂采购所需经费等给予一定的补助，同时对于取得的卫生服务收入，按规定免征各项税收；对其自用的房产、土地，免征房产税、城镇土地使用税。为鼓励企业的抗疫行为，给予了一定的财税支持。一是为支持早日研发攻关，对进入医疗器械应急审批程序并与新型冠状病毒相关的防控产品、治疗和预防新型冠状病毒感染肺炎的药品，免征相关注册费；二是为支持物资生产、保障救护物资的有效供应，对疫情防控重点保障物资生产企业来说，以扩大产能为目的新购置的相关设备，允许其在当期一次性将在核算企业所得税时进行扣除；三是对于疫情防控重点保障物资生产企业，可以按月向主管税务机关申请全额退还增值税增量留抵税额；四是这些重点保障企业可以通过中央人民银行向指定地区法人银行发放的专项再贷款获得信贷支持。在此基础之上，中央财政专门安排财政贴息资金，按企业最终获得的贷款利率的 50%进行贴息，期限为一年。

第三，面向农业经营主体。为支持新冠肺炎疫情防控期间农产品稳产保供工作，主要提出了以下三方面具有针对性的财政政策：一是为农业信贷担保相关费用进行减免。国家农业信贷担保联盟有限责任公司对全国省级农担公司再担保业务减半收取再担保费用。二是尽快拨付农业生产救灾资金。中央财政将通过农业生产救灾资金，支持水稻、小麦等农作物重大病虫害和草地贪夜蛾防控，并对湖北省适当倾斜，对其蔬菜病虫害防控适当支持。三是中央财政在测算分配 2020 年农业生产发展资金等转移支付时，将向湖北省等疫情防控重点地区倾斜，适当加大资金支持力度，促进恢复农业生产。

第四，面向公众。为鼓励公益捐赠，对于企业和个人直接向承担疫情防治任务的医院捐赠用于应对新型冠状病毒感染的肺炎疫情的物品，允许在计算企业所得税或个人所得税应纳税所得额时全额扣除；单位和个体工商户将自产、委托加工或购买的货物，无偿捐赠用于应对新型冠状病毒感染的肺炎疫情的，免征增值税、消费税及附加税。同时，对用于疫情防控的捐赠进口物资，免征进口关税和进口环节增值税、消费税；对卫生健康主管部门组织进口的直接用于防控疫情的物资，免征关税。

此外，疫情防控期间，中央财政安排资金对疫情期间不停航和复航的国际航班予以支持，按照飞行目的、疫情影响程度等因素的不同，采取不同的奖励标准。

②侧重于复苏经济的应对措施。第一，为企业减税降费，减轻压力。为企业减轻压力，主要在以下方面做出了应对措施，例如对困难企业进行重点支持、阶段性减免企业社保费、允许其缓缴住房公积金、对所得税进行减免以及延期缴纳优惠。一是在支持困难企业方面，对受疫情影响较大的交通运输、餐饮、住宿、旅游等行业企业，允许其在 2020 年度发生的亏损，最长结转年限延长 3 年—8 年；对受疫情影响较大的电影等行业，提出了免征国家电影事业发展专项资金以及文化事业建设这两项政府性基金；对于疫情严重地区的公司上市所需要的相关费用进行了免除，如免收湖北省上市公司、挂牌公司应向证券交易所、全国中小企业股份转让系统缴纳的 2020 年度上市年费和挂牌年费，免除湖北省期货公司应向期货交易所缴纳的 2020 年度会费和席位费。二是在为中小企业减轻压力方面，先后提出了延缓、减免企业所得税等优惠举措，具体允许小型微利企业、个体工商户延缓缴纳 2020 年所得税，可延迟至 2021 年首个申报期内一并缴纳，而且对承租国有房屋的小微企业进行了租金的减免，与此同时，对于为小微企业和个体工商户减免

租金的出租方，减免其当年的房产税、城镇土地使用税，以期能够从多方面为中小企业提供帮助。三是对于企业所缴纳的社会保险等费用进行了阶段性的减免，鉴于湖北的疫情较为严重，对湖北及湖北以外各省份采用了不同的优惠措施，对于湖北省之外的地区来说，中小微企业可于2月至6月免征企业养老、失业以及工伤保险这三项费用，而对大型企业在2月至4月间采用减半征收的方式；对于湖北省的各类参保企业都可享受2月至6月间免征这三类费用的优惠。四是对小规模纳税纳税人也采取了增值税减免的优惠措施，同样对湖北与湖北以外的地区进行了区别处理，湖北省是针对增值税小规模纳税人，适用3％征收率的销售收入，免征增值税；其他地区的增值税小规模纳税人适用3％征收率的应税销售收入，减按1％征收率征收增值税。五是从降低企业成本的角度来说，国家发改委于2月下旬提出降低企业用电价格与天然气价格，具体于2月1日至6月30日对除高耗能行业用户外的其他企业，统一按原到户电价水平的95％结算，对于天然气可提前执行淡季天然气价格政策。六是对于加工贸易企业可暂免征2020年4月15日至12月31日的内销税款缓税利息。

除此之外，在后疫情时代，为进一步助力企业纾困，财政部联合税务总局于5月中旬对已有的税费减免等优惠政策进行了延期，对于《财政部 税务总局关于支持新型冠状病毒感染的肺炎疫情防控有关税收政策的公告》(财政部 税务总局公告2020年第8号)①、《财政部 税务总局关于支持新型冠状病毒感染的肺炎疫情防控有关捐赠税收政策的公告》(财政部 税务总局公告2020年第9号)②、《财政部 税务总局关于支持新型冠状病毒感染的肺炎疫情防控有关个人所得税政策的公告》(财政部 税务总局公告2020年第10号)③、《财政部 国家发展改革委关于新型冠状病毒感染的肺炎疫情防控期间免征部分行政事业性收费和政府性基金的公告》(财政部 国家发展改革委公告2020年第11号)④规定的税费优惠政策，执行至2020年12月31日。

---

① 其中提到的税费优惠政策包括对疫情防控重点保障物资生产企业为扩大产能新购置的相关设备，允许一次性计入当期成本费用在企业所得税税前扣除；疫情防控重点保障物资生产企业可以按月向主管税务机关申请全额退还增值税增量留抵税额；对纳税人运输疫情防控重点保障物资取得的收入，免征增值税；受疫情影响较大的困难行业企业2020年度发生的亏损，最长结转年限由5年延长至8年；对纳税人提供公共交通运输服务、生活服务以及为居民提供必需生活物资快递收派服务取得的收入，免征增值税。

② 其中提到的税费优惠政策包括对疫情期间个人和企业通过公益性组织、县级以上政府机构、承担疫情防治任务医院的捐赠，给予了税前全额扣除的优惠政策，对于满足条件的捐赠行为，免征增值税、消费税、城市维护建设税、教育费附加和地方教育附加等税费。

③ 其中提到的税费优惠政策包括对疫情期间参加疫情防治工作的医务人员和防疫工作者取得的临时性工作补助和奖金，以及单位发给个人用于预防新型冠状病毒感染的肺炎的药品、医疗用品和防护用品等实物免征个人所得税进行了规范。

④ 其中提到的税费优惠政策包括免征疫情期间医疗器械产品注册费和药品注册费；免征航空公司应缴纳的民航发展基金。

第二,发行特别国债,筹措抗疫资金。在 2020 年 3 月 27 日中央政治局会议提及发行特别国债之后,李克强总理在政府工作报告中再次提出发行 1 万亿元抗疫特别国债,此次除明确特别国债 1 万亿元的额度外,还对其用途进行了说明,对于疫情下发行的特别国债主要用于地方基础建设实施,以及与抗疫相关的支出。特别国债通常在特定的经济环境下发行,具有较强的针对性。在此之前,为补充国有商业银行资本金、为国家外汇投资公司筹措本金,我国先后发行过两次特别国债。此次疫情下特别国债的发行,为抗击疫情的冲击进一步筹集了资金。这类特别国债的优点在于发行时间与方式均很灵活,能够快速筹集资金,并且特别国债不计入财政赤字。在中央政策的指引下,抗疫特别国债于 6 月中旬正式发行,并于 7 月底结束。

第三,加大对地方政府的转移支付,为地方财政提供支持。疫情下各地区财政收支受到了较大的冲击,企业复工复产过程中存在的成本上升、压缩利润直接影响税基的稳定,势必进一步反映到地方财政收入上。结合近年来大力推行减税降费,地方财政在疫情之前就已经承受着较大的财政压力。在这样的背景下,部分地方的财政难以维持收支平衡,甚至存在入不敷出的地区。因此,为进一步缓解地方财政的压力,中央政府提供了相应的支持。一方面,加大对地方的转移支付力度;另一方面,落实转移支付等资金的加速拨付,除预拨了均衡性转移支付外,还预拨了县级基本财力保障机制奖补资金,进一步增强地方财政经费保障能力,以期能够为地方疫情防控工作提供有力的支撑,扎实做好稳就业、稳金融、稳外贸、稳外资、稳投资、稳预期六项工作,全面落实保居民就业、保基本民生、保市场主体、保粮食能源安全、保产业链供应链稳定、保基层运转任务这六项任务。

(2)疫情冲击下的地方财政政策。自新冠肺炎疫情发生以来,中央陆续颁布了一系列全国性的财税政策。地方政府在落实中央政策的基础上,根据各地实际的疫情防控进度及经济滞后程度,进一步推出了恢复本地经济发展的地方性政策,主要聚焦于为企业减轻成本压力、加强企业用工保障以及发放消费券等方面,切实为促进经济的复苏提供保障。

①为企业减轻成本压力。从为企业减轻压力的角度来看,其贷款利息及房屋租金作为刚性支出,是企业经营活动中一笔较大的成本费用,对该笔费用进行补贴是弥补成本的有效措施。与此同时,地方政府在充分考虑当地企业所面临实际困境的基础上,依据各地区的具体情况进一步选择是否加大减税降费的力度,并酌情提供缓缴相关税费的选择。从各地区已推出的财税政策来看,主要包括为企业提供贷款补贴、为企业减免租金费用以及为企业减税降费。

第一,为企业提供贷款贴息。对于疫情防控重点保障企业,中央层面上不仅为其提供优惠利率信贷，在此基础上还按照再贷款利率的50%给予贴息。除全国性的贴息支持外，部分地区对于这类企业进行了补充支持。河南、江西、黑龙江等地区对取得中央财政贴息的企业再按一定的贴息比例给予省层面的财政支持。除此之外，鉴于是否能够纳入疫情防控重点保障企业，存在一系列的申请条件，对于已上报但最终未能申请成功的企业，黑龙江、贵州等地区给予了省层面的贴息支持。除省层面的扶持政策外，部分城市也推出了贴息措施，深圳市所提供的贴息支持主要面向受疫情影响严重的中小微企业，按照疫情期间新增贷款利息的50%给予补贴，最高不超过100万元。

第二，为企业减免房租。在为企业减免房租方面，按照企业类型可分为面向承租国有资产类经营用房的企业与租用其他经营住房的企业这两类情况。河北、陕西、福建等省份对承租国有资产类经营房产，且符合条件的企业提供免收房租的优惠政策，主要通过免收1个月房租，减半征收2个月房租的方式；也有部分地区扶持力度较大，如湘潭市对符合条件的企业直接免收一季度3个月的房租，再对后面3个季度的房租进行减半征收。以上主要是面向承租国有资产类经营用房企业的房租减免优惠，对于非国有资产经营用房的企业来说，地方政策文件中以鼓励为主，如鼓励大型商场、市场运营方适度减免租户的租金，具体可由出租方与企业共同协商租金的事宜。除鼓励之外，部分地区也对此提供了资金支持，如北京不仅对小微企业、初创文化企业的房租进行减免，还对受疫情影响严重且为居民提供生活保障的连锁餐饮、生鲜超市等企业提供一定比例的房租补贴；北京除对符合条件的企业进行租房补贴外，还对房屋出租方进行了资金支持，具体对那些为中小微企业减免租金的企业，给予了一定的补贴。

第三，为企业减税降费。在减税方面，多省份为企业提供了房产税、城镇土地使用税的减免优惠。黑龙江对于符合条件的增值税小规模纳税人，根据自用或出租进行了具体的说明。对于自用房产、土地可免征房产税与城镇土地使用税（时间限制在2020年3月—5月），对于租借给个体工商户且为其免除房屋租金的出租方，同样可免除该期间的房产税与城镇土地使用税。以上主要是在指定期间内，对符合条件的企业所应缴纳的房产税、城镇土地使用税进行了全额的减免，而厦门市政府是对符合条件的企业实际缴纳房产税、城镇土地使用税的50%给予补贴。在降费方面，部分省份主要采用的是为企业降低社保缴纳比例的方式。如重庆市规定，在2020年2月—4月，企业为职工缴纳医疗保险从原来8%的缴费比例降至4%。在延缓缴纳社会保险费和住房公积金方面，多省份提出受疫情影响且生产经营出现严重困难的企业，可申请缓缴社会保险费用，在缓缴期间均可免收滞纳金，但各地区在允许的缓缴期限方面存在差异，如重庆、贵州等多地为6个月，而甘肃缓缴期最长为1年。

②为企业加强用工保障。在为企业加强用工保障、稳定就业岗位方面，除上述提及的缓缴社保、降低社保缴费比例外，各地政府还推出了一系列返还失业保险费用、为企业提供各类补贴等措施。

第一，保障企业用工。在各地复工复产阶段，由于疫情在各地区的严重程度以及管控强度上存在差异，在帮助员工返程的问题上，部分地区也出台了相关补贴政策，对企业为员工返岗所需要的包车费用、核酸检验费用提供资金支持。更主要的政策还是侧重于通过返还失业保险、增加补贴等方式来稳定就业岗位。广西壮族自治区对春节期间为疫情保障提供物资的企业提供一次性的稳就业补贴；浙江、广东等省份对不裁员或少裁员的企业提供了失业保险费返还的鼓励措施，具体对不裁员或少裁员的参保小微企业，返还其上年度实际缴纳失业保险费的50%，浙江对其中面临暂时性生产经营困难且恢复有望的小微企业进一步提高了返还标准，返还标准可按6个月的企业及其职工缴纳社会保险费的50%确定；陕西省对不裁员或少裁员的参保企业，返还上年度实际缴纳失业保险费用的60%；山东为鼓励企业增加员工的就业机会，不仅对于不裁员或少裁员的参保企业，按50%的比例返还上年度实际缴纳的失业保险费，并且每增加一名符合条件的新员工，为企业提供1 000元的就业补贴。

第二，为企业职工培训提供补贴。国家发展改革委办公厅等四部门于2月上旬发布《关于应对新型冠状病毒感染肺炎疫情支持鼓励劳动者参与线上职业技能培训的通知》，疫情下鼓励企业为广大劳动者提供线上技能培训，进一步提高劳动者的技能水平。多地区在该政策的指引下相继推出了相关的对策，一般采用对企业按比例补贴、定额补贴两种方式。如浙江、上海等地对企业实际培训费用的95%进行比例补贴，并对每个人实际补贴的最高额度进行了限制，原则上浙江每人实际补贴的培训费用不超过800元，上海最高限额为600元。此外，部分城市也提出了定额补贴的政策，如西安对于企业所开展的职工培训活动，限定了补贴额度的上下限，每人最高不超过5 000元，最低不得低于1 000元的标准；天津市对于线上培训按照每人600元的标准进行补贴。

③发放消费券，促进消费。疫情防控初期，严格的居家隔离等措施进一步使得居民消费低迷，具体表现为旅游、商务差旅、餐饮等行业消费指数出现明显的下滑趋势。因此，在后疫情时代，各地区相继采用发放消费券的方式为居民提供现金类的补贴，以此鼓励居民消费。对于这种发放消费券的形式属于疫情发生以来一次全新的探索，以期能够恢复疫情前的消费水平。从消费券的发放范围来看，全国诸如北京、杭州、郑州、南京、深圳以及重庆等各大城市累计发放了数百亿元的消费券；从结果来看，消费券的发放是有效的，在各地区取得了显著的效果。一方面，消费券的发放直接带动了居民的消费，与此

同时，进一步扶持了受疫情影响颇为严重的餐饮等行业，通过消费活力的提高、客流量的增加为企业缓解了生存压力；另一方面，这种消费券补贴向低收入群体倾斜，指定向这类人群发放消费券，可进一步增强消费者的获得感。

(3)经济现状与后续政策走向

①经济现状。图 1－28 中给出了 2019—2020 年三季度间国内生产总值及增长率的变化趋势。首先，从整体来看，无论是国内生产总值的绝对值，还是同比增长率都在 2020 年一季度处有个明显的转折，出现显著的下滑趋势。其次，从国内生产总值的绝对值来看，今年前三个季度国内生产总值分别为 206 504.3 亿元、250 110.1 亿元以及 266 172 亿元，呈逐步上升的趋势，前三个季度合计约 722 786 亿元，略高于 2019 年前三个季度(2019 年前三个季度分别为 218 062.8 亿元、242 573.8 亿元以及 252 208.7 亿元，合计为 712 845.3 亿元)，主要得益于二三季度的经济复苏。最后，从国内生产总值的增长率来看，2019 年四个季度同比增长率分别为 6.4%、6.2%、6%与 6%，基本稳定在 6%。2020 年在疫情的冲击下，一季度的增长率为负，同比下降 6.8%，随着疫情防控措施的有效推进，企业陆续复产复工，二季度恢复了正向的增长率，达到 3.2%的增长率，相比较于一季度增幅非常明显，反弹了 10 个百分点，三季度增长 4.9%，从以上指标可以看到，经济水平正在稳步恢复。

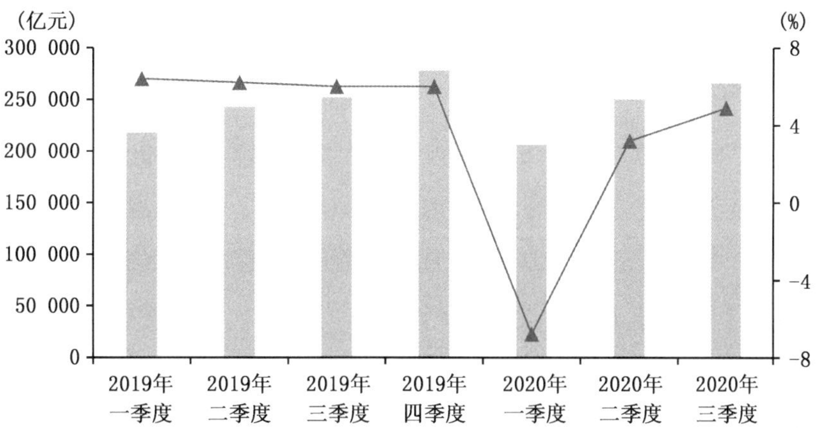

图 1－28　2019—2020 年各季度国内生产总值及增长率

图 1－29 进一步给出了 2019—2020 年各季度三大产业产值的变化趋势，分产业来看，基本与 GDP 保持同样的变化趋势。2019 年四个季度第一产业产值分别增长 2.7%、3.3%、2.7%与 3.4%，基本保持 3%的增长率；第二产业产值分别增长 6.1%、5.6%、

5.2%与5.8%，平均增长率约5.6%，高于第一产业的增速；第三产业产值分别增长7%、7%、7.1%以及6.6%，从平均增长率来看，第三产业依次高于第二产业、第一产业。再来看2020年的情况，三大产业在2020年一季度都呈现负的增长率，一季度第一产业、第二产业以及第三产业产值的增长率分别为−3.2%、−9.6%与−5.2%，其中第二产业受疫情影响最大；与GDP的趋势类似，随后在二季度逐渐恢复，二季度增长率依次恢复到3.3%、4.7%、1.9%，伴随着企业复产复工，工业企业的产值迅速恢复，从数据也可以看出第二产业的恢复较快；三季度进一步提高至3.9%、6%以及4.3%，第三产业服务业的恢复期相对较长。

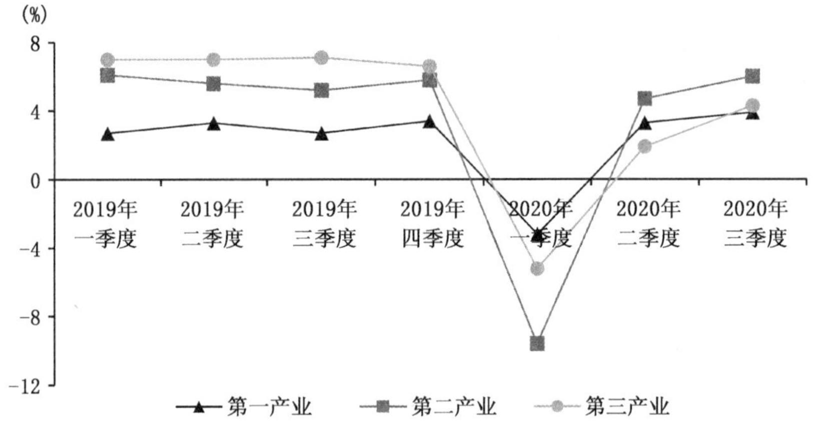

图1−29　2019—2020年各季度三大产业的产值增长率

在图1−30中我们进一步给出了社会消费品零售总额[①]的变化趋势，对比消费市场是否有同样的复苏趋势？疫情下，居民消费低迷，使得社会消费品零售市场受到巨大冲击。从图1−30中可以看到，2019年12月我国社会消费品零售总额同比增长8%，而在疫情的冲击下，2020年3月社会消费品零售总额下降了15.8%，该月份所受到的冲击最为明显。尽管二季度疫情已基本控制，但社会消费品零售总额仍然处于下降趋势，直至8月才恢复至正向增速，约为0.5%。进一步从餐饮、商品零售这两类消费品的情况来看，2020年3月餐饮与商品零售总额同比下降46.8%和12%，餐饮行业受到了巨大的冲击。从国家统计局已公开的数据来看，直至9月份，餐饮行业仍然处于负的增长率状态，但这种下降趋势正在逐渐恢复，而商品零售相对恢复的较快，于7月已恢复正向增长，约

① 社会消费品零售总额是指企业（单位）通过交易售给个人、社会集团，非生产、非经营用的实物商品金额，以及提供餐饮服务所取得的收入金额，包括实物商品网上零售额，不包括非实物商品。总体上来看，社会消费品零售总额包括餐饮收入和商品零售值。

0.2%,目前均处于逐步恢复的阶段。

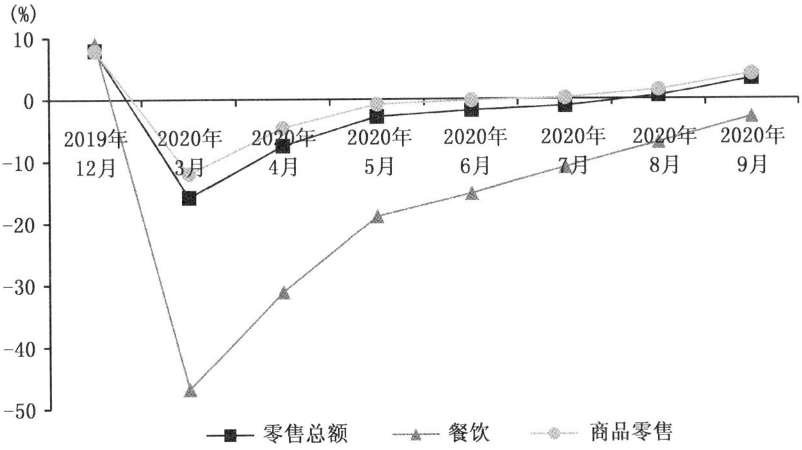

图1—30 2020年各月份社会消费品零售总额增长率

②后续可能的政策走向。以上对中央、地方层面的财税政策进行了梳理,疫情下财政政策在不同阶段的侧重点存在差异。疫情初阶段财政政策主要侧重于支持抗疫,在疫情得到有效控制后,财政政策侧重于复苏经济。结合当前我国政府已采取的相关财税政策与经济现状来看,现有的政策方向是正确的。尤其是在为企业纾困方面,不论是从减税降费的角度,还是从减租降息等措施来看,对于企业都是利好政策,尤其是为小微企业带来了更多的生存可能性。只有进一步维持税基的稳定,才能保障未来经济的可持续发展。预计后续的政策走向主要取决于以下两个方面:第一,关注疫情在国内外的蔓延情况,如果海外疫情持续严重,不可避免地会扩大对全球经济发展的影响,为此,国内不得不实施更为有效的财税政策,进一步加强为企业纾困的力度;第二,持续关注已有政策的实施效果,特别是为企业减税降费等政策是否落实到位,及时为企业解决生存压力,保障微观经济主体的活力。

(四)美国新冠肺炎疫情财政政策和经济现状分析

2020年初全球开始逐步大规模爆发新冠肺炎,疫情态势严峻,直至2020年下半年仍然没有彻底消退。截至2020年10月29日0点,美国累计确诊病例为8 834 393例,其中死亡病例达到227 045例。疫情不仅给群众健康带来影响,还给群众正常生活和社会各领域工作的正常运作带来严重影响,所以美国在疫情爆发后发布了一系列应对措施,以保障美国人民正常生活和社会正常运作。

1. 财政政策

美国在2020年3月开始陆续发布应对新冠肺炎疫情的相关政策，政策发布主要集中在上半年。从政策的发布主体角度来看，首先是总统签署的一系列应对疫情的指导性法案，其次就是各联邦部门根据法案等发布的具体应对措施，其中后者中的一些措施属于前者的具体化方案，因此前者属于第一级措施，而后者可以看成第二级措施。这些应对政策发布的主要联邦部门包括儿童和家庭管理局（ACF）、小型企业管理局（SBA）、联邦银行监管机构、美联储（FR）、财政部（Department of Treasury）、国税局（IRS）以及联邦应急管理局（FEMA）。具体介绍如下：

（1）民生领域。①医疗补助类。涉及医疗补助类的措施主要是总统签署的《家庭优先冠状病毒应急法案》。该法案中明确指出，为应对新冠肺炎疫情，政府会免费为所有需要的人进行新冠病毒检测，允许带薪病假和家庭医疗休假。②生活福利类。有关生活福利类的保障措施很多，从保障对象来看，不仅包含了对直接受益人，如儿童、个人和家庭的保障，还包含了以企业为对象但实际受益人为个人的措施。这部分在多个部门之间均有涉及，其中具体包含总统签署的法案和行政令以及儿童和家庭管理局（ACF）、美联储（FR）、财政部（Department of Treasury）、国税局（IRS）以及联邦应急管理局（FEMA）发布的具体措施。

有关总统签署的通过的法案和行政令，主要包含《家庭优先冠状病毒应急法案》《CARES法案》《PPP和医疗保健促进法案》《购买力平价灵活性法案》以及涉及生活福利的行政命令。值得注意的是，这些法案基本都是联邦各部门具体措施的指导性方案，具体方案则会在下述各部门中具体介绍。而从法案和行政令本身来看，首先是《家庭优先冠状病毒应急法案》，该法案中指明与联邦政府有关的营养计划、就业相关保护和福利、医疗计划和保险覆盖要求的豁免和修改，以及新冠肺炎疫情期间的相关对个人和企业的税收抵免。其次是《CARES法案》，总的来看该法案主要是为儿童和家庭管理局（ACF）提供63亿美元的额外资金和其他一些联邦支出，但也包含了每个州不少于12.5亿美元的对各州的财政补助；其中包含的具体生活福利类保障措施主要是失业保险、个人退税和社会保障缴款的优惠。《PPP和医疗保健促进法案》则是为“薪资保障计划（PPP）”项目得到资助。《购买力平价灵活性法案》修改了与工资保障计划下的贷款豁免相关的某些条款，并允许贷款免除受益人推迟其工资税。最后则是总统在2020年8月8日发布的一些行政命令，包括向美国人民提供联邦补充失业保险、学生贷款减免、工资税免税期和驱逐暂停令。

有关儿童和家庭管理局（ACF）发布的政策，可以按照保障对象分为三大类，即儿童、家庭、组织和社区。首先对于儿童而言，则包含了不少于 2.5 亿美元的启蒙计划、家庭暴力预防和服务支持、各个州和地方的有关支持针对儿童的新冠肺炎补助等。其次对于家庭而言，为了在新冠肺炎疫情时期家长能够较好地照顾孩子，儿童和家庭管理局（ACF）提供了支持向受冠状病毒影响的低收入家庭立即提供家庭能源援助、贫困家庭临时援助等。而对于组织，相关措施包括向各州、地区和部落提供 35 亿美元的补助，用于向儿童保育提供者、保健工作者、急救人员等提供紧急援助，以及用于目前为离家出走和无家可归的青年提供关键服务和住房的受赠者的额外补助。最后对于社区而言，补助包括向各州、地区和部落提供 10 亿美元的拨款，为最需要的人提供广泛的社会服务和紧急援助。

有关美联储（FR）发布的措施，主要是为支持市场流动性、维持社会和市场稳定而采取的促进流动性、个人优惠贷款等措施，其中很多措施财政部予以一定的资金支持。具体政策包含下调一级信贷利率至 0.25%、下调存款准备金率为 0%、设立一级交易商信贷融通、建立商业票据融资机制（CPFF）以及外国和国际货币当局设立临时回购协议工具（FIMA Repo facility）等其他对消费者和企业等的贷款优惠。这些政策或多或少都包含对美国工人和家庭的优惠，且商业票据融资机制（CPFF）和一些贷款优惠也均得到了财政部的资金支持，其中财政部与美联储的合作资金达到了至少 2.3 万亿美元。

有关财政部（Department of Treasury）和国税局（IRS）发布的政策，可以分为四大类：一是对美联储的货币政策提供的资金支持；二是延期纳税；三是社会保障；四是各类补助拨款。有关对美联储的支持上文已有说明，而有关延期纳税方面，则包含了延期纳税申报以及延期纳税付款，几乎涵盖所有联邦税种。对于社会保障而言，主要是对个人的社保账户自动发放经济影响付款。对于直接的财政补助，则包含：①对退伍军人的经济影响付款。②与忠实航空公司（Allegiant Airlines）、美国航空公司（American Airlines）、德尔塔航空公司（Delta AirLines）、西南航空公司（Southwest Airlines）、精神航空公司（Spirit Airlines）和联合航空公司（United Airlines）达成 PSP 协议，提供工资支持。③为应对新冠肺炎疫情的经济影响付款计划（Economic impact payments）。即对调整后的个人总收入不超过 75 000 美元的税务申报人、已提交联合申报表的不超过 150 000 美元的已婚夫妇税收申报人将获得全额付款；超过金额要求的则给予边际折扣型的补助。此外，收入超过 99 000 美元的单身申报人、没有孩子且收入不超过 198 000 美元的联合申报人、不需要提交纳税申报表的社会保障接收者和铁路退休人员也符合资格。④对航空业工人的工资支持，同时确保适当的纳税人补偿。⑤对各州和地方政府的财政补助。

有关联邦应急管理局(FEMA)发布的政策,主要是“损失工资援助计划”。具体来看,从救灾基金中支出高达440亿美元的工资损失费,向参与的各州、地区和哥伦比亚特区(以下简称“各州”)提供赠款,用于管理发放误工费援助,各州本可获得最高不超过赠款总额5%的额外金额,以支付其行政费用,但需分摊费用。向符合条件的个人每周支付300美元或400美元的补充工资损失。

(2)经济领域。美国有关经济领域的支持政策也比较繁多,但是按照发布主体来看还是比较清晰的,具体包括总统签署的法案和行政令以及小型企业管理局(SBA)、联邦银行监管机构、美联储(FR)、财政部(Department of Treasury)和国税局(IRS)。

有关总统签署的法案和行政令,主要包括《CARES法案》和系列经济刺激行政令。《CARES法案》中关于经济刺激的措施,主要指导联邦部门实施的各类计划措施,如薪资保护计划(PPP)、经济伤害灾难贷款计划、税收抵免和延迟、直接补助等。而关于行政令方面,2020年4月18日,总统签署了一项行政命令,授权财政部长在新冠肺炎疫情期间向美国某些企业提供救济,包括美国制造商的关键供应链。

有关小型企业管理局(SBA)发布的政策,主要包含经济伤害灾难贷款(EIDL)和薪酬保护计划(PPP)。经济伤害灾难贷款(EIDL)为部分小型企业、受到疫情影响的美国农民和牧场主以及其他农业企业主和雇员、非营利组织提供经济损失灾难贷款和预付款。薪酬保护计划(PPP)则授权SBA向小企业发放高达3 490亿美元的可免除贷款,以在新冠肺炎疫情期间支付员工工资。

有关联邦银行监管机构的政策,则主要是支持金融机构在疫情期间对部分企业和个人的贷款。具体来看,首先联邦银行监管机构宣布了两项支持美国经济和允许银行继续向家庭和企业放贷的行动,包括利用银行流动性对贷款进一步支持和代理机构的自动分配限制;其次联邦银行监管机构制定指导和贷款原则,以鼓励银行、储蓄协会和信用社向受新冠影响的消费者和小企业提供负小额贷款。

有关美联储(FR)发布的政策,则主要是为了提高市场流动性和维持市场稳定,其包含的政策除了上述几项外,还包含建立货币市场共同基金流动性工具(MMLF)、主街贷款计划(Main street lending program)、纽约联邦储备银行二级市场操作、更新二级市场公司信贷工具(SMCCF)以及部分期限的延长,如原定于2020年9月30日到期的贷款期限延长至2020年12月31日。将其临时美元流动性掉期额度和针对外国和国际货币当局的临时回购协议工具(FIMA回购工具)延长至2021年3月31日,其中货币市场共同基金流动性工具(MMLF)和主街贷款计划(Main street lending program)也获得了财政部的资金支持。

有关财政部(Department of Treasury)和国税局(IRS)发布的政策，主要包含与美联储合作项目、税收延期、直接补助三大类。与美联储的合作，主要是有关贷款的方面，具体如上所述。有关经济刺激方面的税收延迟方面，也如上文所言，包含纳税申报和缴款两方面，且基本涵盖了所有联邦税种。而关于对经济刺激的直接补助方面，则包括：①薪酬保护计划(PPP)，该计划确保小型企业可以在这种前所未有的健康危机期间继续向员工付款，并支付一定的费用；②发布了《航空业工人工资支持指南》和《关爱法案》，向符合条件的航空公司和国家安全企业发放贷款；③恢复接受参与贷款机构的购买力平价申请，为美国的小企业和非营利组织提供重要的经济援助。

(3)国际合作。在国际合作方面，主要是美联储采取的美元流动性互换额度安排和贷款方面的货币政策，具体如下：

2020 年 3 月 12 日，美联储、加拿大银行、英格兰银行、日本银行、欧洲中央银行和瑞士国家银行采取协调行动，通过美元流动性互换额度安排提供流动性，以缓解全球融资市场的压力。

2020 年 3 月 19 日，美联储与澳大利亚储备银行、巴西中央银行、丹麦国家银行、韩国银行、墨西哥银行、挪威银行(挪威)、储备银行、新西兰银行、新加坡金融管理局和瑞典国家银行共同建立了临时美元流动性互换额度安排，旨在减轻全球美元资金市场的压力，并减轻这些压力对国内外家庭和企业信贷供应的影响。

2020 年 3 月 20 日，美联储、加拿大银行、英格兰银行、日本银行、欧洲中央银行和瑞士国家银行均采取协调行动，通过长期美元流动性互换额度安排扩大流动性准备金。

2020 年 6 月 3 日，姆努钦部长承诺实施 20 国集团和巴黎俱乐部商定的暂停偿债倡议，暂停向最贫穷国家支付到 2020 年底或更长时间的官方双边债务，为这些国家提供财政空间，为应对新冠肺炎疫情提供资金。

2. 经济现状

(1)国内生产总值。图 1－31 显示，受新冠肺炎疫情的阶段性影响，2020 年第一季度美国名义国内生产总值为 5.25 万亿美元，美国经济在第一季度并未受到明显影响，甚至与 2019 年第一季度相比略有上升，上升幅度为 2.21 个百分点。第二季度美国名义国内生产总值显著降低，相比于上一季度减少 0.34 万亿美元，同比下降 8.5 个百分点。

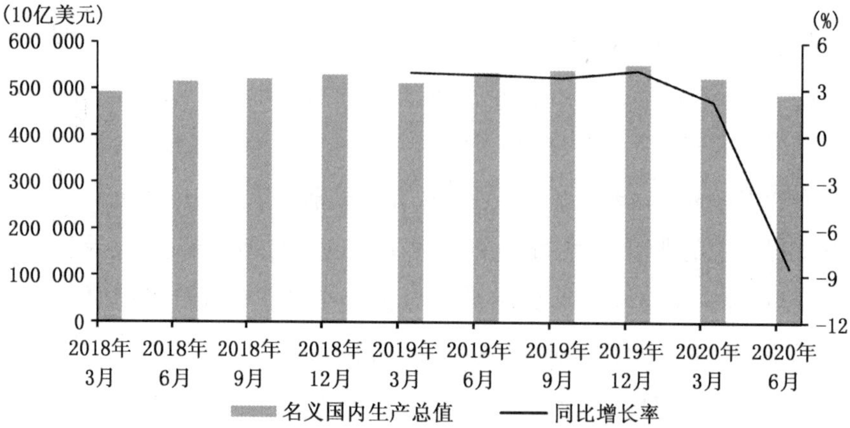

图 1—31 2018—2020 年美国名义国内生产总值季度值与同比变动

(2)失业率。由图 1—32 可以看出,2020 年 1—9 月美国失业率呈现先增后减的变化趋势。疫情爆发初期,即 2020 年 1—3 月,美国失业率未有明显波动。2020 年 4—5 月,美国疫情突然恶化,失业率骤然上升,2020 年 4 月美国失业率为 14.4%,为 3 月失业率的 2.2 倍。6—9 月,美国联邦政府实行的经济激励政策对美国经济起到了一定的促进作用,失业率逐渐降低,2020 年 9 月,美国失业率为 7.7%。

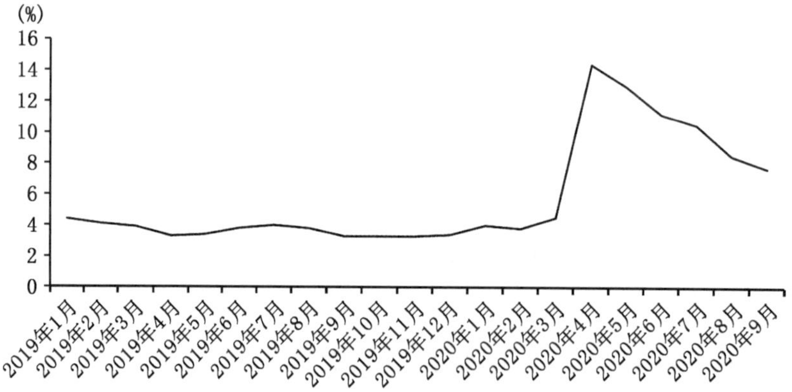

图 1—32 2019—2020 年美国失业率月度值与同比变动

(3)联邦政府收入与支出。图 1—33 显示,2020 年 1—9 月美国联邦政府收入总体波动幅度较大,与 2019 年同期相比,2020 年美国联邦政府收入略有下降。其中 2020 年 4 月,联邦政府收入同期下降幅度最大,降幅为 55%,2020 年 7 月,联邦政府收入出现明显回升,同比增长 124%,并结合图 1—34 可以发现,2020 年 6 月,美国联邦政府财政支出显著上升,经济刺激计划在 7 月收到显著成效,但也仅表现为短期影响,2020 年 8—9

月，美国联邦政府收入又跌落至2019年同期水平。图1—34显示，2020年1—9月美国联邦政府支出上下波动幅度较大，且明显高于2019年同期水平，其中以2020年4月、6月联邦政府支出最多，同比增长幅度高达223%。

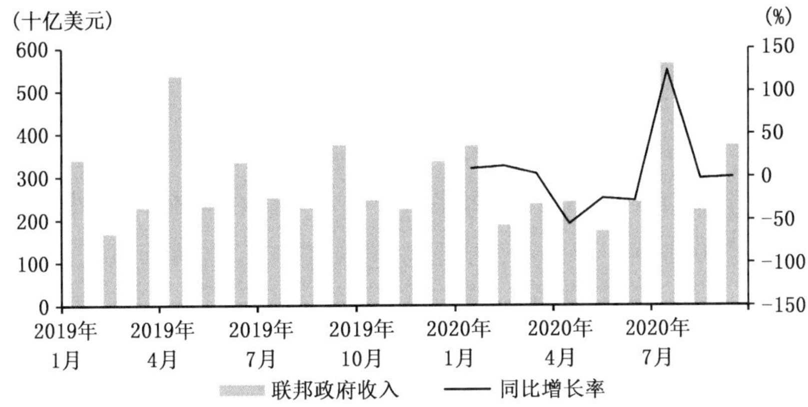

图1—33　2019—2020年美国联邦政府收入月度值与同比变动

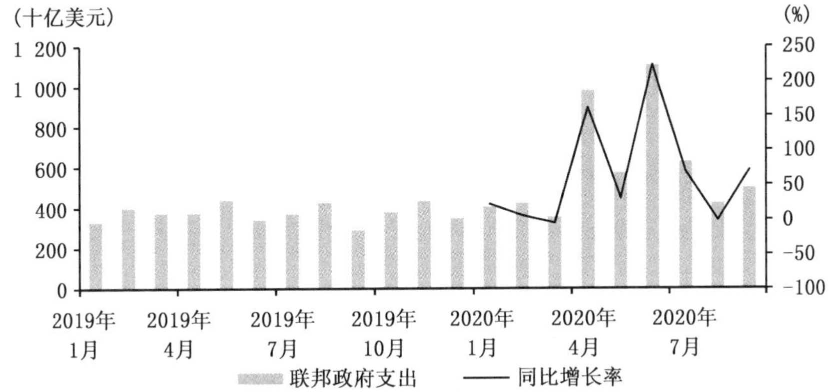

图1—34　2019—2020年美国联邦政府支出月度值与同比变动

（五）欧洲新冠肺炎疫情财政政策和经济现状分析

1. 欧盟财政政策

2020年新冠肺炎疫情在全球迅速蔓延，欧洲大陆成为世界上新冠肺炎疫情重灾区之一。在疫情蔓延初期，欧盟反应迟钝，缺乏有效的集体沟通和应对措施，直至3月中上旬，欧盟才正式确定了共同防止疫情蔓延和减少疫情对经济冲击两大目标，并制定了一系列措施，加强成员国在相关领域的内部磋商，以便协调行动。欧盟所采取的抗击疫情财政政策主要包括：

其一，3 月 23 日，欧盟临时放开财政底线，首次允许成员国自由支出，同意暂停实施管理欧盟公共赤字的严格规定。

其二，4 月 6 日，欧盟委员会为欧洲投资基金提供了 10 亿欧元的欧盟预算担保，使其能够为企业提供流动资金，总共筹集了 80 亿欧元，以帮助至少 10 万家企业。

其三，4 月 3 日，欧盟委员会批准了会员国和英国的要求，暂时免征第三国进口的医疗设备和防护设备的关税。

其四，4 月 9 日，欧盟 27 国推出共同应对新冠危机的总金额超过 5 000 亿欧元的一揽子措施，这些措施包括向欧盟稳定机制融资 2 400 亿欧元，向欧盟企业提供 2 000 亿欧元的贷款保证，以及向陷入失业的欧盟内部职工提供 1 000 亿欧元的经济援助。

其五，4 月 23 日，欧元集团提出了 5 400 亿欧元的紧急援助计划，在劳动保障方面，以贷款形式提供 1 000 亿欧元财政援助，帮助欧盟成员国加强公共财政能力，应对疫情防控带来的雇员和个体商户失业风险；在企业救助方面，欧盟投资银行同意为受疫情影响严重的企业，特别是中小企业提供总额为 2 000 亿欧元的贷款担保，以增加企业的流动资金；在欧元区国家资助方面，将由欧洲稳定机制为欧元区国家提供总额为 2 400 亿欧元的低息贷款。

其六，7 月 21 日，欧盟领导人商定了 2021—2027 年的欧盟长期预算和恢复计划，总金额为 18 243 亿欧元。其中，10 743 亿欧元用于欧盟长期预算，该预算将支持对数字和绿色过度的投资；同时划拨 7500 亿欧元用于疫情后的经济复苏，以帮助欧盟解决由于疫情引起的危机，其中 3 900 亿欧元将以赠款形式分配给成员国，并提供 3 600 亿欧元的贷款。

2. 意大利财政政策及经济现状

2020 年新冠肺炎疫情从生命健康、经济发展和社会结构等各方面对意大利造成了严重打击。截至 2020 年 10 月 25 日，意大利新冠肺炎病例当日新增 21 273 例，累计确诊 525 782 例，累计治愈 266 203 例，累计死亡 37 338 例，累计确诊病例数现居全球第 14 位，新冠病毒大流行使得意大利居民的生命健康遭受严重威胁。疫情冲击下，意大利经济发展曾一度陷入停滞状态，截至 2020 年 6 月，意大利国内生产总值同比下降 18.17%，税收和社会保障收入同比下降 7.4%，经济基本面受到重创。为应对疫情冲击给本国经济带来的严重影响，意大利政府出台了一系列积极的财政政策以维持本国居民基本生活、扶持企业正常运转。

(1)积极的财政政策：注重民生，帮扶企业。截至 2020 年 10 月，意大利政府累计颁布了 4 项重要法令，干预措施累计金额达 1 000 亿欧元，主要包括：2020 年 2 月 28 日，意大利政府公布了针对疫情最严重地区的 9 亿欧元措施。3 月 2 日，意大利向经济注资 36 亿欧元抗击疫情。3 月 16 日，意大利通过 250 亿欧元的“库拉法令”(Decreto Cura Italia)。4 月 6 日，意大利颁布“流动性法令”，将以国家担保贷款的形式向企业追加提供 4 000 亿欧元流动资金，其中 2 000 亿欧元用于帮助国内市场企业，另外 2 000 亿欧元用于加强出口市场，这是意大利历史上最大规模的经济干预措施。5 月 19 日，意大利颁布“重启法令”(Decreto Rilancio Italia)，为经济第二阶段投入 1 550 亿欧元的融资净余额和 550 亿欧元的借款，安全地重新启动和重振经济，超过 1 300 亿欧元的拨款用于救济企业，为工作和经济提供流动性和支持。超过 50 亿欧元用于健康和安全：其中 14 亿欧元用于建立 500 张新的重症监护床位和 4 200 多张半重症监护床位；12 亿欧元用于加强地区援助；15 亿元欧元用于为国家应急基金再融资。给予旅游业 30 亿欧元援助。20 亿欧元用于支持税收措施，包括个人防护设备增值税归零。8 月 14 日，意大利颁布“八月法令”，拨款 250 亿欧元用于帮助意大利复苏。财政政策内容可具体概括为以下五个方面：

其一，为卫生及教育事业拨款。首先，意大利政府调动了所有必要的资源，约 32 亿欧元，以确保向卫生系统、公民保护和执法机构提供人员、工具和资源；其次，意大利投资促进署获准向生产医疗器械和个人防护设备的公司提供软贷款或无偿资助，总计 5 000 万欧元；再次，意大利“重启法令”分配超过 50 亿欧元用于健康和安全领域，12 亿欧元用于加强地区援助；最后，政府部门给数字创新与实验室教育基金拨款增加 8 500 万欧元，并拨款 14 亿欧元给大学和国家研究机构。

其二，就业政策及收入补贴。第一，在“库拉法令”生效后的两个月内，用人单位无论雇佣多少员工，均不得以客观原因解除合同，并且政府总拨款 40 亿欧元用于设立免税裁员基金，支付给因停工而暂时没有收入的人群 80%薪资，为期 9 周。第二，对自营职业者和拥有增值税号码的人员补偿 600 欧元，补偿对象有近 500 万人。意大利政府又进一步将领取该补贴的人员范围扩大至没有收入群体或没有领取其他补贴的短期工人。第三，主要针对普通专业人员和其他被排除在 600 欧元补偿范围之外的雇员和自雇工人人员，设立收入支助基金，该基金 2020 年预算为 3 亿欧元。第四，拨款约 13 亿欧元，其津贴数额为工资的 50%，为在职父母提供资助。孩子在 12 至 16 岁的家长可获得无薪假期，单位不得进行解雇。第五，对于手艺人、商人和直接种植业者，从 5 月起，这些类别被纳入所有合伙企业和公司，税务局向营业额下降 33%的公司提供补偿。补偿金以营业额损失为基础，最低价值为 1 000 欧元。第六，向最贫困的家庭额外支付 400 欧元的紧急收入。第七，对因 COVID-19 流行病紧急事件而受损的旅游、温泉和娱乐业的季节性工人，以及其他类别的工人提供 1 000 欧元的赔偿。此外，还为海员和季节性体育工作者提供 600 欧元的津贴。向自营职业者和在强制性社会保障的司法机构登记的专业人员提供的补偿也将增加到 1 000 欧元。

其三，为企业提供国家信贷支持与现金补贴。对于个体经营户、自雇工人和中小企业而言，第一，暂停偿还贷款和抵押贷款。第二，政府提供了 27.3 亿欧元的担保基金，将扩大中小型企业的担保领域，每个企业能得到的最高保障金为 500 万欧元。第三，依据“流动性法令”设立中小企业担保基金，为中小企业及个体经营者、自雇人员等提供基金担保，担保比例为 80%～100%。第四，各地区和自治省、其他地方当局、商会可利用自己的资源采取直接援助措施，每家公司的援助金额不超过 80 万欧元。对大中型企业而言，第一，意大利存款和贷款股份有限公司将提供 5 亿欧元的公共拨款，为未从中小企业基金中受益的大中型企业提供银行融资。第二，意大利出口信贷机构将为大型企业提供公共担保，根据规模不同，担保比例将在 70%～90%不等。第三，对于营业额在 500 万—5 000 万欧元、营业额下降 33%的公司，计划在 2020 年 12 月 31 日前对其增资扩股征税并给予财政支持。

其四，延缴税费与社保。第一，意大利政府拨款 24 亿欧元，暂停征收税款和缴纳社保共计 107 亿欧元，对所有小企业、专业人员和个体经营户延缓期限，暂停缴纳税款和社保金。第二，对收入不超过 2.5 亿欧元的企业，政府取消 6 月 16 日应缴纳的大区生产税（IRAP）。第三，对营业额在 0－500 万欧元的中小企业，若今年 4 月营业额降幅达到 50%以上，将获得 3 个月最高 60%的租金减免，对营业额在 500 万—5 000 万欧元的公司，政府已准备了 20%的税收优惠，用于资本重组，按资本损失的 50%进行税收减免。第四，收入低于 500 万欧元的公司有权享受相当于非住宅用途房地产月租金、租赁或特许权的 60%的税收优惠。第五，为 2020 年对公众开放的企业安全重新开业所发生的费用提供 60%的税收抵免，每个受益人的最高限额为 8 万欧元。

其五，对特定类型公司或行业的支持措施。第一，为个人创业者提供即时流动资金（最高 3 000 欧元），无须基金评估即可获得。第二，将大型创新公司的普通抵免税率从 12%提高到 25%，中型公司从 12%提高到 35%，小型公司从 12%提高到 45%。第三，为支持出口公司，意大利对外投资促进公司（SIMEST）基金在 2020 年增加了 3.5 亿欧元，并且“八月法令”引入了一个共同保险制度，意大利外贸保险服务公司（SACE）保险业务产生的 90%的承诺将由国家承担，其余 10%由该公司承担。第四，对餐饮业、农业、食品业、葡萄酒业、文化与旅游业和汽车行业等均给予了较大力度的支持与补助措施。

其六,对地区当局进行财政补贴。第一,“重启法令”在 2020 年增加 16.7 亿欧元用于行使地方当局职能的基金,为各地区和自治省行使职能增加了 28 亿欧元资金。第二,为地方部门减免旅游税 3 亿欧元。第三,支持地方公共交通 4 亿欧元,支持有结构性赤字的地方当局 1.8 亿欧元和区域诉讼 2.1 亿欧元。第四,加强各地区招商引资措施。预计 2021 年各市镇将把分配给小型工程的捐款增加一倍,并加强对建筑物和领土安全的捐款措施。第五,增加分配给地方当局的资源,以资助最后设计和执行设计;在各省份和大城市,已为学校安全和桥梁及高架桥安全划拨资源。

(2)经济现状:产出下降,失业减少,财政压力增大。①国内生产总值。图 1—35 显示,自 2018 年第一季度至 2020 年第二季度,意大利名义国内生产总值总体呈下降趋势。2019 年名义国内生产总值的同比增长率均为负值,但同比增长率逐季度增大,说明 2019 年名义国内生产总值季度值与 2018 年季度值差距逐渐缩小,总体维持在 5 000 亿美元水平。由于受到新冠肺炎疫情冲击,2020 年第一季度、第二季度意大利名义国内生产总值显著下降,与 2019 年同期相比,减少幅度高达 18.17%。

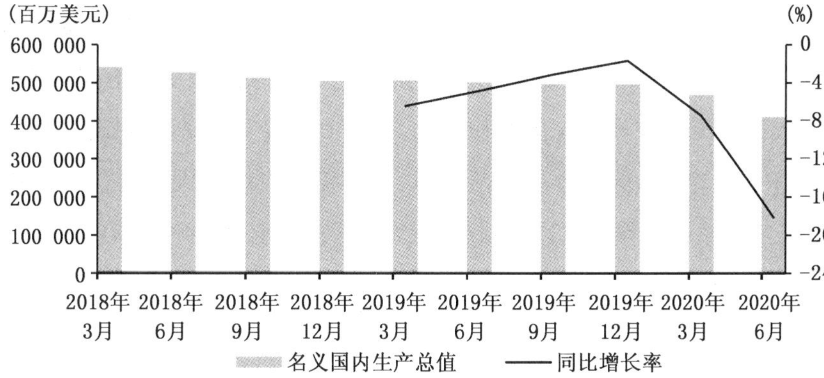

图 1—35　2018—2020 年意大利名义国内生产总值季度值与同比变动

②失业率。从图 1—36 中可以看出,2017 年第一季度至 2020 年第一季度,意大利失业率整体呈下降趋势。在疫情冲击下,经济发展停滞并未使得意大利失业率明显上升,反而出现略微下降,这得益于意大利政府所实施的禁止企业裁员并给予员工收入补贴的强干预措施。

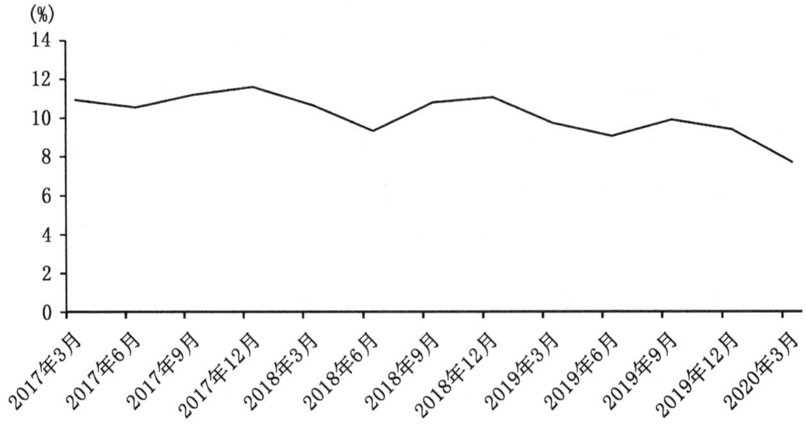

图 1—36 2017—2020 年意大利失业率季度值与同比变动

③中央政府预算收入与支出。图 1—37 显示，相较于 2019 年同期，2020 年意大利中央政府预算收入整体下降，且 2020 年 1 月到 5 月，中央政府预算收入下降最为显著，这一阶段也正是意大利疫情最为严重时期。2020 年 6—8 月，意大利疫情得到较好控制，并在一系列财政激励政策下经济得以恢复，中央政府预算收入也开始逐渐回升。图 1—38 显示，2020 年意大利中央政府预算支出整体明显高于 2019 年同期水平，且在 2020 年 2—6 月，中央政府预算支出明显增加，原因在于此阶段意大利政府相继出台了“库拉法令”“重启法令”等重大经济干预措施，财政拨款力度增大。而在经济逐渐复苏后，6 月—8 月中央政府预算支出逐渐减少，意大利政府出台相关财政激励政策的频率也逐渐降低。

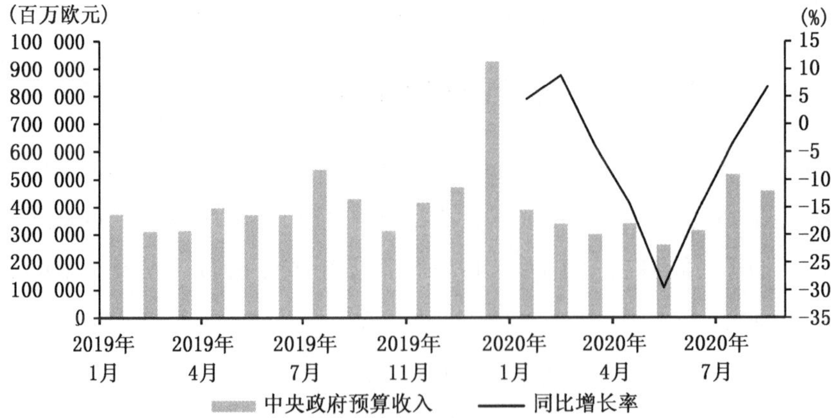

图 1—37 2019—2020 年意大利中央政府预算收入月度值与同比变动

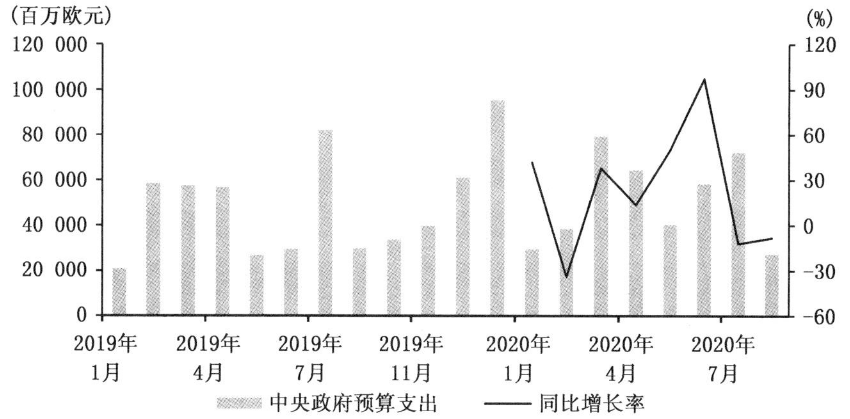

图 1—38　2019—2020 年意大利中央政府预算支出月度值与同比变动

④一般政府收入与支出。从图 1—39、图 1—40 综合来看，相较于 2019 年同期，2020 年意大利一般政府收入与支出呈现反向变动关系。图 1—39 表明，在疫情冲击下，2020 年第一、二季度一般政府收入显著低于 2019 年同期水平，但第二季度相较于第一季度，一般政府收入略有上升，疫情的缓解也给经济松绑。图 1—40 表明，2020 年第一、二季度一般政府支出显著高于 2019 年同期水平，且第二季度相较于第一季度，一般政府支出略有上升，说明中央及地方政府财政支持力度仍在加大。

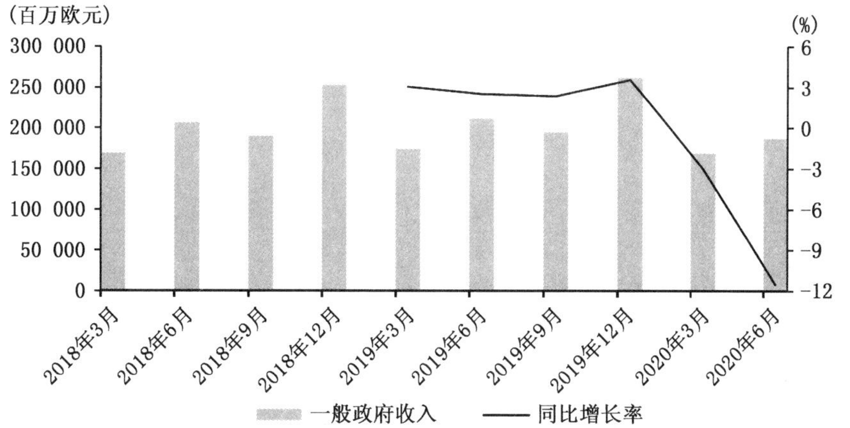

图 1—39　2018—2020 年意大利一般政府收入季度值与同比变动

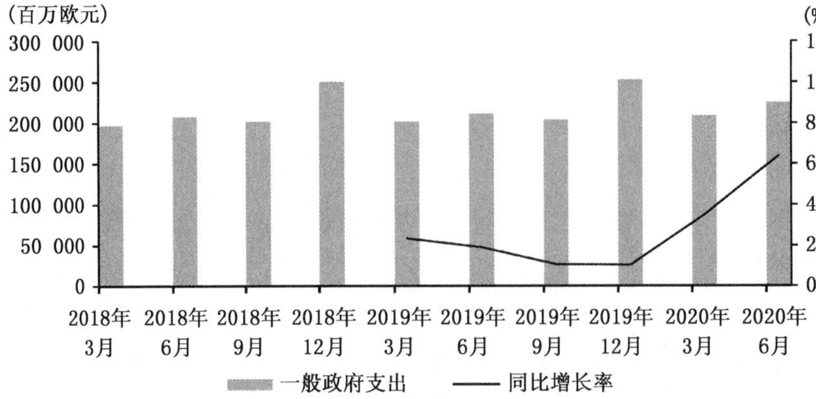

图1－40　2018—2020年意大利一般政府支出季度值与同比变动

3. 法国财政政策及经济现状

新冠肺炎疫情的迅速蔓延使法国民众的生命安全受到严重威胁，经济社会发展同样面临巨大挑战。截至2020年10月26日，法国新冠肺炎病例单日新增52 010例，高于欧洲其他国家，新增病例人数仅次于美国，累计确诊病例1 165 278例，现居全球第5位，累计治愈病例111 347例，累计死亡病例35 018例。法国政府为遏制新冠病毒传播，在全国范围内实行“宵禁”，目前已扩大到本土54个省份及法属波利尼西亚。在疫情冲击下，法国民众的基本生活受到限制，各类商业活动也同样受到严重影响，导致法国2020年第二季度国内生产总值同比急剧下降16.90%，公共财政收入同比下降12.92%，公共财政支出同比上升0.48%。为缓解疫情冲击给法国社会带来的深刻影响，法国政府出台了一系列积极的财政政策，帮助法国民众及企业顺利渡过经济“寒冬”。

(1)财政政策:侧重扶持中小企业及特定行业。2020年3月21日，欧盟批准法国实行3 000亿欧元政府担保计划，支持银行为企业融资。2020年3月25日，法国政府公布近40亿欧元的紧急扶持初创企业计划。2020年4月1日，法国政府设立团结基金，鼓励国家、地方政府及大公司为该基金提供捐款，用于资助受困中小企业。2020年9月3日，法国政府推行1 000亿欧元经济刺激计划，资金规模为2008年金融危机时法国推出的经济计划的4倍。该经济刺激计划包括350亿欧元用于提高经济竞争力，300亿欧元用于更环保的能源政策，250亿欧元用于支持就业，其总额相当于法国国内生产总值的4%。下文将对各项支持政策按不同资助对象进行分类，具体如下：

其一，实行部分失业计划。对于必须减少或暂停活动的公司，为了使其员工处于部分失业状态，可向其员工支付相当于总工资的70%的薪酬，每小时最低工资为8.03欧元。最低工资及以下的员工将获得100%的补偿。该公司补偿给部分失业员工的薪酬将由国家全额偿还，每月最高工资总额为6 927欧元，即最低工资的4.5倍。

其二，延缴社保和直接税。首先，雇主和雇员可延迟3个月向法国社保基金缴纳社会保障金；其次，可向企业税务部门延期缴纳下期直接税款，在延期缴税仍不能脱困的企业，在最困难的情况下，可要求减免直接税；再次，加速退还公司税收抵免和增值税进项税额退款；最后，餐饮、酒店、旅游、活动、体育和文化部门的创业企业和中小企业，在3—6月停止营业期间，免缴租金和社会保障金。

其三，为企业提供国家信贷支持。在2021年12月31日前，除房地产公司、信贷机构和金融公司外，年初以来已进入破产程序的企业和其他各种规模的企业，无论其规模和法律形式如何，均可向银行申请国家担保贷款，以支持其现金流。银行承诺以成本价大规模发放国家担保贷款，且在第一年内不需要还款，公司可选择在最长为5年的期限内摊销贷款。

其四，对中小企业的特殊扶持政策。首先，第一类团结基金为满足条件的职业教育机构、微型企业主和自由职业者提供不高于1 500欧元的现金援助，在最困难的情况下，可向符合条件的企业提供2 000—5 000欧元的额外支持；其次，第二类团结基金能使受影响最大的自营企业获得2 000—10 000欧元的额外援助；最后，团结基金将继续支持餐饮、咖啡馆、酒店、旅游、活动、体育和文化部门公司。对满足条件的公司，第二类基金可支付的补助金上限将提高到1万欧元。

其五，对出口企业的支持计划，尤其针对中小企业和经济贸易机构。首先，将加强通过法国国家投资银行提供国家担保，为出口项目提供担保和预融资，以确保出口企业的现金流。所有中小企业的担保率可提高至90%。出口预融资担保协议的有效期将延长至6个月；其次，允许延长勘探保险的承保期限，有效的勘探保险将延长一年；最后，将通过扩大出口公共再保险计划，为短期出口信用保险提供20亿美元。

其六，对创新企业的特别支持计划。第一，对因风险资本收缩而无法筹集到资金的初创企业，可能以债券形式为其提供资金，拟称为"未来投资计划"(PIA)，总金额至少为1.6亿欧元；第二，为初创企业提供3 000亿欧元的国家担保贷款；第三，国家计划在2020年通过法国国家投资银行提供近13亿欧元的创新援助；第四，法国科技桥基金再借贷8 000万欧元，对经济状况困难、无法获得国家担保贷款的有前途的初创企业提供贷款；第五，PSIM投资基金(重大创新支持计划)将充值1.2亿欧元，用于支持在全球创新大赛中获奖的新创企业；第六，加强创新援助计划，"创新大赛"(i—Nov)将获得额外的2 000万欧元(共计8 000万欧元)；第七，为保持公司内部的技能和创新能力，政府已宣布创建一个招聘学徒的援助计划，为每一个招聘合同补贴 5 000 到 8 000 欧元。

其七，除以上覆盖全行业的支持政策外，法国政府还出台了针对特定行业的支持计划。第一，政府实行 3.9 亿欧元现金流措施支持公路运输；第二，计划提供超过 80 亿欧元的援助、投资和贷款，以支持汽车行业发展；第三，建筑和公共工程部门极大受益于公共支持机制；第四，通过设立航空投资基金、公共支持基金等支持航空业发展；第五，免除旅游部门的微型企业和中小型企业的社会保险费，设立国家担保的“季节性”贷款，取消公共财产的租金和占用费；第六，对图书部门的支持计划中，在国家图书中心一级，将与各地区文化事务局共同设立一个 2 500 万欧元的支助基金，以使独立书店能够解决其财政困难。

(2)经济现状：产出下降，失业减少，收不抵支。①国内生产总值。图 1—41 显示，2018 年第一季度至 2019 年第四季度，法国名义国内生产总值总体趋势平稳，未有明显波动。自 2020 年新冠肺炎疫情爆发后，法国经济受到明显冲击，2020 年第一、第二季度法国名义国内生产总值显著降低，2020 年第二季度名义国内生产总值为 5.66 千亿美元，低于 2019 年同期水平 16.90 个百分点。

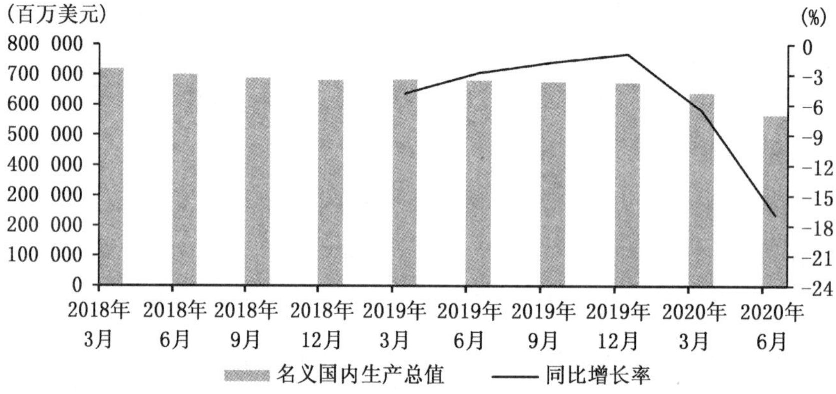

图 1—41　2018—2020 年法国名义国内生产总值季度值与同比变动

②失业率。图 1—42 描述了法国 2017 年第一季度至 2020 年第二季度由国际劳工组织定义的失业率变化趋势。由于国际劳工组织认定就业的标准为在给定时期内至少工作了一小时，且包括那些由于某些原因而无法工作的人。受法国政府在疫情期间实施的“短时工作制”影响，2020 年第二季度失业率为 7.1%，环比下降 0.7 个百分点，比 2019 年第二季度同期降低 1.3 个百分点。

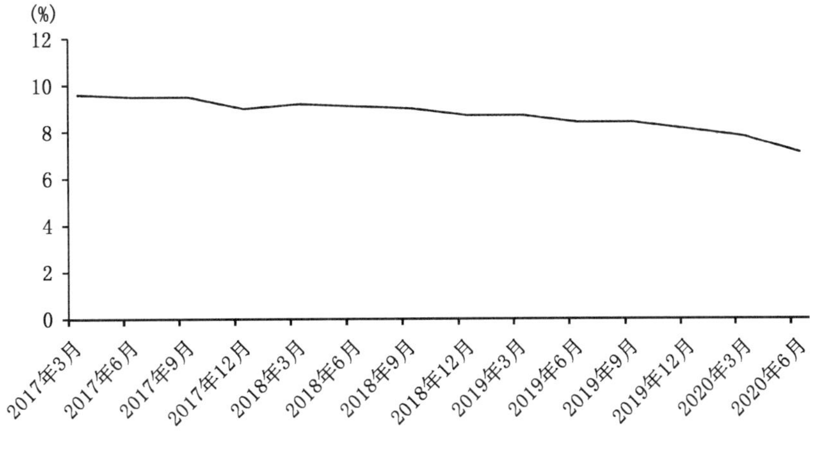

图 1—42　2017—2020 年法国失业率季度值与同比变动

③累计中央政府收入与支出。从图 1—43 可以看出，受疫情影响，2020 年 1—8 月法国累计中央政府收入显著低于 2019 年同期水平，且在 6—8 月疫情得到有效控制后，法国累计中央政府收入相对于 2019 年同期有小幅度回升。从图 1—44 可以看出，2020 年 1—8 月法国累计中央政府支出显著高于 2019 年同期水平，且 6—8 月累计中央政府支出相对于 2019 年同期有小幅度减少，说明疫情有效控制后，法国政府的经济激励计划强度有所降低，经济开始复苏。

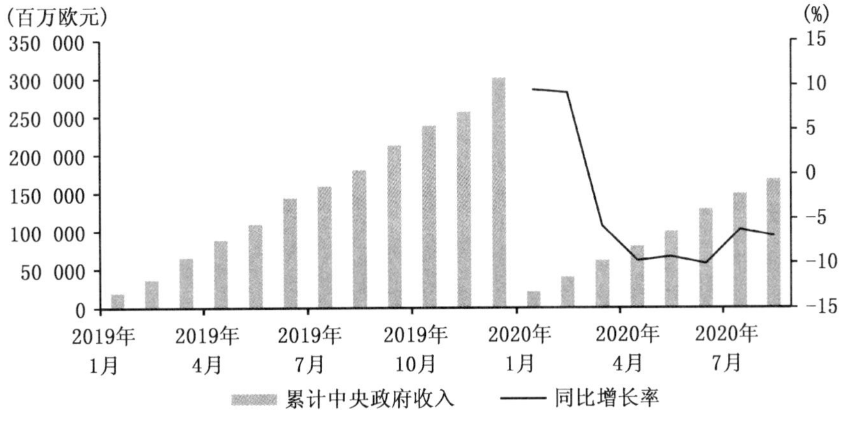

图 1—43　2019—2020 年法国累计中央政府收入月度值与同比变动

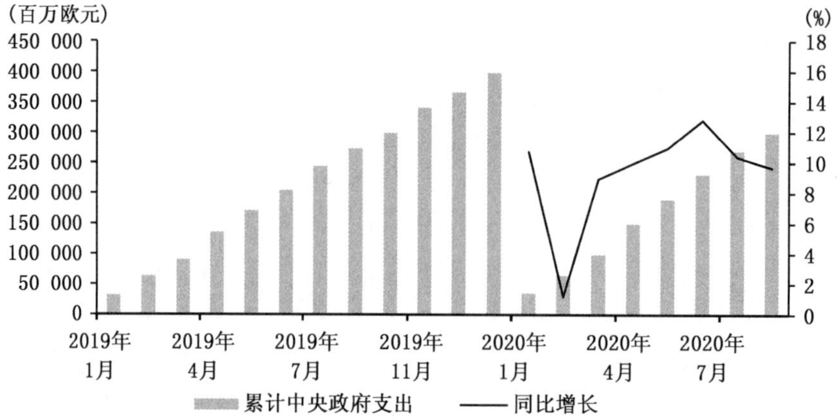

图 1—44　2019—2020 年法国累计中央政府支出月度值与同比变动

④一般政府收入与支出。图 1—45 显示,2020 年第一季度、第二季度法国一般政府收入显著下降,且显著低于 2019 年同期水平,2020 年第二季度一般政府收入同比下降 13%,疫情冲击使得法国社会生产受到严重影响,地方及中央政府收入显著减少。图 1—46 显示,2020 年第一季度、第二季度法国一般政府支出明显上升,且略高于 2019 年同期水平,一系列经济激励计划的实施使得法国一般政府支出增加,2020 年第二季度一般政府支出同比上升 0.48 个百分点。

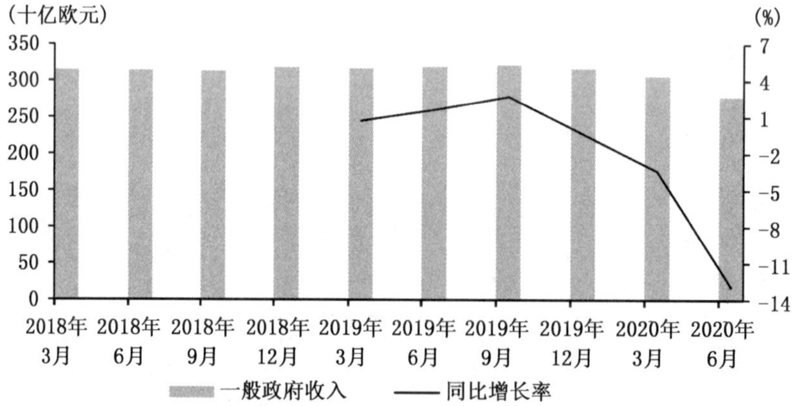

图 1—45　2018—2020 年法国一般政府收入季度值与同比变动

4. 德国财政政策及经济现状

作为欧洲经济"压舱石"和前期疫情控制较好的国家之一,德国被周边疫情反扑所牵连,近期呈现疫情加重态势,给德国乃至欧洲的经济复苏前景投下浓厚阴影。截至 2020 年 10 月 26 日,德国新冠肺炎病例当日新增 10 259 例,累计确诊病例 450 258 例,累计治

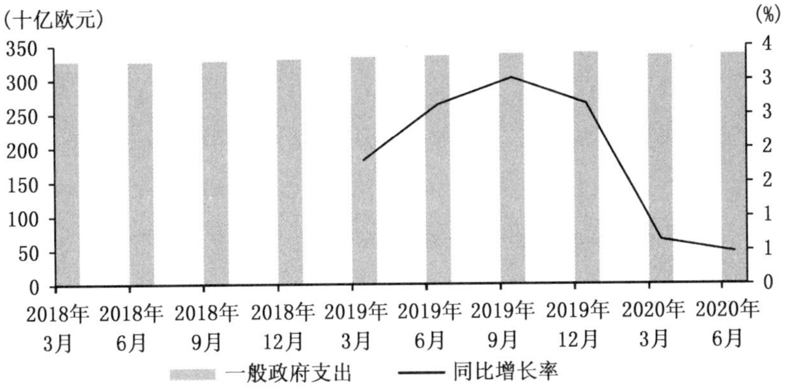

图 1－46　2018—2020 年法国一般政府支出季度值与同比变动

愈病例 321 600 例，累计死亡病例 10 182 例，累计确诊病例数现居全球第 18 位。尽管相对于欧洲其他国家而言，德国前期疫情控制较好，但其经济活动仍受到严重限制，国民经济发展出现严重衰退。2020 年第二季度，德国国内生产总值同比下降 11.3%，创 1970 年以来国内生产总值最大跌幅，自 2010 年以来，政府公共收入首次同比下降 3.6%，政府支出增加了 9.3%。德国政府推行了一系列财政政策以扭转经济下行态势，恢复和稳定国民经济运行。

(1)财政政策：减税力度较大，无限贷款计划。2020 年 3 月 20 日，联邦政府设立经济稳定基金，为员工人数在 250 人以上的大型公司和属于基础设施部门领域的规模较小公司提供 6 000 亿欧元的信用担保。3 月 23 日，德国联邦财政部提出一揽子经济纾困计划，包括追加总额为 1 560 亿欧元的补充预算，拨付 1 000 亿欧元用于设立可直接参股企业的经济稳定基金，投入 1 000 亿欧元用作德国国有复兴信贷银行扶持企业的特殊贷款，适用于自雇者、中小型企业和大型公司。6 月 3 日，德国联邦政府通过了总额高达 1 300 亿欧元的一揽子计划，是联邦德国建立以来规模最大的经济刺激计划，其中，1 200 亿欧元将由联邦政府出资，其余则由各州承担。7 月 10 日，联邦政府正式启动总计 250 亿欧元的中小企业过渡性援助，补助金无须偿还，旨在保护企业在疫情影响下维持基本运行。具体政策内容如下：

其一，短期工作津贴。首先，德国政府实行短时工作制，以减少员工工作时间替代解雇，联邦就业局向临时工支付短期工作津贴，实际工作时长对应的收入照常发放，而压缩掉的、没有实际发生的工作时长则支付短工津贴，数额为税后收入的 60%～80%，有子女的雇员支付总净工资的 67%～87%；其次，家庭和单亲父母将获得每个孩子 300 欧元的一次性儿童补助；最后，雇主将免税以补助金或以实物形式向其雇员提供援助和支持，最高可达 1 500 欧元。

其二，减税降费。第一，雇主为短期工作者所必须支付的社会保障费用将得到全额补偿。第二，因 COVID-19 的经济影响而无法缴纳今年应缴税款的企业，可按要求限期延期缴纳。第三，降低增值税。常规税率将从 19%降至 16%，同期还将 7%的税率降低至 5%。第四，补贴减免可再生能源税（EEG）。联邦政府支付补贴以降低可再生能源税的征收。第五，为促进企业投资，企业将在 2020 年和 2021 年的纳税年度获得暂时改善的机械等动产折旧方案。通过所谓的余额递减法折旧，企业可以立即将更多的投资支出报税，从而减少应税利润。第六，公司税法的现代化。其中，现在可以将合伙企业作为公司征税，或将商业经营收入的减免系数提高到贸易税率的 4 倍。第七，更改车辆税，以减少二氧化碳排放量较低的汽车的税收，并增加排放量较高的汽车的税收。

其三，为企业提供国家信贷支持。首先，德国复兴信贷银行（KFW）2020 年专项计划的资金不受限制。KFW 为企业贷款的担保比例由 50%上升为 80%～90%，适用于自雇者、中小型企业和大型企业。其次，凡是成立 5 年以下的企业，都可申请德国复兴信贷银行创业贷款，贷款年利率从 2.21%降低到 1.00%，德国复兴信贷银行承担高达 90%的银行风险。每家企业集团的贷款限额为 10 亿欧元，最长期限不超过 5 年。最后，联邦政府针对非营利组织制定一项金额为 10 亿欧元的特别信贷方案，并将承担 80%的违约风险。

其四，提供现金补助。第一，对个体工商户、小微企业主和小家庭企业，联邦政府提供了 500 亿欧元的紧急援助，并改变了企业破产规则。第二，为职工人数不同的小型企业提供单次最高 15 000 欧元的补助，为期 3 个月，不必偿还。第三，联邦政府对自雇者还额外增加 30 亿欧元基本收入补助，为期 6 个月，确保自雇者在危机中保障自己的生活和住房。

其五，对创新企业的特别支持计划。联邦政府为初创企业提供 20 亿欧元的资金援助，为确保学徒制顺利施行，对 2020 年没有减少培训名额的中小型公司，每份新签订的培训合同将给予 2 000 欧元的一次性奖金。

其六，针对特定行业的支持计划。第一，“重启文化”计划，为文化产业公司提供约 10 亿欧元的额外资金。第二，对公共交通行业进行补偿，联邦政府为联邦各州提供的所谓区域化基金将一次性增加 25 亿欧元。第三，为鼓励购买电动汽车，经济刺激计划将购买电动汽车的联邦补贴翻倍作为创新奖励，经济刺激计划将追加投资 25 亿欧元，用于扩建充电站基础设施，以促进电动汽车领域的研究和开发。第四，为德国铁路公司增资。联邦政府已经在 2020 年至 2030 年期间向德国铁路公司投资 10 亿欧元，并每年追加股本。第五，联邦政府的新移动基础设施公司为建设全国性的 5G 网络，投资 50 亿欧元。第六，到 2025 年，人工智能资金的计划投资将增加 20 亿—50 亿欧元。利用经济刺激计划中额外的 20 亿欧元，计划包括建造至少 2 台量子计算机。经济刺激计划计划用 20 亿欧元支持创新公司开发和测试新的、软件控制的网络技术。

(2)经济现状：产出下降，失业上升，财政缺口扩大。①国内生产总值。由图 1－47 可见，疫情爆发严重阻碍了德国经济发展，使得 2020 年第一季度、第二季度德国名义国内生产总值显著降低。2020 年第二季度，德国名义国内生产总值为 8.61 千亿美元，比第一季度减少 8 504 万美元，相较于 2019 年第二季度，同比下降 11％。

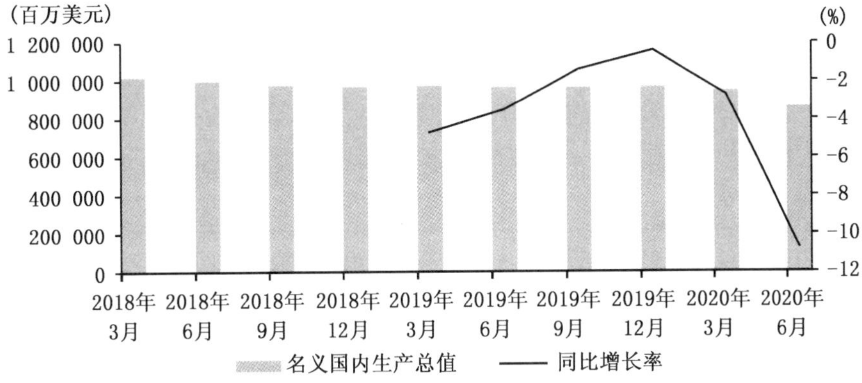

图 1－47　2018—2020 年德国名义国内生产总值季度值与同比变动

②失业率。图 1－48 显示，受疫情影响，2020 年 1 月—9 月德国失业率显著上升，短期工作制的实施并未缓解德国的就业形势，但从 8 月开始，德国失业率有略微下降，原因可能在于疫情的缓解使得德国社会经济发展开始回到正常轨道，对劳动力的需求逐渐回升。

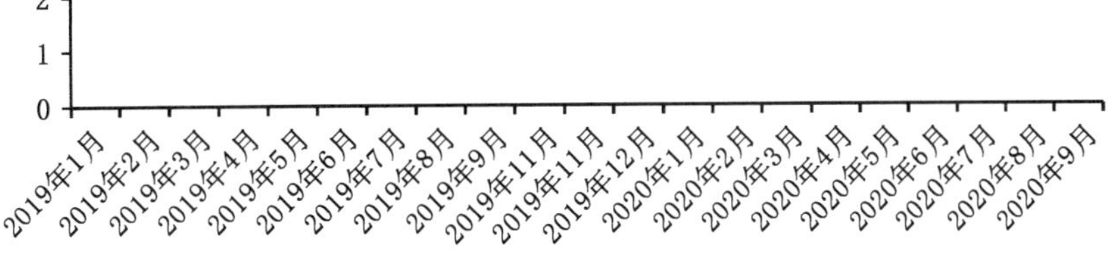

图 1－48　2019—2020 年德国失业率月度值与同比变动

③中央政府收入和支出。图 1－49 显示，2020 年第一季度、第二季度德国中央政府

收入显著减少,疫情爆发给德国经济造成了严重打击。2020年第二季度,德国中央政府收入为1 012.2亿欧元,相比2020年第一季度减少了14.78亿欧元,同比下降13个百分点。图1—50显示,2020年第一季度、第二季度德国中央政府支出显著增加,德国投入了大量资金扶持本国经济,救济本国居民。2020年第二季度,德国中央政府支出为1 331.9亿欧元,相比2020年第一季度增加了225.6亿欧元,同比上升26个百分点。

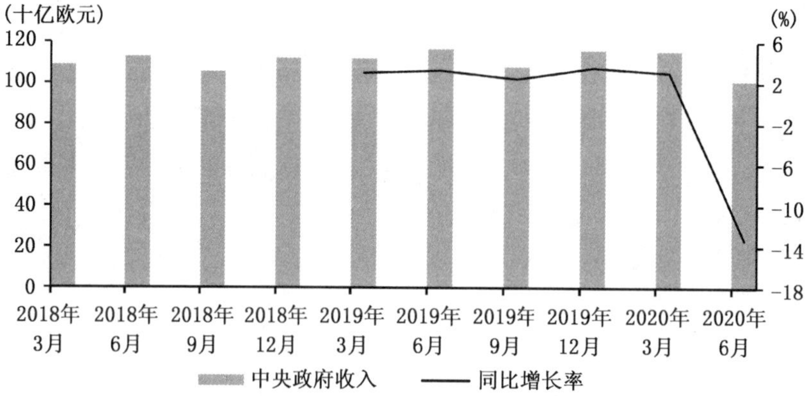

图1—49 2018—2020年德国中央政府收入季度值与同比变动

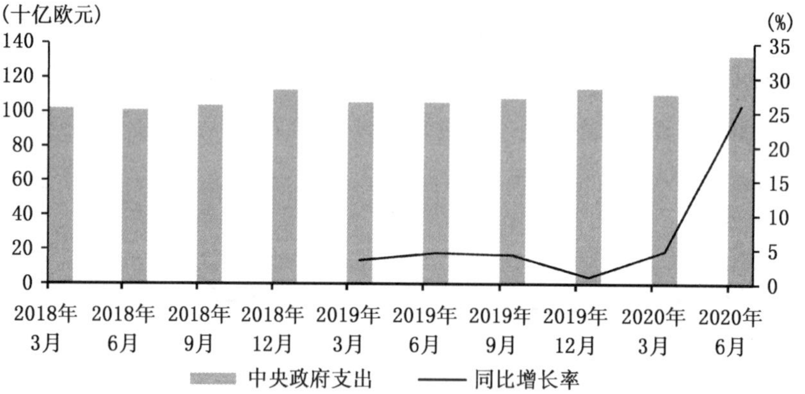

图1—50 2018—2020年德国中央政府支出季度值与同比变动

④一般政府收入和支出。图1—51显示,2020年第一、第二季度德国一般政府收入显著减少,相较于2019年第一、第二季度,2020年第一季度一般政府收入并未有明显下降,但第二季度一般政府收入显著下降,降幅为9%。图1—52显示,2020年第一、第二季度法国一般政府支出显著增加,且明显高于2019年同期水平,德国政府强有力的财政干预耗费了大量政府资金,因此2020年第二季度一般政府支出同比上升12个百分点。

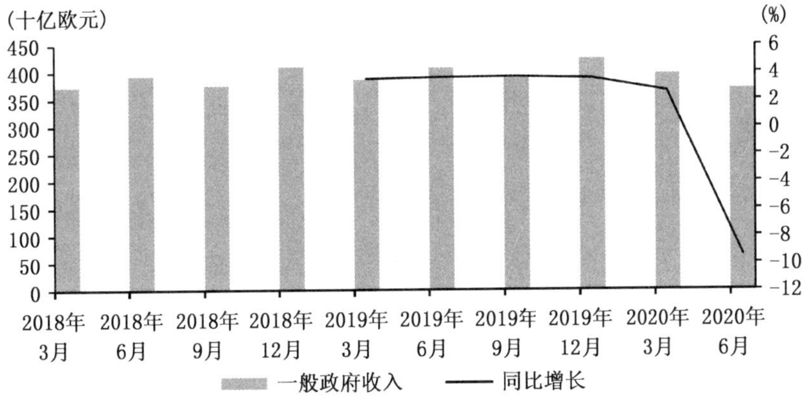

图 1—51　2018—2020 年德国一般政府收入季度值与同比变动

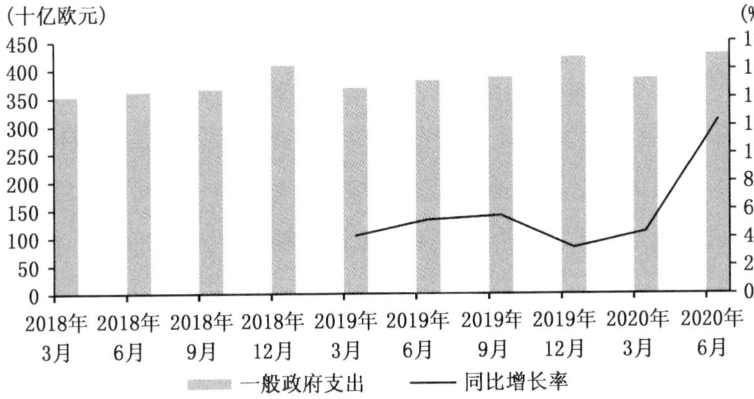

图 1—52　2018—2020 年德国一般政府支出季度值与同比变动

5. 英国财政政策及经济现状

新冠肺炎疫情重创全球经济的大背景下，疾病流行也可能引发英国经济几个世纪以来最严重衰退。疫情和抗疫隔离措施导致英国经济产出严重下降，航空、制造、住宿、零售、建筑等行业遭遇重挫。2020 年第二季度，英国国内生产总值同比下降 16.68%，创下 1955 年以来英国经济最大的季度收缩。10 月以来，全球疫情开始出现反弹迹象，截至 2020 年 10 月 26 日，英国新冠肺炎新增确诊病例 19 790 例，累计确诊病例 894 690 例，累计治愈病例 2 702 例，累计死亡病例 44 998 例，新冠肺炎疫情再次席卷欧洲，加重了英国的经济危机。面对严峻的疫情考验，英国推出了力度空前的财政举措为企业及民众纾困，极力遏制英国经济下行趋势。

(1)财政政策：现金补贴居多，对特定行业实行税收减免。2020 年 3 月 11 日，2020

年预算案推出 300 亿英镑刺激计划，70 亿英镑支持劳动力市场，50 亿英镑支持医疗体系，180 亿英镑刺激经济。3 月 17 日，英国总理宣布了一项前所未有的政府支持和担保贷款支持企业的一揽子计划，初步提供了 3 300 亿英镑的担保，相当于国内生产总值的 15%。3 月 23 日，宣布 700 亿英镑支出支持就业。4 月 20 日，英国政府出台 12.5 亿英镑的一揽子支持计划，帮助推动英国创新和发展的企业。4 月 20 日，新冠病毒职位保留计划正式启动，企业每月可要求最高 2 500 英镑的员工工资。4 月 27 日，政府宣布"回弹贷款计划"，将为小型企业提供高达 50 000 英镑的贷款。11 月 1 日，英国将实行"冬季经济计划"，为公民、企业和公共服务提供了超过 1900 亿英镑的支持。具体内容如下：

其一，就业保留计划。自 2020 年 3 月 1 日起，全英国境内的企业若运营受到 COVID-19 的严重影响而无法维持当前的员工规模，则可选择休假并向政府申请补助金，以支付员工正常月工资的 80%，每月达最高 2 500 英镑。

其二，为雇员提供收入补助。首先，雇主将继续按其工作时间支付员工的工资，但对于未工作的时间，政府和用人单位将分别支付其同等工资的 1/3。员工必须至少工作正常时间的 33%。补助金每月最高为 697.92 英镑。其次，工作支持计划将向英国各地的企业开放，其价值可能超过被辞退的工人平均工资的 60%，在此计划期间，政府不得裁员。再次，政府还通过扩大"自营职业收入支助计划补助金"(SEISS)，继续为数百万自营职业者提供支持。初期的一笔辅助金将包括 2020 年 11 月至 2021 年 1 月底期间三个月的利润，相当于每月平均利润的 20%，总额可达 1 875 英镑。SEISS 第二阶段计划将使符合资格的人获得相当于其平均每月交易利润的 70%的第二笔赠款。最后，新冠病毒职位保留计划允许公司休假，雇主可上网申请高达员工工资的 80%的现金补助，每个工人每月最高限额为 2 500 英镑。

其三，为患新冠肺炎或自我隔离的人员提供社会保障。首先，自 3 月 13 日起，雇主将向因患新冠肺炎或自我隔离而无法工作的员工支付 94.25 英镑的法定病假工资(SSP)，最多可支付 28 周；其次，对不能申请 SSP 的个体经营户或收入低于每周 118 英镑的收入下限的人群，可更容易申请"通用信贷"(UC)或新的就业和抚养津贴；最后，若需要英国地方政府经济支持的个人，则可从 5 亿英镑的困难基金中获得支持。

其四，延缴和减免税费。第一，自 2020 年 4 月 1 日起，英格兰地区包括托儿所在内的部分企业可以享受为期 1 年的财产税优惠政策。已享受商业税费账单零售折扣的企业，属于零售业且应纳税额在 51 000 英镑及以上的企业，属于休闲业、酒店业的企业和托儿所，均将享受下一年 100%的税收减免。第二，全英国增值税注册企业延迟缴纳增值税，但不包括增值税最低限额和进口增值税。第三，为支持酒店业的企业和就业，英国各地的餐馆、酒吧、咖啡馆及类似场所供应的食品及非酒精饮料将适用5%的增值税减免税率。第四，为支持企业和就业，英国各地的住宿供应和景点门票将适用降低5%的增值税率。第五，暂时削减印花税土地税，政府将暂时把英格兰和北爱尔兰的住宅印花税无税率等级从125 000英镑提高到500 000英镑。

其五，为企业或个人提供现金补贴。第一，在商业税率制度中获得小企业税率减免或农村税率减免的英格兰小型企业，将获得10 000英镑的一次性现金补助。获得SBGF援助的申请人在三年内最多可获得20万欧元以上的援助。第二，英格兰的零售业、酒店业和休闲业企业可扩大零售折扣，应纳税额在15 000英镑及以下的企业均将获得10 000英镑的补助金；应纳税额在15 000—51 000英镑间的企业，将获得25 000英镑的现金补助。第三，从2020年9月9日起，由于当地封锁或有针对性地限制而需要关闭的英格兰企业现在每三周可获得价值高达1 500英镑的赠款；第四，专注于研发的中小企业还将享受7.5亿英镑的赠款和贷款。

其六，为企业提供国家信贷支持。对于中小型企业而言，第一，对那些信用良好没有欠款的客户，可推迟3个月偿还抵押贷款。第二，自2020年3月23日起，冠状病毒商业中断贷款计划（CBILS）为年营业额不超过4 500万英镑的中小企业提供贷款、透支、发票融资和资产融资，期限最长为6年，最高可达500万英镑。第三，政府将提供业务中断付款，以支付前12个月的利息和任何贷款手续费。第四，政府将为贷款人提供占每笔贷款80%的部分担保。政府不会向企业或银行收取担保费，该计划将支持价值不超过500万英镑的贷款，该贷款前6个月免息。第五，回弹贷款计划为贷款人提供由政府支持的100%担保贷款，企业将能够在2 000—50 000英镑之间借款，贷款在前12个月内将免息。对于大型企业而言：第一，根据新冠病毒企业融资机制（CCFF），英格兰银行将向大企业购买短期债务（“商业票据”），这将支持那些基本面强劲但短期资金紧缩的企业。第二，预计在2020年4月底前，冠状病毒大型商业中断贷款计划（CLBILS）将支持年营业额在4 500万英镑至5亿英镑的大型企业获得最高2 500万英镑的贷款，并计划为那些原本无法获得所需资金的企业向贷款人提供80%的个人贷款担保。第三，实施“未来基金”计划，资金来源为政府和私营部门资助的5亿英镑投资基金，用于受危机影响的高增长公司，入选企业将获得12.5万—500万英镑不等的贷款支持。

（2）经济现状：产出下降，失业增多，财政压力增大。①国内生产总值。图1－53显示，英国经济发展受到新冠肺炎疫情的严重冲击，2020年第一季度英国名义国内生产总值并未显著降低，而第二季度名义国内生产总值相比于上一季度出现显著降低。2020年第二季度，英国名义国内生产总值为5.90千亿美元，比第一季度减少1.21千亿美元，相较于2019年第二季度，同比下降16.68%。

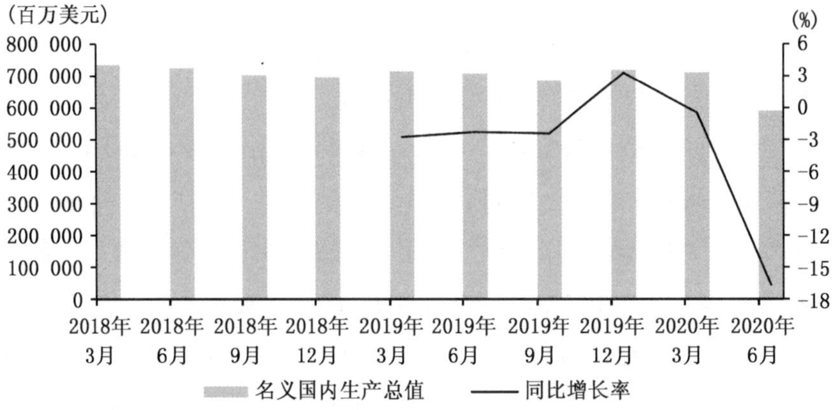

图1—53　2018—2020年英国名义国内生产总值季度值与同比变动

②失业率。从图1—54可以看出，新冠肺炎疫情爆发使得英国经济陷入停滞状态，导致了2020年1月到8月失业率的显著上升，2020年8月英国失业率为4.6%，相比上月增加0.3个百分点。

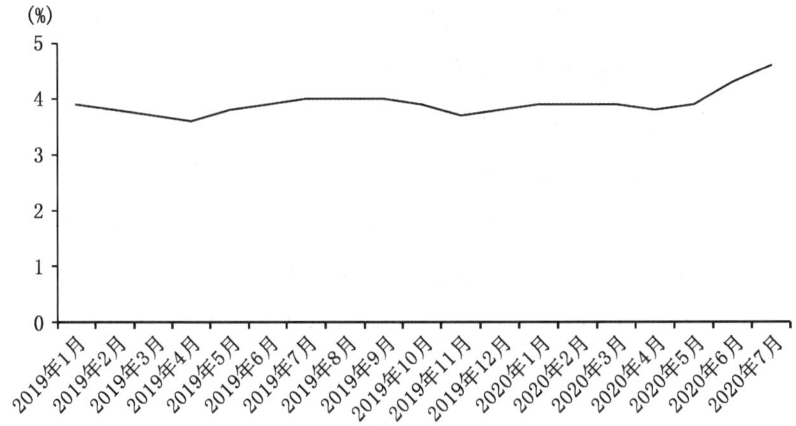

图1—54　2019—2020年英国失业率月度值与同比变动

③中央政府收入与支出。由图1—55可见，2020年前三季度英国中央政府收入主要呈现下降趋势。2020年第一季度为疫情爆发初期，中央政府收入并未受到显著影响，保持与2019年同期相近水平。疫情爆发最为严重时期，即为2020年第二季度，中央政府收入显著降低，比上一季度减少530.71亿英镑，同比降低12个百分点。2020年第三季度，英国疫情得到有效控制，中央政府收入有所回升，相比上一季度增加了97.05亿英镑，同比降低11个百分点。由图1—56可知，2020年前三季度英国中央政府支出呈先

增后减趋势。2020 年第一季度与 2019 年第四季度基本持平，2020 年第二季度中央政府支出较上一季度显著增加，增加额为 737.12 亿英镑，同比增加 40 个百分点，疫情控制后，中央政府支出略有降低，较上一季度减少 279.78 亿英镑，同比上升 27 个百分点。

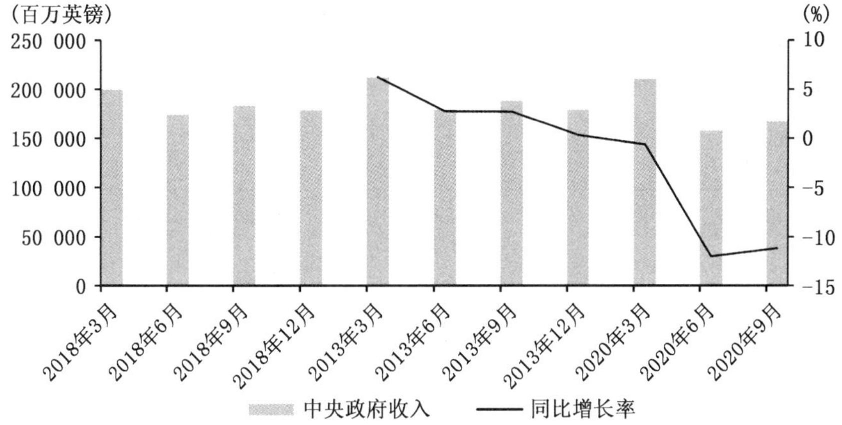

图 1－55 2018—2020 年英国中央政府收入季度值与同比变动

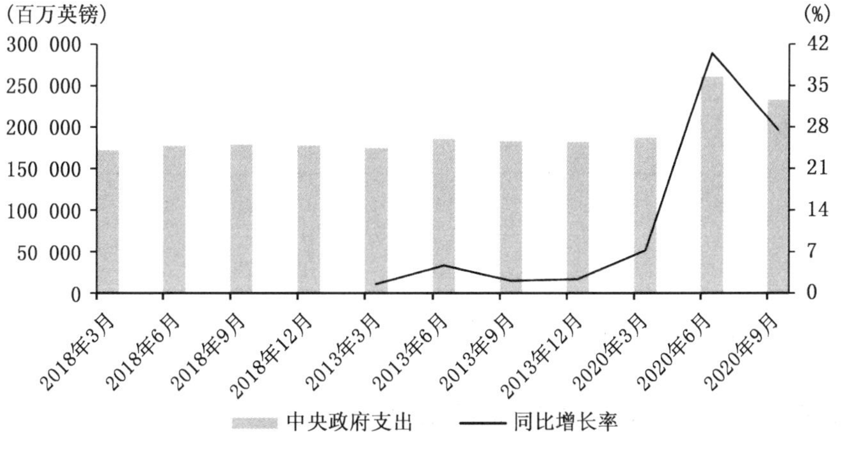

图 1－56 2018—2020 年英国中央政府支出季度值与同比变动

④一般政府收入与支出。图 1－57 显示，2020 年第一季度英国一般政府收入与 2019 年第一季度基本持平，但第二季度英国一般政府收入出现显著下降，且显著低于 2019 年同期水平，同比下降 11 个百分点，疫情冲击使得英国经济发展受到严重打击，地方及中央政府收入显著减少。图 1－58 显示，一般政府支出从 2020 年第二季度开始出现显著上升，且明显高于 2019 年同期水平，一系列经济激励计划的实施使得英国一般政府支出增加，2020 年第二季度一般政府支出较上一季度增加 700.71 亿元，同比上升 37

个百分点。

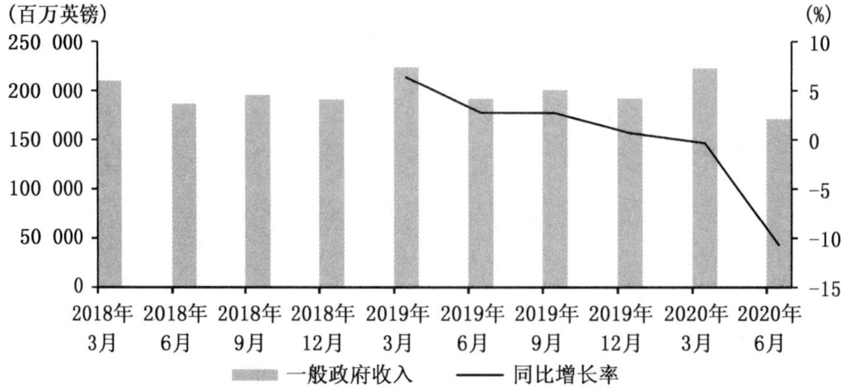

图 1—57　2018—2020 年英国一般政府收入季度值与同比变动

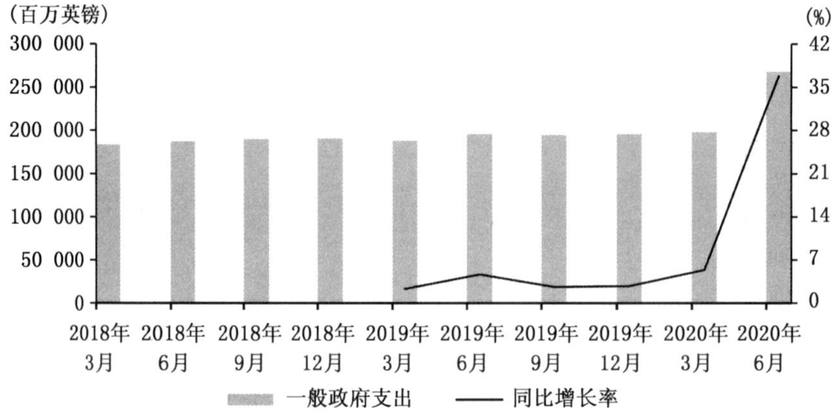

图 1—58　2018—2020 年英国一般政府支出季度值与同比变动

6. 日本新冠肺炎疫情财政政策和经济现状分析

2020 年初全球开始逐步大规模爆发新冠肺炎，疫情态势严峻，直至 2020 年下半年仍然没有彻底消退。截至 2020 年 9 月 30 日 0 点，日本累计确认新冠病毒检测呈阳性的病例 83 013 例，其中日本本土病例 82 053 例、包机回国 15 例、机场检疫输入病例 945 例。疫情不仅给群众健康带来影响，也对群众正常生活和社会各领域工作的正常运作带来严重影响，所以日本在疫情爆发后发布了一系列应对措施，以保障日本人民正常生活和社会正常运作。

(1)财政政策。从时间角度来看，主要分两个阶段：第一是疫情平息前的“紧急援助阶段”；第二是面向平息后的强势反弹激发需求与促进社会改革的“V 字反弹阶段”。中央政府充分注意时间轴，在紧急事态宣言下战略性地实施本经济对策的各项措施。在克服疫情影响的同时，促成其后的经济 V 字反弹，切实使日本经济重新回到持续增长的轨道上。同时，第一阶段的措施又可以分为两个领域：一个是保障日本人民正常生活和工作的民生领域；另一个是刺激日本经济的经济领域。

而从政策实施主体来看，疫情期间发布各类补助和优惠政策的主要中央部门包括总务省、厚生劳动省、经济产业省、日本政策金融公库、农林水产省、教育部、环境部、国土交通省、工商工会中央金库、内阁官方、外务省。

具体介绍如下：

①民生领域。第一，医疗补助类。日本中央政府对口罩等物资进行购买和存储，如在向医疗机构等提供口罩等的总务省、厚生劳动省以及经济产业省的协助下，政府将一次性购买的口罩等，继续通过都、道、府、县等向必要的医疗机构和看护设施等优先发放。

第二，生活福利类。有关提供生活福利以便于群众可以在疫情期间保证基本和正常的生活的相关财政政策非常多且庞杂，具体可以分为教育保障、家庭保障、个人保障、企业保障几大类。

有关教育保障，首先是教育部提供的相关政策。教育部出台一系列措施，不仅对学生本身提供补助，还对中小学教育、大学教育以及生活中的体育文化活动提供支持。具体来看，对于生活困难的学生，为每所大学、技术学院和职业学校等的贫困学生提供紧急支持，同时也对出国留学的学生提供支持；对于中小学和高等教育的远程课程建设提供支持，同时对中小学的疫情防控物资也提供补贴；对于大学医院提前支付国家大学法人公司运营费用补助金，建立对附属医院的国立大学短期借款的利息补贴制度，以及对私立大学实施无息贷款（利息补贴），同时疫情期间对研究机构实施竞争性研究经费制度；对于体育和文化则采取了三阶段的融资和补助政策。其次是除教育部出台的与教育直接相关的保障外，还有关于因中小学休假要照顾孩子而导致家长无法工作的支持政策，对于因此而停工的家长们给予全额工资补助，但以每人每天 15 000 日元为限；对于因此而无法签约工作的家长们给予每人每天 7 500 日元的补助。

有关家庭保障，主要包含生活福利基金特别贷款、特别定额给付金、住房保障福利以及单亲家庭的临时福利政策。首先是生活福利基金特别贷款，该项贷款是旧有的优惠政策，但是在疫情期间扩大了适用范围，具体包括小额紧急资金中适用对象纳入了受到疫情影响的家庭，在满足一定条件后会给予上限为 20 万日元的无息贷款，以及综合救援资金也纳入了受到疫情影响的家庭，并给予上限为 20 万或 15 万日元的无息贷款。其次是特别定额给付金，会给予满足条件的对象每人 10 万日元的补贴额，该项的实施主体为市町村，但是该项目所需资金全部由中央进行补贴。再次为住房保障福利，即对于受新冠影响而停工或休业等家庭，给予一定的补助金额。最后是对于单亲家庭的临时优惠政策，该政策也是旧有政策，但是适用对象纳入了受到疫情影响的部分家庭，并给予基本给付和追加给付。

有关个人保障，包含住宅相关优惠、停工给付金、《就业保险法》的特例措施、社保优惠和母性健康管理方面。关于住宅优惠，主要是针对受到新冠肺炎疫情影响而无法偿还住房贷款的人，对于部分住宅贷款予以免税或者改变偿还方式。关于停工给付金，主要是针对由于企业主停工而导致无停工补贴休业的中小企业劳动者，给予停工前日薪80%的补助，但是以每人每天 11 000 日元为上限。《就业保险法》在疫情期间设置了一些特例措施，一方面扩大了休业支援金的适用范围，纳入了受到新冠肺炎疫情影响的无法享受休业补贴的就业者，给予停工前 80%的补贴，但以 33 万日元/月为上限；另一方面对受到新冠肺炎疫情影响而长期化求职的失业补贴领取者适当延长基本津贴的支付期限。最后关于社保优惠方面，主要是针对因受新冠肺炎疫情影响而报酬出现显著下降等 3 个条件者，可以延迟修改健康保险和厚生年金。

有关企业保障，主要包含母性健康管理相关补助，目的在于间接保障母性健康。具体而言这部分比较特殊，只是针对有受到新冠肺炎疫情影响的怀孕女性职工的企业，在满足 3 个条件后，可以收到政府针对该部分女性职工带薪休假的相关补助，其中事业和非事业单位具体补贴额度有所差异，具体来看对于 5 天以上 20 天以下带薪休假，非事业单位补助 250 000 日元，事业单位每 20 人以下每 20 天加 15 万日元，但上限额为 100 万日元。

② 经济领域。有关疫情期间经济刺激的财政政策主要针对企业或企业主，尤其是中小企业。虽然政策对象比较单一，但经济刺激政策却非常多，具体可以分为税费、贷款融资、补助和其他杂项。进一步来看，这些杂项主要是以上几种优惠方式的综合型政策、保险和政府采购，具体包括延期还款和缴费、资本扩张支持、远程办公支持、农林水产业支持、贸易保险、远程海外扩展项目。

有关税费方面，涉及亏损退还、折旧扣除、税收减免、延期缴纳、延期支付等方面。首先关于亏损退还，一方面在 2020 年 2 月 1 日至 2022 年 1 月 31 日结束的事业年度产生的亏损金额，对资本金在 1 亿日元以下的中小企业，在上年度盈余、本年度赤字的情况下，可以接受上一年度缴纳的法人税的一部分返还，后来政策适用对象扩大到 10 亿日元以下中型企业；另一方面企业也可以获得因新冠肺炎疫情影响而造成的损失部分对应的税收额。关于折旧方面，主要是为了防控疫情而促进远程办公，具体来看，一方面中小型企业可以扣除少于 300 000 日元的远程办公设备(计算机和软件)全额;另一方面对于符合远程操作、可视化、自动控制化任意一种的设备,经经济产业大臣认定的经营能力提高计划取得等时,可以扣除设备的即时摊销或设备投资额的 10%(资本金 3 000 万日元以下的法人为 7%)的税额,此外对于强化税收征管还采取了更方便纳税人的新方法。关于税收减免则涉及两类税种:一是关于住宅贷款的减税,原有的有关住宅贷款减税的特殊措施和适用期间中均纳入了受到新冠肺炎疫情影响的纳税人;二是关于固定资产税的减免,一方面对中小企业和个体经营者给予满足一定条件的固定资产税和城市规划税的不同程度的减免,另一方面扩大了固定资产税特殊处理的适用范围。关于延期缴纳,一方面是社保费的延期缴纳,包括由于新冠肺炎疫情的影响,在 2020 年 2 月之后的任何时期(1 个月或更长时间)中,营业收入与上年同期相比减少了大约 20%或更多且难以一次缴纳养老金保险、劳工保险的企业,可以无成本延期 1 年缴纳,此外对于残疾人的补助、国民健康保险、高龄者医疗制度以及护理保险费均有适当延期;另一方面是国税的延期缴纳,包括所得税、法人税、消费税、赠与税、继承税的延期申请、满足一定条件的纳税人无成本延期缴纳国税和地方税等优惠。最后对于延期支付,一方面是针对受新冠肺炎疫情影响而导致生活电费和煤气费的延期申请,另一方面是对"持续化给付金"受益对象免收 2 个月 NHK 广播接收费。

有关贷款融资方面,各中央部门出台的措施汇总约有 9 项相关优惠措施。一是政府所属金融机构进行的融资,其中包括对安全网基金旧有政策适用对象纳入受新冠肺炎疫情影响而不用满足原条件的企业;包括新冠病毒感染症特别贷款,即对满足销售额下降条件的企业的设备资金和运营资金给予 15 或 20 年期限、前 3 年享受减息或免息的优惠贷款;包括与特别贷款类似但只适用于小型企业的新冠病毒应对危机贷款和工商工会中央公库提供的危机应对贷款;包括对满足一定条件贷款前 3 年免息的特别利息补给制度;也包括持有以上债务的再融资政策。二是民间金融机构的融资优惠,包括安全网第 4 号和第 5 号对满足条件企业提供贷款保证的措施;包括进一步地对满足危机相关保证中条件的企业提供贷款,同时也包括对满足安全网第 4 号、安全网第 5 号和危机相关保证中条件的企业提供有一定附加条件的无息和无抵押贷款。三是有卫生生活有关的企业贷款制度,包括适用一般性企业和特殊企业(餐馆经营者、咖啡店经营者和旅馆)的两类应对环境急剧变化的特别贷款制度,对于因受到新冠肺炎疫情影响而满足一定销售额下降条件的企业,对其设备资金和运营资金提供前三年减息或免息的优惠制度;包括与环境急剧变化的特别贷款制度相似但是仅限于一定条件小型企业的生活卫生新冠病毒感染特别贷款新冠病毒对策;包括特别利息补给制度。四是小型企业互助系统的特殊应急管理稳定贷款，即对于满足条件的受到新冠影响的小型企业共济资格的签约者提供无息贷款。五是DBJ·商工中金应对危机融资，对满足条件的企业提供前三年减息的贷款优惠。六是支持企业租金支付融资制度，主要是在疫情期间扩大适用范围，包括上述提及的日本政策金融公库新型冠状病毒感染的肺炎特别贷款、生活卫生相关事业新冠病毒感染特别贷款以及民间金融机构无息贷款。七是面向福利机构的贷款，即对管理层受到新冠影响等条件的福利机构提供最初5年一定限额内无息的贷款。八是对医疗机构的贷款，对与前一年同期相比减少收入或利用者减少的医疗机构提供限额内无担保的贷款融资，具体针对不同类型的医疗机构的具体利率等不同。九是生活卫生安全网贷款的补充，即根据促销计划开展业务的生活卫生相关业务经营者，并且由于社会经济环境变化等外部因素，业务状况暂时恶化的企业，提供针对运营资金额外限额5 700万日元的基准利率贷款。

有关补助，包含雇佣调整援助金、给付金、生产性革命推进事业补助、供应链保障、企业重组支持、地方企业复兴支持以及国土交通省的系列措施。关于雇佣调整援助金在新冠肺炎疫情时期的特别措施，对于受到新冠肺炎疫情影响的所有企业主，但是满足1个月内减少5%以上的生产，也包含非就业保险被保险人的劳动者的休业补助金（创立紧急雇佣安定补助金），根据企业给员工发放津贴不同、是否有解雇等不同条件，对大企业和中小企业提供补助率不同的补助，一般而言中小企业补助率高于大企业，同时规定外籍人士与日本劳动者享受相同待遇。关于给付金，一方面包含持续化给付金，对因受新冠肺炎疫情影响而导致销售额等下降条件的企业提供一定补贴；另一方面包含租金给付金，即对满足条件的中小企业和个体经营者支付的租金提供补贴。

此外，关于生产性革命推进事业补助，根据不同事业种类分为4项具体措施，即面向中小企业和小规模企业的针对制造业/商业/服务业的补助、面向小规模企业的分为一般和新冠特别两类的持续化补助、面向中小企业和小规模企业的IT补助。关于供应链保障，则为促进国内投资以及海外供应链多元化分别对企业设立两类补助措施。关于对企业重组的支持，则是设立了新的国家公私合作基金应对新冠肺炎疫情影响。关于地方企业复兴支持，该项目的实施主体为都、道、府、县政府，但是中央对都、道、府、县均提供补助率为2/3的补助。关于国土交通省的相关措施，主要是为了防止疫情进一步扩大而对不同交通具体行业进行的补助率为1/2的补助，这些领域具体包括铁路、巴士、出租车、卡车、客船、国内货运、造船和海洋工业、航空、住宿、旅游行业、建筑及其相关行业、住房、建筑设计、房地产行业等。

有关杂项如上所述，具体包含延期还款和缴费、资本扩张支持、远程办公支持、农林水产业支持、贸易保险、远程海外扩展项目。关于延期还款和缴费,一方面在确认主要债权人的支持态度后,将集体要求推迟偿还本金一年;另一方面关于新冠病毒感染的肺炎的经营安全共济的特例措施,主要是对受新冠肺炎疫情影响的满足条件的共济企业可以延长保费缴纳、延长临时借款的还款期限、降低月保费。关于资本扩张支持,包括受新冠肺炎疫情影响的满足一定条件的企业给予次级股权贷款,也包括中小型企业管理权加强支持基金和中小企业振兴基金的设立。关于远程办公支持,包括为应对疫情而引进远程设备的中小企业给予补助率为 1/2 的补助,同时也包含上述提及的 IT 补助和税收支持。关于农林水产业的支持,包括日本政策金融公库提供的农业支持经营基础强化资金优惠贷款、农林水产业安全网基金优惠贷款,也包括农林水产省提供的对农林水产业的补助和优惠贷款。关于贸易保险,在一般贸易保险和海外投资保险中,由于新冠病毒感染的肺炎而造成的损失也将支付保险索赔;同时如果在规定的程序期限内难以响应,NEXI 会提供与贸易保险合同有关的各种程序以及与保险事故和托收有关的被保险义务的推迟。关于远程海外扩展项目则是有关政府采购方面的规定,主要是为应对新冠肺炎疫情,政府会尽力保证订购完成后立即付款等。

(2)经济现状。①财政收支。为应对新冠肺炎疫情,中央政府层面通过了两次补充预算。其中 2020 年 4 月 20 日颁布的一般账户补充预算(第一号)对新型冠状病毒传染病紧急经济措施相关费用追加了 255 655 亿日元,2020 年 5 月 27 日颁布的一般账户补充预算(第二号)则对新型冠状病毒传染病紧急经济措施相关费用追加了 318 171 亿日元。

具体从收支两端来看,首先是一般账户,可见图 1—59。2020 年从 1 月到 6 月,中央政府财政收入呈缓慢上升趋势,但在 4 月份较大幅度低于去年同期水平,其他几个月份则与去年同期持平或高于去年同期;而中央政府的财政支出在 2020 年 1 月到 5 月呈上升趋势,尤其是在 3 月和 5 月上升幅度较大,但在 6 月则开始下降,其中 4 月到 6 月财政支出均高于去年同期,其他几个月份基本持平。

其次是特别账户,可见图 1—60。中央政府财政收入在 1—3 月呈上升趋势,但是在 4 月、5 月有所下降,6 月又开始回升,同时 4 月和 6 月略高于去年同期,其他月份基本持平;而财政支出的 1—6 月的基本趋势与收入端相似,但是从 4 月开始财政支出水平一直高于去年同期,其他月份基本持平。

从 2020 年与去年同期增长率来看,可见图 1—61。具体来看,无论是一般账户还是特别账户,在 4 月以前均比较平稳,但是从 4 月开始,大部分均处于正增长率的态势,且大部分增长率在 15%～55%,特别是在 5 月,一般账户的支出同比增长率异常高,达到

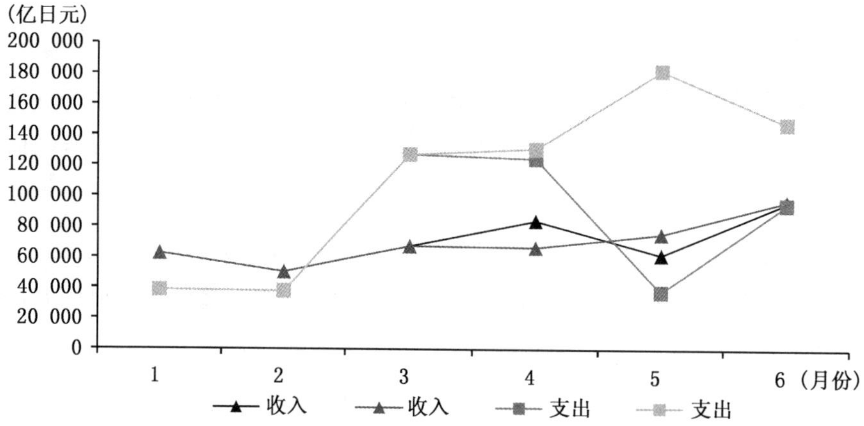

图 1－59　一般账户 2019 年和 2020 年 1－6 月财政收支

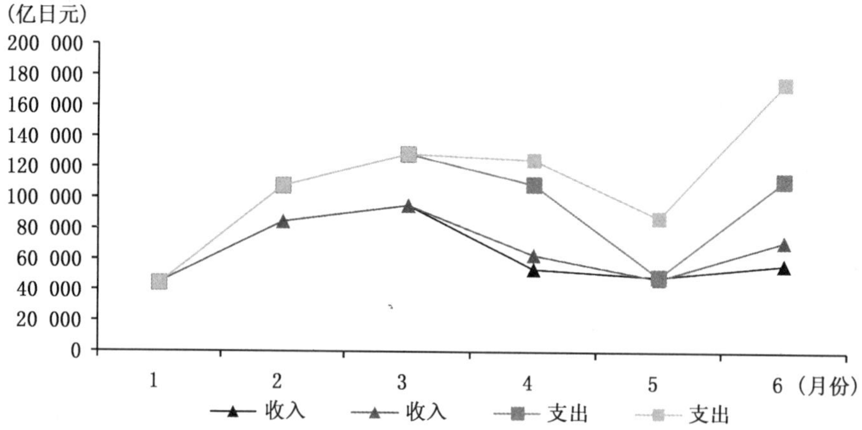

图 1－60　特别账户 2019 年和 2020 年 1－6 月财政收支

388％左右，这与第二次补充预算有关。

②GDP 和就业。首先从季度 GDP 统计值来看，2020 年第一、第二季度名义 GDP 分别为 136 169.2 和 125 795.9(10 亿日元)。受新冠肺炎疫情影响，从实际 GDP 角度来看与去年同比均有所下降，下降幅度分别为 0.8％和 9.9％。

对于就业而言，采用常用雇佣人数指标来反映，该指标包含规模大于 5 人企业中的以下任何一项的人员：一是无限期雇佣的人员；二是雇佣一个月或更长时间的人员，可见图 1－62。具体来看，从 2020 年 1－8 月具体来看，3 月和 5 月比较人数比较少，且在 5 月以前呈波动态势，在 5 月以后开始逐步上升；而与去年同比，常用雇佣人数从 1－8 月均有所增长，但是就增长率而言，1－3 月稳定在 1.9％，而 4 月、5 月逐步下降到 0.6％，

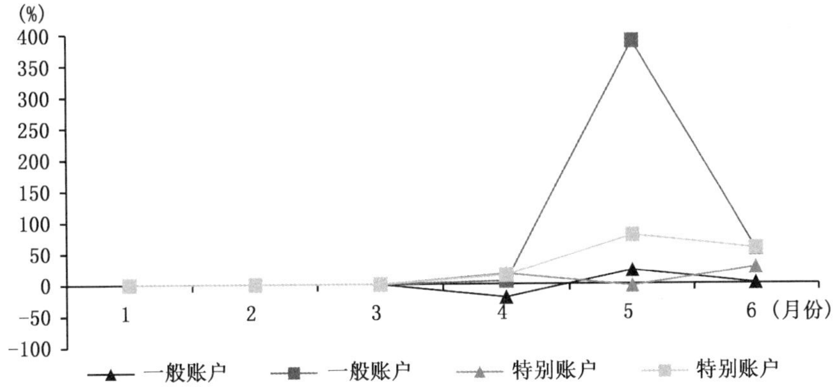

图 1—61　一般账户和特别账户 2020 年比 2019 年同期财政收支变化

且该增长率持续到 7 月,直到 8 月才小幅回升到 0.8%。

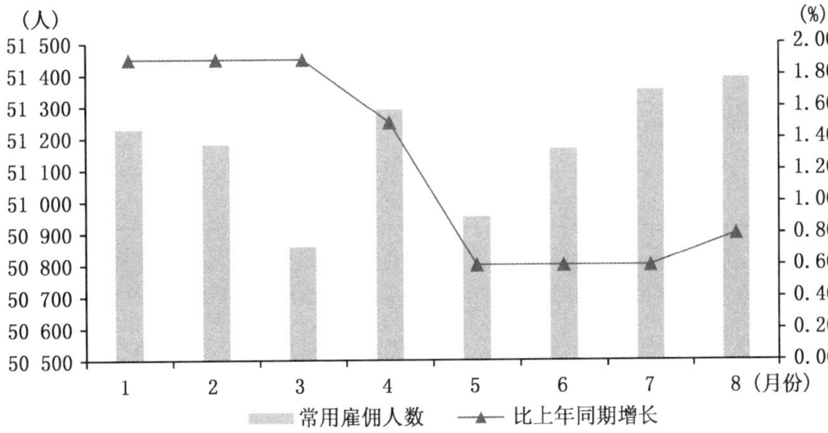

图 1—62　2020 年劳动就业情况

(五)新冠肺炎疫情下各国财政政策对比分析

以上梳理了中国、欧美以及日本为应对疫情所采取的财政政策,在该部分我们对各国的财政政策进行了对比。根据政策侧重点的不同,可以分为两类:为支持抗击疫情提供的财税支持以及为支持复工复产、复苏经济提供的财税支持。在表 1—1 我们对中国、欧美及日本所采取的应对措施进行了初步的分类。

在支持抗疫救治方面,各个国家尽管在实施细节上存在差异,但总体上聚焦于对治疗费用进行补贴、为医护工作人员提供现金补助、防护物资,以及加大对医疗资源的投入等方面。值得注意的是,中国早在 2020 年 2 月 11 日就宣布对新冠肺炎的治疗费用进行财政兜底;英国、法国、意大利等欧洲国家在全民强制保险的背景下治疗费用可由医保报销；美国作为唯一一个没有全民医保的发达国家，至少有 8%的居民没有任何医疗保险，低收入群体在疫情冲击下将面临极大的财务风险；在日本新冠肺炎患者的住院治疗费用可由公费全额承担，无须医保报销。

在支持复工复产上，各国的财政政策主要包括对个人及企业的救助措施，大多从减税、降费、提供补贴三个方面提供支持。一是对个人的支持。中国主要是提供了个人补贴免税优惠、对符合条件的个人提供优先贷款机会以及扩大对贫困劳动力的补助等；欧美、日本以补贴为主，为儿童、失业人员以及符合条件的纳税人提供一定的救济补助。二是对企业的支持。中国为企业提供了税费优惠，具体包括对符合条件的企业进行税收减免，以及对农业信贷担保等费用、行政事业性收费和政府性基金、企业社保等费用进行减免；在落实稳岗方面，加大失业保险费用的返还等；美国在支持企业方面，以提供补贴、发放贷款为主；欧洲诸多国家通过税收优惠、贷款以及现金补贴为企业提供支持，法国、德国以及英国等欧洲国家同样侧重于对中小企业的扶持；日本与中国类似，在为企业提供贷款、补贴以及税费减免优惠之外，通过降低生活电费等刚性支出为企业降低营业成本。整体上来看，各国在促进经济恢复方面都采用了积极的财政政策，通过多种举措并行，共同促进经济的恢复(见表 1—1)。

表 1—1　各国财政政策对比

政策摘要		
支持抗疫救治	中国	(1)为患者的医疗费用提供补贴；(2)为医护人员提供工作补助，并对抗疫所取得的相关收入与实物免征个人所得税；(3)对于运输防控重点保障物资取得的收入，对纳税人提供公共交通、生活服务，以及为居民提供必需生活物资快递收派服务取得的收入，免征增值税；(4)为符合条件的医疗机构提供补助，免征相关税费；(5)为研发与新型冠状病毒相关产品的企业，提供税收优惠；(6)按规定对捐赠的物资进行税收减免等
	美国	政府免费为所有需要的人进行新冠病毒检测，并允许带薪病假和家庭医疗休假等
	意大利	(1)为生产医疗器械和个人防护设备的公司提供软贷款或无偿资助；(2)为防疫工作者拨付款项支付加班费及其他费用等
	法国	(1)为改善患者和护理人员的日常生活提供资金；(2)每年斥资重估医疗机构及医护人员的专业水平；(3)进行重点医院项目和城市医院投资；(3)对数字医疗进行大规模投资；(4)为新冠患者提供急性护理，并可申请护理支持津贴等
	德国	(1)为保护设备和开发疫苗及其他治疗措施提供资助；(2)为防治新冠肺炎流行病提供资金援助；(3)为改善全德国范围内卫生部门状况提供资金
	英国	(1)设立成人社会护理感染控制基金；(2)提供免费个人防护设备；(3)为改善亿元出院率提供资金；(4)为新冠患者提供法定病假工资，且患者更易申请“通用信贷”或新的就业和抚养津贴等
	日本	(1)为医疗机构和看护设施等地优先发放一次性口罩等物资；(2)对中小学的疫情防控物资提供补贴等

续表

		政策摘要
支持复工复产	中国	针对企业:(1)延迟缴纳税款及住房公积金;(2)提供资金支持,包括保障企业贷款、提供贴息支持;(3)提供税费优惠;(4)为企业降低用电、用气成本;(5)为符合条件的企业减免房租;(6)为企业提供稳就业补贴等。针对个人:(1)延迟缴纳税款;(2)提供税收优惠;(3)延长创业担保贷款贴息期限;(4)对符合条件的个人提供优先贷款机会;(5)扩大对贫困劳动力的补助;(6)发放消费券等
	美国	针对企业:(1)提供经济损失灾难贷款和预付;(2)为符合条件的企业发放贷款;(3)延迟缴纳税款;(4)为小型公司提供支持,确保按时为员工支付工资等。针对个人:(1)延迟缴纳税款;(2)为儿童提供应对新冠肺炎疫情的补助;(3)对符合条件的纳税人提供补助;(4)为航空业工人工资提供支持
	意大利	针对企业:(1)延迟缴纳税款和保障金;(2)提供税费优惠,对于不同规模企业特定税收优惠;(3)提供贷款及现金补贴等。针对个人:(1)禁止裁员;(2)给予停工人员工资补贴;(3)为雇员及自雇者提供现金补助等
	法国	针对企业:(1)设立团结基金,资助受困中小企业;(2)延迟缴纳税款和社会保障金;(3)在最困难情况下,可要求减免直接税;(4)降低生产税,将公司的财产税和其工业机构的建筑物财产税减半;(5)加速退还公司税收抵免和增值税进项税额退款;(6)特定行业的初创企业与中小企业免缴租金和社会保障金;(7)以成本价大规模发放国家担保贷款;(8)为中小企业及特定行业企业提供现金援助;(9)对创新企业、出口企业及交通运输、建筑、航空、旅游、图书部门提供特别支持计划等。针对个人:(1)部分失业计划;(2)给予部分失业者工资补偿
	德国	针对企业:(1)延迟缴纳税款;(2)降低增值税;(3)补贴减免可再生能源税;(4)加速企业机械等动产折旧;(5)为企业提供无限国家担保贷款;(6)为中小企业提供现金补助;(7)对创新企业及文化、公共交通、汽车、铁路、移动基础设施等行业提供特别支持计划等。针对个人:(1)实行短时工作制;(2)给予临时工短期工作津贴;(3)申请儿童津贴;(4)获得税收援助等
	英国	针对企业:(1)延迟缴纳税款;(2)为特定行业提供全额税收减免;(3)降低部分行业增值税;(4)暂时削减印花税和土地税;(5)为中小企业提供现金补贴;(6)为自营职业者提供现金补助;(7)为所有类型企业提供国家信贷支持等。针对个人:(1)实行就业保留计划,政府不得裁员;(2)为失业者提供工资津贴等
	日本	针对企业:(1)为企业提供贷款优惠;(2)延迟缴纳税款、社保费用及生活电费等;(3)为符合条件的企业提供税收减免的优惠;(4)为企业重组、保障供应链等多项事物提供补助等。针对个人:(1)为符合条件的家庭提供特别贷款;(2)延迟缴纳税费;(3)提高为特定人群提供的补助金、扩大获补助金群体等

二、本研究的目的、重点与意义

(一)研究背景

自2020年1月武汉突发群体性新冠肺炎疫情以来,全球已有共计200多个国家和地区,累计700多万人感染新冠病毒,导致2020年全球经济下降5.2个百分点(世界银行),我国2020年一季度的GDP同比下降了9.8%(中国经济景气月报)。据联合国贸发会议统计,2020年一季度全球贸易同比下降3%,预计二季度下降27%;2020年一季度我国进出口总额下降6.4%(中国经济景气月报);截至2020年4月,国际航空客运量下降了94.3%(国际航空运输协会),全球人员交流严重受阻,主要包括旅游、留学、商务和科技等方面。在此背景下,全球经济社会政治将会出现一系列的非正常变化,主要表现在:第一,由于全球经济大幅度萎缩,部分物资短缺,必然导致贸易保护主义抬头,将严重影响各国经济增长和产业结构的优化;第二,由于全球疫情的蔓延,各国均采取了严格的人员阻断措施,必然导致人力资源的正常流动,将严重影响全球经济科技文化等方面的发展;第三,由于各国经济发展较长时期的持续低迷,必然导致产生一定程度的群体利益损失和各利益集团的利益重构,因此将会在部分国家出现局部政治动荡,并由此影响到国与国之间的政治博弈。

国内外专家学者普遍认为,此次新冠肺炎疫情对全球经济社会和政治的影响不仅广泛而且深远,可以堪比第二次世界大战的影响,远超 2008 年世界金融危机的影响。纵观世界各国家的应对政策,显然其财政政策是首选,例如,第二次世界大战后美国的"马歇尔计划",2008 年世界金融危机后的中国的"四万亿元投资计划"等。因此,无论是应对现行疫情危机,还是处理后疫情时代的国内国际可持续发展问题,尤其是后者,制定正确的财政政策并有效落实,都是我国今后相当长一段时间发展战略部署的主题。

我国新冠肺炎疫情从 2020 年 1 月中下旬爆发至 2020 年 4 月 29 日,增加确诊病例降至个位数已经持续了 3 个月;全球新冠肺炎疫情从 2020 年 3 月 18 日(新增确诊病例数过万)爆发至 2020 年 6 月 9 日(新增确诊病例数 11.5 万人),也已经持续了近 3 个月,可是迄今尚未看到疫情缓和的迹象。关于经济何时能够恢复到疫情前的状态,国内外各机构和专家给出了预测。关于全球经济的恢复期,美国银行的预测期是 2021 年底,大部分专家和机构的预测期是 2022 年(经济学人智库、法国中央银行、刘夏等)。关于美国经济的恢复期,美国国会预算办公室(CBO)于 2020 年 5 月版的《经济预测报告》中称,2030 年美国经济才可恢复到疫情前的水平。关于中国经济的恢复期,中国经济时报当时的预测是 2020 年 5 月,中信证券当时的预测是 2020 年底。从各国新冠肺炎疫情治理和经济恢复的情况而言,可以得到以下判断:第一,我国经济早于世界各国经济复苏,率先脱离危机,已是不争的事实,已经处在有利的"战略高地";第二,在此基础上,我国完全可能对世界经济的全面复苏做出中国贡献;第三,更重要的是,我国可以利用先发优势,在新一轮全球经济政治的资源重组过程中获得较大的主动权。所以,我国欲把握此战略机遇,制定切实可行的中长期财政政策,是非常关键的。

基于上述背景分析,本研究的视角不仅仅从国内的角度,而且要从国际视角,通过国家财政政策的角度,考量我国中长期的发展战略。

国内视野的经济政策涵盖面主要包括:围绕近期我国经济恢复的现状,制定切实可行的中期经济复苏以及长期经济腾飞的目标;国家财政政策的引领与推动的要旨是:率先走出经济低谷,尽快达到疫情前的经济水平,力争经济跨越发展。国际视野的政策涵盖面主要包括:在我国经济全面复苏的前提下,制定推进全球经济健康发展、维护与构建国际经济秩序的目标;国家财政政策的引领与推动的要旨是:国家财政政策的内涵与外延相互结合,以及全球公共产品的供给与配置等方面。

(二)研究目的

本研究的总目标包括国内财政政策目标和国际财政政策目标两个方面:第一,国内财政政策的目标主要基于当前的经济恢复和率先经济腾飞的考量,财政政策的重点是实现"四个目标",即GDP目标、就业目标、产业结构目标、科技发展目标;第二,国际财政政策的目标主要是基于我国早于世界其他国家(至少三个月)走出新冠肺炎疫情危机,加上我国应对危机的制度优势的考量,财政政策的重点是抢占全球发展的制高点,以形成"四个高地",即市场高地、技术高地、人才高地、政治高地。

鉴于上述政策目标,本研究的财政政策工具主要包括:财政收支政策、财政赤字政策、政府投资政策、全球公共产品供给政策等。财政收支政策包括财政收入政策和财政支出政策。财政收入政策主要包括税收政策和非税政策,财政赤字政策主要包括预算赤字政策和债务政策,政府投资政策主要包括政府预算投资政策和国有资本投资政策,全球公共产品供给政策主要包括国际组织供给政策和国别援助政策。

(三)研究重点

本研究的重点包括四个方面:第一,关于财政收入与支出政策,围绕财政政策目标,分析与预测后新冠肺炎疫情时代的财政收入与支出的数量与结构状况;第二,关于财政赤字政策,根据收支缺口以及重点支持领域的测算,分析与预测政府预算赤字的规模与发行节奏、各类政府债务的规模与结构;第三,关于财政治理政策,为规避财政风险和提高财政绩效,推进财政体制深化改革,全面实施预算绩效管理,加快构建现代财政制度;第四,关于国际财政政策,根据我国率先走出全球性疫情的先发优势,通过制定国际援助、国际投资以及国际组织等政策,增加国际话语权和全球市场资源配置的主动权。

(四)研究意义

纵观历史,任何一次世界性重大事件,其后续影响均会产生国际市场要素资源的重组,以及全球治理格局的变化。第二次世界大战后,主要战胜国美国政府主导了世界资源及全球治理,其中的主要政策工具就是以政府援助为主的《马歇尔计划》;2008年的世界性金融危机,各国处理的政策也大都以财政政策为主;今年的新冠肺炎疫情治理,世界各国的主要应对政策大多也是财政政策。可见,对于任何全球性突发事件的处理以及后续影响的利益配置,国家政府的作用十分关键,而政府作用发挥的主要措施均为"财政政策",这是政府应对世界性危机以及后续处置的普遍规律。因此我们要把握住这一有利中华民族振兴的历史机遇,通过制定合理有效的财政政策,充分发挥我国在后新冠肺炎疫情时代的先发优势。

本研究的重大意义主要体现在三个方面:第一,通过制定强力有效的赤字政策、投资政策、补贴政策、税收政策等,保障与推进国内经济、社会的尽快复苏以及推进国民经济的长期健康发展;第二,在国内经济率先复苏的基础上,通过制定符合国际规范的政府援助政策、国际投资政策等,促进全球经济复苏进程;第三,通过强化国际组织政策、国别投资与援助政策,采取政策换市场、政策换技术等措施,抢占国际资源配置制高点、增强国际政治话语权。

三、中国财政政策对策思路与措施

(一)财政收支政策思路与措施

2020 年我国的经济发展面临国内经济结构调整和国际经济复苏缓慢的共同影响,特别是新冠肺炎疫情的爆发,对全世界的政治经济造成了重大冲击。面对这一内外双重负面因素及突发事件的影响,我国应采取更加积极有为的财政政策,从收入和支出两方面提出切实可行的对策措施,从需求和供给两端同时发力,以利于实现短期经济恢复、中期经济复苏和长期经济腾飞的战略目标。

1. 财政收支政策的思路

(1)肯定实施积极财政政策的重要性。党的十八届三中全会提出:“财政是国家治理的基础和重要支柱。”从世界和历史经验来看,无论是 1929 年美国经济危机之后所诞生的凯恩斯国家干预经济理论与罗斯福新政,还是第二次世界大战后美国推行的以国家援助为主的马歇尔计划,以及 2008 年全球金融危机时各国都出台了以财政政策为主的应对策略,对于任何全球性突发事件的处理以及后续影响的利益配置,国家发挥的作用十分关键。而各国政府所应对的首要政策工具都是财政政策,这是政府应对世界性危机以及后续处置的普遍规律。因此,面对 2020 年初以来新冠肺炎疫情造成的经济冲击,首先要从战略高度肯定财政收支政策的重要性,并认识到所应实施的积极财政政策的特殊性,从而进一步明确政策思路,并制定具体措施。

(2)要认识到导致这一轮经济下行原因的特殊性。新冠肺炎疫情所导致的突发经济冲击不同于以往因为经济周期原因所造成的经济危机情形。过去 20 多年来,为应对 1998 年亚洲金融危机和 2008 年全球金融危机所带来的不利影响,我国已经实行了两轮积极的财政政策。这两轮政策出台的目的也都是为了应对经济下行,但不同之处在于当时的宏观经济特征是有效需求不足,个人和家庭储蓄率高企,消费意愿不足;企业内生性投资意愿乏力。因此,当时的政策重点在于通过扩张性财政政策进行逆周期调节,促使储蓄转向投资，并通过大规模的公共投资来扩大内需，拉动经济回升。因目标明确，措施到位，过去两轮财政政策的实施达到了较好的效果。

而当前实施积极财政政策背景的特殊性在于，本轮经济下行并非经济运行本身所出现的问题，而是因为前所未有的疫情的突发冲击，出于防控的需要，在相当长时期内人们被迫居家隔离，包括劳动力和物资等在内的生产要素的自由流动受到很大限制，从而导致消费和投资水平大幅度降低，出口受挫，经济下滑。因此，要认识到与之前两轮的经济问题不同，本轮经济下行的原因具有特殊性，并非由于内生经济动力不足，而是因为外力导致的国内外有效需求暂时不足，出台的财政政策也应有针对性的区别。

(3)要明确未来财政收支政策制定的阶段性。新冠肺炎疫情作为一种突发的外在因素，对我国宏观经济的影响可能分为三个阶段：第一阶段是疫情期间，主要表现为短期经济下滑，需求和供给两侧临时性大幅下降；第二阶段是疫情恢复期，主要表现为中期经济复苏，全面复工复产的供给面回升和需求面反弹；第三阶段是后疫情时期，主要表现为长期经济调整和跨越式发展。

因此，从财政收支政策来看，需要根据上述阶段性的特点，围绕近期我国经济恢复的现状，制定切实可行的中期经济复苏以及长期经济腾飞的目标。财政政策的引领与推动的要旨是率先走出经济低谷，尽快达到疫情前的经济水平，力争经济跨越发展。

2. 财政收支政策的措施

(1)我国宏观经济与财政政策的趋势和现状。从表 1－2 可以看到，2010—2019 年我国的 GDP 总量虽然增加较多，但增速呈现逐年下滑的趋势，当然这一状况的出现有着多方面的复杂原因。面对经济持续下行的压力，以财政政策从收支两侧发力是经济稳定增长的关键。

表 1－2　　2010—2019 中国 GDP 总量及增速

年份	GDP 总量(亿元)	增速(%)
2010	397 983	10.3
2011	471 564	9.2
2012	519 322	7.8
2013	568 845	7.7
2014	636 463	7.4
2015	676 708	6.9
2016	744 127	6.7
2017	827 122	6.9

续表

年份	GDP 总量(亿元)	增速(%)
2018	900 309	6.6
2019	990 865	6.1

资料来源:国家统计局网站,http://www.stats.gov.cn/tjsj/tjgb/ndtjgb/。

从 2014 年以来,我国经济进入了新常态,经济结构面临转型,从财政政策的实施来看,重点是促进供给侧结构性改革,具体体现在大规模、结构性减税降费上,增值税、企业所得税、消费税和个人所得税等税种改革不断推进,在降低企业和个人负担的同时释放经济活力,实现经济结构的调整及优化。

2018 年以前,我国是以结构性减税为主,之后政策的重点转向普惠性减税,并进一步加大政策的力度。之后,党中央、国务院做出重大决策部署,实施更大规模减税降费政策。习近平总书记强调,宏观政策要强化逆周期调节,积极的财政政策要加力提效,减税降费政策措施要落地生根,让企业轻装上阵。2019 年我国出台了有史以来力度最大、规模空前的减税降费政策,具体举措主要有:深化增值税改革、实施小微企业普惠性减税、实施个人所得税专项附加扣除、降低社会保险费率、清理规范行政事业性收费和政府性基金等。据财政部相关统计,2016 年我国减税降费规模约 0.62 万亿元,2017 年超 1 万亿元,2018 年约为 1.3 万亿元,而 2019 年这一数据更高达 2.36 万亿元,占 GDP 比重为 2.39%。

(2)促进后疫情短期内经济维稳的财政收支政策。从短期来看,2020 年应对疫情的主要是一系列应急和救助政策。财政收支政策的重点围绕落实"六保"任务发力,即保居民就业、保基本民生、保市场主体、保粮食能源安全、保产业链供应链稳定、保基层运转。

据 2020 年 8 月 8 日财政部部长刘昆在第十三届人大第二十一次会议上所作《国务院关于今年以来预算执行情况的报告》中提供的数据,截至 6 月底,各级财政共安排疫情防控资金 1 756 亿元,围绕减轻患者救助费用负担、提高疫情防治人员待遇、保障疫情防控物资供应、加快疫苗和药物研发等出台了一系列财税支持政策,为打赢疫情防控阻击战提供了政策保障。

支持保居民就业。中央财政下达就业补助资金 538.78 亿元,1—6 月发放了稳岗返还资金 636 亿元,以努力稳定和扩大就业,同时出台相关政策突出支持做好重点人群就业工作,并保障失业人员基本生活。

支持保基本民生。支持发展公平优质教育,做好养老保障工作,保障基本医疗需求,做好民生兜底工作,完善基本住房保障体系。截至 6 月底,已下达养老保险补助经费

7 678.27 亿元，城乡居民医保补助资金 3 525.35 亿元，困难群众救助补助资金 1 660.47 亿元，全国保障性安居工程财政支出 1 810 亿元。

支持保市场主体。1—6 月新增减税降费 15 045 亿元，有效减轻了市场主体负担；加大创业担保贷款贴息支持力度，提高贷款额度上限，放宽申请条件，支持缓解融资难、融资贵。

支持保粮食能源安全。下达农田建设补助资金 682.8 亿元，调整完善农产品生产者补贴政策和粮食补贴政策，全力保障粮食等重要农产品供应。完善非常规天然气和可再生能源补贴政策，支持建立和完善能源安全储备制度。

支持保产业链供应链稳定。延长新能源汽车推广应用财政补贴政策等，大力支持制造业高质量发展；提高科技创新支撑能力；着力稳外贸、稳外资；制定系列财税优惠政策，支持海南自由贸易港建设。

支持保基层运转。截至 6 月底，中央下达一般性转移支付资金 61 214.6 亿元和特殊转移支付资金 5 378.57 亿元，大幅增加对地方财力支持，保障基层援助和各项政策实施。

(3)促进后疫情中期经济复苏的财政收支政策。疫情爆发时的短期政策往往以应急和救助为首要任务，然而在疫情的中后期，财政支持政策应该在保持积极基调的同时，根据形式变化开始逐渐转移，在考虑政策有效性和持续性的基础上，努力实现经济量的合理增长和质的稳步提升，促进行业以及整个国家经济的复苏与发展。

从我国的实际情况来看，需要客观地认识到：一方面，从政策的延续性来看，近些年来的供给侧结构性改革、减税降费政策确实为经济运行注入了新的活力，但再继续推行大规模减税的空间已经不大；另一方面，从政策的有效性来看，与之前两轮的经济问题不同，本轮经济下行的特殊性在于并非由于内生经济动力不足，而是因为突发因素冲击导致的有效需求不足，因此，出台的刺激性政策也应有针对性的区别。未来的财政政策需要从需求和供给两端着手，在促进消费和投资需求的同时，增强市场经济主体的活力；扩大财政支出，增加公共投资规模，推进公共服务均等化。

从财政收入政策来说，要继续坚持减税降费的大方向，考虑到各地区、各行业的企业受到疫情影响的程度不同，制定有针对性的政策措施，切实降低企业和个人负担，激发内生的经济活力。从税收政策来看，我国目前的税收优惠尚不完善，涉及税种有限、方式较为单一、支持力度也有所不够。因此，要进一步完善制度改革，探索多元化如税基式、税率式、税额式、税收递延式等多种税收优惠方式，实施针对性减税政策，增强个人消费和企业投资的积极性。另外，突出扶持重点，让税收优惠政策落实更给力。根据疫情对不同行业、企业和地区的冲击程度，采取切合各自实际和特点的差异化优惠举措，根据实际需要相机抉择。

从财政支出政策来说，首先要对政府投资项目进行选择，而选择的标准应跳出经济收益率这一传统指标。政府不应与民逐利，对于回报率高、企业投资意愿强的项目，应放手让市场决定。政府应将投资的重心放在那些回收周期长、具有正的社会外部性的项目之上，这些项目往往企业不愿意做，却对社会经济的高质量发展至关重要。因此，在准备政府投资项目的选择时，应该以社会回报而不是经济回报作为标准。其次，从我国财政支出结构来看，转移性支出比重相对较低，购买性支出和资本性支出的比重较高，表现为对于经济领域的投入较多。这次疫情也提示我们有必要进一步调整支出结构，加强政府购买公共服务的针对性，优化财政补贴激励政策，以财政政策支持新基建建设和公共卫生等各项民生支出，以更好地实现"四个目标"，即 GDP 目标、就业目标、产业结构目标和科技发展目标。

（4）促进后疫情长期经济腾飞的财政收支政策。在短中期内，疫情会对我国经济造成一定的冲击和影响，以财政收支为首要选择的政策措施强调应急性和针对性，以促进经济的稳定和复苏。而从长期来看，我国面临从投资驱动向创新驱动的经济增长方式转型和错综复杂的国际环境变化，对于未来实施的财政政策也提出了更高的要求。

从长期来看，需要认识到积极有为的财政政策的可持续性和有效性，减税降费和扩大支出在一段时期内会发挥作用，但财政收支缺口不可长期维系，而当类似新冠肺炎疫情这样外在的冲击影响逐渐弱化，被压抑的消费和投资需求快速释放，如果没有即时调整的话，大规模的政府支出甚至可能对私人投资产生严重的挤出效应，干扰到经济内生增长机制的平稳运行。因此，相较于中短期的具体财政政策举措，更应该重视财税制度本身的改革，通过税制结构的优化和财政体制的完善，促进资源配置效率提高和经济可持续发展。

同时，要从国际视野出发，认识到开放经济条件下的政策溢出效应，兼顾内外和长远影响，协调全球产业链和价值链之下内需和外需的关系。此次疫情之下，数字经济表现出较强的生命力，电子商务、在线会议、远程办公、数字化平台等已突破一国范围，国际分工和产业链布局加速调整，对全球化进程影响深远。与此相关的"新基建"可认为是今后相当长时期扩大内需和深化供给侧结构性改革的关键性基础设施建设。对此，积极的财政政策也应将其作为一个突出的重点事项。

"不谋全局者，不足谋一域。"作为世界上第二大经济体和最大的发展中国家，中国应深度参与国际经济竞争与合作，为建立公平有效的国际经济新秩序做出应有的贡献。而在这一过程中，进一步深化改革和扩大开放，制定科学、合理、有效的财政政策，发挥其应有的功效，则更是应有之义。

总体而言，从2020新冠肺炎疫情在全世界蔓延的情况来看，各国应对的举措和效果各不相同。无论欧美国家，还是发展中国家，疫情的冲击远远超出预期，对未来长期的经济发展会带来深远的影响。对于我国而言，还面临着复杂的国际政治经济关系，2018年以来的中美贸易摩擦即是典型的例证。因此，财政收支政策的重点应放在扩大内需上。既要通过减税降费增加企业和家庭的收入，增加企业投资和个人消费，又要加大政府的公共支出作为扩大需求、稳定增长的举措，进而有利于创造就业机会，提振民众对未来的信心，从需求和供给两翼共同促进经济的短期复苏和长期发展。

（二）预算赤字与政府债务政策思路与措施

1. 新冠肺炎疫情对我国经济造成的基本影响和挑战

新冠肺炎疫情爆发之后，对我国经济增长造成了显著负面影响，具体表现为以下4个方面：

第一，经济增长明显下降。由于疫情对我国总需求和总供给的同时冲击，2020年第一季度中共GDP增长率为－6.8％，经济增长遭遇到前所未有的大幅度下降。疫情发生后，中国加强疫情网格化防控和集中隔离措施，国内部分城市“封城”，国际部分国家相继采取限制入境的措施。工业开工延迟，生产减少，规模以上工业增加值大幅下降。同时，第三产业受到的冲击较大。

第二，城镇失业明显增加。新冠肺炎疫情造成2020年第一季度失业率攀升，隐性失业规模较大。如果考虑农民工返乡后未能返程导致劳动参与率下降等因素的影响，失业问题更加严峻。2020年2月城镇调查失业率达到该数据正式发布以来的最高值。

第三，结构性通货膨胀通货紧缩并存。受疫情影响，2020年第一季度中国一般物价呈现典型的机构性特征。第一季度受猪肉等食品价格的上升的影响，CPI仍处于高位；此外，能够表征宏观经济冷热状态的核心的CPI、PPI较为低迷。2020年2月和3月核心CPI仅比上年同期上涨1.0％和1.2％；PPI下降0.4％和1.5％，工业领域面临结构性通货紧缩的风险。

第四，货物贸易顺差大幅下降。根据海关统计，以美元价值计算，2020年第一季度中国货物进出口总额同比下降8.4％，出口下降13.3％，进口下降2.8％。进出口相抵，贸易顺差132亿美元，比上年同期大幅下降81.9％。根据外汇管理局的统计，2020年1－2月中国服务贸易逆差326亿美元，比上年同期显著收窄24.8％。消费性服务贸易（如出境旅游）和生产性服务贸易规模也因货物贸易萎缩而缩小。

2. 疫情期间赤字和债务政策的基本举措

为了应对新冠肺炎疫情对经济的重大不利影响，政府实施了更加积极的财政政策，除继续实施减税降费政策之外，财政支出力度进一步增强。同时，在赤字和债务方面的诸多新举措得到社会各界的广泛关注。

首先，适当提高赤字率，明确发出积极信号。将财政赤字率从 2.8%提高到 3.6%以上，赤字规模比 2019 年增加 1 万亿元，达到 3.76 万亿元，稳定并提振市场信心。

其次，适度加大政府债券发行力度，增加政府投资，对冲经济下行压力。安排地方政府专项债券 3.75 亿元，比 2019 年增加 1.6 万亿元。同时，发行 1 万亿元抗疫特别国债。截至 2020 年 7 月 31 日，地方政府已发行债券 37 568 亿元，其中一般债券 12 902 亿元、专项债券 24 684 亿元。截至 2020 年 7 月 31 日，抗疫特别国债已累计发行 10 000 亿元。上半年，完成一般国债发行 22 525.1 亿元。开展国债做市支持操作 6 次，涉及券种 13 只，操作额 114.4 亿元，其中随买 3 只国债 10.2 亿元，随卖 10 只国债 104.2 亿元。

最后，加大了转移支付力度，对冲基层政府财政困难问题，中央对地方转移支付增长 12.8%，支持地方尤其是困难地区正常运转。新增财政赤字和抗疫特别国债资金全部安排给地方，建立特殊转移支付机制，加快直达资金预算下达。2020 年 6 月底前已将具备条件的直达资金全部下达地方。

3. 后疫情时代我国赤字和债务的实施思路和对策

(1)中国赤字率和债务率的现状。①中国的赤字率。中国财政部官方使用的赤字率仅涉及 4 本预算中的一般公共预算的赤字，不包括政府性基金预算、国有资本经营预算和社会保险基金预算。计算方法为：

赤字＝一般公共预算收入＋结转结余资金使用＋调入预算稳定调节基金＋调入政府性基金、国有资本经营预算收入－一般公共预算支出－调出预算稳定调节基金

政府主要通过调整稳定调节基金、历年结转结余科目使得执行赤字基本等于预算赤字。然而，该指标已无法精确反映实际的财政收支缺口。原因如下：一是使用理念的结转结余和预算稳定调节基金，相当于为当年的支出融资；二是地方政府专项债务的规模逐步扩大，2018 年专项债规模已相当于官方赤字的 60%，2019 年已达到 90%，本质上仍属于为政府支出融资；三是国有资本经营预算和社会保险基金预算整体上遵循“以收定支，不列赤字”的原则。因此，我国的实际的财政赤字应在官方赤字的基础上，增加对使用的结转结余、稳定调节基金及专项债等方面数额。

由于中国政府性基金预算的主体内容为土地出让收入，为便于全球可比，IMF 提出

土地出让收支，将政府的四本预算收支差额加总形成 IMF 口径狭义的赤字率，即包括公共财政赤字、结转结余、调节基金、不含土地出让收入的政府性基金收支差、专项债、社保基金收支差等。2016—2018 年，中国 IMF 口径狭义赤字率分别为 3.7%、3.9%和 4.8%，处于全球中等水平。仅从这一指标来看，中国财政状况较为稳健。

然而，在赤字债务化的背景下，政府赤字应该理解为政府收支不足的所有债务融资。我国存在大量的准政府活动，在 IMF 构建的广义赤字率的指标中，包含了专项债、专项建设债、铁道债、城投债、政策性金融债、PSL 和政府引导基金等。2015—2018 年的地方政府专项债券分别为 1 000 亿元、4 000 亿元、8 000 亿元和 13 500 亿元，主要投向具有一定收益的基建类项目。2015—2016 年由国家开发银行、农业发展银行发行专项建设债，采用设立专项建设基金的方式支持国家重大项目建设，中央财政按照债券利率的 90% 给予贴息支持，分别为 8 000 亿元和 10 000 亿元，2017 年发行约 2 000 亿元。2015—2018 年铁路总公司发行的铁道债分别为 1 600 亿元、1 330 亿元、1 440 亿元和 1 150 亿元。2015—2018 城投债净发行额分别为 11 315 亿元、14 862 亿元、5 615 亿元、4 945 亿元。2015—2018 三大政策性银行履行政府投融资职能，发行的政策性金融债分别为 10 678 亿元、14 599 亿元、12 023 亿元和 9 903 亿元。2015—2018 年央行为棚改、扶贫、农村基建等重点项目发放的 PSL 分别为 6 981 亿元、9 714 亿元、6 350 亿元和 6 919 亿元。考虑上述因素之后，2015—2018 年的赤字率分别上升为 9.2%、11.1%、7.8%和 8.2%。IMF 同时估算了政府引导基金等其他预算外活动，测算的广义赤字率继续上升为 8.4%、10.4%、10.8%和 11.2%。

②中国的债务率。根据 BIS 的统计，从世界范围来看，2018 年中国政府部门的债务率(49.8%)低于日本、意大利、美国等发达国家，略高于新兴市场国家，处于较低水平，风险可控。即使考虑隐性债务，IMF 测算的我国广义政府债务率(含融资平台和其他隐性债务)为 72.7%，仍低于主要发达经济体，具备一定的增加赤字和杠杆的空间。

然而，从中国政府的利息支出的角度讲，增速较快，但利息支出/财政收入在全球处于中等偏低水平。财政部数据显示，2017—2019 年，我国债务付息支出分别为 6 185 亿元、7 345 亿元和 8 338 亿元，同比分别增长 21.9%、17.1%和 12.6%，增速较高。但从其与财政收入占比来看，按照 IMF 的测算，我国政府利息支出/财政收入这一比重，2017 年为 3.3%，高于法国、德国和俄罗斯，但低于印度、巴西和南非等新兴经济体，以及美国和英国等发达经济体。

(2)新冠肺炎疫情对经济影响的特殊之处：对供应链的影响。有别于一般的负面冲击对经济的影响，此次新冠肺炎疫情及其抗疫措施对经济影响的特殊之处在于对供应链的影响。从其对全球供应链的影响来看,主要体现为以下三个层面:第一,由于上游停工停产以及物流承载量和物流效率下降而订单交付延迟,对全球产业链中处于不同位置的国家造成了差别化的影响;第二,上游供应中断或下游需求萎缩所导致的生产规模和生产效率下降,会在一定程度上影响积极财政政策的实施效果;第三,企业出于对供应链安全的战略性考虑而对供应链结构和关系进行调整,包括增加或替换供应商和采购商、调整全球投资布局等,这些会对中国在全球供应链的位置产生影响。

(3)我国赤字和债务政策的实施措施。①提高赤字和债务资金的投放精度,做到真正意义上的提质增效。面对疫情冲击所导致的经济下行压力加大,扩大投资是一项重要财政政策工具,伴随着专项债和特别国债资金的逐步就位,关于相关债务资金的效率问题成为政府各级部门重点关注的问题。从我国的现状来看,运用债务资金实施大规模的投资计划的做法须谨慎。这是因为:一方面,投资效率在下降。通过运用边际资本产出比这一指标度量投资效率,能够发现在 2009 年以来,投资效率的下降十分显著,在这样的背景下,仓促实施大规模的投资计划有欠妥当;另一方面,政府投资的挤出效应较为明显。自 2010 年以来,国有企业资产在企业部门资产中的占比一直上升,对民营企业的挤出效应逐步体现。

在疫情期间,我国经济在公共服务供给、产业链安全和地方政府活力以及政策工具选择方面存在明显短板。具体表现如下:

第一,公共服务供给不足。以疫情中心的武汉市为例,据统计,截至 2018 年,每千人医疗卫生机构床位数达到 8.6 张,高于全国平均的 6.03 张;每千人卫生技术人员 9.89 人,高于全国的 6.83 人;每千人注册护士 4.91 人,高于全国的 2.94 人。但疫情发生后医疗资源仍然极度吃紧,全国的情况可想而知,这也反映出我国公共卫生投入的不足。

第二,产业链安全不可控。以口罩和防护服为例,口罩虽然单价不高,但产业链并不简单,除无纺布、鼻梁条等材料外,起到关键防护作用的中间层熔喷布,需进行化学合成,口罩加工需要口罩机和人力,各要素组合调配的任意一个环节出现问题,都会制约产能。防护服的生产需要无尘车间,上海甚至要专门协调企业转产生产。在积极复工复产过程中,如果不能够畅通产业链,一个行业的复工复产很难实现。

第三,地方活力不足、政策工具匮乏。从疫情发展后"捂盖子"和被动应对,以及在中央部署加大复工复产后的观望态度来看,我国地方政府的活力有所下降,产生了等、看、要的倾向,与以往敢闯、敢试、敢干的精神状态有不小的差别。此外,在面临疫情冲击后地方财政收入下降,但支出强度不断增强,不少地方财政捉襟见肘,财政部在 2020 年 3 月 4 日下发通知,明确阶段性提高地方政府财政资金留用比例 5 个百分点,以保基本民生、保工资、保运转。

为此，在赤字和债务资金的使用上，补短板应成为主要着力的领域。同时，鉴于债务资金在投向选择方面应具备一定的回报率，未来赤字和债务资金的投向应更加精准，具体而言：

第一，着眼产业链关键环节调整布局债务资金项目。面对疫情防控物资生产短板，应重点加大对高标准基本农田和水利建设的投入，确保农业安全。提高油气管线建设、电力基础设施建设和能源储备投入，降低用能成本。对标国际前沿和行业间投入—产出关系，增加对芯片等技术和行业的支持。

第二，加大对公共卫生服务体系中重点项目的建设。债务资金应首先补齐为甚短板：一是优化卫生支出结构，加大向包含疫情防控在内的公共卫生基础设施的建设；二是完善对疫情监测基础设施的建设力度，增强预测预警能力。

第三，把握疫情促进智能化技术创新的机遇，加快推进新型基础设施建设，加快实现经济新旧动能的转换。运用债务资金建设一批在关键领域能够有效推动我国经济向信息化、数字化、网络化、智能化和绿色化方向发展的基础设施，不仅能够有效支撑我国城镇化战略的有序、深入实施，而且能够对我国实施供给侧结构性改革提供技术和物质支持。

②发挥债务资金对地方政府事权的支持，发挥防范地方财政风险的作用。面对此次疫情的冲击，地方政府面临着来自收入和支出两个方面的压力：一方面，疫情导致税收收入普遍减少，地方政府财政保收难度加大。伴随着未来减税降费政策的持续实施，地方财政收入增长面临显著挑战。另一方面，疫情导致民生类支出大幅增加，地方政府支出显著提升。在保居民就业和保基本民生这两大重要任务的硬性要求之下，各级地方政府的生活补助、就业支持、失业救济等民生类支出将大幅增加。伴随着脱贫攻坚、生态环境保护、义务教育、社会保障等刚性支出有增无减，尽管近年来各地通过内部挖潜来应对刚性的支出压力，能够整合盘活的资金大多已进入2020年的财政预算，但未来通过盘活存量、保障增长方式收支平衡的空间不断收窄。此外，在疫情的影响下，地方财政风险凸显：一方面，伴随着专项债和特别国债逐步下达基层，地方政府的债务存规模将进一步扩大，势必增加了地方政府未来的还本付息压力；另一方面，随着重点行业税收增速下降，地方政府对房地产业税收以及国有土地使用权出让收入的依赖度很可能进一步提高。

基于上述情形，通过建立特殊转移支付制度，将赤字尤其是债务资金切实转移到基层财政，并将债务资金的偿还方式以更高的幅度归属级次较高的政府，有助于遏制地方政府通过变相方式发行政府隐性债务，从而加大地方财政风险的可能性。在中央和地方事权进一步规范的过程中，通过对债务资金的合理有效利用，有助于推动这一改革进程的推动。

③加强地方政府债务资金及其使用的相关制度建设。第一，摸底隐性债务，将其纳入预决算管理。其中包括对隐性债务的定义和类别做出明确界定；彻底摸清债务情况；将地方政府债务纳入预决算管理，提高债务信息的公开度和透明度。第二，盘活存量债务，合理安排新增债务。通过债务置换、债务重组和盘活财政存量资金和国有资产等方式激活存量债务资金。通过适度提高转债券发行数量，规范专项债券发行机制的方式，保证投融资平台的合理资金需求。第三，完善债务监管机制。通过建立债前审核机制，保证地方政府举债方式和目的符合法律规范；通过债中监督措施规范对地方政府债务的监管，建立健全债务风险评估与预警机制，完善预算"硬约束"制度；明确债后处理处置机制和问责机制。要求地方政府自偿，以强化其责任意识，通过将地方债务风险指标纳入官员的考核中，从制度上约束地方政府官员的违规举债行为。

（三）财政治理的思路与措施

2020年由于疫情的影响，财政收入同比下降。1—10月累计，全国一般公共预算收入158 533亿元，同比下降5.5%。其中，中央一般公共预算收入73 609亿元，同比下降8.7%；地方一般公共预算本级收入84 924亿元，同比下降2.4%。全国税收收入135 044亿元，同比下降4.6%；非税收入23 489亿元，同比下降10.3%。一般公共预算支出同比虽然也是下降的，但下降幅度远低于一般公共预算收入。1—10月累计，全国一般公共预算支出189 439亿元，同比下降0.6%。其中，中央一般公共预算本级支出27 080亿元，同比下降1.8%；地方一般公共预算支出162 359亿元，同比下降0.4%。一般公共预算收入比一般公共预算支出下降得快，导致财政压力上升。特别是部分地方财政，即便在压缩了非刚性和非必需性的支出后，保居民就业、保基本民生、保市场主体、保粮食能源安全、保产业链供应链稳定、保基层运转的"六保"支出压力还是很大。《预算法实施条例2020》第七十八条规定："设区的市、自治州以下各级一般公共预算年度执行中出现短收的，应当通过调入预算稳定调节基金或者其他预算资金、减少支出等方式实现收支平衡，采取上述措施仍不能实现收支平衡的，可以通过申请上级政府临时救助平衡当年预算，并在下一年度预算中安排资金归还。"但事实上据我们调研获知，很多上级政府也没有余力对下级政府进行临时救助帮助其平衡当年预算。在受疫情影响出现短收时，除上述途径外，还可以通过提高财政资金使用效率在不增加财政支出的前提下实现"六保"。而要提高财政资金使用效率，必须提升财政治理水平。只有厘清中央与地方、上级财政与下级财政的财政关系，深化预算管理体制改革，实现政府综合财务报告制度和财政资金全面实现绩效的预算管理，才能更进一步地提升财政治理的水平，从而对冲疫情所带来的财政困境。

疫情不仅给财政带来了一定的困境，也给提升财政治理水平带来了机遇和挑战。中共中央政治局2020年7月30日召开会议，会议指出，当前经济形势仍然复杂严峻，不稳定性、不确定性较大，我们遇到的很多问题是中长期的，必须从持久战的角度加以认识，加快形成以国内大循环为主体、国内国际双循环相互促进的新发展格局，建立疫情防控和经济社会发展工作中长期协调机制，坚持结构调整的战略方向，更多依靠科技创新，完善宏观调控跨周期设计和调节，实现稳增长和防风险长期均衡。从上面这段话中我们可以看到在后疫情时代，中长期视角是解决各种经济问题的基础。2020年10月党的十九届五中全会审议通过了《中共中央关于制定国民经济和社会发展第十四个五年规划和二〇三五年远景目标的建议》，其中关于建立现代财税金融体制提道："加强财政资源统筹，加强中期财政规划管理，增强国家重大战略任务财力保障。深化预算管理制度改革，强化对预算编制的宏观指导。推进财政支出标准化，强化预算约束和绩效管理。明确中央和地方政府事权与支出责任，健全省以下财政体制，增强基层公共服务保障能力。完善现代税收制度，健全地方税、直接税体系，优化税制结构，适当提高直接税比重，深化税收征管制度改革。健全政府债务管理制度。"而中期财政规划管理也是绩效管理的一个方面，我们会在讨论预算的绩效管理时一起讨论中期财政规划管理。最后，疫情带来的财政困境还会体现在地方政府的债务风险上，而为了更好地反映地方政府的财政可持续性和偿债能力，控制地方政府的债务风险，必须建立政府综合财务报告制度。

结合党的十八届三中全会和十九大报告提出的建立现代财政制度，建立权责清晰、财力协调、区域均衡的中央和地方财政关系。建立全面规范透明、标准科学、约束有力的预算制度，全面实施绩效管理。深化税收制度改革，健全地方税体系。财政治理主要包括三部分：财政管理体制改革、预算管理体制改革和税收制度改革。本部分主要讨论前两方面的内容。

1. 财政管理体制改革

财政管理体制又称为财政体制，是指政府间的纵向财政关系，是各级政府间的利益关系在财政收支范围、财政资金支配权和财政管理权等财政领域中的具体反映。

(1)财政体制的基本理论。财政体制主要涉及事权和支出责任的划分、财力的划分和转移支付制度三部分的内容。首先应该划分各级政府之间的事权，即各级政府应该做哪些事情，然后按照事权与支出责任一致原则，明确各级政府的支出责任；其次按照弥补各级政府公共产品的成本划分与事权和支出责任相适应的财力；最后完善转移支付制度，在事和钱都分清楚之后，政府间的财力如果有盈缺，应该通过转移支付制度进行调节。

①政府间财政事权和支出责任的划分。政府之间事权的划分是各级财政支出划分的前提和依据，而政府进行事权划分的时候应当遵循以下三个原则：一是受益原则，是指根据公共产品或服务的受益范围来划分政府的事权。对那些在受益范围大的事权划归上级政府；受益范围小的事权归下级政府；对于那些受益范围涉及多个区域的事权，由受益地区共同承担。坚持受益原则就是将利益与责任结合起来，通过受益与义务的相互联系调整财政分配关系，调动各级政府管理公共事务的积极性。二是效率原则，是根据公共产品的配置效率来确定事权的归属。公共产品由哪级政府提供效率更高，就应当由哪一级政府管理。比如，如果公共产品属地化程度较高，则政府层级越低的地方政府与服务对象越接近，越了解所管辖区域内居民的偏好，则由下级政府来承担更为有效。如果是在调节收入再分配、实现收入公平分配方面，较高层级的政府同意制定分配政策则更为有效。三是区域原则，是根据公共产品的区域性特征来划分政府事权。将没有区域性或者区域性较小的公共产品划归为上级政府，将区域性较大的公共产品划归于下级政府，并在此基础上明确各级政府间各自的事权管理范围。只有按照区域原则和标准来选择社会公共产品的提供者，才能使不同层次的公共需求得到更好的满足。

具体实践中，多数国家中央（联邦）政府通常承担国防、外交、国家安全、出入境管理、跨域生态环境保护、反垄断和知识产权保护等方面的职能，地方政府主要承担基础教育、社会救助、社会治安、市政交通等方面事务，一般由中央和地方共同承担跨区域基础设施、高等教育、科技研发、公共文化以及基本医疗和公共卫生等外部性较强的事务。

②政府间收入的划分。在市场经济条件下，政府间财政收入的划分一般是采取分税制内基本制度，主要特点是以税种和税权的划分为财权财力划分的载体。由于税收具有法律性和规范性，因此用划分税种和税权来处理各级政府之间的财政分配关系就具有规范性和稳定性的特征。政府间收入的划分原则有：一是功能性原则，这一原则要求按照税收的功能来划分税种的归属：有利于实现中央政府管理职能的税种划归中央；有利于实现地方政府管理职能的税种划归地方。这是提高税收经济效率和行政效率的要求。按照税种功能来确管定税种归属，可以有效发挥中央政府和地方政府的经济管理作用，使经济效率提高；可以减少税收管理成本，使行政效率提高。二是受益性原则，这一原则要求根据公共产品的受益范围和区域性来确定税种归属。一般情况下，把受益于中央政府提供服务的税源划归中央；将受益于地方政府提供服务的税源划归地方。这样有助于形成责任与受益对等的税种划分格局。三是规模性原则，这一原则要求在政府间划分税

种时，按分级财政机制独立运作的要求，通过划分税种使中央和地方的税收体系形成一定规模，能支撑各级政府财政的主体税种。四是经济分权原则，这一原则要求在划分税种时尽量以经济因素为依据，淡化行政隶属关系对税种划分的影响。

按照上述原则，可以对中央与地方税种划分格局做出基本界定：具有稳定宏观经济功能的税种、与国际贸易和实现国际收支平衡有关的税种、以调节收入水平为目的的税种划归中央。对于那些税源分散、税基较小、区域性特征明显，主要是为提供区域性公共产品而开征的税种，以及与地方政府支出责任紧密相连的税种划归地方。

③转移支付理论。政府间转移支付是当今世界各国普遍采用的，用来规范中央政府与地方政府之间财政关系，执行收入分配政策，调控经济运行，促进地区经济协调发展的重要手段，是保证国家稳定和统一的重要法宝。

各级政府之间会不同程度地存在着财政的纵向不平衡与横向的不平衡，为缓解这种矛盾，就需要建立健全政府间转移支付制度来解决。所以转移支付往往是为了解决以下三个问题：一是地方性公共产品或服务的外溢性。严格地说，地方政府提供地方性的公共产品或服务的受益范围几乎不可能被限定在一个固定的地区范围内，地方性公共物品或服务的受益或者受侵害的范围就会超出管辖区域，由此就会造成其他地区不用对所收益的公共物品和服务支付成本或者受侵害而没有得到补偿。而这种地方性公共产品或服务的外溢性问题是几乎不可能避免的，此外，具有外部效应的公共产品或服务的成本往往是由该公共产品或服务的提供者承担的，这会在一定程度上影响地方对公共产品的提供，因此就需要中央政府采取措施，对具有外部效应的公共产品或服务的提供进行适当调节。二是纵向和横向的财政失衡。所谓纵向财政失衡，是针对多级财政体制中上下级政府间财政收支差异的状况而言的，不论是中央财力大于地方财力还是地方财力大于中央财力，都对整个国家的经济发展不利，因此，就需要通过纵向转移支付来进行财力的再分配。所谓横向财政失衡，是指不同地区之间政府的财政收支存在差异，而这种地区间财政差异会造成一些弊端。而通常发达地区与贫困地区很难形成自发的财政资金的转移，所以就需要中央政府进行统筹，通过立法手段、强制地进行财政资金转移。三是税收分割不足。税收分割只是中央与地方之间进行税收的划分，仅仅依靠简单的税收分割并不能实现政府间关系的协调，因此，当今世界绝大部分的国家，不论其税收分割方法和体系多么健全、先进，在分税的同时也会实施转移支付制度，以此来弥补分税方式所存在的固有缺陷。

政府间转移支付包括一般性转移支付和专项转移支付。一般性转移支付并不规定所拨财政资金的具体用途或大致投向，它赋予下级政府以较大的自由权，使下级政府可以依照本地情况灵活地安排资金投向，上级政府对此一般不过多地限制和干预，旨在促进各地方政府提供公共服务的均等化。专项转移支付是指一种具有明确的资金用途规定，即附有关于资金使用的附加条件的政府间转移支付形式。它体现着上级政府对下级政府定向支援或者委托下级政府办理某项公共服务供给的意图，专款专用。

(2)我国中央与地方财政管理体制的完善。按照 2014 年预算法第十五条的规定：国家实行中央和地方分税制。2020 年《预算法实施条例》解释了中央和地方分税制，是指在划分中央与地方事权的基础上，确定中央与地方财政支出范围，并按税种划分中央与地方预算收入的财政管理体制。

①事权与支出责任划分的改革。按照财政体制的理论，要完善财政体制，建立科学的财政管理体制，应该先厘清财政事权和支出责任的划分。在这一前提下再配合税收分成和转移支付制度改革。我国从 2016 年起就开始了中央与地方事权与支出责任的划分改革。2016 年 8 月，国务院通过了《关于推进中央与地方财政事权和支出责任划分改革的指导意见》，为我国各级政府划分财政事权和支出责任提供了指导意见。此后国务院办公厅又陆续印发了《基本公共服务领域中央与地方共同财政事权和支出责任划分改革方案》(国办发〔2018〕6 号)、《医疗卫生领域中央与地方财政事权和支出责任划分改革方案》(国办发〔2018〕67 号)、《科技领域中央与地方财政事权和支出责任划分改革方案》(国办发〔2019〕26 号)、《教育领域中央与地方财政事权和支出责任划分改革方案的通知》(国办发〔2019〕27 号)、《交通运输领域中央与地方财政事权和支出责任划分改革》(国办发〔2019〕33 号)、《生态环境领域中央与地方财政事权和支出责任划分改革方案》(国办发〔2020〕13 号)、《公共文化领域中央与地方财政事权和支出责任划分改革方案》(国办发〔2020〕14 号)7 个具体领域的事权和支出责任。随着事权与支出责任在中央与地方的明确，中央与地方的税收分成制度也再进一步的改革中。

②收入划分的改革。2019 年 10 月国务院印发了《实施更大规模减税降费后调整中央与地方收入划分改革推进方案》，主要改革内容包括：一是保持增值税“五五分享”比例稳定。进一步稳定社会预期，引导各地因地制宜发展优势产业，鼓励地方在经济发展中培育和拓展税源，增强地方财政“造血”功能，营造主动有为、竞相发展、实干兴业的环境。二是调整完善增值税留抵退税分担机制。建立增值税留抵退税长效机制，结合财政收入形势确定退税规模，并保持中央与地方“五五”分担比例不变。为缓解部分地区留抵退税压力，增值税留抵退税地方分担的部分(50%)，由企业所在地全部负担(50%)调整为先负担 15%，其余 35%暂由企业所在地一并垫付，再由各地按上年增值税分享额占比均衡分担，垫付多于应分担的部分由中央财政按月向企业所在地省级财政调库。三是后移消

费税征收环节并稳步下划地方。按照健全地方税体系改革要求，在征管可控的前提下，将部分在生产(进口)环节征收的现行消费税品目逐步后移至批发或零售环节征收，拓展地方收入来源，引导地方改善消费环境。

③转移支付制度的改革。分税制财政体制改革后，逐步建立健全了较为规范的转移支付制度。在一般性转移支付和专项转移支付基础上，为与财政事权和支出责任划分改革相衔接，2019 年新设共同财政事权转移支付，暂列一般性转移支付项下，待今后修订预算法时再做调整。一是一般性转移支付，包括均衡性转移支付、老少边穷地区转移支付、重点生态功能区转移支付、资源枯竭城市转移支付、县级基本财力保障机制奖补资金等，主要用于均衡地区间财力配置，保障地方日常运转和加快区域协调发展。2019 年，一般性转移支付占转移支付总额的 47%。二是共同财政事权转移支付。主要是配合财政事权和支出责任划分改革，用于履行中央承担的共同财政事权的支出责任，保障地方落实相关政策所需财力，提高地方履行共同财政事权的能力。2019 年，共同财政事权转移支付占转移支付总额的 43%。三是专项转移支付。包括文化产业发展专项资金、可再生能源发展专项资金、城市管网及污水治理补助资金、农村环境整治资金等，主要用于保障中央决策部署的有效落实，引导地方干事创业。2019 年专项转移支付占转移支付总额的 10%。①

(3)我国省以下财政管理体制的完善。明确我国中央与地方财政管理体制的改革已经按计划逐步推进，并取得了很大的成效。但省以下财政管理体制的改革各省份参差不齐，改革步调较中央较慢。我国省以下财政体制一般都存在着一些相同的问题。

①省以下财政管理体制存在的问题。省以下财政管理体制主要存在的五个方面的问题：第一，政府职能定位不清。一些本可由市场调节或社会提供的事务，财政包揽过多，同时一些本应由政府承担的基本公共服务，财政承担不够。第二，事权与支出责任划分的相关规定有待完善。现在很多地方都实行省直管县的财政体制。省级财政一般都会按照中央的做法对事权与支出责任的划分做一些相关的规定，但一般只针对省与市县的财政事权和支出责任做出划分要求，未涉及县与乡镇之间的事权和支出责任划分。县乡一般都只划分了财力，涉及事权和支出责任划分的较少。第三，事权和支出责任划分的合理性有待提高。部分事权未完全根据受益原则进行合理划分，例如课题组调研的某县，发现县与各乡镇之间的部分事权和支出责任未完全按照受益原则进行划分，导致乡镇承担的一些上解支出的计算依据欠合理、受益群体未付费、付费者未受益等不合理现

① 刘昆，我国的中央和地方财政关系，https://www.sohu.com/a/412981503_120702。

象；部分事权和支出责任未根据政府职能和行政效率进行有效划分，课题小组调研的某县，乡镇一级政府承担了国地税务部门的部分经费。在 2018 年省及省以下国地税部门合并之后，该县的各个乡镇的税务部门实行的是由国家税务总局和省级政府双重领导的管理体制。就管理上来说，乡镇税务部门是由省里管辖的，那么其对应的部门经费应该是省级政府的财政事权和支出责任，而不应该由县本级和乡镇承担。第四，事权与支出责任有待进一步匹配。根据对某县及其所属乡镇的调研情况，课题小组发现某县县本级和乡镇政府在财政事权和支出责任的划分上，财政事权与支出责任的匹配还不到位，县本级的部分事权和支出责任由乡镇承担，如派出所、消防部门、巡防部门、税务部门等部门经费（不含人员经费）应该由县本级承担，但该县的各个乡镇都承担了各部门的部分工作经费。第五，上解支出有待进一步合理。例如课题组调研的某县，上解支出占比过大，影响乡镇保运转、维持固定支出的能力和乡镇的积极性；上解项目过多，较多零星的上解项目不合；上解项目没有动态调整机制和退出机制；部分上解的计算依据、计算基数不合理。

②完善省以下财政体制的原则和具体措施。完善省以下财政体制的原则包括五个方面：

第一，划分事权与支出责任原则。基层财政是国家财政体系的基础，是推动地方经济和社会发展的财力保障。但基层财政长期运转艰难，成为我国财政理论和实践中的顽疾。近年来，地方财政收支运行面临更加严峻的挑战：一方面，随着我国进入经济新常态，以及减税降费规模的不断扩大，县乡财政收入增长乏力；另一方面，为了不断满足人民日益增长的美好生活需要，基层政府的支出责任被进一步放大。在这样的背景之下，为了促进基层政府更好地实施公共管理、提供基本公共服务以及落实党中央和国务院的各项民生政策，我们认为省以下财政体制应该以“事权划分清晰且与支出责任相匹配”“保工资保运转保民生”“支出控制”“激励导向”等为基本原则完善和改革。

第二，事权划分清晰且与支出责任相匹配原则。各级政府间事权与支出责任划分是一国财政体制的核心和起点。自 1994 年分税制实施以来，中央与地方间事权和支出关系经过多次调整与完善，2016 年 8 月国务院颁布《关于推进中央和地方财政事权和支出责任划分改革的指导意见》后，相继发布医疗卫生、教育、交通运输等领域的改革意见。但地方各级政府间事权与支出责任划分的改革则进展不大，地方政府间事权与支出责任划分不清晰，导致以下问题：一是上级政府的财政事权和支出责任不合理下移，导致基层政府财政支出占比过高；二是地方各级政府拥有的事权几乎没有本质性区别，形成“上下对口，职责同构”的现象；三是各级政府间事权与支出责任的错位，事权与支出责任不匹配。“事权划分清晰且与支出责任相匹配”原则,旨在通过合理界定省以下政府各自的财政事权,并按照“谁的事权谁支出”的原则将支出责任在上下级政府间科学划分,建立起一个稳定清晰的事权及财政支出体系。

第三,保工资、保运转、保民生原则。财政的一个重要职能是保障基本公共服务,其中很多支出来自基层公共服务,而基层政府干部职工的工资及其机关运转则是这些基层公共服务有效提供的重要前提,需要优先予以保障,而在众多基层公共服务当中,民生相关支出紧密关系到人民群众的切身利益,同样需要优先予以保障。在 2019 年 12 月召开的中央工作会议上,首次提出“三保”,意义非凡。“保工资、保运转、保民生”原则,是在考虑将乡镇政府相对稳定的财力优先用于保障“三保”支出的基础上,将各项事权的支出责任在县乡间科学划分,尤其是据此对各乡镇教师经费上解比例做出调整建议。

第四,支出控制原则。县级财政兜底,加上部分干部对政绩的不合理追求,导致乡镇政府忽视其作为独立经济利益主体的地位和财政资金支配及消耗的主要承担者的特点。而政府部门业务活动的主要目的是为了满足社会公共需要,不生产产品、不产生利润,因此缺乏“成本一效益”观念,节约资金的意识还不够。这些内生性问题,需要有外部制度加以制约。“支出控制”原则,主要目的在于建立一个有效约束项目支出的机制,如预算控制、项目配套资金比例限额控制、项目审批小组约束机制等,合理约束以项目支出为主的支出内容,提高财政资金的利用效率。

第五,激励导向原则。在明确了各级政府事权和支出责任后,需要进一步实现财力的统一。而一项好的收入制度安排,是要能够激励地方政府,杜绝其对上级补助形成依赖。早在 2010 年 9 月财政部发布的《财政部关于建立和完善县级基本财力保障机制的意见》中便提出“以奖代补”的基本原则;在 2016 年 8 月国务院出台的《国务院关于推进中央与地方财政事权和支出责任划分改革的指导意见》中也提出了“激励地方政府主体作为”的原则。此外,根据委托代理理论,激励机制是解决委托代理问题的有效手段。

完善省以下财政体制的具体措施包括六个方面:

第一,出台文件对现有事权划分进行规范。现在各省份都已经出台了省级财政体制的相关文件,尽管还需要进一步完善,但至少都已经有相关的文件,已经建立了省级财政体制的框架。然而,县乡一级的财政体制文件还很不规范甚至缺失。建议各县级财政制定县与乡镇政府的“事权清单”,出台相应的文件予以规范,以确保事权划分的相对稳定性,并将事权履行所涉及的诸多环节如战略规划、政策决定、执行实施、监督评价等在县乡政府间做出合理安排,做到事权履行权责明确和全过程覆盖。应由县本级承担的事权,若因合理原因须由乡镇政府执行的,应由县本级进行委托并支付相应的补偿。

第二，建立事权划分的动态调整机制。建议进一步建立财政事权划分的动态调整机制。对现有事权，应每年进行追踪和评估，根据客观条件变化进行动态调整。建议在条件成熟时，将对区域生态具有基础性、战略性作用的生态环境保护等基本公共服务，逐步上划为上级财政事权。对新增及尚未明确划分的事权，要根据社会主义市场经济体制改革进展、经济社会发展需求以及各级政府财力增长情况，将应由市场或社会承担的事务交由市场主体或社会力量承担，将应由地方政府提供的基本公共服务统筹研究进行事权划分。

第三，科学划分政府间支出责任。根据国务院2016年发布的《国务院关于推进中央与地方财政事权和支出责任划分改革的指导意见》中的指导思想，支出责任应与财政事权相匹配，按照“谁的财政事权谁承担支出责任”的原则，确定各级政府支出责任。本级事权由本级承担支出责任，下级事权由下级承担支出责任，共同事权根据基本公共服务的受益范围、影响程度，区分情况确定各自支出责任以及承担方式。对于上级本级委托下级执行的事权，须支付相应的补偿；对下级委托本级执行的事权，须上解相应的支出。以本书调研的某县为例，我们建议县本级事权完全由县本级承担支出，包括县本级机关运转支出合理增长、取消各乡镇支付给各部门的工作经费、临时性任务财力应随事权同步下划；乡镇本级事权建议完全由乡镇承担支出，包括乡镇机关运转支出合理增长、村级组织运转支出由乡镇承担；县乡共同事权建议县乡间分摊支出，原则上，共同事权应根据基本公共服务的受益范围、影响程度，区分情况确定各自支出责任以及承担方式。

第四，建立以激励为导向的收入保障机制。在明确县乡政府财政事权与支出责任后，需要建立相应的财政收入体系，以确保事权有相应的财力保障。大部分基层财政特别是乡镇现有的可支配财力难以维持其履行财政事权所需的支出，因此有必要对现有乡镇收入体系做出调整。但由于近年来“减税降费”政策的冲击以及宏观经济的下行，政府财政收入减少在可预见的未来仍将持续，因此想要在短期内弥补县乡整体出现财政缺口的问题有较大的难度，建议建立一个长效机制，逐步化解危机。早在2010年9月财政部发布的《财政部关于建立和完善县级基本财力保障机制的意见》中便提出“以奖代补”的基本原则，在2016年8月国务院出台的《国务院关于推进中央与地方财政事权和支出责任划分改革的指导意见》中也提出了“激励地方政府主体作为”的原则。根据委托代理理论，激励机制是解决委托代理问题的有效手段。据此，我们建议应建立以激励为导向的收入保障机制，例如建立差别化的税收返还奖励政策等。

第五，加强财政监督、严肃财经纪律。一方面，健全的财务会计制度是外部监督与内部控制有效实施的重要基础，因此建议上级财政按照事权与支出责任特点，规范和统一基层财政的收支口径，同时还应加强对相关人员专业技能的培养，提高基层财经人员的专业素养，做到有效掌握基础财政特别是乡镇财政收支情况，加强财政监督；另一方面，严肃财经纪律，如发现有违反财经纪律的行为，严格依法依规进行处理。

第六，防范隐形债务风险。通过拖欠工程款等方式形成的隐形债务具有较高隐匿性，不易察觉，但具有较高危害性，一旦违约将严重打击人民对基层政府的信任。根据调研的情况，乡镇隐形债务存量不少，并呈现增加的趋势，亟须防范相关风险。首先，要求基层政府对现有隐形债务进行彻底摸排、搞清底数、分类处理，督促基层政府积极化解。其次，对项目支出应分类管理。其中，本级政府项目支出责任由本级负责，不应强制要求下级政府配套，下级政府可根据自身财力状况追加项目资金，需通过同级人大预算控制、多部门项目决策小组行政控制、比例限额控制的方式，防止不合理地配套资金；下级政府项目支出责任由下级政府负责。最后，决策权应与问责机制相一致，基层政府内部应建立健全内控制度，明确责任人，保障财政支出制度合理有序，要彻底避免“官僚作风”和“长官意志”。

2. 预算管理改革

习主席在“十九大报告”中提道：要建立全面规范透明、标准科学、约束有力的预算制度，全面实施绩效管理。要做到这些，我国已经进行了一系列的改革：全面取消预算外资金，将所有政府性收支纳入预算管理。建立由一般公共预算、政府性基金预算、国有资本经营预算、社会保险基金预算组成的政府预算体系。改进预算管理和控制，建立跨年度预算平衡机制。建立部门预算管理制度，实现一个部门一本预算，完整反映部门收支状况。清理规范重点支出挂钩事项，促进财政资金统筹使用。健全预算标准体系，推进预决算公开，不断加大“三公”经费公开力度。加强预算绩效管理制度建设，有序推进预算支出绩效评价工作。实行国库集中收付制度改革，将所有财政资金纳入国库单一账户体系管理。建立健全以政府债券为主体的地方举债融资机制，妥善化解地方政府债务风险。经过努力，初步建立了与社会主义市场经济体制和公共财政相适应的预算管理制度体系，预算管理科学化、规范化水平不断提高。[①] 要完善预算管理的科学化、规范化，我们还需要进一步健全政府综合财务报告制度和预算的绩效管理制度等。

(1)政府综合财务报告制度。在市场经济发达国家，政府一般都需要公开披露自身的财务信息，信息披露的方式主要有两种：预决算报告和财务报告。这两种报告都是在政府会计基础上生成的报告，因而都是政府会计报告的组成部分。预算报告反映政府在

---

① 刘昆，我国的中央和地方财政关系，https://www.sohu.com/a/412981503_120702。

当前年度甚至以后若干年度的收支计划、政策意图和政策重点，民众借此可以预测相关经济政策，安排自身经济活动，并结合决算报告、财务报告等相关信息监督政府资金使用的绩效和效率。决算报告是政府预算执行的结果报告，反映政府收、支、余情况，一方面可以反映政府预算执行的情况；另一方面结合预算报告、财务报告等相关信息监督政府资金使用的绩效和效率。根据我国2020年《政府财务报告编制办法》，政府财务报告以权责发生制为基础编制，包括政府部门财务报告和政府综合财务报告。政府部门财务报告由政府部门编制，主要反映本部门财务状况、运行情况等，为加强政府部门资产负债管理、预算管理、绩效管理等提供信息支撑。政府综合财务报告由政府财政部门编制，包括本级政府综合财务报告和行政区政府综合财务报告，分别反映本级政府整体和行政区政府整体财务状况、运行情况和财政中长期可持续性等，可作为考核地方政府绩效、开展地方政府信用评级、评估预警地方政府债务风险、编制全国和地方资产负债表以及制定财政中长期规划和其他相关规划的重要依据。本级政府整体财务状况、运行情况，是指将政府财政、各部门和其他被合并主体的财务报表进行合并，以合并结果反映财务状况和运行情况（横向合并）。行政区政府整体财务状况、运行情况是指将本级政府和所辖各级政府的财务报表进行合并，以合并结果反映财务状况和运行情况（纵向合并）。

①政府财务报告的目标。要使得政府财务报告更好地发挥作用，必须明确政府财务报告的目标。我们总结学界和实务界对政府财务报告目标的表述，认为政府财务报告目标主要可以归纳为两个：反映政府受托责任的履行情况和为信息使用者的决策提供有用信息。

第一，反映政府受托责任的履行情况。预算资金主要来自纳税人的税收，所以所有权属于纳税人。纳税人委托政府使用预算资金，以提供市场不能提供的公共服务。所以纳税人是委托人，而政府是受托人。受托人有责任和义务向委托人反映受托责任的履行情况。而政府财务报告就是政府履行公共受托责任所反映的财务信息，通过这些财务信息可以反映政府在履行公共受托责任时的运行过程和财务状况。纳税人也可以通过这些财务信息在一定程度上对政府的公共受托责任的履行情况进行评价。所以政府财务报告的首要目标就应该是能够全面地反映政府公共受托责任的履行情况，以便纳税人能做出正确的评价。

第二，为信息使用者的决策提供有用信息。政府财务报告使用者大致可以归纳为三类：外部信息使用者、准内部信息使用者和内部信息使用者。外部信息使用者包括社会公众、各级人民代表大会常务委员会、债权人和其他利益相关者；准内部信息使用者则为各级政府及其有关部门；内部信息使用者则是政府会计主体自身。纳税人和各级人民代表大会常务委员会主要是运用财务报告提供的信息对政府政策和财政行为进行评价和监督，财务报告应提供满足他们所需要的相关真实的信息，这一目标与“反映政府受托责任的履行情况”的财务目标其实是一致的。债权人则需要通过财务报告获得相关投资决策所需要的全面真实的信息，财务报告应满足他们的需要。而财务报告的内部使用者——政府会计主体则是运用财务报告进行日常运行和管理的决策，所以财务报告也必须为他们的运行管理决策提供充足的信息。

②按照政府财务报告目标设计的分析指标。政府财务报告的目标既然是实现公共受托责任和为决策者提供有效信息，所以我们在设计政府财务报告的分析指标时也应该为这两个目标服务。

第一，政府综合财务报告分析指标。政府综合财务报告分析指标的建立也分为实现公共受托责任的分析指标和为决策服务的分析指标。

实现公共受托责任的分析指标。为了实现社会资源的优化配置，国家需要通过税收政策、货币政策和财政政策进行宏观经济管理。人大和上级政府作为管理决策者，主要希望能够获取必要的相关数据和信息用以宏观决策。对于宏观决策信息需求，主要使用的分析指标是宏观经济指标和财政可持续性指标。从表1－3中可以看出，宏观经济指标是中国政府最为关注的指标，披露了GDP、GDP构成、全社会股东资产投资、就业人员工资总额和指数CPI、居民消费水平等。在宏观经济指标披露方面，我国基本和国际接轨，披露的指标相对来说也比较全面，但仍可以增加一些指标，如人均GDP、GDP增长率、生产率、失业率等指标，这样能为管理决策者提供更加全面具体的信息，从而做出更加有效的决策。中国财政可持续性指标的披露则相比国际各国简单很多，这主要是因为中国没有规范的资产负债表导致的。从指标上看，中国仅披露了财政收入GDP比、政府债务余额、政府还本付息支出，然而资产构成、资产增长、总债务GDP比、净债务GDP比、基础赤字GDP比等指标，则没有披露，因此政府应当根据自身需要相应增加上述指标，这对于管理决策者采取怎样的中长期财政政策起着至关重要的作用。

表1－3　　**政府综合财务报告指标**

维　度	指　标
宏观经济指标	GDP、GDP构成、全社会固定资产投资、就业人员工资总额和指数、CPI、居民消费水平、居民人均收支、社会消费品零售总额、人口与就业、社保基金收支、社会救助情况、外在风险指标
财政收支平衡指标	预算赤字、决算赤字、预决算差额、国家财政收支总额及增长率、收入构成、支出构成
财政可持续性指标	财政收入GDP比、政府债务余额、政府还本付息支出
政府服务指标	人均GDP

为决策服务的分析指标。上级政府作为管理者，希望能了解下级政府的运营情况，同时也希望能够获取必要的数据和信息对下级政府的管理决策做出相应的调整。财政收支平衡指标就能够满足这一需求，财政收支平衡指标主要反映政府的财务状况和运行情况，这些信息能使上级政府了解下级政府运营绩效。从表1—3中可以看出，我国财政收支平衡指标与国际各国类似，都披露了预算赤字、决算赤字、预决算差额、国家财政收支总额及增长率、收入构成和支出构成。借鉴全球各国，可以增加一些分析指标，如财政余额、收支缺口等，为上级政府做决策提供更加详细的数据和信息。从我国披露的财政指标来看，没有分析项目执行情况的相关指标。借鉴国际各国，我国可以增加一些有关项目绩效的分析指标，如分项目收入占比、分项目支出占比、分项目收支总额及增长率、分项目预决算差额等，这样决策者就可以了解到政府各项目具体的运营情况、资金的配置及使用情况，对于资金使用效率低的项目可以考虑减少资金的配置或者终止项目的运营，对于资金回流快且效益高的项目可以适当增加资源配置。

第二，政府部门财务报告分析指标。第一类是实现公共受托责任的分析指标。《政府部门财务报告编制操作指南(试行)》没有提供分析部门项目绩效的相关指标，借鉴政府综合财务报告，可以增加如下指标：分项目收入占比、分项目支出占比、分项目收支总额及增长率、分项目预决算差额等。通过这些指标，管理者可以获取该级政府部门本年度开展的各项目的成果，从而对政府部门的资金配置做出相应决策，包括资金配置到哪些项目、各项目资金配置的数量、各项目活动的开展所需资金的数量等。

国际各国政府财务报告都有对政府的财务平衡和中长期可持续性问题进行分析，并构建了一系列平衡和可持续分析指标。美国的“讨论”构建了净费用、净资产两个绝对指标，通过观察其长期变动趋势来分析政府财务的可持续性。英国“概述”中通过比对资产和负债来衡量财政风险，并进一步提出可根据流动性选择三类资产与负债进行比对，构建了公共部门净债务、公共部门财务负债净额和公共部门净值三个分析指标。日本的“要点”中，通过对政府资产与负债、收入与费用总量的差额及其变化情况的描述分析，对政府总体偿债和收付能力给予关注。特别是“要点”较为全面地分析了资产和负债各项目间的对应关系，尤其对流动性资产对应的负债项目或既定的支出安排做出了说明，更为细化地分析了政府资产的实际偿债能力。中国财政可持续性指标的披露则相比其他各国简单很多，这主要是因为中国没有规范的资产负债表导致的。从指标上看，中国仅披露了财政收入GDP比、政府债务余额、政府还本付息支出，然而资产构成、资产增长、总债务GDP比、净债务GDP比、基础赤字GDP比等指标则没有披露。因此，接下来政府应更加注重财政可持续性指标的考量和披露，尽可能地从全方位的角度反映政府的财政可持续性，以提高财政质量。

第二类为决策服务的分析指标，一是为部门运营成本决策提供信息。在《政府部门财务报告编制操作指南（试行）》中，有反映部门资产负债情况的相关指标，如资产负债率、现金比率、流动比率等；也有反映收入费用对比情况的相关指标，如收入费用率。相对来说，“指南”提供的指标不太全面，要获取更加全面的部门运营成本信息，可增加如下指标：资产构成、负债构成、经运营成本构成、净运营支出增长率等，通过这些指标决策管理者可以了解该部门本年度总体的资金使用效率和资金成本，这有助于管理者发现不必要或低收益的支出，从而提高资金使用效率，降低运营成本。二是为部门收支情况决策提供信息。在《政府部门财务报告编制操作指南（试行）》中，只给出了分析内容：收入规模和结构、支出规模和结构，并没有给出具体的分析指标。通过上述分析，可以增加如下指标：收入结构、支出结构、收支规模及增长率、预决算差额等。通过这些指标，管理决策者可以获取该级政府部门整体的运营绩效、年度资金收支数据和信息以及本年度财务状况同以前年度的变化情况，从而对下一年度的工作安排进行相应的调整。

总体来看，国际各国政府财务报告的分析部分均使用了半数以上的篇幅，从变动趋势和原因两个维度逐一分析资产负债表和收入费用表中的各个要素，对引起要素重大变动的事项进行深入剖析。如在美国的“讨论”中除对会计制度和报表关系进行说明外，着重对政府总体和各个基金的资产、负债、收入和费用等项目的构成和变动情况做了详细说明。英国的“概述”借助了大量的图表对报表要素的构成比例及其发展趋势进行了描述，从外部因素和计量方法等多个角度分析其变化的主要动因。日本的“要点”深入分析了报表要素的变动趋势及其背后的政策、经济和社会原因，不仅呈现了当年的变化情况，也展示了以 10 年为周期的中长期趋势。这些内容有助于使用者进一步理解报告内容，在掌握报表中各个指标可能的变动趋势以及原因的基础上，就能够对症下药，采取有效的措施解决问题。因此我国在编制政府财务报告时，不能仅仅披露各要素在某一时点或某一区间的数额，还应对变动趋势和原因做出相关的披露。

从英国来看，先后颁布了《政府资源和会计法案》和《会计核算指南》，分别作为编制政府综合财务报告的法律依据和制度依据，极大地推动了英国政府财务报告的改革发展。因此，要构建全面、完善的政府财务报告体系，就需要推进政府会计准则和会计制度的制定和实施，明确会计核算基础，具体就是完善会计准则、制度体系，加强执行监管，提升会计信息质量和明晰会计核算基础。当前，我国政府会计已有基本准则和存货、投资、固定资产、无形资产、公共基础设施五项具体准则，政府会计准则、制度体系尚未健全，编制政府综合财务报告的制度基础还有待完善。要尽快推动更多的具体准则出台，建立健全统一、科学、规范的政府会计准则、制度体系，保障政府综合财务报告改革顺利推进。

从信息披露的广度和深度上看，国际各国政府财务报表的信息质量都处于较高水平，为量化分析工作奠定了扎实的基础，大量的分析性讨论也以此为基础展开。但为了更为全面地分析报告主体状况和发展趋势，借用表外及报告外信息已成为常态。如美国的政府综合年度财务报告中，专门设立了统计部分，通过对宏观经济和人口等外部信息以及政府雇员数量等内部信息的统计分析，对政府财务情况做了扩展性说明。要提高我国政府财务报告披露的信息质量，就必须将定性和定量分析相结合，借助更多的表外信息，以便于报告使用者深入了解报表信息。

预算的绩效管理制度。政府预算是指经法定程序审批的具有法律效力的政府财政收支计划，是政府筹集、分配和管理财政资金及宏观调控的重要工具。包括政府本级预算和政府汇总预算。部门预算是由政府各职能部门依据国家有关法律法规及其履行职能需要编制，反映部门所有收入和支出情况的综合财政计划，是各职能部门履行职能和事业发展的物质基础，是编制政府财政总预算的基础。部门预算是政府预算的基础，细化到具体预算单位和项目；政府预算由各级财政部门编制，是以各部门预算为基础的汇总和综合。

根据预算编制和实施控制的基础不同，预算可分为投入预算和绩效预算。投入预算，主要目的在于使预算成为财务合规的工具，因此也可称为合规性预算，其背后隐含的思想是，预算使用单位只需对公共资源的获取和使用而不是对资源使用的结果负责。因此，确保公款按照法律法规所规定的用途去使用，成为预算追求的中心目标，"顺从规则""不要违规"成为基本的预算理念。[①] 绩效预算是以目标结果为导向、以成本为衡量、以业绩评估为核心的一种预算管理模式。绩效预算强调投入与产出的关系，即通过公共产品服务收益与成本的比较，要求以最小的投入取得最大的产出和效益。其宗旨在于有效降低项目支出成本，提高支出的效率，约束支出的扩张，因此又被称为以结果为导向的预算。2018年9月中共中央国务院发布了《关于全面实施预算绩效管理的意见》。

《关于全面实施预算绩效管理的意见》主要内容[②]包括构建全方位预算绩效管理格局、实施部门和单位预算绩效管理、实施政策和项目预算绩效管理、建立全过程预算绩效管理链条、建立绩效评估机制、强化绩效目标管理、做好绩效运行监控、开展绩效评价和结果应用、完善全覆盖预算绩效管理体系、健全预算绩效管理制度以及硬化预算绩效管

---

① 王雍君．公共预算管理[M]．北京：经济科学出版社，2010：69.

② 《中共中央 国务院关于全面实施预算绩效管理的意见》，http://www.gov.cn/zhengce/2018－09/25/content_5325315.htm。

理约束。

完善我国预算绩效管理制度的具体建议包括五个方面：

第一，实现零基预算。零基预算的实施前提是在财政部门和预算单位之间划分理顺职责分工。其中，财政部门牵头负责零基预算改革工作，制定改革试点工作方案，会同试点单位研究制定定员定额标准，选取预算安排项目，履行法定审批程序后，批复预算。各预算单位是零基预算编制的责任主体，按照改革方案要求，制定本单位的具体实施方案，研究提出定员定额的标准建议，据实编报基础数据信息。根据基本支出定员定额标准和年度工作计划，编制本单位的预算收支计划，按规定时间报批。各预算单位将本单位及下属单位的全部预算资金纳入零基预算改革范围，预算编制不以往年预算为基数，每年根据单位的事业发展计划、职责和工作任务据实合理安排。在满足已有支出水平基本不变的情况下，先保障基本支出的需要，再安排各类项目支出。在轻重缓急上，优先保证重点和急需项目，再安排一般项目支出。

第二，实行财政资金滚动项目库管理。部门预算除基本支出外，更多的是对于项目支出的预算安排，而这些项目安排的基础则是完善的财政资金滚动项目库。通过该项目库的建立，支出单位的全部项目都进入项目库，变阶段性的年度部门预算编报工作为常态化的预算项目入库受理工作。项目库实施滚动式管理，纳入年度财政预算安排的项目，都需要从项目库中筛选。

第三，推行项目资金管理。项目资金管理包括项目支出分类改革、清理整合专项资金和建立项目支出标准体系等。一是项目支出分类改革。要根据财政部支出经济分类改革精神，创新项目支出管理方式，明确项目分类和项目设置规则，规范项目申报审核，根据“分级管理、厘清边界、规范申报”的原则对项目支出进行细化梳理和整合，逐步厘清公用经费和项目支出的边界。二是逐步清理整合专项资金。按照政府与市场边界清晰和事权与支出责任匹配要求，对现有各类专项资金进行清理整合，按保留类、取消类、削减类、转化类对专项资金进行分门别类。三是建立项目支出标准体系，在部门预算编报、审核和执行环节进行运用和控制。

第四，加强中期财政规划。加强中期财政规划对年度预算的约束和指导，将年度预算的编制纳入中期财政规划的总体框架，提高预算编制的前瞻性和约束性。根据国家、各地的重大战略部署，由各部门研究提出本部门涉及财政收支的重大事项、未来三年内分年度的资金安排和绩效，形成三年滚动的财政规划建议。在制定涉及财政支持的重大政策时，各部门应会同财政部门建立常态化、科学合理的中长期重大事项论证制度。涉及财政政策和资金支持的部门和行业规划，应与中期财政规划相衔接，合理把握项目的实施进度，实现政策与预算的相互衔接。

第五，推进财政信息的进一步透明公开。健全包括财政、审计、监察、人大、社会舆论等方面的预算监督体系，将预算改革置于全方位的监督之下。财政部门要加强对接意识，主动接受同级人大及其常委会对预决算编制和执行情况的监督与反馈。优化财政部门的内部管理，健全财政资金分配过程中的内部监督和检查，完善预算编制、执行和监督三位一体的全过程管理机制，防范和堵住制度漏洞。财政部门定期开展专项资金常态化监督检查和巡查监督或重点抽查，业务主管部门定期组织开展本部门自查。加大预算执行通报的力度，将财政预决算、三公经费、财政收支信息、财政专项信息、PPP项目等在网上公开，披露预算执行情况、调整方案、决算草案、决算报告、支出单位的预决算情况，并将部门预决算公开到基本支出和项目支出，接受社会公众的监督，进一步加强对预算执行的监督，提高预算单位支出执行主体的责任意识。

（四）全球公共产品提供思路与措施

2020年新冠肺炎疫情全球大流行导致全球经济衰退、国际金融市场动荡、全球产业链断裂等诸多风险累积，亟待全球治理体系发挥应对作用。但在抗击新冠肺炎疫情中一方面更加暴露了现有全球治理体系的不足，未能有效发挥协调各国共同抗击疫情的核心作用；另一方面也预示后疫情时代全球治理将面临一系列挑战。

在全球化时代，大国崛起的模式不再是世界大战，而是通过供给全球公共产品、提供高质量社会服务而获得认可。全球治理需要新的公共品，特别是新的公共产品供应者。这里既包括硬实力的公共品，又包括软实力的公共品。西方大国在全球治理领域的公共产品供应能力不断下降，固然有其财力严重不足的原因，更重要的是西方治理的理念和制度在实践中逐步暴露出落后于时代的缺陷。中国不仅在全球经济增长、防止埃博拉疾病流行、打击海盗和恐怖主义、基础设施网络建设等领域提供了有形的公共品，而且在金砖国家合作、“一带一路”、“新安全观”等领域提供了新的全球治理理念，部分填补了西方国家能力下降后出现的公共品短缺和治理理念空间。

疫情带来的“全球化休克”正是全球化重塑的机会，新的全球化正是中国进一步走向世界的重大时机，中国引领全球治理的转型升级的时刻即将到来。从这个角度看，中国在2016年杭州G20峰会上提出的“构建创新、活力、联动、包容的世界经济”对在疫情中的全球合作仍有意义，中国倡导的“人类命运共同体”理念更显得伟大与符合时代潮流。为抓住全球化重塑时机，在新的全球化进程中进一步走向世界，中国需要采取有效的务实策略，不仅需要继续提供传统公共产品，还应该着眼未来供给新型全球公共产品。

1. 疫情大流行下全球公共品供给的困境

(1)现有的全球治理体系仍旧是以发达国家为中心的体系,已经和当下的国际权力结构不相匹配。目前,发达国家在全球性事务处理和国际规则制定中具有更高的话语权和决策权,虽然崛起的新兴国家全球公共产品供给的意愿和能力增强,但是其在全球治理体系中的决策权和话语权依然被压制。以美国为代表的部分发达国家参与全球治理的积极性下降,奉行单边主义和保护主义,不断削减应承担的国际义务,相反全球贡献不断增多的新兴国家却被边缘化,原有的治理体系已经无法体现新兴经济体的诉求。由此可见,全球治理体系已经严重失衡,亟须构建公平合理的全球治理体系和国际规则秩序。

(2)疫情引发的全球经济衰退冲击了全球治理基础。本次新冠肺炎疫情对全球经济的影响将超过其他疫情以及全球金融危机的影响,全球经济衰退将使主权经济体转向"有限的全球化"。新冠肺炎疫情大流行下的经济恐慌情绪导致国际金融市场剧烈动荡,蕴含新一轮全球金融危机的风险。在全球经济衰退的压力下,各国关注重心转向本国经济复苏,国家中心主义势必抬头,将限制全球议题的解决,抑制全球治理的动力机制。

(3)全球治理体系发展之后,对非传统安全领域重视不够。当下的全球治理体系落后于时代需求,对全球传染性疾病、气候变化、能源环境、恐怖主义、网络信息安全等非传统安全领域的重视程度远远不够,针对不同类型全球性问题,缺乏相应的全球性预警和防御处理机制。新冠肺炎疫情的爆发、蔓延和持续正说明全球治理体系没有做好应对的准备。另外,由于非传统领域的全球治理的公共产品属性更强,发达国家基于投资—收益逻辑的供给意愿不足,而发展中国家供给能力有限,因此导致非传统领域的全球治理出现"领导力赤字"。

(4)全球产业链断裂危险削弱全球治理纽带。新冠肺炎疫情的全球大流行使得全球产业链出现阻隔甚至断裂的危险,可能诱发全球产业链回缩和布局调整转移,制造业回流或成为趋势,本土化和区域化生产分工一定时期内成为主流导向。全球产业纽带的削弱势必冲击国际贸易、国际投资和国际金融这三大全球治理的核心领域,加大原来基于经济全球化、由发达国家主导的国际经贸规则分歧,原有的权利格局和规则秩序约束力将大大弱化。

(5)共同体意识薄弱,跨国集体行动困难重重。在新冠肺炎疫情发展的不同阶段,各国基于社会稳定、经济运行和政治影响的多方面考虑,对待抗击疫情的态度和采取的防范措施也存在较大差异。加之,各国不同的医疗卫生条件、经济发展水平、社会治理模式以及文化习惯等,使得跨国集体行动困难重重。另外,美国一系列的"退群"和"脱钩"行为,造成全球治理领导力出现"空挡"现象。由于缺少强有力的领导和有效的治理体系,疫情下各国间基本上缺少跨国集体合作,全球治理能力和治理效率大大降低。

2. 我国全球公共品供给的具体措施

中国作为世界第二大经济体，有责任维护发展中国家在全球治理中的利益和权力，争取发展中国家在全球治理中的话语权和决策权，推动构建以"人类命运共同体"为理念的全球治理体系。值得注意的是，中国并非否定和取代现有的全球治理体系和西方国家的领导权，而是协调各国共同弥补现有治理体系的不足，内嵌于现有的全球治理体系之中，推动建立集平等、民主、合作、责任和规则于一体的全球治理体系。此外，中国一方面要提升自身硬实力和软实力来为全球提供更多公共产品，另一方面要积极在G20等多边机制下发挥作用，与"一带一路"沿线国家和东亚地区一道共同推动全球治理体系朝着更加公平合理的方向发展。

(1)积极探索"中国模式"的全球公共产品供给之道。作为成熟和负责任的大国，其贡献的思想品和方案应是更为高级的公共产品。当前，诸边、多边、区域和全球各个层面的国际协定与规则需要完善与重构。在积极构建新型大国关系，避免掉入"修昔底德陷阱"的前提下，应妥善处理好与美国等大国的战略互动以及供给机制上的协调与互信，并应该着力在培育制度和规则性公共产品的能力上下功夫，通过"改制"与"建制"双管齐下来谋求全球治理体系的变革。

(2)推动G20等多边机制引领全球抗疫合作，弘扬人类命运共同体理念。G20平台是全球性危机应对和政策协调的重要机制，中国应做好与G20多边机制的协调配合，充分发挥其宏观调控的职能，做好全球抗击疫情和治理的工作部署。主要包括以下几点：倡导贸易投资自由化和便利化，反对任何国家组织的保护主义和单边主义；成立专项基金用于支援医疗防控系统脆弱国家和稳定国际金融市场；构建疫情下的宏观经济政策调控工具箱，维护世界经济稳定，避免全球经济金融危机再度爆发；突发新冠肺炎疫情为应对未来气候变化、能源环境、恐怖主义、网络安全等其他非传统安全领域问题带来启示，亟须建立"超越国情"的跨国协调应对机制，赋予各类国际组织有效职能，强化国际交流合作和区域安全合作。

(3)以"一带一路"为重点构建全球公共产品供给新机制。"一带一路"的非排他性、正外部性以及"三个共同体"的互惠共赢理念具有灵活性、共享性和开放性的弹性空间。从长期来看，可制定"一带一路"国际公共产品供给指导纲要，研究各国家公共产品的需求，各国家在公共产品供给上的比较优势，通过更为高效的方式提供国家公共产品，实施国际公共产品的级别分类，有计划、有步骤地付诸实施。重点通过与沿线国家共同探讨建立包括建立全球价值链伙伴关系、基础设施融资制度、贸易投资便利化、金融风险与稳定互助等方面在内的公共产品构建可以在全球范围内推广复制的公共产品供给新机制。

基于目前抗击新冠肺炎疫情的情形，主要包括以下方面：在“一带一路”框架下建立区域性跨国应急响应机制，用于处理全球突发公共事件，同时，引导建立更公正合理的全球治理框架与相应规则；做好“一带一路”疫情防控工作，向疫情较为严重的沿线国家直接提供“省份—国家”点对点援助，联合沿线国家及时共享疫情信息，加强区域联防联控合作和政策协调，着力打造“健康丝绸之路”，实现“一带一路”朋友圈共同战“疫”；尽快恢复“一带一路”全球供应链，保障全球急需医疗物资和生活用品的供应。

(4)推动全球卫生治理体系改革，扩大中国的影响力。具体包括以下几点：中国应倡导各国共同推动全球卫生治理体系改革，为应对本次疫情和防范今后全球流行病做好准备；中国应动员各方积极向世卫组织提供更多资源，建立有效的多区域群防群控机制，推动共同构建人类卫生健康共同体，向全球抗疫提供中国智慧和中国方案；向世界分享疫情防控的有效措施和经验，并扩大口罩、防护服等医疗物资的生产规模，以及时向疫情国家提供医疗物资的援助。

(5)全球公共产品融资须发展融资与合作性融资制度安排。针对全球公共产品融资困境，应积极发挥国际税收、国家公共资本、国际公共资本、特别提款权融资、公共产品融资债券，以及公私合作 PPP 模式的综合融资优势，建立全球层面的公共产品预算分配机制与全球公共产品市场化定价机制。

四、基于财政政策的若干预测

(一)国内财政政策效应预测

1. 2020 年中国经济总体发展情况

2020 年初，中国经历了新冠肺炎疫情的爆发。以武汉封城为标志，全国范围内实施了大范围的管控措施。这一系列管控措施，有力地抑制了疫情的进一步蔓延，但也在短时期内对各项经济活动产生了不利的影响。随着疫情得到控制，以武汉解封为标志，中国经济逐渐恢复常态运行。

这一部分将从消费、投资和国际贸易三个方面，对疫情爆发以来中国经济的表现进行分析。①

(1)消费情况。图 1－63(a)展示了 2020 年前 9 个月社会消费品零售总额数据。作为对照，也展示了 2019 年各月份的社会消费品零售总额数据。② 1－2 月，由于疫情影

---

① 由于支出法 GDP 的统计报告往往要到次年，实务中常用社会消费品零售总额、固定资产投资来研究消费和投资的波动。但需要注意，这两个指标和支出法 GDP 中的消费与投资存在一些差异。

② 由于春节效应，中国的统计数据通常会将 1－2 月合并报告。

响，春节消费市场萎靡，社会消费品零售总额同比下降21.0%。随着疫情的好转，这一降幅在逐渐缩小，3月同比下降16.6%，4月同比下降7.9%。到8月，同比降幅缩小到1%以内，9月更是实现了同比增长2.3%。分项看，零售业受疫情的影响远低于餐饮业。零售业销售总额(图1—63b)在6月就恢复了正增长，尽管7—8月有所反复，9月又实现了2.8%的正增长。餐饮业由于在疫情早期限制堂食，严重影响了销售收入，根据图1—63(C)展示的数据，餐饮业销售总额1—3月下降超过四成，后来虽然堂食得以恢复，但消费者出于疫情防范的考量，消费需求恢复较慢，6—7月销售总额仍然同比下降一成多，直到9月还有1.5%的同比降幅。

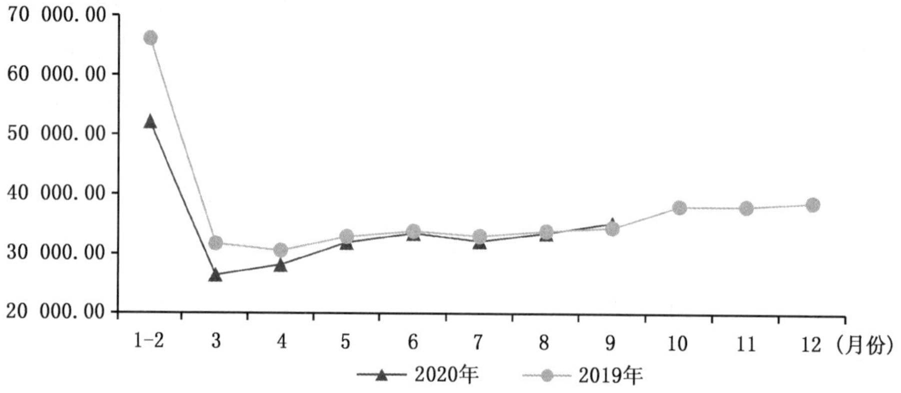

图1—63(a)　社会消费品零售总额

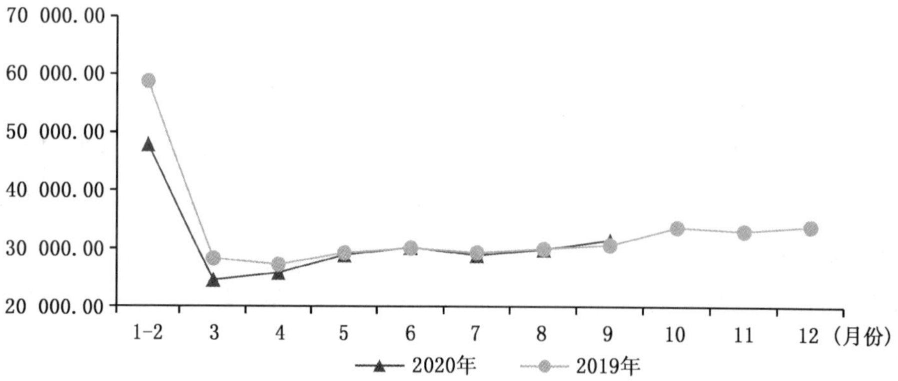

图1—63(b)　商品零售总额

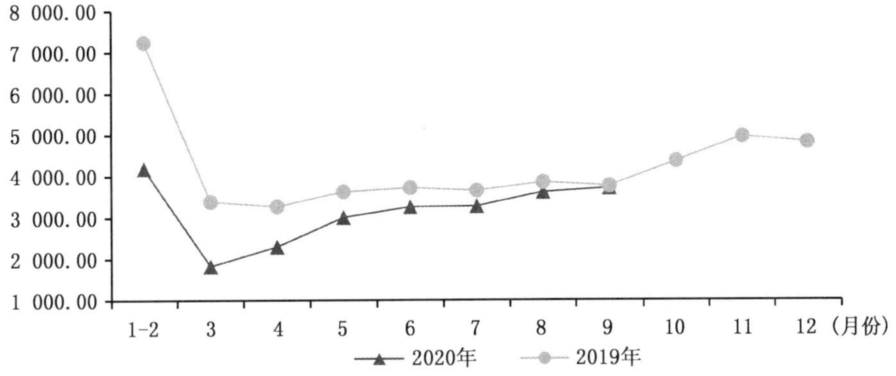

图 1—63(c)　2019—2020 年餐饮零售总额

(2)投资情况。疫情初期,由于各地严格执行管控政策,许多工程项目无法开工,影响了项目的进度。[①] 从图 1—64(a)展示的数据来看,中国全社会固定资产投资在 2020 年 1—3 月受影响很大,其中 1—2 月同比下降 25.7%,3 月同比下降 10.9%。随着复工复产的深入推进,4 月起的固定资产投资有所好转,同比下降仅 2.2%,5 月起转为 1%左右的正增长。但值得注意的是,从 7 月开始,这一指标又转为同比负增长,7—9 月连续 3 个月的同比降幅均在 4%—5%。

分产业看,第二产业受影响较大,且恢复较慢。如图 1—64(b)所示, 1—2 月第二产业固定资产投资同比下降 34.0%,直到 8 月,一直处于负增长的区间。9 月由于 2019 年基数特别低的缘故,同比上升 98.3%,但从绝对数来看,仅略高于 8 月。不过,基于过往投资周期性的考量,9 月的第二产业固定资产投资数据是一个不错的兆头,预示着今年第四季度第二产业固定资产投资可能会有明显的企稳回升。相对于第二产业,第三产业固定资产投资受疫情影响程度相对较小。如图 1—64(c)所示,尽管 1—2 月同比下降 21.7%,但 3 月就迅速恢复到同比下降 7.1%,4 月起同比转正。需要注意的是,由于 2019 年 9 月基数高,2020 年 9 月第三产业固定资产投资在环比增长 21.4%的情况下,同比仍然下降 17.5%。

总体来看,固定资产投资保持了过去的季节性波动,整体上基本恢复到了去年的水平,产业间存在此消彼长的现象。

---

① 中国的固定资产投资统计方法为形象进度法和财务支出法的混合。

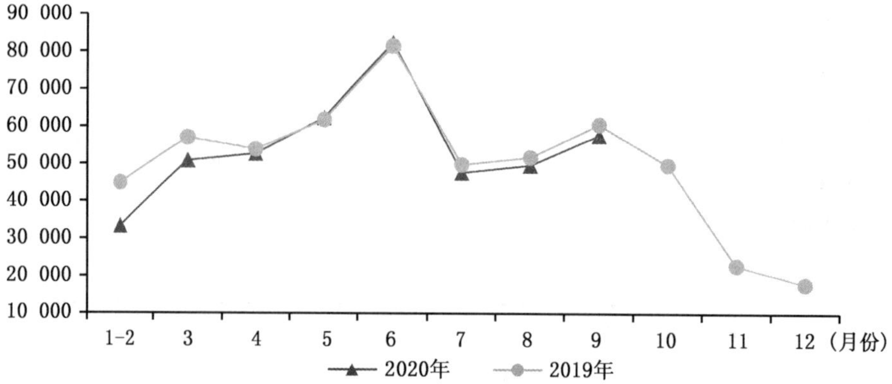

图 1—64(a) 固定资产投资(全部)

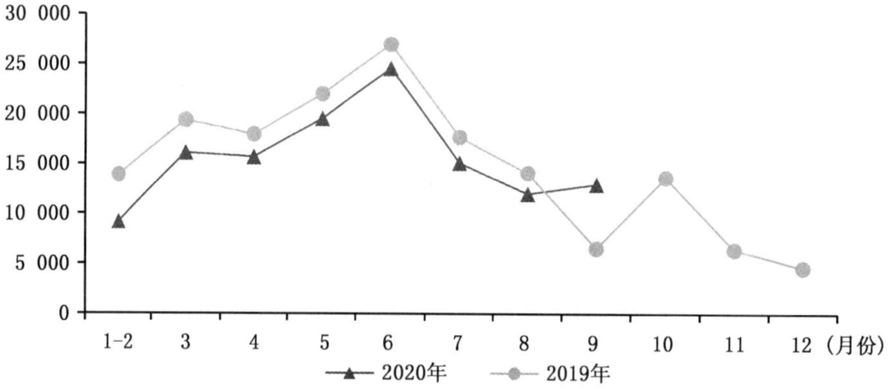

图 1—64(b) 固定资产投资(第二产业)

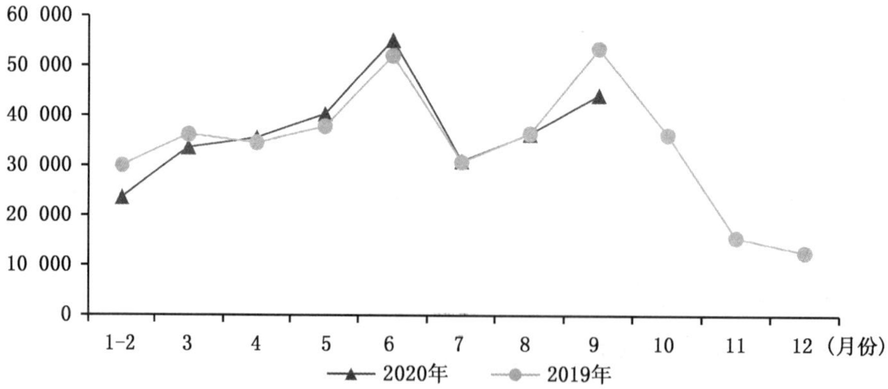

图 1—64(c) 固定资产投资(第三产业)

(3)国际贸易。疫情爆发的1—2月,由于企业生产活动受到影响,中国的出口下降较为明显;同时,防疫物资进口一定程度上减弱了进口下降的程度。如图1—65所示,1—2月中国以人民币计价的出口额同比下降15.8%,而进口同比下降仅2.4%。4月起,随着疫情在海外的爆发和国内复工复查的推进,中国逐渐成为世界上主要的出口国,出口同比转为正增长,进口却转为负增长。7—8月,中国的出口金额同比增加均超过10%,9月即便2019年基数较高,同比增速仍然有8.7%,体现了中国在疫情防控取得阶段性成效的情况下,作为"世界工厂"的实力。

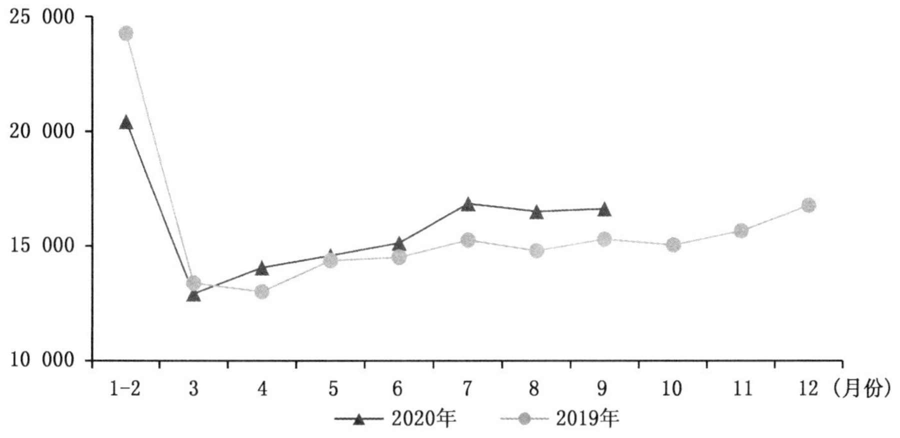

图1—65(a)　国际贸易金额(出口)

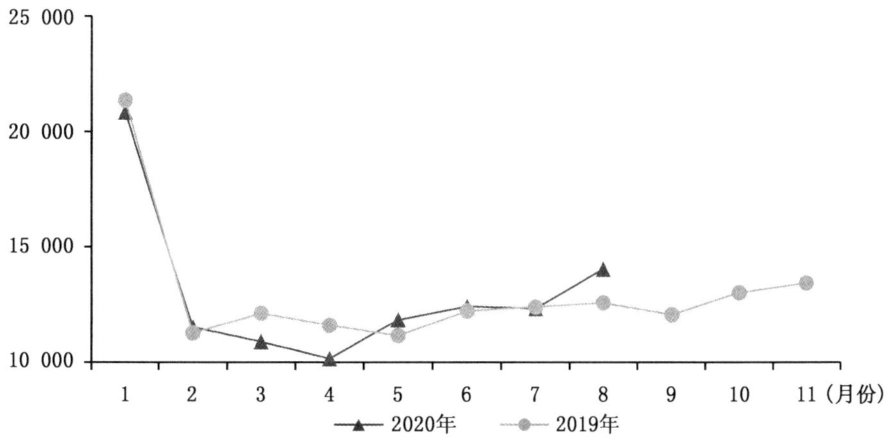

图1—65(b)　国际贸易金额(进口)

2. 国内财政收支执行情况

(1)一般公共预算收入与支出。疫情爆发初期,各项经济活动受到很大的影响,这对于财政收入也产生了明显的影响。加上 2019 年中期对增值税税率进行了下调，其中制造业绝大多数产品的税率从 16%下调到了 13%，税率下调幅度是历次最大的。税基减少与税率下调叠加，导致 2020 年前 5 个月的一般公共预算收入大幅下降。如图 1－66 所示，其中 3 月降幅最大，达 26.2%，其他月份的降幅也都在一成左右。6 月起，一般公共预算收入同比恢复到正增长区间，6－9 月的单月增速在 3%～6%不等，在大幅度“减税降费”的政策背景下，这一增速处于合理增速的范围之内。考虑到税收入库存在一个月左右的滞后，财政收入的变动与疫情管控措施对经济活动的影响基本一致。

相比一般公共预算收入，一般公共预算支出存在一定的滞后，这大多是由于财政资金入库之后下达不及时所造成的。2019 年，在全年的收支基本平衡的情况下，前 11 个月的支出低于收入，而 12 月的支出远高于收入，这就是所谓的“年底突击花钱”现象。2020 年即便受到疫情影响，这一现象仍然存在。从 1－9 月的数据来看，一般公共预算支出的同比变化和收入基本一致，呈现出 1－5 月负增长，6－9 月恢复到正增长的局面，且支出波动幅度高于收入的波动幅度。

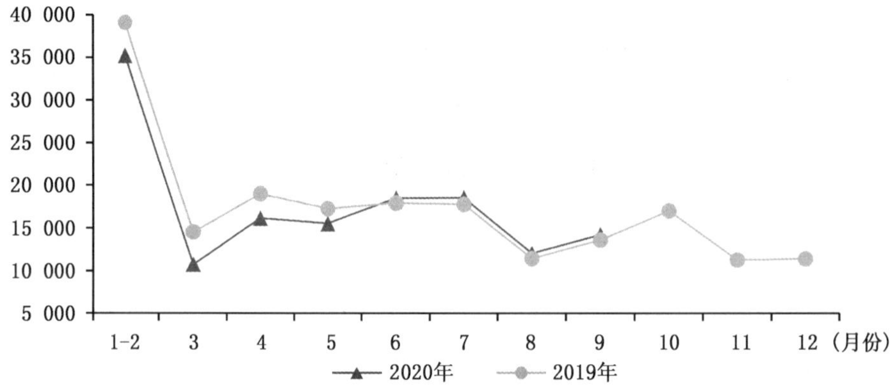

图 1－66(a)　一般公共预算收支

(2)地方政府债务发行情况。2020 年前 9 个月，新增地方政府债券共计发行 4.3 万亿元，同比增加 6.8%。其中，新增地方政府一般债券共计发行 9 394 亿元，同比增加 3.7%；新增地方政府专项债券共计发行 3.4 万亿元，同比增加 58.0%。

如图 1－67 所示，由于财政部于 2019 年底提前下达了 2020 年地方政府债券新增额度，2020 年初地方政府债券的发行节奏较 2019 年初明显加快。2019 年的地方政府债券发行最高峰是 6 月，共计发行 7 170 亿元；而 2020 年这一高峰提前到了 5 月，发行金额也创纪录地达到 10 398 亿元，其中 9 980 亿元为专项债券。因此，2020 年地方政府债券的发行进度比 2019 年大约快 1 个月。至 2020 年 9 月底，全年新增额度已经发行 91.0%，

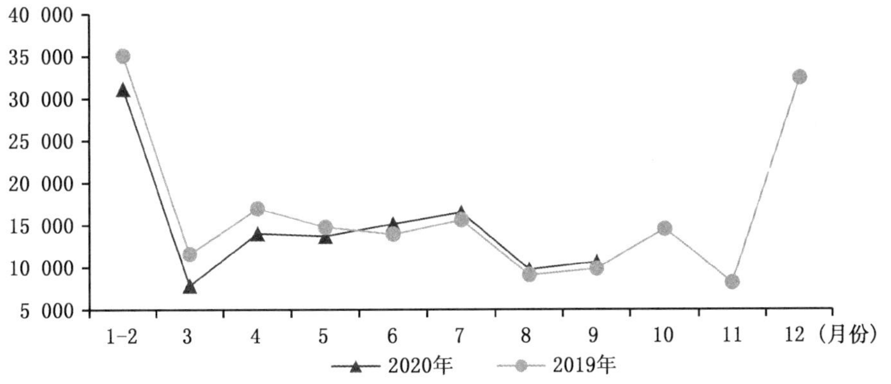

图 1—66(b)　一般公共预算收支

其中一般债券发行进度为 95.9%，专项债券发行进度为 89.7%。

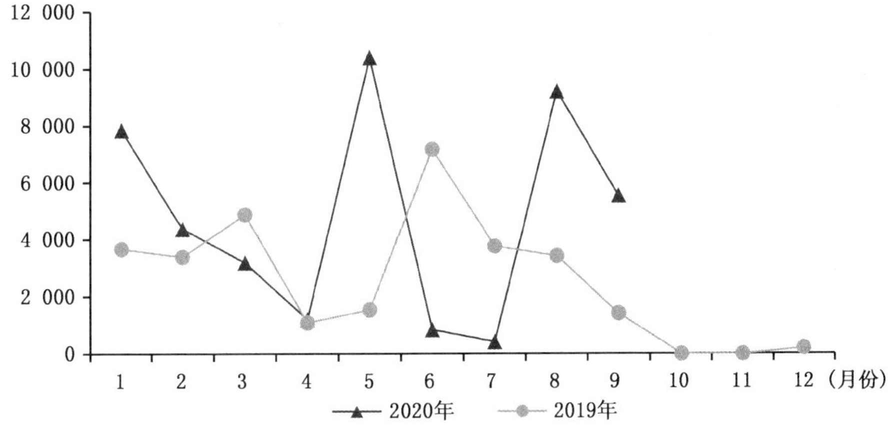

图 1—67(a)　地方债券新增发行金额

需要留意的是，2019 年 10 月和 11 月均没有任何地方政府债券发行，而据不完全统计，2020 年 10 月仍然有少量债券完成发行，进一步推高新增额度的发行完成率。预计 2020 年第四季度将与 2019 年类似，仅就所剩不多的新增额度进行发行，并等待财政部提前下达 2021 年的新增额度。

3. 2020 年第四季度至 2021 年中国财政政策及其效应的预测

(1)关于财政收支的预测。2020 年 1—9 月，全国一般公共预算收入 14.1 万亿元，支出 17.5 万亿元，支出比收入高 3.4 万亿元。根据 2020 年预算，一般公共预算支出比收入多 6.8 万亿元。对比 2019 年，全年一般公共预算支出比收入多 4.8 亿元，其中 1—9 月支出反而比收入低 2.4 万亿元，主要原因是 2019 年 12 月存在“突击花钱”的情况。基

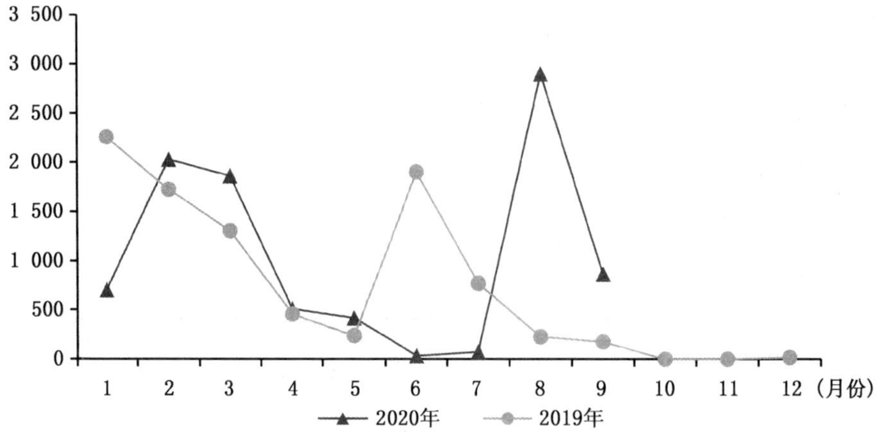

图 1—67(b) 地方一般债券新增发行金额

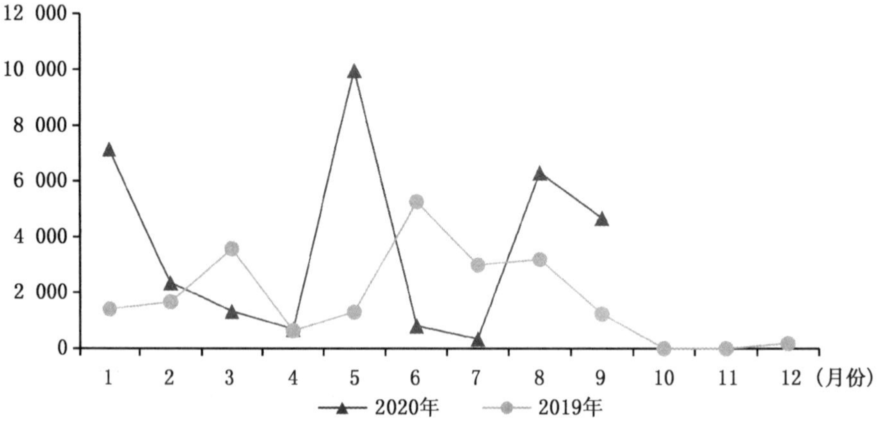

图 1—67(c) 地方专项债券新增发行金额

于上述情况，预计 2020 年第四季度的财政支出可能略低于 2019 年同期。这一情况并非坏事，说明 2020 年的预算执行相对 2019 年更加均匀，年底“突击花钱”的情况有所缓解，预算管理水平有所提高。

由于 2020 年中央一般公共预算中，将 2019 年结余的中央预算稳定调节基金调入 5 300 亿元全部调入用于补充一般公共预算，并没有补充中央预算稳定调节基金。也就是说，2021 年的一般公共预算，无法再从中央预算稳定调节基金中得到补充，甚至有可能需要往中央预算稳定调节基金注入资金。这种逆周期的操作，反映了中央预算稳定调节基金设立的初衷，但在海外疫情发展前景尚不明朗、国内仍存在疫情输入和散发压力的情况下，2021 年的财政压力势必会更大。若 2021 年一般公共预算仍然存在较大缺口，还要确保赤字率不过高，则只能增加从政府性基金预算、国有资本经营预算调入资金的力度，可能会影响到政府性基金预算、国有资本经营预算本身的运行。

债务方面，2020 年地方政府债券新增额度为 47 300 亿元，比 2019 年的 30 540 亿元增加了 54.9%，另外还有 10 000 亿元的特别国债发行，给市场造成了较大压力。截至 2020 年 9 月，2020 年地方政府债券新增额度已发行 91%，年底之前的空间有限，且市场对地方政府债券的发行的承接能力已经受到了调整。预计 2021 年新增地方政府债券的额度不会超过 2020 年的水平，甚至可能会有所收缩。与此同时，需要加强对地方政府债券，尤其是专项债券的投资项目的效益的考察，预防长期的债务风险。

(2)关于财政政策长期取向的分析。财政支出与宏观经济变量之间的关系较为复杂。一方面，一些有针对性的财政支出，如针对企业的临时补助、针对消费者发放消费券、针对某些产品的出口退税政策调整等，在短期内都可以起到加快宏观经济“三驾马车”增长的效果。但这些政策并不是没有代价的，也受制于宏观经济的长期趋势。财政支出必须有收入作为保障，收入的来源可以是税收及非税收入，也可以通过借债来取得，在中国还可以从政府性基金预算或者国有资本经营预算中获取。

中国财政政策在 2020 年上半年对于疫情防控和保持经济基本稳定做出了巨大的努力，并取得了显著的成就。与往年类似，在第三季度财政支出的力度不如上半年，但 2020 年预算执行节奏略快于往年，年底“突击花钱”的情况将有所缓解，对于经济的进一步拉动作用可能弱于往年。

从财政收入方面看，由于“减税降费”政策的持续，如果 2021 年微观经济主体的效益没有显著提升，一般公共预算收入很难有明显的提高。与此同时，2020 年地方政府债券新增额度的大幅提高和抗疫特别国债的发行，对金融市场的承接能力构成了考验，已经出现部分地区政府针对个人投资者投放广告销售地方政府债券的现象，因此 2021 年的新增债务规模可能有所缩小。同时，由于 2020 年预算中中央预算稳定调节基金没有结余，如果要继续依靠增加财政支出来拉动经济，只有两种可能：中央能够接受一个更高的赤字率，或者大幅增加从政府性基金预算、国有资本经营预算中调入资金。但这两个选择在长期都会对财政纪律和宏观经济秩序存在负面影响。

基于上述分析，在国内疫情较为平稳的前提下，基于疫情防控的短期特殊性的财政政策宜逐渐退出，使财政政策恢复到正常的水平。在政府“过紧日子”的主导思想下，对既往已经形成惯性的各项支出的绩效进行评估，并以此为基础，对支出标准过高、“跑冒滴漏”严重或者已经过时的项目进行削减，以适当降低财政支出水平，为进一步“减税降费”和缓解地方政府债务压力腾出政策空间。

4. 财政政策对宏观经济影响的长期数值预测

这一部分将基于不同的政策情景，以2018年1月—2020年9月的财政收支数据、地方政府债券发行情况和各项宏观经济指标为基础，运用联立方程回归模型取得参数估计。随后，我们设定保守、中性和积极三种不同的政策情景，对2020年10月—2022年12月的各项宏观经济指标进行预测。

(1)模型设定。我们选取了财政政策和宏观经济中的常见变量，来构建一个后疫情时代财政政策对于宏观经济影响的预测模型。这些变量可以分为外生变量和内生变量。其中，外生变量包括一般公共预算支出、地方政府新增一般债券和专项债券等三个财政政策的变量和上海银行间同业拆借利率(SHIBOR)7日利率的月平均值。内生变量包括消费品零售总额(全部行业、零售业、餐饮业)、全社会固定资产投资、主要工业品产量(以粗钢为例)和一般公共预算收入。变量外生与内生的划分，主要是考虑到外生变量是政府可以直接控制的政策变量，而内生变量是经过市场运行之后的结果变量。所有变量列于表1—4。

表1—4　　变量描述

变量类型	变量说明	变量名
外生变量	一般公共预算支出	fisexp
	地方政府新增一般债券	ldebtg
	地方政府新增专项债券	ldebts
	SHIBOR七日拆借利率	shibor07
内生变量	消费品零售总额	consumption
	消费品零售总额—零售业	sales
	消费品零售总额—餐饮业	dining
	全社会固定资产投资	fcinvest
	粗钢产量	rsteel
	一般公共预算收入	fisrvn

具体模型设定如表1—5所示。方程1—5分别以消费品零售总额、消费品零售总额—零售业、消费品零售总额—餐饮业、全社会固定资产投资和粗钢产量作为被解释变量，以4个外生变量作为解释变量。方程6以一般公共预算收入作为被解释变量，以消费品零售总额、全社会固定资产投资和粗钢产量作为解释变量。所有方程均为线性模型。

表 1—5　　模型描述

<table>
<tr><th>方程</th><th>被解释变量</th><th>解释变量</th></tr>
<tr><td>1</td><td>消费品零售总额</td><td rowspan="5">一般公共预算支出
地方政府新增一般债券
地方政府新增专项债券
SHIBOR 七日拆借利率</td></tr>
<tr><td>2</td><td>消费品零售总额—零售业</td></tr>
<tr><td>3</td><td>消费品零售总额—餐饮业</td></tr>
<tr><td>4</td><td>全社会固定资产投资</td></tr>
<tr><td>5</td><td>粗钢产量</td></tr>
<tr><td>6</td><td>一般公共预算收入</td><td>消费品零售总额
全社会固定资产投资
粗钢产量</td></tr>
</table>

(2)情景设定。在预测过程中，需要对外生变量的未来取值进行设定。根据不同的政策取向，我们设定了 3 种不同的政策情景。

情景 1. 保守政策

在保守政策情境下，财政支出、地方政府新增债券和货币政策在保持季节性的前提下保持稳定，即当月的财政支出、地方政府新增债券和 SHIBOR 利率均于上年同期采用相同赋值，同比保持不变。

情景 2. 中性政策

在保守政策情境下，财政支出、地方政府新增债券和货币政策在保持季节性的前提下适当放松。具体而言，当月的财政支出和地方政府新增债券同比增长 10%，SHIBOR 利率同比下调 10%。

情景 3. 积极政策

在保守政策情境下，财政支出、地方政府新增债券和货币政策在保持季节性的前提下大幅放松，具体而言，当月的财政支出和地方政府新增债券同比增长 20%，SHIBOR 利率同比下调 20%。

(3)数值预测结果。①消费品零售总额。图 1—68 展示了模型关于消费品零售总额的预测，其中(a)幅为全社会消费品零售总额，(b)幅为其中零售业的部分，(c)幅为餐饮业的部分。由于新冠肺炎疫情对于零售业和餐饮业的影响程度不同，把两者分开预测有特定的意义。

总体上看，从 2020 年第四季度到 2022 年第四季度，社会消费品零售总额将呈现震荡上行的趋势。从(a)幅和(b)幅的结果可以发现，情景 3 的消费品零售总额和其中零售业部分的预测值相对更高，而情景 1 和情景 2 的预测值相差无几。从(c)幅的结果可以

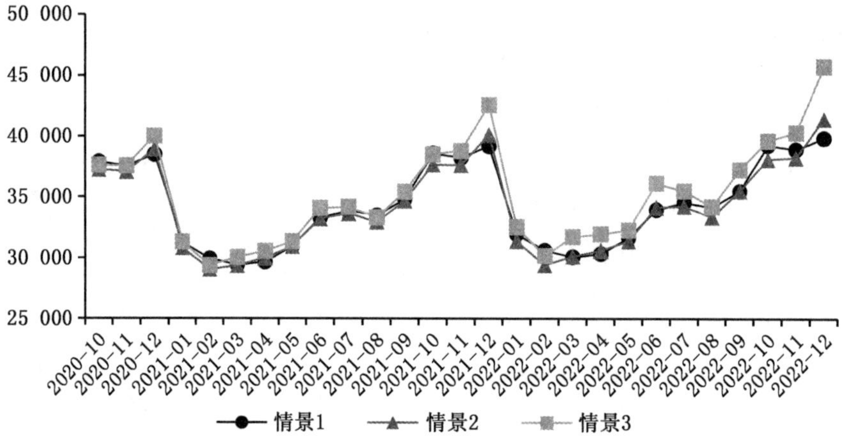

图 1—68(a)　消费品零售总额

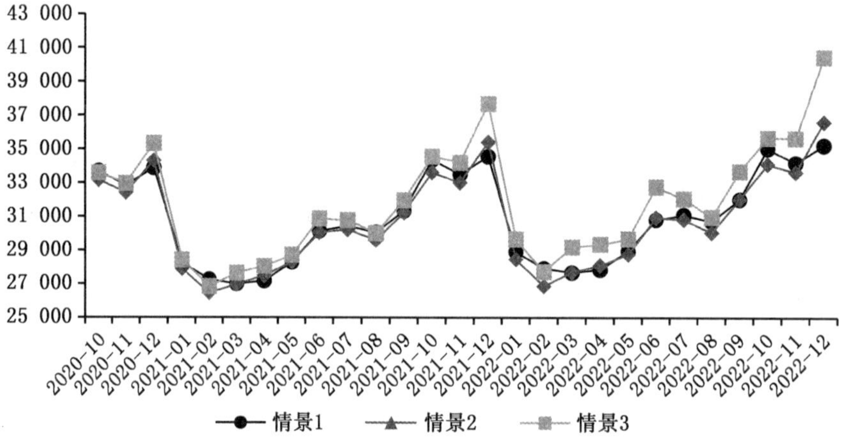

图 1—68(b)　消费品零售总额(零售业)

发现,不同情景下,餐饮业零售总额的预测值几乎没有差异。这一系列结果说明,要刺激社会消费,财政政策必须有一定的强度,强度太低的政策几乎没有效果。相比零售业,餐饮业更依赖于疫情的稳定,财政政策可能有助于餐饮业的纾困,但对于其销售额的影响微乎其微。

②全社会固定资产投资。图 1—69 展示了全社会固定资产投资的预测结果。与消费不同的是,固定资产投资的预测值中,财政政策强度最大的情景 3 反而得出了 3 种情景中最低的预测值,这是因为模型的估计结果中,财政支出会挤出固定资产投资,这其中的机制还值得探究。因此,在考虑财政政策刺激经济时,需要平衡刺激消费和刺激投资的目标。

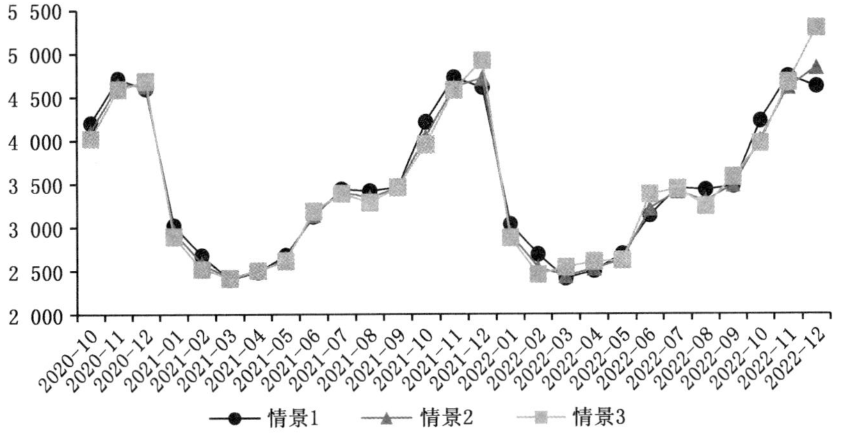

图 1－68(c)　消费品零售总额(餐饮业)

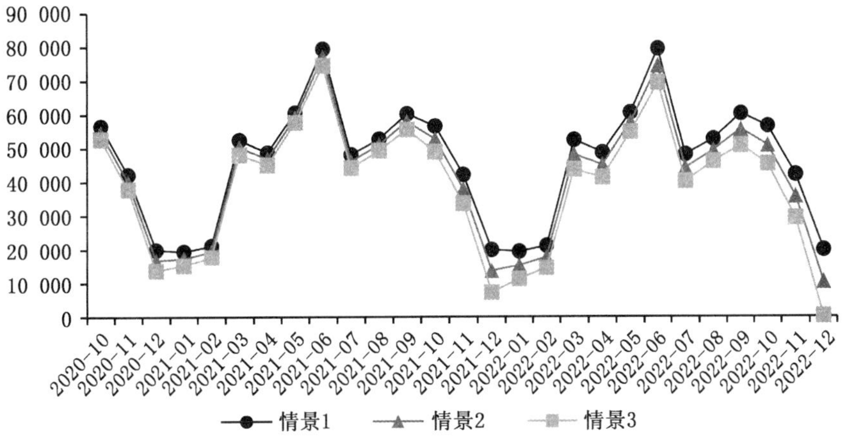

图 1－69　固定资产投资预测

③粗钢产量。图 1－70 展示了主要工业品之一——粗钢的产量预测值。可以明显看出，情景 3 下的粗钢产量要明显高于情景 2，情景 2 下的粗钢产量又明显高于情景 1。这一结果说明，财政政策力度对于主要工业品产量还是有明显的拉动效果。

④一般公共预算收入。最后我们来看一下一般公共预算收入的预测，结果由图 1－71 展示。可以看出，3 种不同情境下，一般公共预算收入的预测相差无几。主要原因是 3 种情景的债务和支出的增长幅度是同步的，因此对一般公共预算收入的影响不明显。

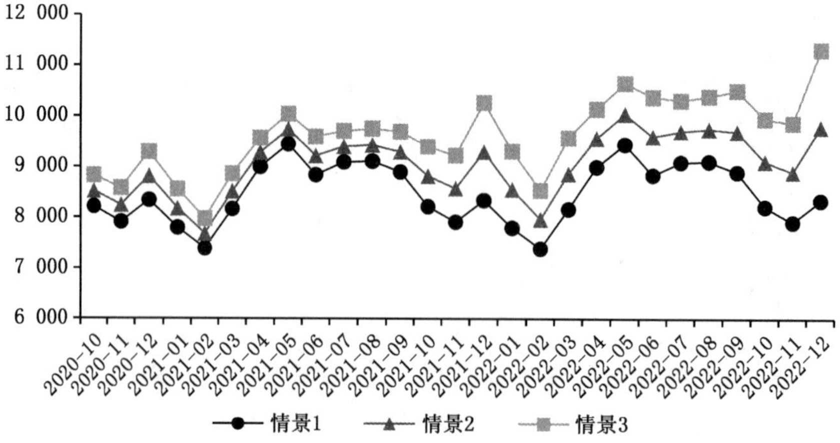

图 1—70　粗钢产量预测

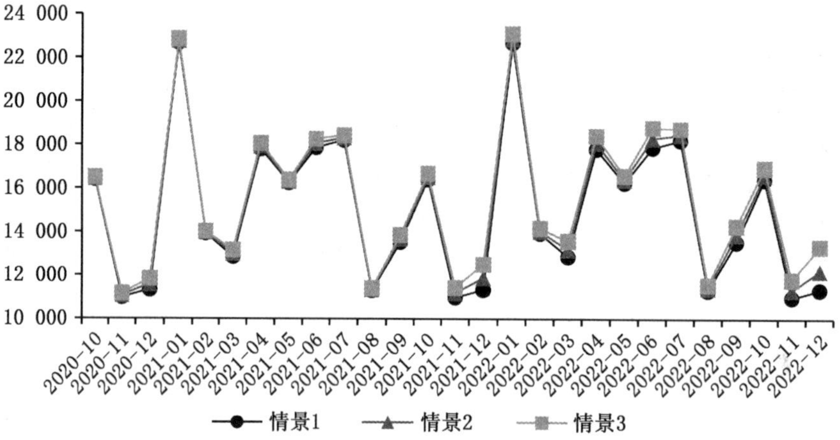

图 1—71　一般公共预算收入预测

模型可能存在的问题。从图 1—68、图 1—69 和图 1—70 的结果中,我们看到了明显的季节性。其中,固定资产投资和粗钢产量的季节性主要体现为“春节效应”,是中国宏观经济变量的一种常见现象。然而,消费的季节性却不属于常态。从图 1—68 展示的结果中可以看到,每年 2—4 月是最低谷,而正常年份下,2—4 月虽然也不是最旺季,但绝不是消费的最低谷。这一问题的产生,主要是因为在模型的回归过程中用到了 2020 年的数据,而 2020 年 2—4 月正是全国疫情最为严重的时期,各地“封城”措施非常严厉,使得居民的消费水平明显下降。若 2021 年之后的 2—4 月不再有全国大范围封城管控措施,那么这种由于疫情管控导致的消费低谷在今后的年份中可能并不会再次出现。

(二)国际财政政策效应预测

1. 新冠肺炎疫情对世界格局和全球治理的基本影响和挑战

所谓“全球治理”,是指在没有世界政府的情况下,国家(也包括非国家行为体)通过谈判协商,权衡各自利益,为解决各种全球性问题而建立的做我实施性质的国际规则和机制的总和(张宇燕,2016)。

责任是全球治理的核心内容。实现全球有效治理可是人类普遍收益,这也同时意味着参与者需要承担各自应承担的责任。从根本上讲,参与全球治理体现的是一国在享用全球治理成果时对世界所做的贡献,意味着世界各国都有责任致力于各种全球性问题的解决。规则是全球治理的主要表现形式。世界各国参与全球治理的权利和义务、利益和责任,最终需要借助一定形式的国际规则或机制加以界定并得以体现。各国在全球治理过程中的话语权也主要体现在国际规则的制定权、解释权和执行权之中。中国明确提出了自己作为一个负责任大国的战略定位,并且正在成为全球治理的建设性参与者,而完善全球治理体系,重要的是完善和创新国际规则或机制。

此次新冠肺炎疫情对世界格局造成的影响主要体现在以下三方面:

第一,世界产业链的断裂。物资、人员和服务等要素的跨国流动因控制病毒传播而停顿,从而彰显了现有产业链过长、过细带来的脆弱性和不稳定性。随着各国对产业链危机的举措依次出台,本国、双边或区域等小范围“自力更生”局面便有可能逐渐形成,其惯性势必延续到疫情结束,乃至最终常态化。

第二,民族主义和保护主义势力有所抬头。国外部分人士担忧的是,中国抑制病毒传播初战告捷显示出中国在不远的将来实现“弯道超车”的可能性大增。在这一背景下,发达国家和中国正在形成两个平行体系的景象变得愈发清晰。

第三,全球治理的区域化倾向日益明显。无论是疫情判断还是具体措施,全球唯一的公共卫生治理机构——世界卫生组织(WHO)都没有欧盟、东盟这样的区域组织更有针对性。区域组织在疫情防控中明显发挥了重要作用。

2. 后疫情时代中国在国际格局和全球治理转型的对策措施

后疫情时代,中国能够运用自身在疫情中经济率先复苏的优势,通过强化国际组织政策、对世界经济进一步的重要作用、人才引进等方面,顺应国际格局和全球治理的转变。

(1)强化在国际组织和区域性组织的影响。在既有的全球治理体系的渐趋衰落,乃至2020年全球新冠病者大流行带来的全球化暂停的背景下,在一个民族国家依然为主导单位的国际体系里,中国需要继续通过联合国(UN)、世贸组织(WTO)和国际货币基金组织(IMF)等均质化的国际组织发挥影响力,使全球治理转型有序进行。

中国应重视在周边地区,尤其在中、日、韩之间等东北亚区域治理,发挥更大的作用和影响力,具体包括:进一步探索东北亚区域公共卫生安全领域的合作模式;将经济产业领域的合作进一步推向深入;进一步拓展到地区事务层面;进一步完善社会保障领域的政策对接。

此外,在中美关系出现摩擦的情况下,中国应更加注重与欧盟地区的合作和交流,为此,中国需要适应坚持市场规则,跨越新的规范障碍,去实现更高的竞争力,并以市场为原则与欧盟进行更高水平上的合作;适当地提高中欧政治关系的层级,形成中欧抗疫和共同发展的共识;加强舆论引导,处理好欧盟和成员国的关系,避免以偏概全。

(2)助力国际社会抵御疫情冲击。为了体现中国的大国责任,进一步发挥在国际格局和全球治理模式中的影响力,中国将为有关国家抗击疫情提供必要帮助,并同世界各国加强了协调与合作,共同应对当前世界经济面临的威胁与挑战。继续同世界卫生组织保持密切沟通,及时同国际社会分享疫情信息、防控救治经验和医疗研究成果,积极为发展中国家和其他有需要的国家提供医疗物资和技术支持,以实际行动推动有关各方开展联防联控和科研攻关合作。

(3)充分发掘"一带一路"倡议的引领作用。后疫情时代,中国要以"一带一路"为载体,加快布局全球产业链,形成产业链中下游一体化局面。目前,"一带一路"开始进入高质量发展的新阶段,与此同时,以美国为主导的国际秩序逐渐崩陷,新的国际规则呼之欲出,各国都试图在秩序重塑过程中体现更多的本国意志和利益,而"一带一路"倡议及其所展现的巨大发展红利恰逢其时地为各国提供了切实可行的发展路径。我国应把握好此战略机遇期,加快补上科技上的短板,补上核高基投入的不足,大力加强战略新兴制造工业中产业链集群的发展,在国内形成有核心竞争力的产业链集群。与此同时,以"一带一路"为载体和抓手,到"一带一路"沿线国家复制这些核心科技,为"一带一路"共建国家形成产业链上中下游一体化发展的良好局面,真正实现互利共赢。

(4)优化人才引进机制。新冠肺炎疫情在很大程度上对经济与社会发展形成了压制,也对人们的心理产生很大影响。对疫情期间在美华人和美国普遍网民关注议题的调研显示,失业是华人群体和美国普通网民重点关注和担忧的主要提议。比较受到华人群体关注的是减薪停薪、找工作、回国工作和就业机会减少等议题。加之歧视性政策的影响,海外青年留学人才回流意愿增强。疫情下的种族主义、排外情绪、歧视性行为蔓延可能导致海外的压抑科技人才回流趋势进一步加强。在这一大背景下,中国应在人才引进战略上做出如下举措:调整海外引智活动优先方向,规避人才战诱发的引智风险;引育并举,重新定位人才培养和人才引进的关系;把握后疫情时代全球人才流动契机,助推形成更加开放的人才引进格局。

3. 后疫情时代全球形势相关指标预测

在详尽地分析了后疫情时代全球治理格局的演进脉络和基本挑战以及中国的应对措施的基础上,本报告基于一定的定量方法,对后疫情时代中国在全球经济增长率、进出口贸易和人才引进三方面进行预测。

(1)全球经济增长率。在新冠肺炎疫情爆发之后,由于中国政府果断采取了强有力的防控措施,疫情得到了迅速的控制,中国率先走出了大规模疫情的影响,经济增速逐步恢复。同时,我们也能够看到,美国等发达国家由于在疫情防控措施的实施力度方面低于中国,疫情并未得到完全有效控制,尽管经济出现了一定程度的复苏,但是完全走出疫情对经济的影响尚需较长时间。我们在对中国、美国、欧盟、OECD和金砖四国经济增长率进行预测的基础上,对比了中国的经济增长与两者之间的差别,分别反映中国相对于发达国家和新兴发展中国家经济增长率在未来的基本情况。

首先,我们对比中国的GDP增长率与美国和欧盟等发达经济体的实际值和预测值。图1—72(上)展示了中国GDP增长率与美国GDP增长率之比的历史实际值和预测值,从中能够看到,从2010年之后,中国的GDP增长率与美国GDP增长率之比在绝大多数的季度中保持了领先,根据预测,能够看到在未来6个季度中,中国的GDP增长率将持续高于美国GDP增长率约5个百分点。

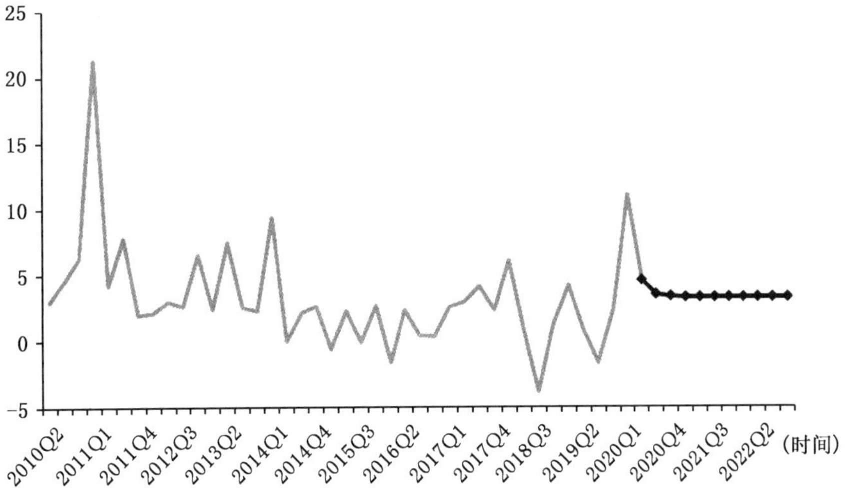

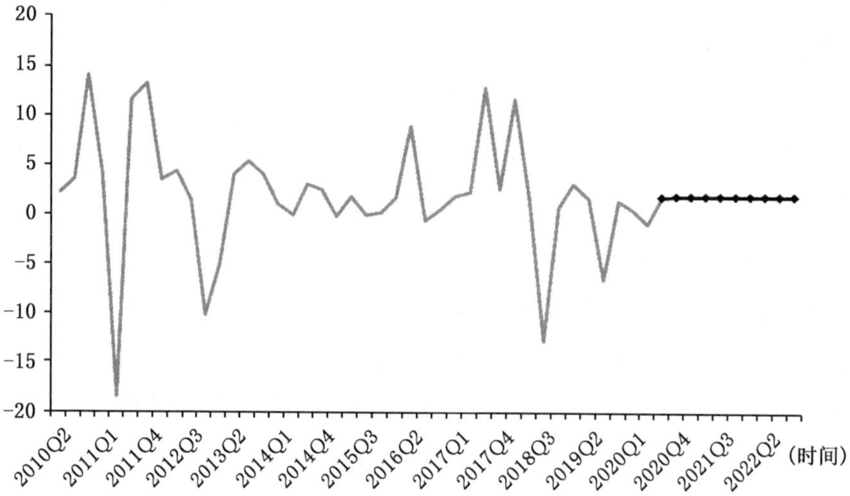

资料来源:世界银行数据库(WorldBank Data)。

注:图中黑色实线部分表示样本期内实际发生值,红色带有菱形方块的部分表示预测值。

图1—72 中国GDP增长率与美国(上图)和欧盟(下图)GDP增长率之比实际与预测值

与欧盟的GDP增长率相比,尽管中国的GDP增长率在个别季度处于负值,但是鉴于此处的统计为同比增长率,因此负的增长率是中国与自身相比的结果,能够看到在同比增长率为正的季度中,中国的GDP增长率平均高于欧盟5—6个百分点。根据预测,未来6个季度中,中国的GDP增长率将持续高于欧盟GDP增长率约3个百分点。

除了与美国和欧盟等发达经济体进行对比,本报告还以OECD和金砖四国作为参照系,考察中国GDP增长率的基本动态和未来趋势。

整体上来看,在样本期和未来6个季度以内,中国的GDP增长率依然显著快于OECD和金砖四国。具体而言,从图1—73(上)能够看出,在样本期内中国同比经济增长率为正的时期,均显著高于OECD国家,在未来6个季度内,中国GDP增长率预计将高于OECD国家6—7个百分点,并持续保持。从与金砖四国的对比来看,中国与其GDP增长率基本呈现同步态势,不仅在样本期内大致如此,根据预测,在未来6个季度中,中国GDP的增长率还将略高于金砖四国的GDP增长率,约维持在2个百分点的领先优势上。

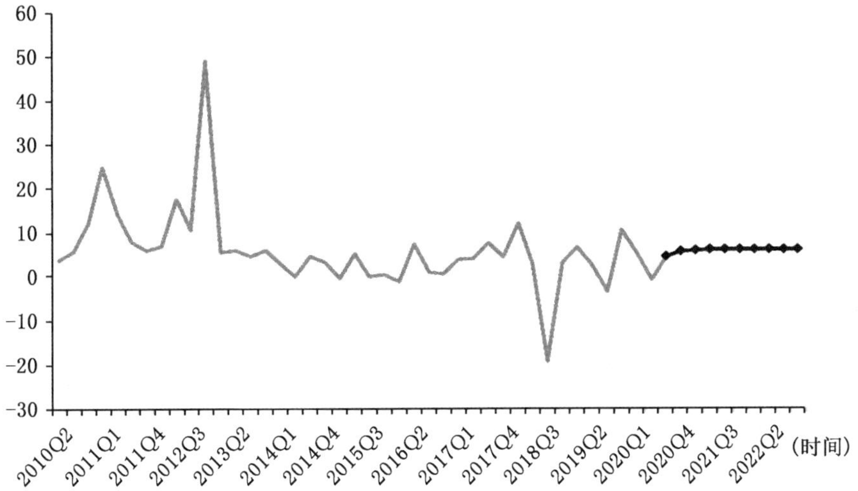

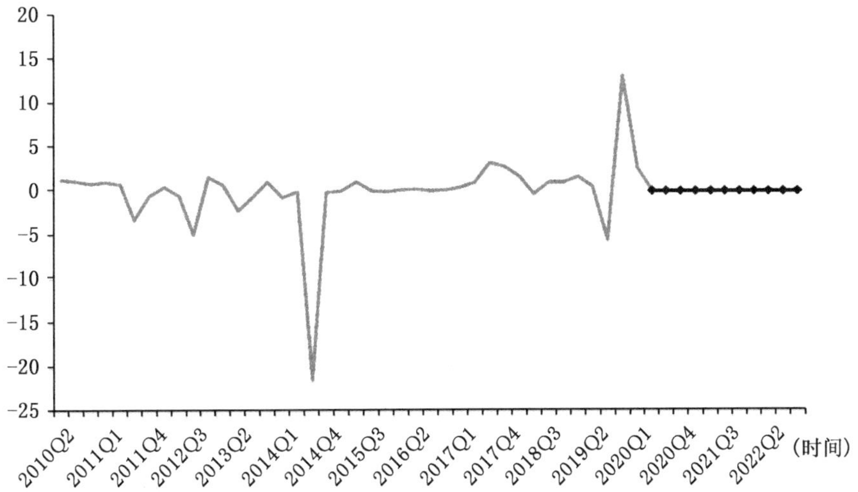

资料来源：世界银行数据库(World Bank Data)。

注：图中实线部分表示样本期内实际发生值，带有菱形方块的部分表示预测值。

图 1—73　中国 GDP 增长率与 OECD(上)和金砖四国(下)GDP 增长率之比

(2)中国与全球主要经济区域进出口情况预测。在从 GDP 的角度对中国与世界主要经济体进行综合对比的基础上，本报告聚焦于进出口方面，对中国与全球主要经济区域进出口的情况进行预测(见图 1—74)。

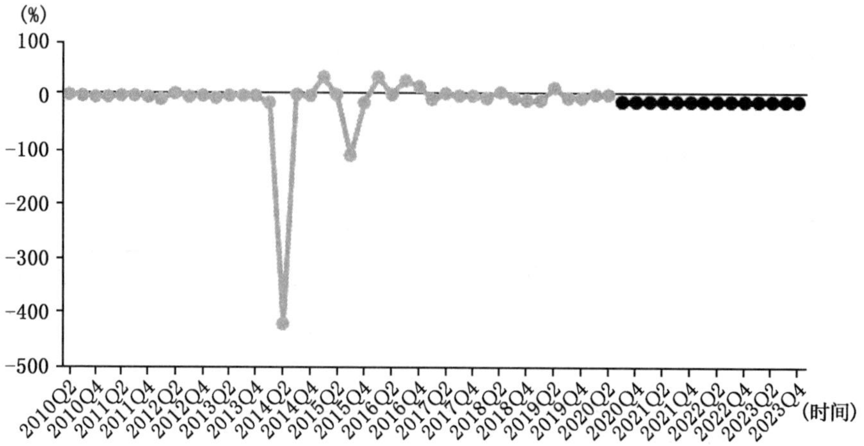

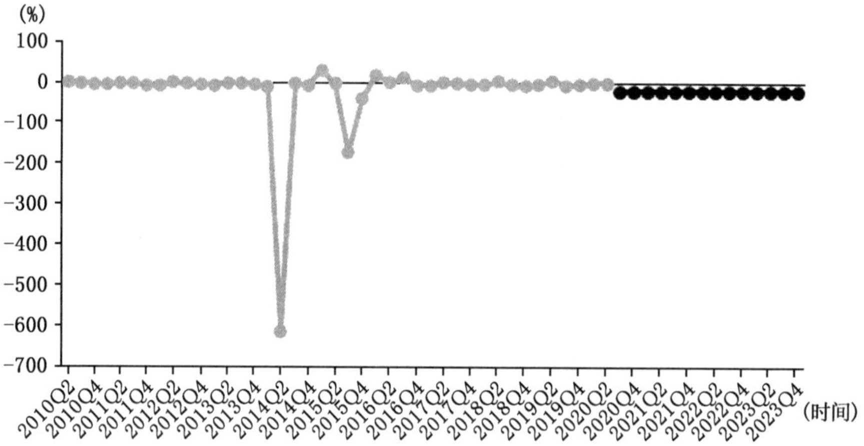

资料来源:世界银行数据库(WorldBank Data)。

注:图中带有方块标记的部分表示样本期内实际发生值,带有菱形方块的部分表示预测值。

图 1—74　中国对美国(上)和欧盟(下)进出口额增长率与中国 GDP 增长率之比

首先,我们依然从对中国与美国和欧盟的进出口额这一方面入手,两者呈现出比较相同的态势。从已有的数据来看,除了在 2014 年第二季度,中国对美国及欧盟的进出口额增速相比于中国 GDP 增速出现显著下滑外,在样本期内的大部分时刻,中国针对上述国家的进出口增速均与其 GDP 增速相匹配。预测结果显示,在未来 3 年,这一趋势将持续保持,中国针对美国和欧盟的进出口额增速预计将继续与本国 GDP 增速保持同步,其出现大幅度下降从而拖累 GDP 的可能性相对较低。其中的原因在于,尽管这些国家尚未完全走出疫情的阴影而且还将面临第二波疫情的冲击,但是上述国家职业经理人指数(PMI)的回升将会带动我国对美欧出口增长的加速,抵消疫情对进出口的不利影响(见

图 1—75）。

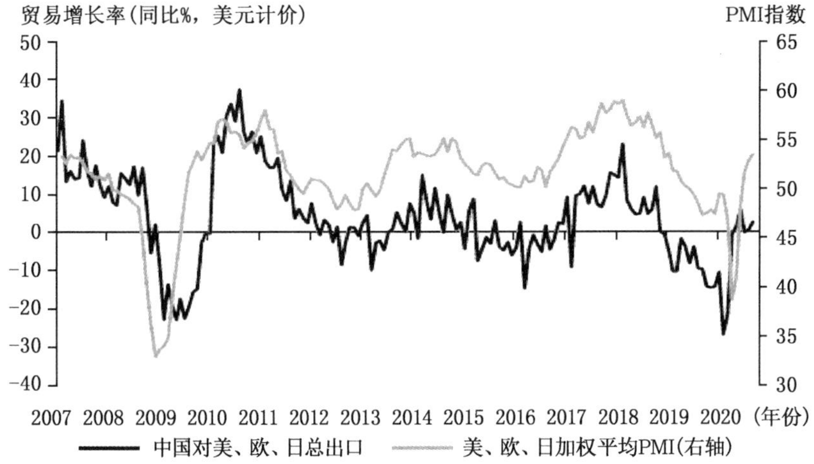

资料来源：万得、中银证券。

图 1—75　美、欧、日 PMI 的回升带动我国对美欧日出口增长的加速

其次，我们参照中国对周边东南亚国家的进出口贸易额增长与中国 GDP 增长率的对比情况，从图 1—76 能够看出，中国针对东南亚国家进口的贸易增长率增速与中国 GDP 增长率也基本呈现同步关系，且在未来的 2—3 年内，这一趋势将持续保持。单独考察中国对日本和韩国的进出口贸易额状态，也大致维持了相同的态势（见图 1—77）。

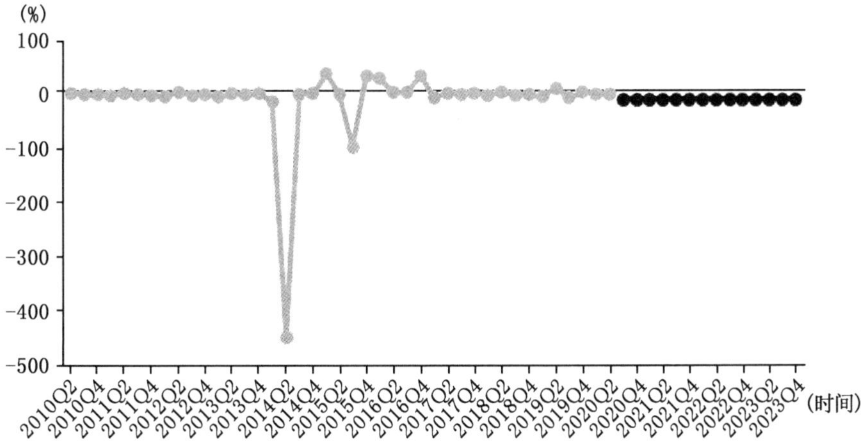

资料来源：世界银行数据库（WorldBank Data）。

注：图中带有方块标记的部分表示样本期内实际发生值，带有菱形方块的部分表示预测值。

图 1—76　中国对东南亚联盟的进出口贸易额增长率与中国 GDP 的增长率的对比关系

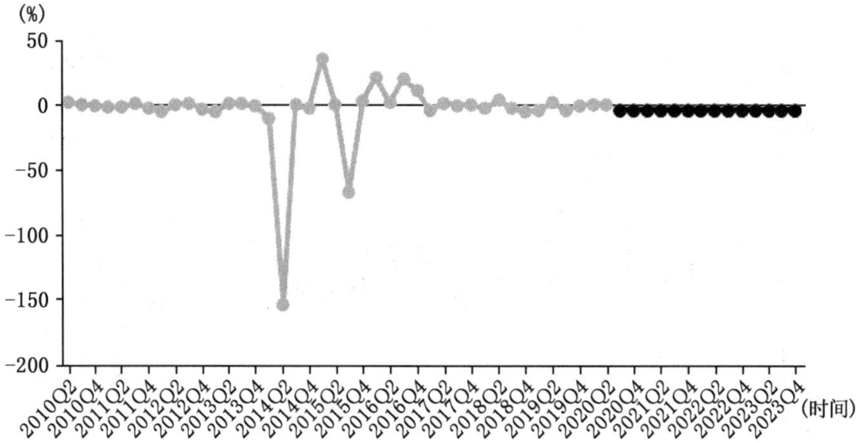

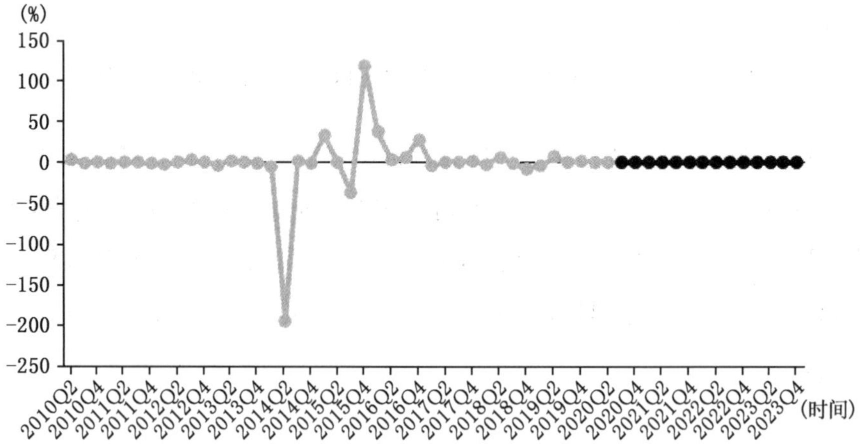

资料来源：世界银行数据库(WorldBank Data)。

注：图中带有方块标记的部分表示样本期内实际发生值，带有菱形方块的部分表示预测值。

图1—77 中国对日本(上)和韩国(下)的进出口贸易额增长率与中国GDP增长率之比

综合本部分的分析，预测结果显示，在未来2—3年内，进出额总额增速将保持与GDP增速相匹配的状态，未来对GDP构成不利冲击的概率较低。无论是对中国，还是美国、欧盟等国家，还是东南亚周边的国家，预测结果均呈现出这一特征。

(3)人才引进情况的预测。随着中国率先走出疫情，以及复杂的国际形势的影响，未来在人才引进战略上角逐和较量将成为影响中国经济和社会全面发展的重要因素。为此，本报告基于量化模型，对未来5年，即我国“十四五”期间的人才引进情况进行预测。具体结果如图1—78所示。

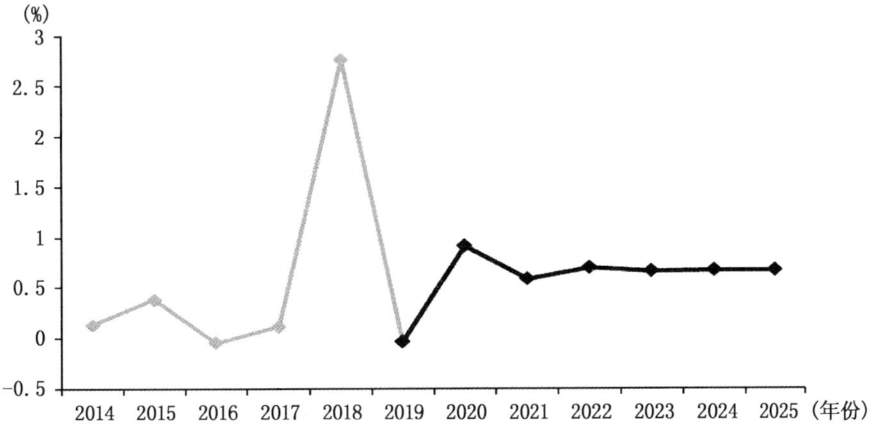

注:中国关于人才引进的数据相对有限,且统计不够完全。图中的数据源自上海、江苏等东部沿海城市统计年鉴。

图 1—78 中国人才引进增长率实际值和预测值

从图 1—78 中能够看出,从 2014 年至今,中国人才引进的增长率水平总体呈现上升趋势,但是在 2019 年左右,由于受到中美贸易摩擦的影响,人才引进的增长率出现了明显下滑。基于既有样本和相关模型预测技术,本报告的预测结果显示,未来 5 年,中国的人才引进增长率将保持平稳态势和正增长。需要说明的是,由于人才引进受到了国际环境及国内政策的直接影响,且样本容量相对有限,所以本报告的预测结果仅为相关方面提供参考。

第二章

中国财政收入格局

一、前言

2019年末至2020年初，新冠肺炎疫情在武汉爆发并迅速向全国蔓延，目前国内疫情已基本得到控制，但新冠肺炎疫情的爆发对我国经济社会的发展产生了不容忽视的冲击，影响了企业正常经营活动和居民的正常生活，对全国的经济系统造成了巨大的压力。财政政策一直以来是我国调节经济发展，应对突发不确定性事件的重要政策工具，从疫情爆发对国民经济造成的巨大损害到2020年第三、第四季度经济的逐渐复苏，财政政策在这次应对新冠肺炎疫情冲击所造成的经济风险中发挥了支柱性的作用。财政政策从个人、企业、政府等层面，出台了一系列财政补贴、税费优惠、资金支持、政府采购等近百项支持政策，积极的财政政策大力提质增效。但与此同时，疫情对经济造成的负面影响也进一步反映在财政收支的压力上，我国的财政可持续性也将因此面临重大压力。

近年来为了释放经济活力，适应经济发展的新常态，我国采取了大规模减税降费政策来促进经济发展，提高企业生产效率，财政收入增速明显下缓，且低于财政支出的增长速度，财政支出压力不断增大。新冠肺炎疫情的爆发对我国财政收支压力而言无疑是“雪上加霜”。为应对新冠肺炎疫情，我国政府新增发2万亿元国债和财政刺激额度，意味着财政风险将进一步上升。但财政政策是有“底线”的，财政自身风险不容忽视。在抗疫结束之后，应该梳理总结我国应对疫情冲击的财税政策，对后疫情时代我国财政收入的来源方式、收入规模及趋势进行分析，剖析财税政策的影响机制，反思财政收入政策存在的缺陷，着眼于优化财政收入结构，创新财政政策工具，提高财政政策工具使用的精准性和效益性。

二、我国财政收入规模变动及其趋势

财政是国家治理的基础和重要支柱，它反映了经济社会的发展运行状况。目前，我国财政收入的形式主要包括税收收入、行政事业性收费等非税收入、政府性基金收入与国有资本经营收入等，下面我们具体分析新冠肺炎疫情发生以来各种财政收入的变动趋势。

（一）我国税收收入规模变动及其趋势

税收收入是我国财政收入的主要来源，新冠肺炎疫情的冲击使我国经济下行压力加大，不可避免地对我国的税收收入产生了一定的影响。

1. 不同税种的税收收入规模变动趋势分析

一是从总量上来看，2020 年 1—10 月份，全国税收收入累计 135 044 亿元，和上一年同期相比下降 4.6%，其中，上半年的全国税收收入为 81 990 亿元，同比下降 11.3%。分季度来看，第一季度的全国税收收入为 39 029 亿元，同比下降 16.4%；第二季度的全国税收收入为 42 961 亿元，同比下降 6.0%；第三季度的全国税收收入为 36 886 亿元，同比增长 6.8%。前二季度的全国税收收入与去年同期相比，均出现下降的情况，但二季度税收收入的降幅与一季度相比明显缩小，而第三季度全国税收收入增幅由负转正，总体呈现出一季度收入大幅下降、二季度降幅缩小、三季度由负转正的变动趋势。从税收收入的变动情况中可以看出，我国在常态化的疫情防控中，随着各行各业的复工复产，经济社会运行逐步趋于正常，生产生活秩序正在逐渐恢复。

2020 年以来我国各月的税收规模及变动情况如图 2—1 所示。2020 年 1—2 月，全国税收收入为 31 175 亿元，同比下降 11.2%，显示出在新冠肺炎发生初期，疫情尚未得到有效控制的情况下，全国的生产生活受到了较大的影响；3 月的全国税收收入为 7 854 亿元，同比下降 32.3%，为 2020 年单月最大降幅，这主要是受疫情的冲击和减税降费政策实施的结果；4 月全国税收收入为 14 052 亿元，同比下降 17.3%，降幅与 3 月相比大幅缩小；5 月全国税收收入为 13 729 亿元，同比下降 7.2%，降幅进一步缩小；6 月，由于推进复工复产和助企纾困成效持续显现，全国税收收入为 15 180 亿元，同比增长 9%，增幅由负转正，这是 2020 年以来的首次正增长，显示出我国的经济运行开始逐步迈入正轨。下半年以来的 7 月、8 月、9 月和 10 月，全国税收收入分别为 16 519 亿元、9 727 亿元、10 640 亿元、16 168 亿元，和上一年同期相比均呈现增长态势，同比增幅分别为 5.7%、7.0%、8.2%和 11.2%，涨幅逐月增加。可以看到，随着国内疫情得到有效控制，减税降费等政策加快落实，社会经济开始持续稳定恢复，全国税收收入从 6 月开始连续

5个月实现正增长。

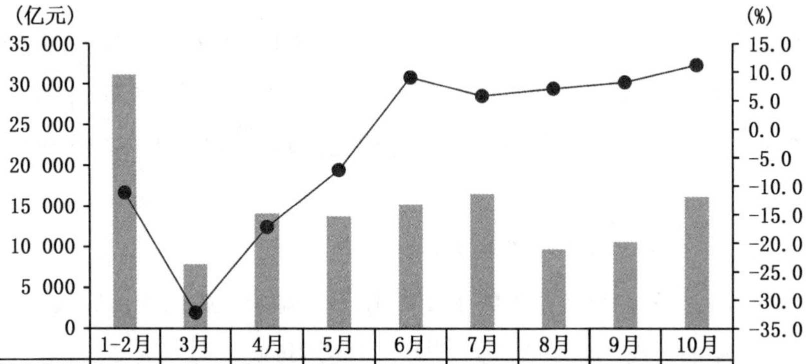

	1-2月	3月	4月	5月	6月	7月	8月	9月	10月
全国税收收入	31 175	7 854	14 052	13 729	15 180	16 519	9 727	10 640	16 168
当月同比	-11.2	-32.3	-17.3	-7.2	9.0	5.7	7.0	8.2	11.2

资料来源：财政部网站。

图2—1 2020年1—10月全国税收收入情况

二是分税种看，2020年1—10月，国内增值税累计收入为48 155亿元，同比下降11.4%，是所有税种中下降幅度最大的。本次疫情对于制造业和服务业的影响都很大，我国在实施全面“营改增”后，制造业和服务业都被纳入了增值税的征收范围，因此疫情对于税收收入的冲击也在增值税的征收情况上反映了出来。

从图2—2可以看到，2020年1—2月，国内增值税收入为11 677亿元，同比下降19%；3月，国内增值税收入3 300亿元，同比下降36.4%，为2020年单月最大降幅；4月，国内增值税收入4 959亿元，同比下降26.8%；5月，国内增值税收入3 726亿元，同比下降5.5%；6月，国内增值税收入5 108亿元，同比下降2.7%；7月，国内增值税收入5 282亿元，同比下降3.0%；8月，国内增值税增幅首次由负转正，累计征收4 034亿元，同比增长3.7%；9月，国内增值税收入4 604亿元，同比增长4.0%，继续保持增长的态势，且涨幅有所增加；10月，国内增值税为5 465亿元，同比增长9.1%，增速大幅提高。总体来看，2020年1—10月，我国增值税收入和上一年同期相比，在疫情初期降幅较大，从4月开始降幅逐步缩小，从8月开始增幅由负转正，此后3个月内保持正增长且涨幅逐步扩大。

2020年1—10月，国内消费税累计收入11 446亿元，同比下降5.6%。国内消费税各月份的具体征收情况如图2—3所示，和增值税相比，消费税的同比变化波动更大。1—2月，消费税收入为3 346亿元，同比下降10.0%；3月，消费税收入1 002亿元，同比下降32.3%，降幅大幅增加；4月，国内消费税收入为1 107亿元，同比增长4.7%，是我

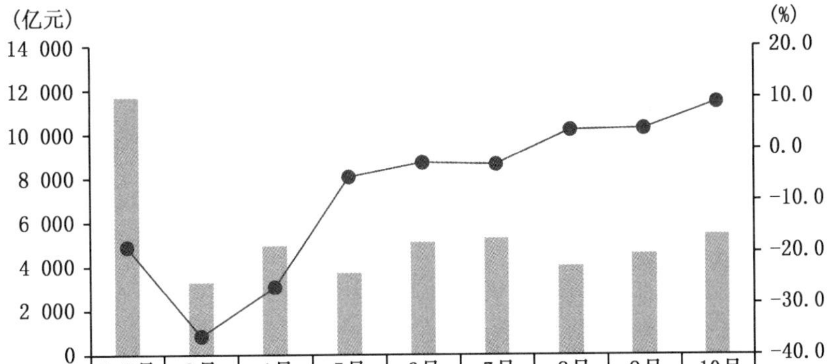

	1-2月	3月	4月	5月	6月	7月	8月	9月	10月
国内增值税	11 677	3 300	4 959	3 726	5 108	5 282	4 034	4 604	5 465
当月同比	-19.0	-36.4	-26.8	-5.5	-2.7	-3.0	3.7	4.0	9.1

资料来源:财政部网站。

图 2—2 2020 年 1—10 月国内增值税收入情况

国几大税种中最先由负转正的;5 月,国内消费税共征收 1 126 亿元,同比下降 3.4%;6 月至 9 月,国内消费税收入分别为 1 130 亿元、1 096 亿元、1 015 亿元、1 054 亿元,同比增长幅度分别为 7.7%、16.2%、1.5%、1.9%,可以看出,涨幅先增加后缩小。10 月,国内消费税收入仅为 570 亿元,同比下降 15.2%,增幅由正转负,且下降幅度较大。

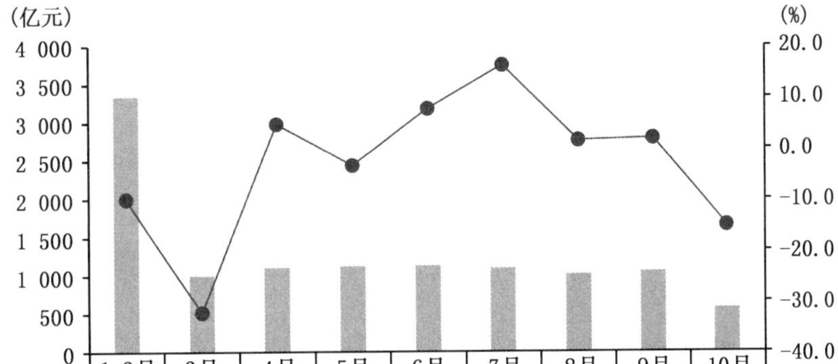

	1-2月	3月	4月	5月	6月	7月	8月	9月	10月
国内消费税	3 346	1 002	1 107	1 126	1 130	1 096	1 015	1 054	570
当月同比	-10.0	-32.3	4.7	-3.4	7.7	16.2	1.5	1.9	-15.2

资料来源:财政部网站。

图 2—3 2020 年 1—10 月国内消费税收入情况

2020 年 1—10 月,我国企业所得税累计收入为 35 543 亿元,同比下降 2.2%。各月份的具体情况如图 2—4 所示,从中可以看出,企业所得税的同比变化趋势和增值税大致相同,在经历了疫情初期的大幅下降后,在 6 月开始增幅由负转正,且到 10 月为止一直保持着同期正增长，这表明在疫情得到控制后，我国的企业经营活动已经逐渐恢复正常。

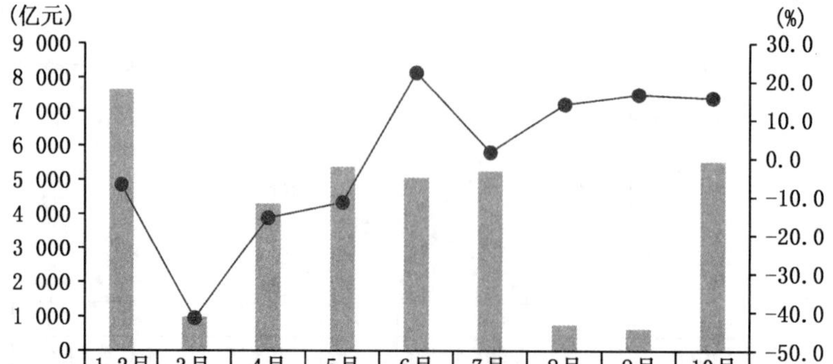

	1-2月	3月	4月	5月	6月	7月	8月	9月	10月
企业所得税	7 647	978	4 303	5 385	5 063	5 252	754	632	5 529
当月同比	-6.9	-41.6	-15.5	-11.5	22.4	1.6	14.1	16.6	15.7

资料来源：财政部网站。

图 2—4　2020 年 1—10 月我国企业所得税收入情况

我国 1—10 月个人所得税收入累计为 9 545 亿元，同比增长 8.8%。各月份的具体情况如图 2—5 所示，可以看出，1—2 月，我国个人所得税为 2 672 亿元，同比增长 14.8%；3 月开始大幅下降，单月个人所得税仅为 681 亿元，同比下降 25.4%，4 月和 5 月降幅逐渐缩小，6 月增幅由负转正，随着国内的疫情逐步得到控制，复工复产加速带动企业用工回暖，居民收入逐步恢复稳定增长，个人所得税收入随之增长，在下半年保持着稳定的正增长，同比涨幅逐步扩大。

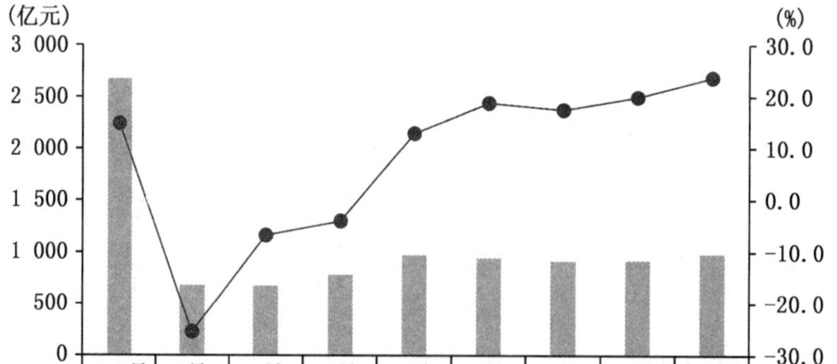

	1-2月	3月	4月	5月	6月	7月	8月	9月	10月
个人所得税	2 672	681	675	782	972	943	915	922	983
当月同比	14.8	-25.4	-6.8	-4.1	12.9	18.8	17.5	19.9	23.7

资料来源：财政部网站。

图 2—5　2020 年 1—10 月我国个人所得税收入情况

除上述几个主要税种外,其他税收收入项目的情况如表2—1所示。2020年1—10月累计进口货物增值税、消费税12 256亿元,同比下降8.0%;关税2 120亿元,同比下降10.3%;出口退税12 260亿元,同比下降10.5%;城市维护建设税3 861亿元,同比下降6.2%;车辆购置税2 864亿元,同比下降2.2%;印花税2 786亿元,同比增长29.1%,是后疫情时代少有的保持大幅度增长的税种。其中,证券交易印花税1 707亿元,同比增长50.9%;资源税1 464亿元,同比下降7.5%;环境保护税203亿元,同比下降6.9%。

表2—1　　2020年1—10月各税收项目的税收收入情况

	2020年1—10月(亿元)	2019年1—10月(亿元)	同比变化(%)
国内增值税	48 155	54 346	−11.4
国内消费税	11 446	12 120	−5.6
企业所得税	35 543	36 350	−2.2
个人所得税	9 545	8 776	8.8
进口货物增值税、消费税	12 256	13 323	−8.0
关税	2 120	2 364	−10.3
出口退税	12 260	13 694	−10.5
城市维护建设税	3 861	4 117	−6.2
车辆购置税	2 864	2 927	−2.2
印花税	2 786	2 157	29.1
证券交易印花税	1 707	1 132	50.9
资源税	1 464	1 583	−7.5
契税	5 678	5 168	9.9
土地增值税	5 409	5 477	−1.2
房产税	2 285	2 410	−5.2
耕地占用税	1 030	1 146	−10.1
城镇土地使用税	1 709	1 819	−6.0
环境保护税	203	218	−6.9
其他税收	947	908	4.4

资料来源:财政部网站。

在土地和房地产相关税收中,契税5 678亿元,同比增长9.9%;土地增值税5 409亿元,同比下降1.2%;房产税2 285亿元,同比下降5.2%;耕地占用税1 030亿元,同比下降10.1%;城镇土地使用税1 709亿元,同比下降6.0%。车船税、船舶吨税、烟叶税等其他各项税收收入合计 947 亿元,同比增长 4.4%。

综上可以看出,疫情对我国税收收入产生了较大的影响,全国税收收入和各主要税种在年初和上一年同期相比均有不同程度的下降,降幅都在 3 月达到最大,随着国内疫情逐渐得到控制,企业开始复工复产,各主体税种收入及其他各税种降幅均明显缩小,且同比增幅逐渐由负转正,反映了经济社会秩序逐步恢复的良好态势。在下半年税收收入持续保持正增长且涨幅逐渐扩大的情况下,预计到年底,大体上能抵消年初的跌幅,全年全国税收收入预计大致能达到上一年的水平。

2. 不同地区的税收收入规模变动趋势分析

2020 年以来,我国各地区税收普遍下滑较多,2020 年前三季度我国各省、市、自治区的税收收入情况如表 2—2 所示。其中,湖北、海南、黑龙江和江西 4 个省份的税收降幅较大,均超过了 15%。湖北省的疫情最严重,其前三季度的税收收入下降幅度也最大,同比下降 25.8%;海南省 1—9 月地方累计税收 382.0 亿元,同比下降 22.2%;黑龙江省 1—9 月地方累计税收 577.9 亿元,同比下降 18.3%;山西省 1—9 月地方累计税收 1 228.7 亿元,同比下降 16.3%。此外,2020 年 1—9 月累计有 7 个地区的同比降幅在 10%—15%,19 个地区的同比降幅在 0—10%。

表 2—2　　2020 年 1—9 月我国各省份市区税收收入情况(按同比增速排序)

地　区	2020 年 1—9 月 地方税收(亿元)	2019 年 1—9 月 地方税收(亿元)	同比变化 (%)
青海	161.7	149.2	8.4
浙江	5 187.4	5 071.9	2.3
江苏	5 669.4	5 726.6	−1.0
吉林	584.0	599.0	−2.5
吉林	584.0	599.1	−2.5
四川	2 135.7	2 196.1	−2.8
云南	1 032.2	1 071.3	−3.7
河南	2 082.9	2 178.8	−4.4
江西	1 328.8	1 391.8	−4.5
甘肃	407.3	428.8	−5.0
湖南	1 410.7	1 494.4	−5.6
广东	7 199.3	7 633.9	−5.7
辽宁	1 411.6	1 503.2	−6.1
安徽	1 677.4	1 787.3	−6.2

续表

地　区	2020年1—9月 地方税收(亿元)	2019年1—9月 地方税收(亿元)	同比变化 (%)
福建	1 627.3	1 738.5	−6.4
广西	801.8	857.8	−6.5
山东	3 544.1	3 798.6	−6.7
宁夏	181.2	194.8	−7.0
北京	3 380.5	3 686.5	−8.3
内蒙古	1 047.6	1 152.5	−9.1
河北	1 934.0	2 137.8	−9.5
上海	4 634.6	5 161.0	−10.2
陕西	1 283.9	1 434.0	−10.5
重庆	1 031.6	1 165.1	−11.5
新疆	614.2	699.6	−12.2
西藏	98.8	113.1	−12.7
天津	1 081.9	1 239.5	−12.7
贵州	779.8	895.1	−12.9
山西	1 228.7	1 467.3	−16.3
黑龙江	577.9	707.3	−18.3
海南	382.0	490.8	−22.2
湖北	1 512.2	2 038.7	−25.8

资料来源:财政部及各省份财政厅。

仅有青海、浙江两个地区前三季度的税收保持同期正增长。在平均同期增速仅有−8.1%的情况下,青海前三季度的地方税收同比增速达到了8.4%;位居税收增长第二的是浙江省,和上一年同期相比,增长了2.3%。

在国内疫情逐步得到控制后,各省份市区的税收情况也均有所好转。疫情中心的湖北省上半年税收收入降幅为36.4%,前三季度的降幅和上半年相比大幅下降,仅用了一个季度就恢复了10.6个百分点,呈现出向上回升的态势。在2020年还剩最后一个季度的情况下,税收收入累计跌幅在10%以内的19个地区有望在年底由负转正,全国到年底预计有21个左右的省区市的累计地方税收可以维持同期正增长。

(二)我国非税收入规模变动及其趋势

1. 全国非税收入规模变化趋势分析

表2—3反映了2020年以来年我国非税收入规模的变动情况。从中可以看出,全国

非税收入累计额在经历初期的小幅上升后，一直处于下降的趋势。总体来看，全国非税收入低于 2019 年，这是疫情和减税降费政策导致的结果。

表 2—3 **2020 年全国财政收入执行情况**

跨度	全国一般公共预算收入		全国非税收入		全国税收收入	
	累计额(亿元)	同比(%)	累计额(亿元)	同比(%)	累计额(亿元)	同比(%)
1—2 月	35 232	−9.90	4 057	1.68	31 175	−11.2
1—3 月	45 984	−14.30	6 955	0.07	39 029	−16.4
1—4 月	62 133	−14.48	9 052	1.04	53 081	−16.7
1—5 月	77 672	−13.62	10 862	−4.94	66 810	−14.9
1—6 月	96 176	−10.82	14 186	−8.01	81 990	−11.3
1—7 月	114 725	−8.68	16 216	−7.74	98 509	−8.8
1—8 月	126 768	−7.51	18 532	−7.00	108 236	−7.6
1—9 月	141 002	−6.42	22 126	−6.67	118 876	−6.4

资料来源：根据财政部提供的数据整理得到。

根据表 2—3 数据，2020 年 1—4 月，全国非税收入累计额持续增长，增长幅度由最初的 1.68%下降至 0.07%，后又回升至 1.04% 。在新冠肺炎疫情爆发的初期，全国各产业都深受打击，税收收入持续大幅下降(前四个月累计增幅分别为—11.2%、—16.4%和—16.7%、—14.9%)，非税收入的增长在某种程度上缓解了一定的财政压力，非税收入的增加主要是地方非税收入中地方国有资源资产有偿使用收入和国有资本经营收入增长较多所致。

至 5 月，全国非税收入累计额增幅由正转负，同比降低 4.94%；上半年非税收入累计额为 14 186 亿元，与 5 月累计额相比又降低了 3.07 个百分点，同比增幅为—8.01%。而全国一般公共预算收入和税收收入虽仍处于下降趋势，但降幅已经开始缩小，与一季度相比，降幅分别缩小了 3 个百分点和 5 个百分点。这主要是由于疫情已经逐步得到控制，各地逐步开展复产复工的工作，减税降费政策开始发挥作用，全国经济开始好转。税收收入的好转和减税降费政策使政府减小了对非税收入的依赖。

从表中还可以看出，2020 年 7—9 月全国非税收入累计额降幅分别为 7.74%、7.00%和 6.67%，下降幅度与税收收入降幅差距不大，且均呈现缩小的态势。前三季度非税收入累计额为 23 708 亿元，与上半年相比，降幅共缩小了 1.34 个百分点。

由此可以预见，2020 年我国非税收入累计额降幅会进一步缩小，但在疫情和减税降费政策的双重影响下，全国非税收入总量与上一年相比应该不会明显增加。

从月度角度进一步分析，也能得到相似的结论。表2—4展示了2020年全国非税收入的月度变化情况，从中可知，与2019年相比，除了1、2、4月，其余月份全国非税收入都下降了。其中，5月非税收入仅为1 810亿元，是三个季度收入额最低的月份，其收入同比降幅也最大，高达26.63%，与4月相比下降了31.01个百分点；6月非税收入虽然有3 324亿元，但同2019年相比，降幅仍然较大，为16.82%。此后，非税收入下降幅度缩小，分别下降5.8%、1.45%、4.95%，但依旧处于下降趋势。

表2—4　　2020年全国各月非税收入情况

月份	收入额(亿元)	同比(%)
1—2月	4 057	1.68
3月	2 898	−2.09
4月	2 097	4.38
5月	1 810	−26.63
6月	3 324	−16.82
7月	2 030	−5.80
8月	2 316	−1.45
9月	3 594	−4.95

资料来源：根据国家财政部提供的数据整理得到。

2. 部分省份非税收入规模变化分析

表2—5和图2—6反映了我国部分省份非税收入的情况，从中可知：

一是不同地区非税收入的情况存在较大差异。2020年第一季度为疫情爆发初期，在此期间，黑龙江省、江苏省、河北省的非税收入大幅增加，其中黑龙江省增幅变动最大，变速由负转正，由1月的−38.3%变为2.2%，变动了40.5个百分比。这是因为黑龙江省通过大规模增加国有资本经营收入①来缓解财政压力，使得非税收入上涨。江苏省在1月时非税收入增幅为10.1%，尽管稍低于广东省的17.4%，但在一季度末时已经高达47.6%，与其他省份形成鲜明对比。当然，收入的增幅也受到了累计额基数的影响。广东省的非税收入增幅虽然较为稳定，但该省对非税收入的依赖较大，非税收入及其增量额也很高：1—3月累计额为841.12亿元，远远高于其他区域。而湖北、四川、福建等地的非税收入降幅逐渐扩大，浙江非税收入增幅也缩小了6个百分点，可以发现疫情的确使得各地区受到了不同程度的影响。

4月之后，疫情逐步受到控制，各地陆续开展复产复工工作，各地经济得以复苏。湖

① 该省1—3月国有资本经营收入同比增长1 071.4%。

北省非税收入虽然仍处于负增长状态，但降幅持续缩小，其中与上月相比，1—4月累计额降幅缩小了5个百分点，1—7月缩小了5.8个百分点，至三季度末，降幅已经回落至32.9%，可以预见第四季度湖北省非税收入情况会进一步得以缓解。在经历第一季度的大幅增加后，江苏省的非税收入增幅自4月起持续收缩，1—9月已经降至11.7%，与大多省份差别不明显。而浙江省对非税收入规模的控制一直较为严格，虽然4、5月有过小幅的增长，但此后一直处于下降态势。黑龙江省在国有资本收入增幅缩小后，非税收入出现了持续下降的趋势，说明黑龙江省受到疫情的影响较大，国有资本经营收入是其非税收入的主要来源。

表2—5　　部分省非税收入同比变化情况　　单位：%

月份	浙江	广东	湖北	江苏	黑龙江	四川	河北	福建
1月	6.2	17.4	45.2	10.1	−38.3	—	5.3	—
1—2月	−5.9	7.7	—	15.5	−28.4	−0.5	19.1	−1
1—3月	0.2	18.8	−53.5	47.6	2.2	−4.2	27.5	−2.7
1—4月	4.7	18.1	−48.5	—	0.9	—	22.6	1.3
1—5月	8.3	18.3	−47.1	—	−3.5	2.4	18.4	3
1—6月	0.0	15.3	−45.2	17.7	−7.1	3	27.5	−0.1
1—7月	−4.6	12.3	−39.4	—	−7.8	4.9	23.5	1.9
1—8月	−0.4	14.6	−34.9	15.7	—	5.4	21.9	2.3
1—9月	−1.2	21.9	−32.9	11.7	—	10.7	13.6	5.7

资料来源：根据各省份市财政部网站提供的数据整理得到。

注："—"表示数据未获得。

二是不同非税收入项目之间差距较为明显，且不同省市情况既有明显的差距但也有相似之处。在非税收入项目中，行政事业性收入大多呈下降态势，且降幅较大：1—7月黑龙江省行政收入下降33.5%，河北省下降14.2%，这可能是受到疫情和减税降费政策的双重影响。而在部分省份，非税收入中国有资本经营收入则有所上升，除黑龙江省外，河北省1—7月国有资本经营收入增长了41.6%，国有资源（资产）有偿使用收入增加了58.7%。

（三）我国政府性基金收入规模变动及其趋势

根据《中华人民共和国预算法》第九条规定："政府性基金预算是对依照法律、行政法规的规定在一定期限内向特定对象征收、收取或者以其他方式筹集的资金，专项用于特定公共事业发展的收支预算。"政府性基金预算应当按基金项目编制，做到以收定支。

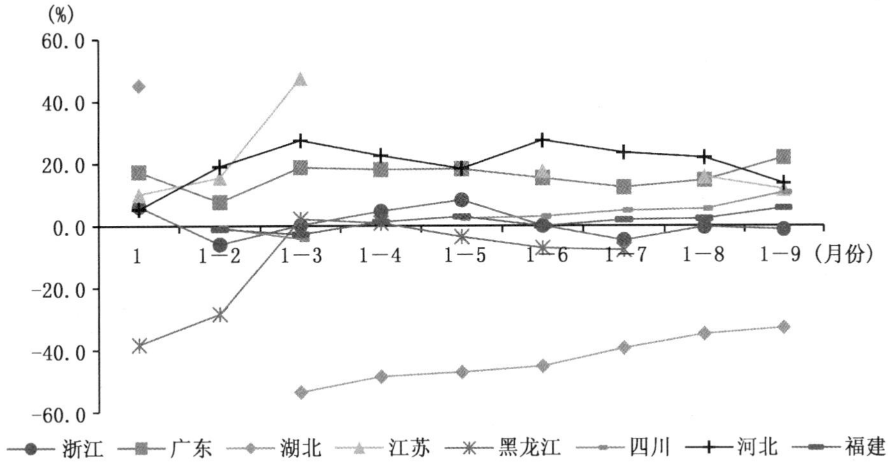

图 2—6　分省份非税收入同比变化情况

在收入归属方面，政府性基金预算收入归属非税收入、债务收入、转移性收入三类，其中，政府性基金收入和专项债券对应项目专项收入归属非税收入，在政府性基金收入中，又以国有土地使用权出让收入为最主要构成；债务收入主要是地方政府专项债券收入。根据“43 号文”规定，有一定收益的公益性事业发展确需政府举借专项债务的，由地方政府通过发行专项债券融资，以对应的政府性基金或专项收入偿还，专项债务收支被纳入政府性基金预算管理①；转移性收入包括政府性基金转移收入（含上级补助和下级上解）、上年结余收入、调入资金和债务转贷收入，省级以下政府获得上级转贷的专项债资金反映在债务转贷收入中。

1. 全国政府性基金收入规模变化趋势分析

根据 2020 年预算草案，2020 年我国中央政府性基金预算收入 3 611.41 亿元，下降 10.6%。加上上年结转收入 180.04 亿元和抗疫特别国债收入 10 000 亿元，收入总量为 13 791.45 亿元。地方政府性基金预算本级收入 77 834.64 亿元，下降 3.3%，其中，国有土地使用权出让收入 70 406.89 亿元，下降 3%。加上中央政府性基金预算对地方转移支付收入 8 007.63 亿元、地方政府专项债务收入 37 500 亿元，地方政府性基金收入总量为 123 342.27 亿元。汇总中央和地方预算，全国政府性基金预算收入 81 446.05 亿元，

① 2020 年 6 月 23 日中华人民共和国发布财预〔2020〕61 号，根据抗疫特别国债资金管理有关文件的规定，修订了《2020 年政府收支分类科目》，其中把“中央政府债务收入”科目增设到政府性基金预算收入科目的第 105 类 03 款，把属于中央收入科目的“抗疫特别国债收入”科目增设到政府性基金预算收入科目的第 105 类 03 款 03 项，反映中央政府取得的抗疫特别国债收入。此规定自 2020 年 1 月 1 日起执行，所以 2020 年中央发行的抗疫特别国债收入归入政府性基金预算收入。

下降3.6%。加上上年结转收入180.04亿元、抗疫特别国债收入10 000亿元和地方政府专项债务收入37 500亿元,全国政府性基金收入总量为129 126.09亿元。

根据2019年预算执行情况,我国中央政府性基金预算收入4 039.62亿元,为预算的96.3%,增长0.1%。加上2018年结转收入360.4亿元,中央政府性基金收入总量为4 400.02亿元。地方政府性基金预算本级收入80 476.13亿元,增长12.6%,其中,国有土地使用权出让收入72 584.42亿元,增长11.4%。加上中央政府性基金预算对地方转移支付收入1 065.45亿元和地方政府发行专项债券筹集收入21 500亿元,地方政府性基金收入总量为103 041.58亿元。全国政府性基金预算收入84 515.75亿元,增长12%。加上2018年结转收入360.4亿元和地方政府发行专项债券筹集收入21 500亿元,全国政府性基金收入总量为106 376.15亿元。全国政府性基金预算支出91 364.8亿元,增长13.4%。

对比2020年预算与2019年预算执行数据可以看出(见表2—6),由于疫情影响,对于中央和地方而言,2020年政府性基金收入在不含发行的债券收入时相比于2019年政府性基金收入都是下降的,但下降幅度不大;而为应对疫情,中央发行了抗疫特别国债收入10 000亿元,地方债务限额提高,由此发行的地方债券收入也大幅增加,导致2020年政府性基金收入在含发行的债券收入时相比于2019年政府性基金收入反而增加,且增幅较大。

表2—6　　2020年与2019年政府性基金预算收入情况比较　　单位:亿元

分类	项目					
	2019年(不含债券收入)	2020年(不含债券收入)	2020年同比变化(不含债券收入)	2019年(含债券收入)	2020年(含债券收入)	2020年同比变化(含债券收入)
中央	4 039.62	3 611.41	−10.60%	4 039.62	13 611.41	236.95%
地方	80 476.13	77 834.64	−3.28%	101 976.13	115 334.64	13.10%
全国	84 515.75	81 446.05	−3.63%	106 015.75	128 946.05	21.63%

资料来源:中国财政部网站。

注:此表收入不包括转移性收入。

为进一步展示出2020年政府性基金预算收入的情况,我们列示了政府性基金预算收入的月度数据,并与2019年同期进行了比较(见表2—7和图2—7)[①]。从中可以看

① 此处数据不含列入政府性基金预算中的债务收入。

出，就地方政府性基金收入而言，相比于2019年，2020年的政府性基金收入除在1—2月累计同比下降18.69%外，其余月份均同比增加。从全国政府性基金收入来看，我们可以发现，2020年的政府性基金收入除在1—2月累计时同比下降18.65%，在4月同比下降1.33%外，其余月份均同比增长，且2020年与2019年的政府性基金收入变动趋势较吻合，可以预计在2020年第四季度政府性基金收入将会大幅提高。截至2020年10月，全国政府性基金收入总计62 645亿元，离不含债券收入的预算目标数81 446.05差18 801.05亿元；2019年1—10月政府性基金收入总计60 206亿元，2020年前10月同比增加4.05%。

表2—7　　2020年与2019年政府性基金收入月度对比　　单位：亿元

	2020年全国	2019年全国	2020年同比变化	2020年地方	2019年地方	2020年同比变化
1月&2月	7 688	9 450	−18.65%	7 186	8 838	−18.69%
3月	4 889	4 850	0.80%	4 695	4 459	5.29%
4月	5 193	5 263	−1.33%	5 021	5 005	0.32%
5月	5 871	5 181	13.32%	5 540	4 863	13.92%
6月	7 838	7 037	11.38%	7 446	6 627	12.36%
7月	7 694	6 910	11.35%	7 458	6 622	12.62%
8月	7 857	7 296	7.69%	7 341	6 760	8.59%
9月	8 177	7 176	13.95%	7 887	6 903	14.25%
10月	7 438	7 043	5.60%	7 152	6 663	7.33%
11月	—	7 874	—	—	7 625	—
12月	—	16 436	—	—	16 111	—
合计/预算数	81 446.05	84 516	−3.60%	77 834.64	80 476	−3.30%

资料来源：中国财政部网站。

注：此处政府性基金收入不包含债务收入。

此外，我们还分析了加入债务收入的数据(见表2—8)，从中可以发现，与2019年相比，2020年全国政府性基金收入除在3月和6月分别同比下降−3.34%和−11.68%以外，其余月份均同比增加，且在5月以及最近三个月涨幅均超过60%。，2020年地方政府性基金收入除了在3月、6月和7月同比下降18.65%，在4月同比下降1.33%外，其余月份均同比增长，且在5月以及最近三个月涨均超过50%。

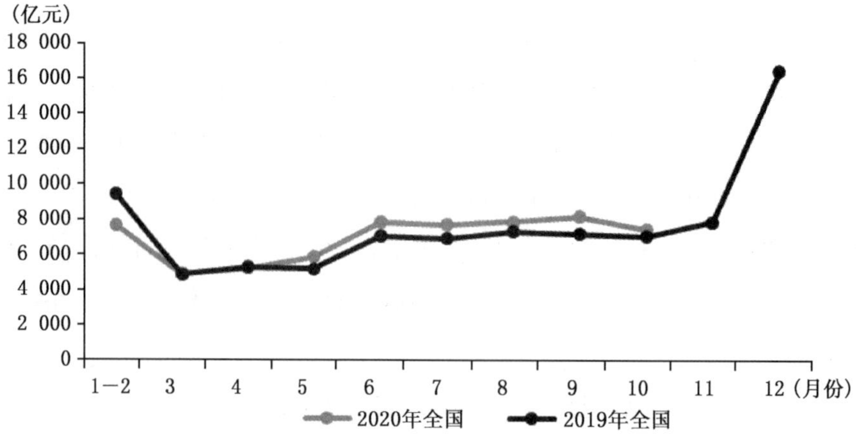

图 2—7 2020 年与 2019 年政府性基金收入月度对比

表 2—8 **2020 年与 2019 年政府性基金收入月度对比** 单位:亿元

月份	项 目					
	2020 年全国	2019 年全国	2020 年同比变化	2020 年地方	2019 年地方	2020 年同比变化
1 月 &2 月	23 568	20 689	13.92%	19 416	16 777	15.73%
3 月	12 464	12 895	−3.34%	8 570	10 704	−19.94%
4 月	12 427.4	12 188.9	1.96%	7 889	7 272	8.48%
5 月	25 669.2	12 560.2	104.37%	18 565	7 789	138.35%
6 月	17 553.5	19 875.4	−11.68%	10 313	15 623	−33.99%
7 月	19 421.9	16 053.5	20.98%	10 180	12 181	−16.43%
8 月	25 513.3	17 235.4	48.03%	19 338	12 455	55.26%
9 月	23 385.7	13 353.9	75.12%	15 092	9 099	65.86%
10 月	19 698.05	11 730	67.93%	11 581	7 628	51.82%
11 月	—	12 354	—	—	8 083	—
12 月	—	20 497.7	—	—	16 491	—

资料来源:中国财政部网站。

注:此处政府性基金收入包含债务收入。

2. 国有土地使用权出让收入情况分析

表 2—9 和图 2—8 展示了 2020 年与 2019 年国有土地使用权出让收入情况。作为政府性基金收入项目中最重要的收入形式——国有土地使用权出让收入,对其变化趋势的分析可以进一步丰富政府性基金收入的分析。从中可以看出,相比于 2019 年,2020

年的国有土地使用权出让收入除在1—2月累计同比下降16.34%外，在其余月份均同比增加且进入5月以来到9月份，每月涨幅达到15%左右。由此我们可知2020年地方政府性基金收入在3月之后的增长主要得益于国有土地使用权出让收入的增加。且2020年与2019年的国有土地使用权出让收入变动趋势较吻合，可以预计为了达到2020年政府性基金的预算收入目标，各地政府将会加快国有土地使用权出让，使得这部分收入在第四季度涨幅更高。

表2—9　　2020年与2019年国有土地使用权出让收入月度对比　　单位：亿元

月份	项　目		
	2020年	2019年	2020年同比变化
1月&2月	6 725	8 047	−16.43%
三月	4 392	4 013.935	9.42%
四月	4 722	4 532.257	4.19%
五月	5 252	4 322.748	21.50%
六月	7 038	5 809.532	21.15%
七月	6 972	5 800.516	20.20%
八月	6 916	6 037.39	14.55%
九月	7 343	6 187.906	18.67%
十月	—	6 046.527	—
十一月	—	6 886.511	—
十二月	—	14 832.62	—
总计	49 360	72 516.94	—

资料来源：中华人民共和国财政部网站。

（四）我国国有资本经营预算收入规模变动及其趋势

国有资本经营预算是指国家以所有者身份依法取得国有资本收益，并对所得收益进行分配而发生的各项收支预算，与公共预算、基金预算、社保预算共同构成政府的预算管理体系。在2020年疫情的背景下，不同层级、行业及地区的国资预算收入必然会受到不同程度的影响。我们将通过纵向及横向分析，探究疫情下国有资本经营预算收入规模变动及趋势。

1. 2020年国有资本经营预算收入规模分析

根据财政部2020年5月发布的《关于2019年中央和地方预算执行情况与2020年中央和地方预算草案的报告》，2020年全国国有资本经营预算收入3 638.26亿元，同比

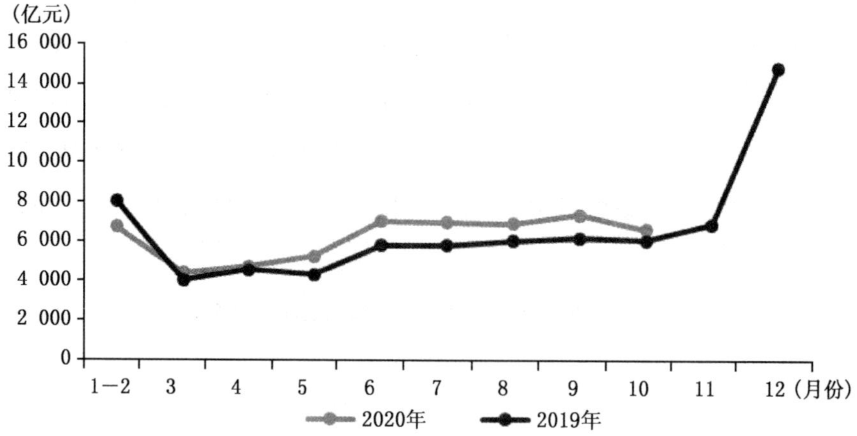

资料来源:中华人民共和国财政部网站。

图 2—8　2020 年与 2019 年国有土地使用权出让收入月度对比

下降 8.1%,加上上年结转收入 346.73 亿元,收入总量为 3 984.99 亿元。

分级次看,根据表 2—10 展示的各层级国有资本经营预算收入,中央收入 1 691.65 亿元,比上年执行数(下同)增加 55.72 亿元,增长 3.4%,加上上年结转收入 144.06 亿元,收入总量为 1 835.71 亿元;地方收入 1 946.61 亿元,下降 16.3%,加上中央对地方转移支付收入 60.61 亿元、上年结转收入 202.67 亿元,收入总量为 2 209.89 亿元。总体上,全国及中央收入规模保持稳定,地方收入变化比较显著,可能是受疫情影响,部分省属国有企业利润预计下跌,上缴的利润相应减少。

表 2—10　　**各层级国资预算收入**　　单位:亿元

	中　央	地　方	全　国
2019 年执行数	1 635.93	2 324.49	3 960.42
2020 年预算数	1 691.65	1 946.61	3 638.26
同比变化	3.4%	—16.3%	—8.1%

资料来源:中国财政部网站。

分项目看,由图 2—9 展示的各项目预算收入额及同比可知,利润收入 1 317.47 亿元,减少 51.42 亿元,同比下降 3.8%;股利、股息收入 316.26 亿元,增加 58.05 亿元,同比增加 22.5%,主要是金融企业股利股息收入增加;产权转让收入 0.95 亿元,减少 2.41 亿元,下降 71.7%;其他国有资本经营预算收入 56.97 亿元,增加 51.76 亿元,主要是收取部分企业以前年度应缴收入。

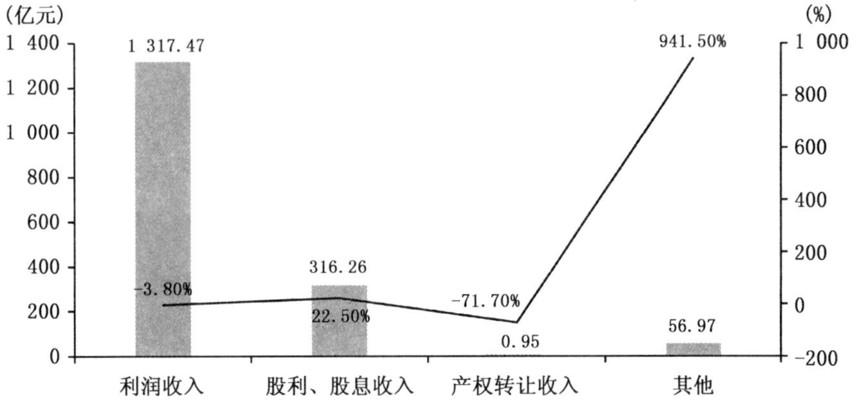

资料来源：中国财政部网站。

图 2—9　2020 年国有资本经营各项目预算收入额及同比

目前，财政部披露了 2020 年前三季度中央政府国有资本预算执行数据，地方和全国的数据尚未公布。表 2－11 和图 2－10 展示了前三季度中央政府国资预算收入累计值及同比，可以看到中央国有资本经营预算收入累计 685 亿元，比上年同期减少 46.9%。

进一步观察该项收入的变化趋势可知，一季度国资预算收入持续处于较低水平，与 2019 年相比无显著差异。但由于一季度国内疫情严峻，造成部分企业停工停产、营收大幅下降，截至 4 月中央国资预算累计收入仅 69 亿元，同比下降 76.04%。进入 5 月，随着疫情得到有效控制，各项经济活动好转，中央国资预算收入转跌为升且升幅逐步扩大，于 6 月到达峰值，主要是当月国企营业总收入、利润总额年内首次实现月度同比增长，国有企业经济运行回升态势的巩固使得国资预算收入进一步提高。截至 8 月，国资预算收入累计已达 677 亿元，同比增长 24.68%。根据财政部最新公布的国有企业运行报告，国企经济运行呈现稳定向好趋势，1—9 月国企总营收已恢复至上年同期的 99.3%，因此 9 月之后的国资预算收入有望再次攀升，以弥补目前的收入缺口。

表 2—11　　2020 年前三季度中央国资预算收入情况　　单位：亿元

	2019 年		2020 年			
	收入额	累计额	收入额	累计额	当月同比	累计同比
1 月	0	0	0	0		
2 月	0	0	0	0		
3 月	7	7	13	13	85.71%	85.71%
4 月	281	288	56	69	－80.07%	－76.04%

续表

	2019年		2020年			
	收入额	累计额	收入额	累计额	当月同比	累计同比
5月	1	289	306	375	30500.00%	29.76%
6月	0	289	293	668		131.14%
7月	252	541	9	677	−96.43%	25.14%
8月	2	543	0	677	−100.00%	24.68%
9月	747	1 290	8	685	−98.93%	−46.90%
10月	13	1 303	—	—	—	—
11月	34	1 337	—	—	—	—
12月	299	1 636	—	—	—	—

资料来源:中国财政部国库司网站。

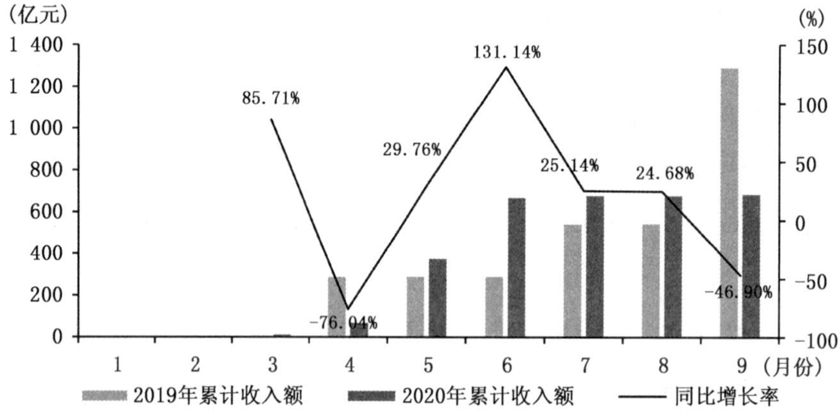

资料来源:中国财政部国库司网站。

图 2−10　前三季度中央国资预算收入累计值及同比

2. 各行业 2020 年国资预算收入分析

根据财政部公布的《2020 年中央国有资本经营收入预算表》,中央国有资本经营收入预算数为 1 691.65 亿元,主要来自利润收入和股息、股利收入。其中,股息股利收入 316.26 亿元,来自金融企业;利润收入 1 317.47 亿元,来自各类国有企业的净利润构成了国资预算的主体。据财政部有关规定,纳入 2020 年中央国有资本经营预算实施范围的中央企业税后利润的收取比例分为五类执行:第一类为烟草企业,收取比例 25%;第二类为石油石化、电力、电信、煤炭等资源型企业,收取比例 20%;第三类为钢铁、运输、电子、贸易、施工等一般竞争型企业,收取比例 15%;第四类为军工企业、转制科研院所、中国邮政集团有限公司、中国国家铁路集团有限公司、中央文化企业、中央部门所属企业，收取比例10%；第五类为政策性企业，免交当年应交利润。符合小型微型企业规定标准的国有独资企业，应交利润不足10万元的，比照第五类政策性企业，免交当年应交利润。

在2020年的疫情下，不同类型国有企业的利润变动将直接影响国有资本经营预算收入规模。图2—11展示了2020年五类国企的利润收取额及在总量中的占比情况，其中第二类资源型企业最高，为492.3亿元，占中央企业税后利润收取额的37.37%；第一类烟草企业紧随其后，为430亿元，占比32.64%，两类企业共同构成了利润收入的主要来源。图2—12进一步展示了各行业2020年利润收取额相比2019年的同比增长率。除第一类烟草企业外，其他企业的利润收取额分别下降7.55%、6.53%、0.8%和31.21%。

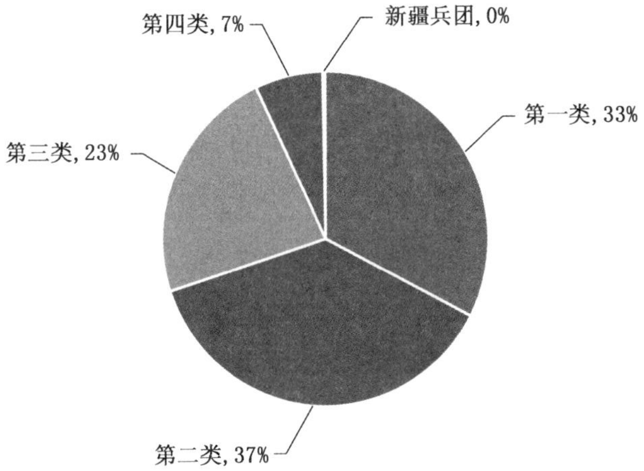

资料来源：中国财政部网站。

图2—11　各行业2020年利润收取额及占比

3. 各地区2020年国资预算收入规模分析

由于疫情冲击程度不同以及地方自身经济、产业结构差异，使得各省份国有资本经营预算收入规模存在较大差异。表2—12展示了各省份2020年国有资本经营预算收入总量(西藏、新疆、深圳、内蒙古和吉林未公布)，可以看出预算收入超过100亿元的包括广东、江苏、上海、贵州、山西、福建、四川及浙江8个地区；其中广东省位列第一，达到304.98亿元，占地方收入比重的15.67%。各省份预算收入均值69.68亿元，低于均值水平的省份达到16个，其中甘肃、海南、黑龙江、宁夏和青海收入低于10亿元。从总体上看，2020年国资预算收入呈现“中东部发达，西北部落后”的基本格局，与国有企业的地域分布情况有关。

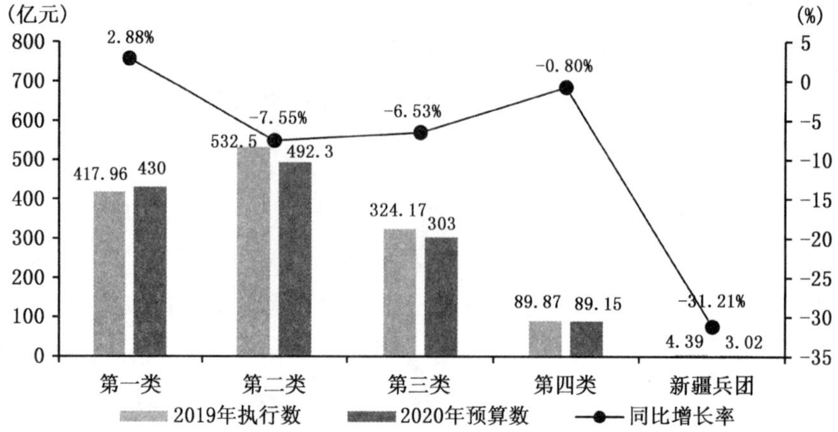

资料来源:中国财政部网站。

图2—12 各行业2020年利润收取额及同比

表2—12 各省份2020年国有资本经营预算收入规模 单位:亿元

省份	规模值	省份	规模值	省份	规模值	省份	规模值
广东	304.98	重庆	85	云南	31.5	宁夏	2.79
江苏	162.21	陕西	80.4	广西	30.99	青海	0.8
上海	135.4	北京	74.13	湖北	30	—	—
贵州	121.69	辽宁	64.72	河北	16.9	—	—
山西	120.27	江西	63.4	河南	13.3	—	—
福建	109.58	安徽	60.7	甘肃	7.6	—	—
四川	107.94	湖南	54.2	海南	4.1	—	—
浙江	100.91	天津	48.2	黑龙江	4	—	—

资料来源:各省份财政厅2020年预算报告。

(五)我国债务收入规模变动及其趋势

我国财政收入中债务收入的来源可分为显性债务和隐性债务。其中显性债务收入来源于国债和地方政府债券的发行,具有明确的发行文件。隐性债务收入主要是地方政府通过PPP项目或购买服务等方式变相融资,收入方式隐蔽,同时口径也难以确定,较难估算。但由于2014年"43号文"规定,2015年以后政府举债只能通过债券形式,此后又多此发布文件加强对隐性债务的监控,我国隐性债务中大部分为2014年以前的存量余额,新增非债券形式的违规违法债务收入规模很小,因此不纳入论述范围。外债由于其自身的复杂性和涉及国际市场,这里也不做讨论。

显性债务收入中,国债收入包括一般国债和2020年发行的抗疫特别国债。对地方政府债券收入变动的讨论分两种结构进行:第一种是一般政府债券和专项政府债券;第二种是新增政府债券和再融资债券。

该部分通过分析2020年以来我国债务收入的总体情况、结构情况及其不同地区的情况,并进行纵向、横向比较分析,最后结合疫情情况对债务收入的趋势进行预测。

1. 债务收入的总体情况

我国2020年1—10月显性债务收入总额与2019年同期同口径情况如表2—13所示。截至2020年10月,显性债务收入总额为117 056.05亿元,相较于2019年增加了40 680.75亿元,同比增长53.26%。其中地方债券发行收入总额为61 218.00亿元,相较于2019年增加了18 430.00亿元,同比增长43.07%,占显性债务收入总额的52.30%,国债发行收入总额为55 838.05亿元,相较于2019年增加了22 250.75亿元,同比增长66.24%,占显性债务收入总额的47.70%。

表2—13　　1—10月债券当月收入情况　　单位:亿元

月份	2020年			2019年		
	地方债券总额	国债总额	显性债务总额	地方债券总额	国债总额	显性债务总额
1	7 851.00	1 700.00	9 551.00	4 180.00	1 700.00	5 880.00
2	4 379.00	1 950.00	6 329.00	3 759.00	1 600.00	5 359.00
3	3 875.00	3 700.00	7 575.00	6 245.00	1 800.00	8 045.00
4	2 868.00	4 366.40	7 234.40	2 267.00	4 658.90	6 925.90
5	13 025.00	6 773.20	19 798.20	2 926.00	4 453.20	7 379.20
6	2 867.00	6 848.50	9 715.50	8 996.00	3 842.40	12 838.40
7	2 722.00	9 005.90	11 727.90	5 559.00	3 584.50	9 143.50
8	11 997.00	5 659.30	17 656.30	5 695.00	4 244.40	9 939.40
9	7 205.00	8 003.70	15 208.70	2 196.00	3 981.90	6 177.90
10	4 429.00	7 831.05	12 260.05	965.00	3 722.00	4 687.00
总计	61 218.00	55 838.05	117 056.05	42 788.00	33 587.30	76 375.30
占比	52.30%	47.70%	100.00%	56.02%	43.98%	100.00%

资料来源:中国地方政府债券信息公开平台、中国债券信息网。

2020年债券收入整体规模变动情况如图2—13所示,从折线图中可以看出:第一,显性债务收入总额的变动主要是由于地方债券发行收入的变动,出于债券期限匹配的安排在5月和8月达到两个顶峰;第二,国债发行按2020年度预算计划执行,国债收入规模逐月均匀上升,在7月达到顶峰是因为抗疫特别国债的发行完毕。

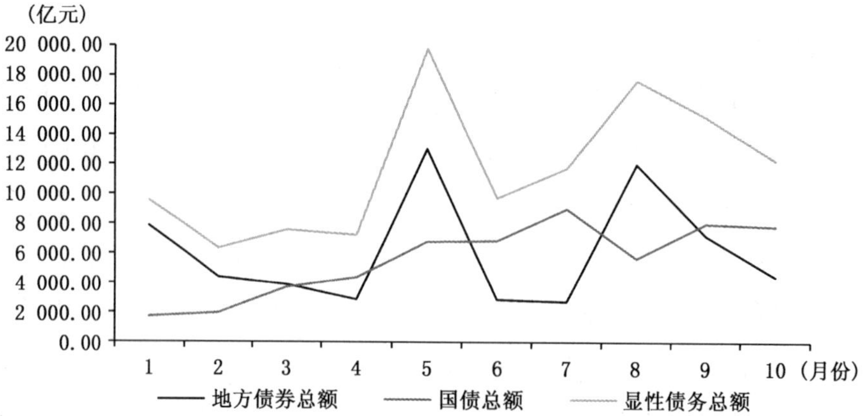

图 2—13　2020 年债券收入整体规模变动情况

表 2—14 和图 2—14 还展示了 2020 年显性债务收入总额与全国税收收入的比较情况,从中我们发现:第一,在疫情冲击叠加减费降税政策下,全国税收收入总量对比去年减少 4.6%,同时债务收入大幅扩张,增加了 53.26%。截至 10 月,债务收入总额相当于全国税收收入的 86.68%。第二,从税收收入和债务收入的变动情况上可以更直观地看出,税收收入的变动结构与债务收入大致呈相反趋势,在税收降低时,债券发行增加了财政收入。

表 2—14　　2020 年 1—10 月债券收入当月和税收收入情况　　单位:亿元

月份	显性债务总额	全国税收收入
1	9 551.00	15 587.50
2	6 329.00	15 587.50
3	7 575.00	7 854.00
4	7 234.40	14 052.00
5	19 798.20	13 729.00
6	9 715.50	15 180.00
7	11 727.90	16 519.00
8	17 656.30	9 727.00
9	15 208.70	10 640.00
10	12 260.05	16 168.00
总计	117 056.05	135 044.00

资料来源:中国地方政府债券信息公开平台、中国债券信息网。

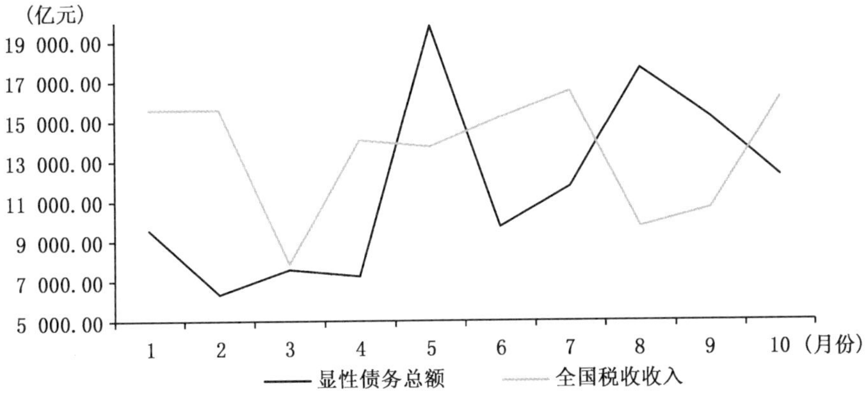

图 2—14 2020 年债券收入与全国税收收入当月变动情况

2. 国债收入分析

2020 年我国《政府工作报告》提出，2020 年赤字率拟按 3.6%以上安排，财政赤字规模比上年增加 1 万亿元，同时发行 1 万亿元抗疫特别国债，上述 2 万亿元通过建立特殊转移支付机制，全部转给地方。

图 2—15 展示了 2020 年和 2019 年国债收入总额的当月变动情况和累计变动情况。2020 年我国国债收入按年初预算执行，呈现逐月均匀上升趋势，当月发行额之间差异较小。截至 10 月国债累计发行 55 838.05 亿元，与 2019 年相比增加 22 250.75 亿元。从累计额上看，整体趋势与上年相似，呈现线性上升趋势，但扩张速度更快。从当月发行额上看，国债收入自 3 月起相对于上年增加，一直持续到 10 月，但每月发行额较为平稳，最高出现在 7 月的 9 005.9 亿元，主要由于抗疫特别国债的发行完成。

国债包括一般国债和特别国债。一般国债主要用于弥补财政赤字，补充国家财政资金，计入政府财政赤字。图 2—16 按月度描绘了 2020 年和 2019 年一般国债发行的变动情况。截至 2020 年 10 月，一般国债累计发行 45 838.05 亿元，较上年同期累计额增加 12 251 亿元，占总国债发行收入的 82%以上。整体呈现较为平稳上升的趋势，当月发行额较为均匀，在 6、7 两个月份出现小幅度波动是出于大体均衡的原则，减少一般国债的发行为抗疫特别国债腾出市场空间，平滑总体规模趋势。

2020 年抗疫特别国债是为了应对新冠肺炎疫情影响，由中央财政统一发行的特殊国债，主要用于地方公共卫生等基础设施建设和抗疫相关支出，纳入政府性基金预算，不计入财政赤字。抗疫特别国债发行情况如表 2—15 所示。10 000 亿元的特别国债在 6、7 两个月均匀发行，每期为 500 和 700 两个额度，期限为 5 年或 7 年。除去专款专用外，特别国债还具有规模大，期限长，且政策灵活度高的特点。

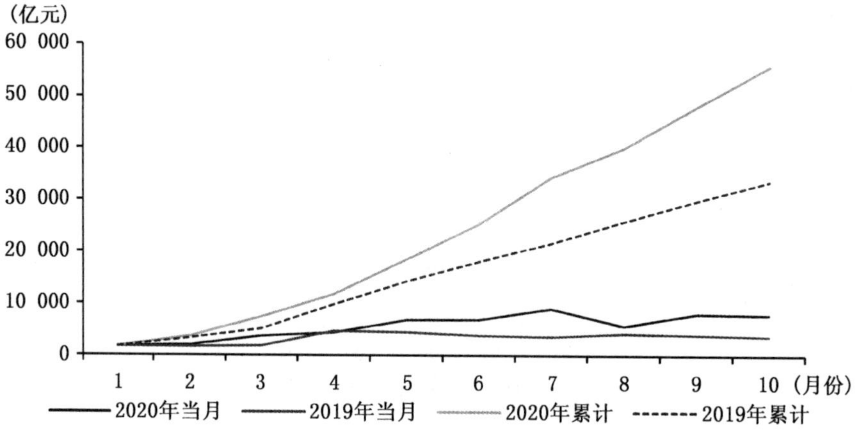

资料来源:中国债券信息网。

图 2—15　国债收入总额当月变动情况

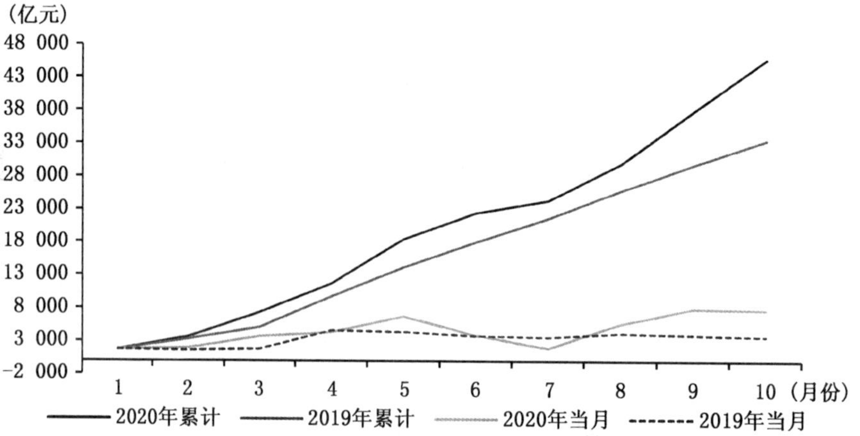

图 2—16　一般国债发行变动情况

表 2—15　　2020 年抗疫特别国债发行情况　　单位:亿元

月份	抗疫特别国债发行计划	额度
6	一期	500
6	二期	500
6	三期	700
6	一期续发	500
6	三期续发	700

续表

月份	抗疫特别国债发行计划	额度
7	二期续发	500
7	三期二次续发	700
7	三期三次续发	700
7	一期二次续发	500
7	三期四次续发	700
7	一期三次续发	500
7	四期	700
7	四期一次续发	700
7	四期二次续发	700
7	四期三次续发	700
7	四期四次续发	700

资料来源:中国债券信息网。

3. 地方政府债券收入分析

截至2020年10月,地方政府债券累计发行额为61 218亿元,较2019年同期累计额增加18 430亿元,图2—17和图2—18分别按月度描绘了2020年和2019年地方政府债券累计收入总额和当月变动情况。结合两图可以看出:第一,地方政府债券总规模稳定增加。4月以前增加趋势与2019年相差不大,4月以后规模更大,增加速度更快。第二,地方政府债券的每月发行额度相差较大,2020年当月发行额最高为13 025亿元,最低为2 722亿元。两个峰值出现在5月和8月,相较于2019年滞后两个月,但规模更大。

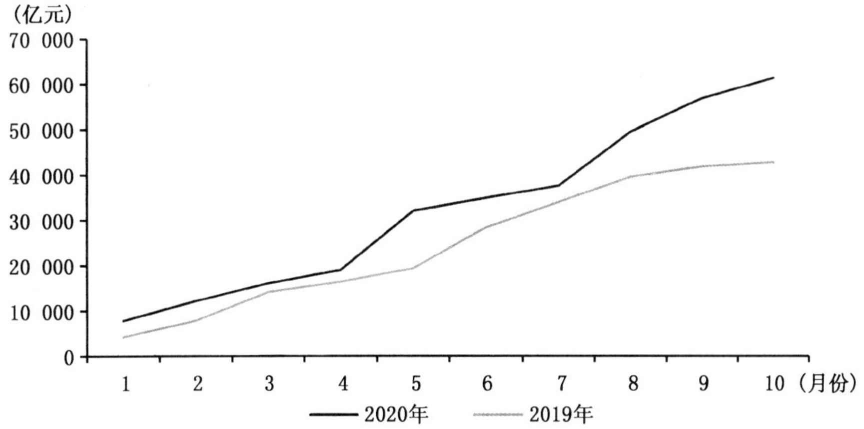

图2—17　地方政府债券累计发行收入总额

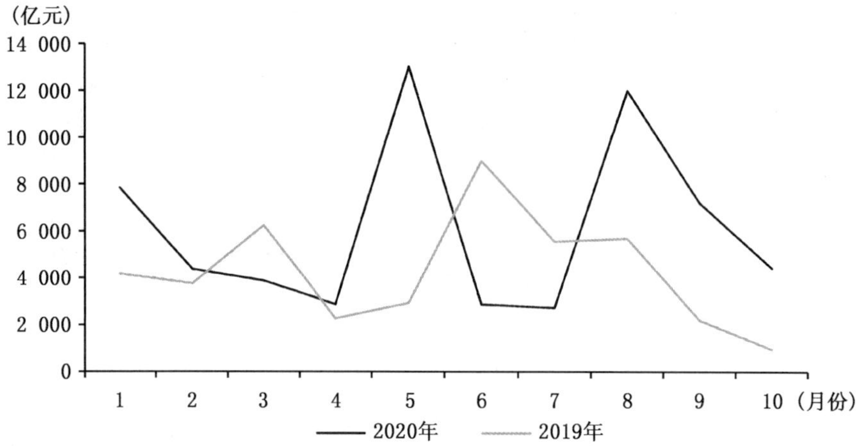

图 2—18　地方政府债券发行总额当月变动情况

地方政府债券有两种结构分类:第一种是一般债券和专项债券;第二种是新增债券和再融资债券。一般债券与专项债券的区别主要按资金是否用于某专用项目。一般债券的发行主要是为了缓解地方政府资金紧张,解决临时经费不足。专项债券的发行是为某项具体工程建设筹集资金。新增债券和再融资债券的区别在于债券发行收入是投入新项目的建设还是偿还以前年度的存量债务。

图 2—19 和图 2—20 分别描绘了一般债券总额和专项债券总额的累计发行和当月发行情况。截至 2020 年 10 月,一般债券共发行 21 413 亿元,专项债券共发行 39 806 亿元,相较于去年分别增加 3 940 亿元和 14 492 亿元。一般债券 8 月份发行额最高为 4 798 亿元,专项债券在 5 月发行额最高为 10 310 亿元。结合两图比较分析:第一,疫情冲击下,地方政府债券收入的增加主要来源于专项债券发行,一般债券增加量较小,这表明为应对疫情对经济的冲击,地方政府将大力发展重点疫情相关的基础设施建设,对债务收入的用途更加明确,管理更严格高效;第二,一般债券和专项债券在当月发行额上呈现出相似的结构变化。1—4 月和 6—7 月的发行量较为均匀,5 月和 8 月发行额激增,但专项债券每月发行额的波动更大。这是出于债券期限与项目期限匹配和减轻地方政府还本付息压力的需要。

图 2—21 和图 2—22 则展示了新增债券和再融资债券的累计发行以及当月发行情况。2020 年 1—10 月,新增债券累计发行额为 44 945 亿元,较 2019 年增加 14 951 亿元。再融资债券累计发行 16 274 亿元,较 2019 年增加 5 269 亿元。其中新增债券当月发行额度波动较大,最高为 5 月的 13 025 亿元,最低为 7 月的 422 亿元。再融资债券发行较为均匀,最高为 8 月的 2 789 亿元。

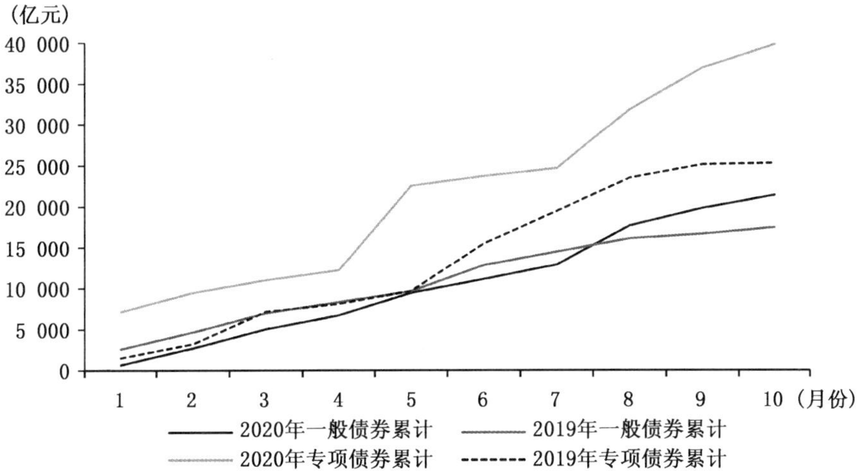

图 2—19　一般债券和专项债券累计发行情况

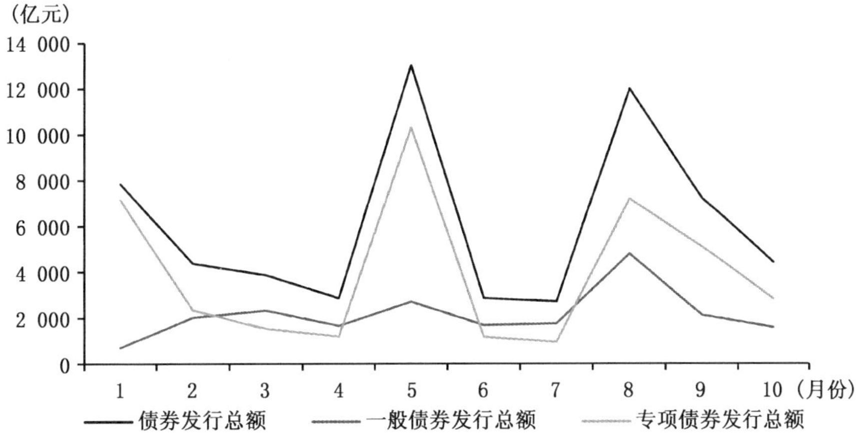

图 2—20　一般债券和专项债券当月发行情况

表 2—16 更具体地按上述两种分类展示了 2020 年 1—10 月地方政府债券累计发行额。从表中可以看出:新增债券中 33 652 亿元为专项债券,约占总额的 78%。这一比例在再融资债券中仅约 24%。这是符合新增债券和再融资债券用途特点的。疫情冲击下较往年发行更多的新增债券主要以专项债券的形式,投向防疫设施等民生项目和铁路、水利工程等建设,支持疫情控制,引导经济复苏。

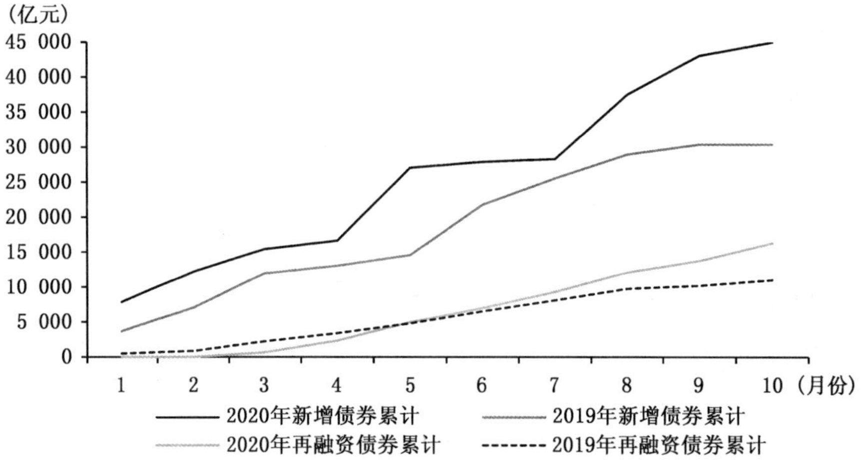

图 2—21　新增债券和再融资债券累计发行情况

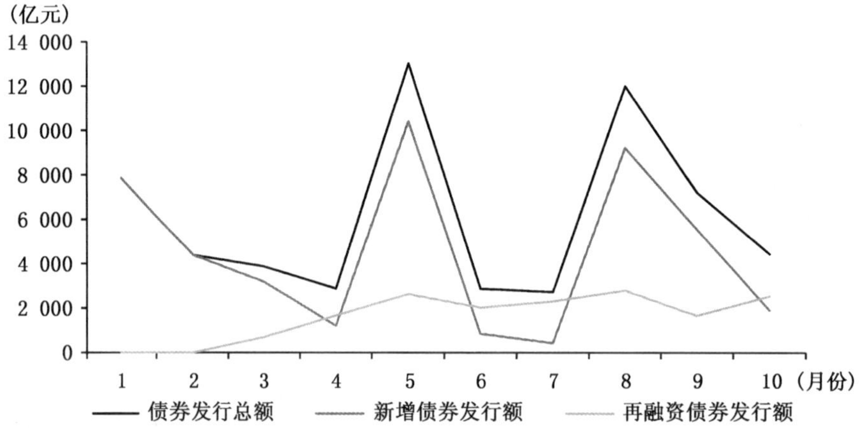

图 2—22　新增债券和再融资债券当月发行情况

表 2—16　　2020 年 1—10 月地方政府债券发行情况　　单位:亿元

	一般债券	专项债券	总　计
新增债券	9 479	35 466	44 945
再融资债券	11 933	4 340	16 273
总计	21 412	39 806	61 218

资料来源:中国地方政府债券信息公开平台。

4. 各地区债务收入比较分析

图 2—23 展示了 2020 年和 2019 年 1—10 月全国各省份或计划单列市的地方政府债券累计发行额,其中宁波、厦门、青岛、深圳几个计划单列市和新疆生产建设兵团也有部分

发行。图中横轴地区按照2020年1—10月累计发行额由高到低排列。江苏省累计发行额最高,为4 030亿元,西藏自治区累计发行额最低,为140亿元。从图中可以看出除湖南、辽宁和宁夏回族自治区以外,各地区累计发行额相较于上年均有一定程度的增加。

综合2020年我国债务收入情况可知,截至10月,2020年累计发行国债45 838.05亿元,其中一般国债36 338.05亿元,完成全年计划的89.4%。10 000亿元的抗疫特别国债在7月发行完毕。地方债券累计发行61 218亿元,其中,新增债券44 945亿元,再融资债券16 273亿元。新增债券中,一般债券发行9 479亿元,完成全年计划的100%;专项债券发行35 466亿元,完成全年计划的94.6%,完成已下达额度的99.9%。与2019年相比,我国债务收入大幅增加。

三、我国财政收入的来源、负担和政府间分配格局的变化及其趋势

基于调查所获得的数据,本部分分析疫情对于财政收入纵向分配的影响,探究我国财政收入的纵向分配格局。当然,由于数据调查所涉及的主要省、市、县三个政府层级,这里的分析也从相应的三个层次来进行。

(一)疫情对省、市、县三级政府经济的影响

问卷第3、4、5问主要从税收收入的产业结构的角度调查疫情对各产业税收贡献的影响:对于所调查的"农林牧渔"等9个产业部门,2020年上半年(截至6月30日),与2019年同期相比,它们的税收贡献是"下降""持平",还是"增加"?表2—17给出了省、市、县三级政府九大产业的税收贡献情况调查数据。

表2—17　　疫情对省、市、县九大部门税收贡献影响明细

产业	下降			持平			增加		
	省	市	县	省	市	县	省	市	县
农林牧渔业	0	3	0	4	8	11	1	3	0
采矿冶金业	1	5	4	1	5	4	0	4	1
工业制造业	6	14	17	0	1	0	0	6	0
建筑和房地产业	2	8	8	2	5	3	0	3	6
商业批发零售	2	13	15	2	4	2	0	2	0
交通运输服务	4	13	10	0	2	4	0	0	2
邮政电信服务	1	3	1	3	5	6	2	4	6
现代服务业	2	9	5	3	2	5	3	6	4
生活服务业	5	8	13	0	5	1	0	4	1

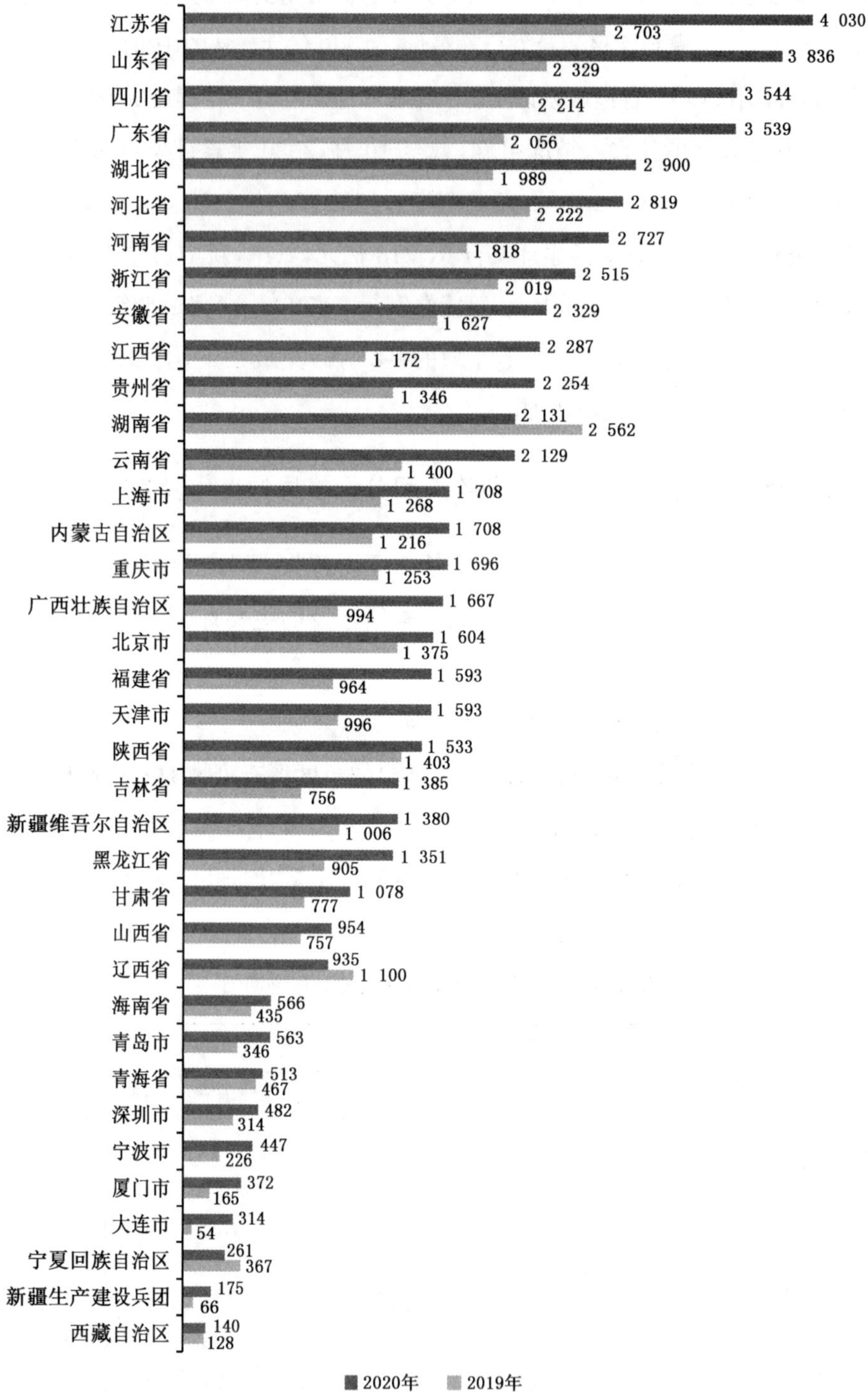

资料来源:中国地方政府债券信息公开平台。

图 2—23　2020 年和 2019 年各地区地方政府债券发行收入总额

基于表 2—17 所给出的数据，表 2—18 统计了省、市、县九类产业各自出现下降、持平和增长的总次数及其相应的频次。从表 2—18 所给出的数据来看，省、市、县税收贡献下降、持平与增长的产业频次与整体的分布频率基本相同。这说明从政府间税收收入纵向分配的角度来看，疫情对省、市、县的影响基本相同。相比而言，对省级税收的影响可能要稍微小一点。

表 2—18　　疫情对省、市、县九大部门税收贡献影响综合

政府层级	下降	持平	增长
省	23 (36.5)	15 (23.8)	6 (9.5)
市	76 (46.9)	37 (22.8)	32 (19.8)
县	73 (42.7)	36 (21.1)	20 (11.7)
整体	172 (43.4)	88 (22.2)	58 (14.6)

注：括号内的数为“下降”“持平”与“增长”产业数除以“问卷数 * 9” * 100。

问卷中问题 6 和 7 分别调查了疫情对外籍人员数（在本地居住、就业）及外资引进数的影响。表 2—19 是分省、市、县的数据统计表。从表中的数据来看，疫情对于外籍人员数与外资的影响有以下几个特点：(1)不管省、市还是县，都存在很大的不确定性，而政府的级次越低，影响的不确定性更大，因为有诸多的被调查者对于这一问题填“不了解”（当然，这也可能与被调查者多为财政税收领域的人员有关，他们确实不知晓相关的情况）；(2)不管是省、市还是县，“同比增加”和“同比减少 50%以上”的情况都是极少数，也就是说，疫情对省、市、县三级政府的影响大多在持平到“同比减少 50%”的区间内。(3)从影响程度的各区间来看，疫情对省、市、县三级政府的影响，也没有非常明显的区别。

表 2—19　　疫情对省、市、县就业外籍人员数与外资的影响

影响情况	在本地居住、就业的外籍人员			引进外资的变化		
	省	市	县	省	市	县
同比增加	0 (0)	0 (0)	0 (0)	1 (14.3)	1 (5.6)	1 (5.3)
与 2019 年同期持平	2 (28.6)	2 (11.1)	4 (21.1)	1 (14.3)	1 (5.6)	5 (26.3)
同比减少 10%以内	0 (0)	1 (5.6)	0 (0)	1 (14.3)	1 (5.6)	1 (5.3)
同比减少 10%～20%	2 (28.6)	1 (5.6)	1 (5.3)	0 (0)	3 (16.7)	2 (10.5)

续表

影响情况	在本地居住、就业的外籍人员			引进外资的变化		
	省	市	县	省	市	县
同比减少 20%—50%	1 (14.3)	2 (11.1)	1 (5.3)	1 (14.3)	2 (11.1)	1 (5.3)
同比减少 50%以上	0 (0)	0 (0)	1 (5.3)	1 (14.3)	2 (11.1)	0 (0)
不了解	2 (28.6)	12 (11.1)	12 (63.2)	2 (14.3)	8 (44.4)	9 (47.4)

注:括号内的数为各种情况出现的频率。

(二)疫情对税收和非税收入的影响

问卷中问题8调查了疫情对于地方政府税收总收入的影响:“2020年上半年(截至6月30日),与2019年同期相比,本级政府所在地的税收收入总体受到多大影响?”表2—20分省、市、县统计了疫情对于地方税收收入的影响情况。从表中的数据来看,不管是省、市还是县,疫情对于地方税收收入的影响主要集中在“减少10%~20%”的区间内。但相比而言,疫情对于省级税收收入的影响相对较大,市级税收次之,县级相对最小。

表2—20　　疫情对省、市、县税收收入的影响

影响情况	省	市	县
同比增加	0 (0)	1 (5.6)	1 (5.3)
与2019年同期持平	0 (0)	0 (0)	3 (15.8)
同比减少 10%以内	1 (14.3)	4 (22.2)	5 (26.3)
同比减少 10%~20%	4 (57.1)	11 (61.1)	8 (42.1)
同比减少 20%~50%	2 (28.6)	2 (11.1)	2 (10.5)
同比减少 50%以上	0 (0)	0 (0)	0 (0)
不了解	0 (0)	0 (0)	0 (0)

注:括号内的数为各种情况出现的频率。

问卷中问题9和问题10分别调查了疫情对于国内增值税与国内消费税的影响:2020年上半年(截至6月30日),与2019年同期相比,本级政府所在地的国内增值税、国内消费税的税收同比变化情况。表3—5给出了问卷调查所获得的统计结果。表2—21的数据表明:(1)疫情对于省、市、县的国内增值税和国内消费税的负面影响都是比较确定的。一方面，没有受调查者填“不了解”；另一方面，绝大多数被调查者都认为会减少，只有极少数的被调查者认为这两类收入与上年同期持平或同比增加。(2)根据被调查者的估计，不管是省、市还是县，疫情对于国内增值税的影响主要在“同比减少 10%以内”和“同比减少 10%～20%”这两个区间之内，而疫情对国内消费税的影响则相对较大，不管是省、市还是县，下降的区间都有向“同比减少 20%～50%”区间靠拢的趋势。(3)从被调查者所提供的数据看，不管是国内增值税还是国内消费税，与省级总税收一样，疫情对于层级越高的政府的影响似乎相比要更大。

表 2—21　　疫情对省、市、县国内增值税与国内消费税的影响

影响情况	国内增值税税收			国内消费税税收		
	省	市	县	省	市	县
同比增加	0 (0)	1 (5.6)	1 (5.3)	0 (0)	2 (11.1)	0 (0)
与 2019 年同期持平	0 (0)	0 (0)	3 (15.8)	0 (0)	0 (0)	3 (15.8)
同比减少 10%以内	1 (14.3)	4 (22.2)	5 (26.3)	2 (28.6)	1 (5.6)	2 (10.5)
同比减少 10%～20%	4 (57.1)	11 (61.1)	8 (42.1)	2 (28.6)	7 (38.9)	8 (42.1)
同比减少 20%～50%	2 (28.6)	2 (11.1)	2 (10.5)	2 (28.6)	8 (44.4)	6 (31.6)
同比减少 50%以上	0 (0)	0 (0)	0 (0)	1 (14.3)	0 (0)	0 (0)
不了解	0 (0)	0 (0)	0 (0)	0 (0)	0 (0)	0 (0)

注：括号内的数为各种情况出现的频率。

问卷中问题 11、12 和 13 这三个问题分别调查了疫情对地方政府关税收入、进口货物增值税和消费税收入以及出口货物增值税和消费税退税收入的影响：与 2019 年同期相比，本地政府的关税、进口货物增值税和消费税收入以及出口货物退税收入变化情况如何？表 2—22 给出了问卷调查的统计结果。表中所给出的相关数据资料表明：①不管是省、市还是县级政府，疫情影响的不确定性程度比较大，诸多的受调查者给出的回答是“不了解”(这可能与受调查者的身份有关，因为这一部分的数据更多地依赖于海关的数据)。②在有关疫情对关税、进口货物增值税和消费税以及出口货物增值税与消费税的退税收入方面，不管是哪一级地方政府，影响的程度基本相同，主要集中在“同比减少 10%”与“同比减少 10%～20%”这两个区间范围之内。③相比而言，不管是关税与进口货物增值税和消费税，还是出口货物增值税、消费税的退税收入，疫情对于省级政府的影响相比更大，市级政府次之，县级政府相对最小。

表 2—22　疫情对省、市、县关税、进口货物增值税与消费税以及出口货物退税收入的影响

影响情况	关　税			进口货物增值税、消费税			出口货物增值税、消费税退税		
	省	市	县	省	市	县	省	市	县
同比增加	0 (0.0)	2 (11.1)	0 (0.0)	0 (0.0)	2 (11.1)	1 (5.3)	0 (0.0)	2 (11.1)	0 (0.0)
与2019 同期持平	0 (0.0)	0 (0.0)	2 (10.5)	0 (0.0)	0 (0.0)	2 (10.5)	0 (0.0)	0 (0.0)	1 (5.3)
同比减少 10%以内	0 (0.0)	3 (16.7)	1 (5.3)	1 (14.3)	2 (11.1)	0 (0.0)	2 (28.6)	5 (27.8)	2 (10.5)
同比减少 10%～20%	2 (28.6)	3 (16.7)	0 (0.0)	3 (42.9)	3 (16.7)	1 (5.3)	1 (14.3)	5 (27.8)	2 (10.5)
同比减少 20%～50%	1 (14.3)	0 (0.0)	0 (0.0)	0 (0.0)	4 (22.2)	1 (5.3)	1 (14.3)	2 (11.1)	6 (31.6)
同比减少 50%以上	1 (14.3)	1 (5.6)	2 (10.5)	1 (14.3)	0 (0.0)	1 (5.3)	1 (14.3)	0 (0.0)	0 (0.0)
不了解	3 (42.9)	9 (50.0)	14 (73.7)	2 (28.6)	7 (38.9)	13 (68.4)	2 (28.6)	4 (22.2)	8 (42.1)

注：括号内的数为各种情况出现的频率。

问卷中问题14、15和16这三个问题分别调查了疫情对于省、市、县三级地方政府车辆购置税、土地增值税和印花税收入的影响：与2019年同期相比，本级政府2020年上半年上述三项收入的变化情况如何？表2—23给出了问卷调查的统计结果。表中的相关数据表明：在车辆购置税、土地增值税和印花税的变化方面，疫情对于省级政府的负面影响同样要大于对于市级和县级政府的负面影响。一方面，对于这三种税收，尤其是土地增值税和印花税，有诸多的市级政府和县级政府的税收收入是同比增长或同比持平的，而省级政府同比增长和(或)同比持平的比例很低；另一方面，在同比下降的方面，省级政府这几项税收收入下降的幅度普遍比市级和县级政府要大。

表 2—23　疫情对地方车辆购置税、土地增值税与印花税的影响

影响情况	车辆购置税			土地增值税			印花税		
	省	市	县	省	市	县	省	市	县
同比增加	0 (0.0)	2 (11.1)	0 (0.0)	1 (14.3)	7 (38.9)	3 (15.8)	1 (14.3)	5 (27.8)	3 (15.8)
与2019年 同期持平	0 (0.0)	3 (16.7)	1 (5.3)	0 (0.0)	2 (11.1)	2 (10.5)	0 (0.0)	2 (11.1)	5 (26.3)
同比减少 10%以内	2 (28.6)	4 (22.2)	4 (21.1)	2 (28.6)	3 (16.7)	1 (5.3)	3 (42.9)	6 (33.3)	4 (21.1)

续表

影响情况	车辆购置税			土地增值税			印花税		
	省	市	县	省	市	县	省	市	县
同比减少 10%～20%	2 (28.6)	6 (33.3)	4 (21.1)	2 (28.6)	1 (5.6)	3 (15.8)	1 (14.3)	2 (11.1)	3 (15.8)
同比减少 20%～50%	1 (14.3)	1 (5.6)	0 (0.0)	0 (0.0)	3 (16.7)	2 (10.5)	0 (0.0)	3 (16.7)	1 (5.3)
同比减少 50%以上	1 (14.3)	0 (0.0)	0 (0.0)	1 (14.3)	2 (11.1)	4 (21.1)	1 (14.3)	0 (0.0)	0 (0.0)
不了解	1 (14.3)	2 (11.1)	10 (52.6)	1 (14.3)	0 (0.0)	4 (21.1)	1 (14.3)	0 (0.0)	3 (15.8)

注：括号内的数为各种情况出现的频率。

问卷中问题 17、18 调查了疫情对于地方政府企业所得税和个人所得税收入的影响：与 2019 年同期相比，2020 年上半年（截至 6 月 30 日），本级政府所在地的企业所得税与个人所得税的变化情况如何？表 2－24 统计了此次调查所获得的数据资料。表 2－24 所提供的数据资料表明：与前面分析的情况基本相同，疫情对于省级政府企业所得税与个人所得税的影响要大于市级和县级政府。一方面，市级和县级政府中，同比增加和同比持平的频率明显要大于省级政府；另一方面，在同比减少的方面，下降幅度越大的区间，省级政府的频率相比市级和县级政府要大。

表 2－24　　疫情对省、市、县企业所得税与个人所得税的影响

影响情况	企业所得税			个人所得税		
	省	市	县	省	市	县
同比增加	0 (0.0)	5 (27.8)	4 (21.1)	2 (28.6)	7 (38.9)	6 (31.6)
与 2019 年同期持平	1 (14.3)	0 (0.0)	2 (10.5)	1 (14.3)	3 (16.7)	4 (21.1)
同比减少 10%以内	2 (28.6)	8 (44.4)	4 (21.1)	1 (14.3)	6 (33.3)	3 (15.8)
同比减少 10%～20%	1 (14.3)	3 (16.7)	5 (26.3)	1 (14.3)	1 (5.6)	2 (10.5)
同比减少 20%～50%	1 (14.3)	2 (11.1)	4 (21.1)	0 (0.0)	1 (5.6)	3 (15.8)
同比减少 50%以上	2 (28.6)	0 (0.0)	0 (0.0)	2 (28.6)	0 (0.0)	0 (0.0)
不了解	0 (0.0)	0 (0.0)	0 (0.0)	0 (0.0)	0 (0.0)	1 (5.3)

注：括号内的数为各种情况出现的频率。

问卷中第19、20和21个问题分别调查了疫情对省、市、县政府契税、房产税和城镇土地使用税的影响：与2019年同期相比，2020年上半年（截至6月30日）本地政府所在地的契税、房产税和城镇土地使用税的变化情况。表2—25统计了调查所获得的相关数据。表中所给出的统计数据表明：①在契税方面，疫情对于省级政府的影响要大于市级和县级。一方面，从被调查者的反应情况来看，市级和县级"同比增加""与2019年同期持平"这两者的比例要明显高于省级政府。另一方面，在同比减少的方面，尤其是在同比减少幅度较大的几个区间，省级政府的比例要高于市级和县级政府。②在房产税方面，疫情对于省级和市级政府的影响要大于县级。一方面，县级"同比增加"和"与2019年同期持平"这两者的比例要高于省级政府和市级政府。另一方面，在同比减少的方面，尤其是在同比减少幅度较大的几个区间，省级政府和市级政府的比例要高出县级政府一些。③在城镇土地使用税方面，疫情对省级政府的影响相对较大，市级政府次之，县级政府相对较小。这不管是从"同比增加"和"与2019同期持平"的角度看，还是从同比下降的相关频率数据看，都是如此。

表2—25　　疫情对省、市、县契税、房产税和城镇土地使用税的影响

影响情况	契税			房产税			城镇土地使用税		
	省	市	县	省	市	县	省	市	县
同比增加	0 (0.0)	6 (33.3)	3 (15.8)	1 (14.3)	4 (22.2)	6 (31.6)	0 (0.0)	4 (22.2)	1 (5.3)
与2019年同期持平	1 (14.3)	0 (0.0)	3 (15.8)	1 (14.3)	0 (0.0)	3 (15.8)	2 (28.6)	1 (5.6)	6 (31.6)
同比减少10%以内	1 (14.3)	4 (22.2)	2 (10.5)	1 (14.3)	5 (27.8)	1 (5.3)	0 (0.0)	2 (11.1)	0 (0.0)
同比减少10%～20%	2 (28.6)	4 (22.2)	2 (10.5)	2 (28.6)	7 (38.9)	4 (21.1)	2 (28.6)	7 (38.9)	4 (21.1)
同比减少20%～50%	1 (14.3)	3 (16.7)	3 (15.8)	0 (0.0)	2 (11.1)	3 (15.8)	0 (0.0)	3 (16.7)	5 (26.3)
同比减少50%以上	1 (14.3)	1 (5.6)	2 (10.5)	1 (14.3)	0 (0.0)	0 (0.0)	2 (28.6)	1 (5.6)	0 (0.0)
不了解	1 (14.3)	0 (0.0)	4 (21.1)	1 (14.3)	0 (0.0)	2 (10.5)	1 (14.3)	0 (0.0)	3 (15.8)

注：括号内的数为各种情况出现的频率。

问卷中问题22、23、24、25和26所涉及的是疫情对于外向型经济相关税收的影响。其中，问题22所涉及的是总的情况，23和24涉及的是增值税和消费税，25和26涉及的是企业所得税和个人所得税。表2—26、表2—27和表2—28分别统计了调查所得的相关数据。相关统计数据表明：①从整体上看，在外向型税收收入的收取方面，疫情对省级政府的影响相对较大，市、县相对较小。一方面，相比省级政府，市、县政府中"持平"和"同比增长"的比例明显要高。另一方面，在下降的区间，特别是下降幅度较大的区间，省级政府出现的频率相对要高。②在结构方面，从表2—27和2—28所显示的数据来看，省级政府与市级和县级政府存在差异的原因主要是消费税和个人所得税方面的差异。至于增值税和企业所得税这两项，疫情对省、市、县的影响程度没有很明显的区别。

表2—26　疫情对省、市、县外向型经济税收的影响

影响情况	省	市	县
同比增加	1 (14.3)	3 (16.7)	0 (0.0)
与2019年同期持平	0 (0.0)	3 (16.7)	2 (10.5)
同比减少10%以内	0 (0.0)	0 (0.0)	5 (26.3)
同比减少10%～20%	1 (14.3)	2 (11.1)	1 (5.3)
同比减少20%～50%	0 (0.0)	3 (16.7)	3 (15.8)
同比减少50%以上	2 (28.6)	1 (5.6)	0 (0.0)
不了解	3 (42.9)	6 (33.3)	8 (42.1)

注：括号内的数为各种情况出现的频率。

表2—27　疫情对省、市、县外资企业增值税、消费税的影响

影响情况	外资企业缴纳的增值税			外资企业缴纳的消费税		
	省	市	县	省	市	县
同比增加	1 (14.3)	0 (0.0)	1 (14.3)	1 (5.6)	1 (5.6)	2 (11.1)
与2019年同期持平	0 (0.0)	1 (14.3)	0 (0.0)	3 (16.7)	5 (27.8)	4 (22.2)
同比减少10%以内	1 (14.3)	0 (0.0)	0 (0.0)	2 (11.1)	1 (5.6)	3 (16.7)
同比减少10%～20%	0 (0.0)	2 (28.6)	2 (28.6)	3 (16.7)	1 (5.6)	1 (5.6)
同比减少20%～50%	1 (14.3)	2 (28.6)	1 (14.3)	3 (16.7)	1 (5.6)	2 (11.1)
同比减少50%以上	1 (14.3)	0 (0.0)	2 (28.6)	1 (5.6)	1 (5.6)	0 (0.0)

续表

影响情况	外资企业缴纳的增值税			外资企业缴纳的消费税		
	省	市	县	省	市	县
不了解	3 (42.9)	2 (28.6)	1 (14.3)	5 (27.8)	8 (44.4)	6 (33.3)

注:括号内的数为各种情况出现的频率。

表2—28　疫情对省、市、县外资企业缴纳企业所得税和个人所得税的影响

影响情况	外资企业缴纳的企业所得税			外资企业缴纳的个人所得税		
	省	市	县	省	市	县
同比增加	1 (5.3)	0 (0.0)	2 (10.5)	1 (14.3)	2 (11.1)	2 (10.5)
与2019年同期持平	1 (5.3)	3 (15.8)	1 (5.3)	1 (14.3)	6 (33.3)	1 (5.3)
同比减少10%以内	7 (36.8)	4 (21.1)	4 (21.1)	0 (0.0)	3 (16.7)	5 (26.3)
同比减少10%～20%	2 (10.5)	0 (0.0)	3 (15.8)	0 (0.0)	0 (0.0)	1 (5.3)
同比减少20%～50%	0 (0.0)	0 (0.0)	1 (5.3)	2 (28.6)	1 (5.6)	0 (0.0)
同比减少50%以上	0 (0.0)	0 (0.0)	0 (0.0)	1 (14.3)	0 (0.0)	0 (0.0)
不了解	8 (42.1)	12 (63.2)	8 (42.1)	2 (28.6)	6 (33.3)	10 (52.6)

注:括号内的数为各种情况出现的频率。

问卷中问题27、28和29分别调查了疫情对于走出去企业数、对外投资以及非居民缴纳个人所得税的影响。表2—29是问卷调查所获得相关统计数据。表2—29所给出的相关数据表明:其一,对于这三方面的问题,疫情的影响都有很大的不确定性,不管是省级政府还是市级和县级政府,因为诸多被调查者对于这三个问题的回答是“不了解”;其二,在给予明确答复的数据中,与前面的相关内容具有一定的相似性,疫情对省级政府的影响要大于对市级和县级政府。

表2—29　疫情对走出去企业数量、对外投资额与非居民个人所得税的影响

影响情况	走出去企业数			对外投资额			非居民个税		
	省	市	县	省	市	县	省	市	县
同比增加	0 (0.0)	0 (0.0)	1 (5.3)	0 (0.0)	0 (0.0)	1 (5.3)	0 (0.0)	2 (11.1)	2 (10.5)

续表

影响情况	走出去企业数			对外投资额			非居民个税		
	省	市	县	省	市	县	省	市	县
与 2019 年同期持平	0 (0.0)	3 (16.7)	3 (15.8)	0 (0.0)	2 (11.1)	2 (10.5)	1 (14.3)	5 (27.8)	3 (15.8)
同比减少 10%以内	1 (14.3)	2 (11.1)	1 (5.3)	1 (14.3)	4 (22.2)	2 (10.5)	0 (0.0)	4 (22.2)	4 (21.1)
同比减少 10%～20%	1 (14.3)	1 (5.6)	2 (10.5)	0 (0.0)	1 (5.6)	1 (5.3)	0 (0.0)	0 (0.0)	0 (0.0)
同比减少 20%～50%	0 (0.0)	1 (5.6)	1 (5.3)	1 (14.3)	1 (5.6)	2 (10.5)	3 (42.9)	0 (0.0)	0 (0.0)
同比减少 50%以上	2 (28.6)	0 (0.0)	1 (5.3)	2 (28.6)	0 (0.0)	0 (0.0)	0 (0.0)	0 (0.0)	0 (0.0)
不了解	3 (42.9)	11 (61.1)	10 (52.6)	3 (42.9)	10 (55.6)	11 (57.9)	3 (42.9)	7 (38.9)	10 (52.6)

注：括号内的数为各种情况出现的频率。

问卷中问题 30 和 31 分别调查了疫情对省、市、县财政总收入和非税收入的影响。表 2—30 给出的数据表明：①在财政收入方面，疫情对于省级政府财政收入的影响整体上是负的。在给予反馈的相关信息中，没有“同比增加”和“与 2019 年同期持平”的省份。相比而言，市级与县级政府中有“同比增加”和“与 2019 年持平”的省份，尽管比例较低。另外，在同比减少的几个区间中，特别是在减少幅度较大的区间，省级政府下降的幅度要大于市级和县级政府。与前面的分析结论基本相同，疫情对于省级政府财政收入的影响似乎要大于对市级和县级政府。②在非税收入方面，与税收存在一定的不同，一方面，不管是省级、市级还是县级的政府的影响，它们都有相当比例的单位，与 2019 年持平，但另一方面，即便是同比减少的地方，它们减少的比例也相对比较有限，大都在“同比减少 10%以内”。相比而言，政府级次越低，非税收入的影响反而越大。

表 2—30　　疫情对省、市、县财政收入与非税收入的影响

影响情况	财政收入			非税收入		
	省	市	县	省	市	县
同比增加	0 (0.0)	1 (5.6)	1 (5.3)	0 (0.0)	0 (0.0)	0 (0.0)
与 2019 年同期持平	0 (0.0)	1 (5.6)	3 (15.8)	6 (85.7)	11 (61.1)	11 (57.9)
同比减少 10%以内	1 (14.3)	9 (50.0)	3 (15.8)	1 (14.3)	7 (38.9)	8 (42.1)

续表

影响情况	财政收入			非税收入		
	省	市	县	省	市	县
同比减少10%—20%	3 (42.9)	6 (33.3)	9 (47.4)	0 (0.0)	0 (0.0)	0 (0.0)
同比减少20%—50%	1 (14.3)	0 (0.0)	3 (15.8)	0 (0.0)	0 (0.0)	0 (0.0)
同比减少50%以上	1 (14.3)	1 (5.6)	0 (0.0)	0 (0.0)	0 (0.0)	0 (0.0)
不了解	1 (14.3)	0 (0.0)	0 (0.0)	0 (0.0)	0 (0.0)	0 (0.0)

注:括号内的数为各种情况出现的频率。

问卷中问题32至问题36分别调查了疫情对地方政府一般公共预算收入、政府基金预算收入、社保基金预算收入、国有资本经营预算以及土地出让收入的影响。根据所获得的数据,表2—31和表2—32分省、市、县展示了疫情对于各级政府相关收入的影响。相关的统计数据表明:①受调查对象的限制,不管是省级政府还是市级和县级政府,疫情对于一般公共预算收入的影响都存在一定的不确定,有诸多的被调查者对这五个问题的回答是“不了解”;②对于不同的收入类型,疫情对于省级政府、市级政府和县级政府相关收入的影响也不同。对于一般公共预算收入,与前面的诸多结论基本相同,疫情对于省级政府的负面影响要大于市级和县级政府。但是,对于政府基金收入、社保基金收入、国有资本经营预算收入与土地出让收入,疫情对于省、市、县的影响没有非常明显的差异。

表2—31　　疫情对一般公共预算收入、政府基金预算收入与社保基金预算收入的影响

影响情况	一般公共预算			政府基金收入			社保基金预算收入		
	省	市	县	省	市	县	省	市	县
同比增加	0 (0.0)	1 (5.6)	2 (10.5)	0 (0.0)	1 (5.6)	1 (5.3)	1 (14.3)	4 (22.2)	2 (10.5)
与2019年同期持平	0 (0.0)	1 (5.6)	1 (5.3)	1 (14.3)	1 (5.6)	3 (15.8)	1 (14.3)	1 (5.6)	3 (15.8)
同比减少10%以内	2 (28.6)	9 (50.0)	5 (26.3)	0 (0.0)	5 (27.8)	2 (10.5)	0 (0.0)	6 (33.3)	2 (10.5)
同比减少10%~20%	3 (42.9)	6 (33.3)	9 (47.4)	2 (28.6)	2 (11.1)	3 (15.8)	1 (14.3)	2 (11.1)	3 (15.8)
同比减少20%~50%	1 (14.3)	0 (0.0)	0 (0.0)	0 (0.0)	4 (22.2)	2 (10.5)	0 (0.0)	1 (5.6)	5 (26.3)
同比减少50%以上	0 (0.0)	0 (0.0)	0 (0.0)	1 (14.3)	1 (5.6)	2 (10.5)	1 (14.3)	0 (0.0)	0 (0.0)

续表

影响情况	一般公共预算			政府基金收入			社保基金预算收入		
	省	市	县	省	市	县	省	市	县
不了解	1 (14.3)	1 (5.6)	2 (10.5)	3 (42.9)	4 (22.2)	6 (31.6)	3 (42.9)	4 (22.2)	4 (21.1)

注:括号内的数为各种情况出现的频率。

表 2—32　　疫情对国有资本经营预算收入与土地出让收入的影响

影响情况	国有资本经营预算收入			土地出让收入		
	省	市	县	省	市	县
同比增加	1 (14.3)	2 (11.1)	2 (10.5)	2 (28.6)	4 (22.2)	5 (26.3)
与 2019 年同期持平	0 (0.0)	4 (22.2)	3 (15.8)	0 (0.0)	3 (16.7)	1 (5.3)
同比减少 10%以内	1 (14.3)	3 (16.7)	3 (15.8)	1 (14.3)	1 (5.6)	1 (5.3)
同比减少 10%～20%	1 (14.3)	1 (5.6)	2 (10.5)	1 (14.3)	1 (5.6)	2 (10.5)
同比减少 20%～50%	0 (0.0)	0 (0.0)	1 (5.3)	0 (0.0)	2 (11.1)	3 (15.8)
同比减少 50%以上	1 (14.3)	1 (5.6)	0 (0.0)	1 (14.3)	3 (16.7)	1 (5.3)
不了解	3 (42.9)	7 (38.9)	8 (42.1)	2 (28.6)	4 (22.2)	6 (31.6)

注:括号内的数为各种情况出现的频率。

(三)后疫情时代的经济复苏和政策相机抉择

问卷中问题 40 和 41 分别调查了疫情期间出台的“减税降费”政策在助推实体经济和小微企业生存发展以及助力市场主体创新和高新技术企业发展方面的政策效应是否显著的问题。表 2—33 给出了这两个问题所获得的统计数据。表 2—33 中的相关数据表明:疫情期间出台的“减税降费”政策对于企业发展的影响整体上是比较显著的。但相比而言,省级层面和市级层面的正向影响力要稍微大于县级层面的影响力。因为在省级和市级层面,认为影响显著的比例要高于县级层面,而认为影响不大的比例则恰好相反。

表 2—33　　疫情期间“减税降费”政策对企业发展的影响

影响情况	助推实体经济和小微企业生存发展			助力市场主体创新和高新技术企业发展		
	省	市	县	省	市	县
没有影响	0 (0.0)	0 (0.0)	0 (0.0)	0 (0.0)	1 (5.6)	0 (0.0)
影响不大	1 (14.3)	1 (5.6)	6 (31.6)	2 (28.6)	5 (27.8)	10 (52.6)
影响显著	6 (85.7)	15 (83.3)	11 (57.9)	4 (57.1)	10 (55.6)	5 (26.3)
不了解	0 (0.0)	2 (11.1)	2 (10.5)	1 (14.3)	2 (11.1)	4 (21.1)

注:括号内的数为各种情况出现的频率。

问题42调查了今后进一步实施“减税降费”的政策空间问题。表2—34是有关这一问题所得到的统计结果。从表2—34所给出的统计数据看,尽管“减税降费”对于企业发展有比较显著的影响,但进一步实施“减税降费”的政策空间从整体上来看并不大,不管是省、市还是县,都是如此。因为不管是哪一级政府,认为“有较小政策空间”的比例都高达55%以上,最高的高达66.7%,而认为“有较大的政策空间”的比例只在15%~30%。但表中的数据也表明:层级越高的政府,进一步“减税降费”的政策空间越大。

表 2—34　　进一步实施“减税降费”的政策空间

政策空间如何	省	市	县
有较大的政策空间	2 (28.6)	4 (22.2)	3 (15.8)
有较小的政策空间	4 (57.1)	12 (66.7)	11 (57.9)
几乎没有政策空间	0 (0.0)	1 (5.6)	3 (15.8)
不了解	1 (14.3)	1 (5.6)	2 (10.5)

注:括号内的数为各种情况出现的频率。

问卷中问题43调查了政府所在地的税收收入对外向型经济或出口导向型经济的依存度情况。表2—35是有关该问题调查的统计结果。从表中所给出的统计数据来看,层级越高的政府,其税收收入对于外向型经济或出口导向型经济的依存度相对要越高。一方面,层级越高的政府,其“依存度较大”的比例也相对要高;另一方面,对于“依存度较小”或“几乎没有任何依存度”这两个选项,市级政府和县级政府的比例相对要小。

表 2—35　　税收收入对外向型经济或出口导向型经济的依存度

依存度如何	省	市	县
依存度较大	3 (42.9)	5 (27.8)	4 (21.1)
依存度较小	4 (57.1)	8 (44.4)	12 (63.2)
几乎没有依存度	0 (0.0)	3 (16.7)	0 (0.0)
不了解	0 (0.0)	2 (11.1)	3 (15.8)

注:括号内的数为各种情况出现的频率。

问卷中问题 44 对疫情与国际经贸持续假设背景下地方外向型经济税源的未来发展情况做了调查:“如果疫情和国际经贸冲突持续,根据您的观察和预测,是否会对本级政府所在地的外向型经济税源产生重大的影响?”从调查所获得的数据来看(见表 2—36),如果疫情和国际经贸冲突持续,那么层级越低的政府,其所在地外向型经济税源的影响也相对越大。

表 2—36　　疫情与国际经贸冲突持续的假设下地方外向型经济税源

可能性空间	省	市	县
有较大影响	3 (42.9)	8 (44.4)	13 (68.4)
有较小影响	4 (57.1)	4 (22.2)	2 (10.5)
没有影响	0 (0.0)	2 (11.1)	0 (0.0)
不了解	0 (0.0)	4 (22.2)	4 (21.1)

注:括号内的数为各种情况出现的频率。

问卷中问题 45 调查了互联网应用相关行业成为后疫情时代新税源增长点的可能性:“自疫情发生以来,线上经济、平台经济发展迅速。根据您的判断,互联网应用相关行业未来能否成为后疫情时代新的税源增长点?”从调查所获得的相关数据来看(见表 2—37),在后疫情时代,互联网及相关行业成为新的税源增长点的空间比较有限。特别是从政府层级来看,层级越低的政府,其空间越小。

表 2—37　互联网应用相关行业成为后疫情时代新税源增长点的可能性

可能性情况	省	市	县
不可能	3 (42.9)	8 (44.4)	13 (68.4)
有微小空间	4 (57.1)	4 (22.2)	2 (10.5)
有较大空间	0 (0.0)	2 (11.1)	0 (0.0)
不了解	0 (0.0)	4 (22.2)	4 (21.1)

注:括号内的数为各种情况出现的频率。

（四）小结及对未来的进一步预测

本部分主要从纵向结构的角度分析了疫情对于地方财政收入,尤其市税收的影响。整体上看,政府的层级越高,疫情对于其税收的影响相对越大:省级政府比最大,市级政府次之,县级政府相对最小,不管是总的税收,还是具体的分项税收,都是如此。而非税收入的情况则基本相反。至于总的财政收入,与税收收入基本一样,层级越高的政府,其受疫情影响反而越大。

对于不同的财政预算收入类型,疫情对于省级政府、市级政府和县级政府相关收入的影响也不同。对于一般公共预算收入,与前面的诸多结论基本相同,疫情对于省级政府的负面影响要大于市级和县级政府。但是,对于政府基金收入、社保基金收入、国有资本经营预算收入与土地出让收入,疫情对于省、市、县的影响没有非常明显的差异。

在政策的实施方面,调查结果表明:无论省、市、县,疫情期间出台的“减税降费”政策对于企业发展的影响整体上都是比较显著的。但相比而言,省级层面和市级层面的正向影响力要稍微大于县级层面的影响力。相关的资料也表明:进一步实施“减税降费”的政策空间从整体上来看并不大,不管是省、市还是县,都是如此。当然,相比而言,层级越高的政府,进一步“减税降费”的政策空间相比要大。

四、我国应对疫情采取的财税政策及其影响分析

自2020年2月以来,为打赢新冠肺炎疫情防控阻击战,支持企业复工复产、保障经济运行,中央和地方政府陆续出来了一揽子、全方位应对疫情的财政收入政策,成为后疫情时代财税政策的重要工具,为做好疫情防控,支持企业复工复产,服务经济社会发展大局产生重要影响。大部分阶段性政策的有效期截至2020年底,目前仍在发挥效应。随着我国疫情防控进入常态,未来相关财政收入政策应何去何从,如何调整完善,已成为财

政收入政策决策的重要考量。

新冠肺炎疫情发生以来，针对疫情防控和经济社会发展的要求，党中央、国务院陆续部署出台了一系列相关财政收入政策。这些政策从不同财政收入来源区分，包括税收收入政策、非税收入政策、税费征管政策和公债收入政策四大类型。

（一）我国应对疫情的税收收入政策

从应对疫情的税收政策手段看，一方面从制度性安排看，延续上年减费降税政策，继续执行下调增值税税率和企业养老保险费率，另一方面针对性施策，对特定对象实行阶段性优惠政策。从这一阶段的税收收入政策目标看，主要聚焦三个方面：一是支持疫情防控；二是支持企业复工复产；三是支持稳外贸扩内需。下面从不同政策目标维度对税收收入政策进行梳理。

1. 支持疫情防控

应对突发公共卫生事件，疫情救治和防控是最迫切需要解决的问题。我国出台支持疫情防控的税收优惠政策主要在三个方面着力：一是支持医疗防护救治工作；二是支持相关生产、生活保障物资供应；三是鼓励社会各方面力量积极资助和支持疫情防控。政策有效期为 2020 年 1 月 1 日—2020 年 12 月 31 日。

（1）支持医疗防护救治工作。通过个人所得税优惠，对在疫情防控阻击战中勇于承担社会责任的个人予以激励，鼓励全民参与抗击疫情。①对参加疫情防治工作的医务人员、防疫工作者和参加疫情防控工作的其他人员按照政府规定标准取得的临时性工作补助和奖金，免征个人所得税。②单位发放给个人用于预防新型冠状病毒感染的肺炎的药品、医疗用品和防护用品等实物（不包括现金），不计入工资、薪金收入，免征个人所得税。[①]

（2）支持物资供应。通过关税、企业所得税和增值税优惠，保障相关生产、生活物资进口、生产、运输和提供。①支持物资进口。[②] 自 2020 年 1 月 1 日至 3 月 31 日，适度扩大《慈善捐赠物资免征进口税收暂行办法》规定的免税进口范围，对捐赠用于疫情防控的进口物资，免征进口关税和进口环节增值税、消费税。对卫生健康主管部门组织进口的直接用于防控疫情物资免征关税。②支持物资生产。相关疫情防控重点保障物资生产企业为扩大产能新购置的相关设备，允许一次性计入当期成本费用在企业所得税税前扣

① 《财政部 税务总局关于支持新型冠状病毒感染的肺炎疫情防控有关个人所得税政策的公告》（2020 年第 10 号）。

② 《财政部 海关总署 税务总局关于防控新型冠状病毒感染的肺炎疫情进口物资免税政策的公告》（2020 年第 6 号）。

除;相关企业可以按月向主管税务机关申请全额退还与2019年12月底相比新增加的增值税期末留抵税额。[①] ③支持物资运输和基本民生服务提供。对纳税人运输疫情防控重点保障物资取得的收入,免征增值税;对纳税人提供公共交通运输服务、生活服务,以及为居民提供必需生活物资快递收派服务取得的收入,免征增值税。[②]

(3)鼓励社会资助抗疫。为鼓励企业、个人等社会力量积极向疫情防控事业捐赠,所得税优惠政策突破了公益捐赠的扣除比例和程序限制。①企业和个人通过公益性社会组织或者县级以上人民政府及其部门等国家机关,捐赠用于应对新型冠状病毒感染的肺炎疫情的现金和物品,或企业和个人直接向承担疫情防治任务的医院捐赠用于应对新型冠状病毒感染的肺炎疫情的物品,允许在计算应纳税所得额时全额扣除。②单位和个体工商户将自产、委托加工或购买的货物,通过公益性社会组织和县级以上人民政府及其部门等国家机关,或者直接向承担疫情防治任务的医院,无偿捐赠用于应对新型冠状病毒感染的肺炎疫情的,免征增值税、消费税、城市维护建设税、教育费附加税、地方教育附加税。[③]

2. 支持复工复产

受疫情冲击,企业特别是中小微企业困难凸显,为市场主体纾困,支持复工复产的税收优惠政策主要在三个方面着力:一是支持受疫情影响较大的困难行业企业;二是支持小企业;三是支持物流企业。政策有效期均为2020年1月1日—2020年12月31日。

(1)支持受疫情影响较大的困难行业企业。相关税收优惠政策包括:①受疫情影响较大的交通运输、餐饮、住宿、旅游四大类困难行业企业2020年度发生的亏损,最长结转年限由5年延长至8年。[④] ②对纳税人提供电影放映服务取得的收入免征增值税;对电影行业企业2020年度发生的亏损,最长结转年限由5年延长至8年。[⑤]

(2)支持小企业。相关税收优惠政策包括:①阶段性增值税减免政策。[⑥] 2020年3月1日至2020年12月31日,对湖北省增值税小规模纳税人,适用3%征收率的应税销售收入,免征增值税;适用3%预征率的预缴增值税项目,暂停预缴增值税。除湖北省外,其他省、自治区、直辖市的增值税小规模纳税人,适用3%征收率的应税销售收入,减按1%征收率征收增值税;适用3%预征率的预缴增值税项目,减按1%预征率预缴增值

① 《财政部 税务总局关于支持新型冠状病毒感染的肺炎疫情防控有关税收政策的公告》(2020年第8号)。
② 《财政部 税务总局关于支持新型冠状病毒感染的肺炎疫情防控有关税收政策的公告》(2020年第8号)。
③ 《财政部 税务总局关于支持新型冠状病毒感染的肺炎疫情防控有关捐赠税收政策的公告》(2020年第9号)
④ 《财政部 税务总局关于支持新型冠状病毒感染的肺炎疫情防控有关税收政策的公告》(2020年第8号)。
⑤ 《财政部 税务总局关于电影等行业税费支持政策的公告》(2020年第25号)。
⑥ 《财政部 税务总局关于支持个体工商户复工复业增值税政策的公告》(2020年第13号)。

税。②延续实施支持小微企业、个体工商户和农户普惠金融有关税收优惠政策，实施期限延长至2023年12月31日。[①] ③为帮扶服务业小微企业和个体工商户缓解房屋租金压力，对服务业小微企业和个体工商户减免租金的出租人，按规定减免当年房产税、城镇土地使用税。[②]

(3)支持物流企业。自2020年1月1日至2022年12月31日，对物流企业自有(包括自用和出租)或承租的大宗商品仓储设施用地，减按所属土地等级适用税额标准的50%计征城镇土地使用税[③]。

3. 支持稳外贸扩内需

财政收入政策在促进外贸稳定和支持境内消费方面也出台了相应政策。

(1)提高部分出口产品的出口退税率，稳定外贸。自2020年3月20日起，将瓷制卫生器具等1 084项产品出口退税率提高至13%；将植物生长调节剂等380项产品出口退税率提高至9%。[④]

(2)因新冠肺炎疫情不可抗力出口退运货物税收优惠政策。对自2020年1月1日起至2020年12月31日申报出口，因新冠肺炎疫情不可抗力原因，自出口之日起1年内原状复运进境的货物，不征收进口关税和进口环节增值税、消费税，出口时已征收出口关税的，退还出口关税。[⑤]

(3)促进汽车消费，扩大内需。具体包括：①二手车经销企业销售旧车减征增值税。[⑥] 自2020年5月1日至2023年12月31日，从事二手车经销的纳税人销售其收购的二手车，由原按照简易办法依3%征收率减按2%征收增值税，改为减按0.5%征收增值税。②延续实施新能源汽车免征车辆购置税政策。[⑦] 对购置列入《免征车辆购置税的新能源汽车车型目录》(以下简称《目录》)新能源汽车的单位和个人，免征车辆购置税。政策延续至2022年12月31日。

(二)我国应对疫情的非税收入政策

从应对疫情的非税收入政策手段看，主要政策目标是通过减免支持疫情防控相关行

---

① 《财政部 税务总局关于延续实施普惠金融有关税收优惠政策的公告》(2020年第22号)。

② 《国家发展改革委等部门关于应对新冠肺炎疫情进一步帮扶服务业小微企业和个体工商户缓解房屋租金压力的指导意见》(发改投资规〔2020〕734号)。

③ 《财政部 税务总局关于继续实施物流企业大宗商品仓储设施用地城镇土地使用税优惠政策的公告》(2020年第16号)。

④ 《财政部 税务总局关于提高部分产品出口退税率的公告》(2020年第15号)。

⑤ 《财政部 海关总署 税务总局关于因新冠肺炎疫情不可抗力出口退运货物税收规定的公告》(财政部 海关总署 税务总局公告2020年第41号)。

⑥ 《财政部 税务总局关于二手车经销有关增值税政策的公告》(2020年第17号)。

⑦ 《财政部 税务总局 工信部关于新能源汽车免征车辆购置税有关政策的公告》(2020年第21号)。

业政府性基金和减轻中小企业社保缴费负担，帮助企业渡过难关。具体政策包括以下两个层面：一是阶段性政府性基金减免政策；二是阶段性社保缴费减免政策。

1. 我国应对疫情的政府性基金阶段性减免

（1）免征医疗器械和药品注册费。2020 年 1 月 1 日至 2020 年 12 月 31 日，对进入医疗器械应急审批程序并与新型冠状病毒相关的防控产品，免征医疗器械产品注册费；对进入药品特别审批程序、治疗和预防新型冠状病毒感染肺炎的药品，免征药品注册费。①

（2）免征航空公司应缴纳民航发展基金。2020 年 1 月 1 日至 2020 年 12 月 31 日，免征航空公司应缴纳的民航发展基金。②

（3）免收收费公路通行费。仅 2020 年 2 月 17 日—2020 年 5 月 5 日，免收全国收费公路车辆通行费 1400 多亿元。③

（4）免征文化事业建设费。对所属期为 2020 年 1 月 1 日至 2020 年 12 月 31 日的文化事业建设费予以免征。④

2. 社保缴费阶段性减免

为减轻企业和低收入参保人员社保缴费负担，降低企业用工成本，帮助企业特别是中小微企业应对风险，增强企业复工复产信心，人社部、国家医保局、财政部和税务总局出台了关于阶段性免、减、缓三项社会保险和医保缴费的政策。

（1）阶段性免征。具体包括：①2020 年 2 月 1 日至 2020 年 12 月 31 日，各省份、自治区、直辖市及新疆生产建设兵团（以下统称省）免征中小微企业基本养老保险、失业保险、工伤保险（以下简称三项社会保险）单位缴费部分。②自 2020 年 2 月 1 日至 2020 年 6 月 30 日，湖北省免征大型企业等其他参保单位（不含机关事业单位）三项社会保险单位缴费部分。③自 2020 年 2 月 1 日至 2020 年 12 月 31 日，各省份免征以单位方式参保的有雇工的个体工商户三项社会保险单位缴费部分。⑤

（2）阶段性减征政策。具体包括：①自 2020 年 2 月 1 日至 2020 年 6 月 30 日，各省份（除湖北省外）对大型企业等其他参保单位（不含机关事业单位）三项社会保险单位缴费部分减半征收。②2020 年社会保险个人缴费基数下限可继续执行 2019 年个人缴费

---

① 《财政部 国家发改委关于新型冠状病毒感染的肺炎疫情防控期间免征部分行政事业性收费和政府性基金的公告》（2020 年第 11 号）。

② 《财政部 国家发改委关于新型冠状病毒感染的肺炎疫情防控期间免征部分行政事业性收费和政府性基金的公告》（2020 年第 11 号）。

③ 《交通运输部关于新冠肺炎疫情防控期间免收收费公路车辆通行费的通知》（交公路明电〔2020〕62 号）。

④ 《财政部 税务总局关于电影等行业税费支持政策的公告》（2020 年第 25 号）。

⑤ 《人力资源社会保障部 财政部 税务总局关于阶段性减免企业社会保险费的通知》（人社部发〔2020〕11 号）；《国家税务总局关于贯彻落实阶段性减免企业社会保险费政策的通知》（税总函〔2020〕33 号）。

基数下限标准。③自2020年2月起，各省份在确保基金收支中长期平衡的前提下，指导统筹地区对职工医保单位缴费部分实行减半征收，减征期限不超过5个月。原则上，统筹基金累计结存可支付月数大于6个月的统筹地区，可实施减征；可支付月数小于6个月但确有必要减征的统筹地区，由各省份指导统筹考虑安排。[①]

（三）我国应对疫情的税费征管政策

除前述实体税费减免优惠政策外，适应疫情防控需要，我国在税费征管层面也出台了阶段性政策，主要体现在两个方面：一是阶段性税费缓缴政策；二是征管程序优化政策。[②]

1. 税费缓缴

为了缓解纳税人税费压力，帮助市场主体渡过难关，为进一步支持小型微利企业和个体工商户复工复产，缓解其生产经营资金压力，降低用工成本、稳定就业，激发市场主体活力，还出台了全国统一的税收缓缴政策，以及各省份自主选择的社保费缓缴政策指引。

（1）小型微利企业和个体工商户阶段性所得税缓缴政策。具体包括：①2020年5月1日至2020年12月31日，小型微利企业在2020年剩余申报期按规定办理预缴申报后，可以暂缓缴纳当期的企业所得税，延迟至2021年首个申报期内一并缴纳；②2020年5月1日至2020年12月31日，个体工商户在2020年剩余申报期按规定办理个人所得税经营所得纳税申报后，可以暂缓缴纳当期的个人所得税，延迟至2021年首个申报期内一并缴纳。[③] 此外，对受疫情影响办理申报有困难的纳税人，可依法申请延长申报纳税期限。

（2）企业和个人三项社会保险费和医保阶段性缓缴政策。具体包括：①受疫情影响生产经营出现严重困难的企业，可申请缓缴三项社会保险费至2020年12月底，缓缴期间免收滞纳金。[④] ②对受疫情影响生产经营出现严重困难、无力足额缴纳医疗保险费的企业，经申请可缓缴医疗保险费，缓缴期限原则上不超过6个月，缓缴期间免收滞纳金。[⑤] ③以个人身份参加企业职工基本养老保险的个体工商户和各类灵活就业人员，2020年缴纳基本养老保险费确有困难的，可自愿暂缓缴费。2021年可继续缴费，缴费年

---

① 《国家医保局 财政部 税务总局关于阶段性减征职工基本医疗保险费的指导意见》（医保发〔2020〕6号）。

② 《国家税务总局关于支持新型冠状病毒感染的肺炎疫情防控有关税收征收管理事项的公告》（国家税务总局公告2020年第4号）。

③ 《国家税务总局关于小型微利企业和个体工商户延缓缴纳2020年所得税有关事项的公告》（2020年第10号）。

④ 《人力资源社会保障部 财政部 税务总局关于阶段性减免企业社会保险费的通知》（人社部发〔2020〕11号）。

⑤ 《关于阶段性减征职工基本医疗保险费的指导意见》（医保发〔2020〕6号）。

限累计计算；对 2020 年未缴费月度，可于 2021 年底前进行补缴，缴费基数在 2021 年当地个人缴费基数上下限范围内自主选择。①

2. 优化程序

为降低疫情传播风险，切实减轻纳税人和缴费人负担，提供高效、便捷、安全的办税缴费服务，在征管程序上也有诸多具体举措。

（1）"零延时"政策。对免税政策项下进口物资海关可先登记放行，实现疫情防控物资通关"零延时"，同时指导减免税申请人事后按规定补办减免税手续。②

（2）"非接触"式政策。疫情防控期间，积极拓展"非接触式"办税缴费事项和办税缴费渠道，开展"非接触式"出口退（免）税业务办理，优化纳税缴费服务，为纳税人、缴费人提供安全、高效、便利服务的同时，切实降低疫情传播风险。

（3）多方位的权益保障。优化税收执法，加强权益保障。①在疫情防控期间，减少或推迟直接入户检查，优化税务执法方式落实"无风险不检查、无批准不进户、无违法不停票"的要求，坚持以案头分析为主，充分发挥大数据优势，深入推进"互联网＋监管"。②对受疫情影响逾期申报或逾期报送相关资料的纳税人，不加收税款滞纳金、不给予行政处罚、不调整纳税信用评价、不认定为非正常户。③对行政复议申请人因受疫情影响耽误法定申请期限的，申请期限自影响消除之日起继续计算；对不能参加行政复议听证等情形，税务机关依法中止审理，待疫情影响消除后及时恢复。③

（四）公债收入政策

受疫情冲击，地方财政收入下滑明显，基层财政收支矛盾加剧。针对疫情冲击和严峻的经济环境，为应对新冠肺炎疫情影响，缓解基层财政困难，稳定地方经济社会发展，2020 年我国在政府债务收入方面主要有两项政策：一是发行抗疫特别国债；二是增加地方专项债规模。

1. 发行特别国债

特别国债是服务于特定政策、支持特定项目需要而发行的国债。为应对新冠肺炎疫情影响，作为特殊时期的特殊举措，2020 年中央财政发行 1 万亿元特殊国债，5 年期、7 年期、10 年期的发行规模分别为 2 000 亿元、1 000 亿元、7 000 亿元。

---

① 《人力资源社会保障部 财政部 税务总局关于延长阶段性减免企业社会保险费政策实施期限等问题的通知》（人社部发〔2020〕49 号）。

② 《关于防控新型冠状病毒感染的肺炎疫情进口物资免税政策的公告》（财政部 海关总署 税务总局公告 2020 年第 6 号）。

③ 《国家税务总局关于优化纳税缴费服务配合做好新型冠状病毒感染肺炎疫情防控工作的通知》（税总函〔2020〕19 号）；《国家税务总局关于充分发挥税收职能作用 助力打赢疫情防控阻击战若干措施的通知》（税总发〔2020〕14 号）。

不同于普通国债，抗疫特别国债不计入财政赤字，但仍然纳入国债余额限额。2020年抗疫特别国债资金纳入政府性基金预算管理，通过政府性基金转移支付下达给地方。通过特殊转移支付机制，资金直达市、县基层。地方可根据实际需要，自主分配使用，主要用于地方公共卫生基础设施建设和抗疫相关支出。[①] 各地可以在分配的额度内按照一定的比例预留机动资金，解决基层特殊困难的急需资金需求。

2. 增加地方专项债规模

2020年地方专项债安排3.75万亿元，比2019年增加1.6万亿元。地方债券平均发行利率3.31%，比2019年下降16个基点；平均发行期限15.5年，比2019年增加5.2年。

规模增加的地方政府专项债收入，主要用于“两新一重”，即新基建、新型城镇化建设和重大工程，支持地方政府民生短板领域建设发展，弥补公共设施短板，同时发挥财政资金杠杆作用，带动社会投资，形成对经济的有力拉动。其中，新基建包括发展新一代信息网络、拓展5G应用、建设充电桩、推广新能源汽车、激发新消费需求、助力产业升级；新型城镇化建设则包括大力提升县城公共设施和服务能力，以适应农民日益增加的到县城就业安家需求，改造城镇老旧小区，支持加装电梯，发展用餐、保洁等多样社区服务；重大工程方面，将加强交通、水利等重大工程建设。增加国家铁路建设资本金1 000亿元。

（五）我国应对疫情财政收入政策的特点及影响

疫情爆发后，中央及地方政府快速密集出台了包括税费免、减、缓和增发公债在内的财政收入政策组合，在及时有效抗击疫情、缓解市场主体困难和保障经济平稳运行和复苏方面，发挥了重要作用，凸显了我国政治和经济体制应对疫情快速响应的“制度优势”。

1. 政策目标清晰，手段多元，全面及时，“抗疫、纾困、复苏”并举

财政收入政策作为国家应对突发公共卫生事件的重要政策工具，在这次抗击疫情中具有其他政策不可替代的独特优势。如表2—38所示，应对新冠肺炎疫情带来的各方冲击，政府在2周左右时间快速、密集出台了兼具系统性和针对性的抗疫政策组合。从政策目标看，“抗疫、纾困、复苏”并举，既有支持疫病救治和疫情防控的阶段性应急政策，有帮助市场主体减负、支持企业复工复产的救助政策，也有保障民生服务、支持外贸和消费、缓解地方财政困难的专门政策；从政策手段看，既涉及税费“免、减、缓”的直接减负，

---

① 为加强抗疫特别国债资金的收支管理，《2020年政府收支分类科目》增设一类抗疫特别国债安排的支出，下设基础设施建设和抗疫相关支出。其中，“基础设施建设”细分为公共卫生体系建设、重大疫情防控救治体系建设、粮食安全、能源安全、应急物资保障、产业链改造升级、城镇老旧小区改造、生态环境治理、交通基础设施建设、市政基础设施建设、重大区域规划基础设施建设和其他基础设施建设12个领域。“抗疫相关支出”细分为减免房租补贴、重点企业贷款贴息、创业担保贷款贴息、援企稳岗补贴、困难群众基本生活补助和其他抗疫相关支出6个领域。

也涉及征管程序优化，既有针对特定群体和困难企业的特惠政策，也有普惠政策；从政策对象和享受主体看，覆盖企业、个人和地方政府；从政策层级看，既有全国统一政策，也有中央统一指引下地方政府在法定权限范围内出台的政策；从政策期限和延续性看，既有制度性安排也有阶段性政策。

表 2—38　　我国应对疫情财政收入政策体系

政策类型	政策目标	政策子目标	政策对象	政策期限	主要政策内容
税收收入政策	支持疫情防控	支持救治防护	个人	2020年1月至2020年底	(1)相关人员的补助和奖金，免征个税；(2)单位发放个人的预防物品，免征个税
		支持物资供应	企业		(1)捐赠进口物资免征进口关税、增值税和消费税；(2)重点物资生产企业新购相关设备一次性税前扣除，增值税增量留抵退税；(3)运输重点物资收入，免征增值税；(4)公共交通运输服务、生活服务，以及快递收派服务取得收入，免征增值税
		鼓励资助抗疫	企业、个人		企业个人的间接和直接抗疫捐赠，允许所得税前全额扣除；货物捐赠免征增值税、消费税、城建税及附加
	支持复工复产	支持困难行业企业	企业	2020年1月至2020年底	(1)交通运输、餐饮、住宿、旅游、电影行业企业2020年度亏损结转年限延长至8年；(2)电影放映服务免征增值税
		支持小企业		2020年1月至2020年底	(1)对湖北省小规模纳税人，免征增值税；对其他省小规模纳税人，减按1%征收率征税；(2)延长支持小微、个体和农户普惠金融税收优惠至2023年底；(3)对小微和个体减免租金的出租人，减免房产税和土地使用税
		支持物流企业		2020年1月至2022年底	对物流企业自有或承租的仓储设施用地，减按50%计征城镇土地使用税
	支持稳外贸扩内需	稳外贸	企业	2020年1月至2020年底	(1)提高部分出口产品的出口退税率；(2)因新冠肺炎疫情不可抗力出口退运货物税收优惠
		扩内需		2020年至2022、2023年底	(1)2020年5月1日至2023年12月31日，二手车经销企业销售旧车减按0.5%征收增值税；(2)延续实施新能源汽车免征车购税政策至2022年12月31日

续表

政策类型	政策目标	政策子目标	政策对象	政策期限	主要政策内容
非税收入政策	支持复工复产	减免政府性基金	企业	2020 年 1 月至 2020 年底	(1)免征医疗器械和药品注册费;(2)免征民航发展基金;(3)2020 年 2 月 17 日—2020 年 5 月 5 日,免收收费公路通行费;(4)免征文化事业建设费
		减免社保缴费	企业和个人	2020 年 1 月至 2020 年底	(1)各省份免征中小微企业三项社会保险单位缴费部分;(2)2020 年 2 月 1 日至 2020 年 6 月 30 日,湖北省免征大型企业等其他参保单位三项社会保险单位缴费部分,其他省减半征收;(3)各省份免征以单位方式参保的有雇工的个体工商户三项社会保险单位缴费部分;(4)继续执行 2019 年个人缴费基数下限标准;(5)各省份统筹对职工医保单位缴费部分减半征收,减征期限不超过 5 个月
税费征管政策	缓解纳税人资金压力、稳定就业	税收缓缴	企业和个人	2020 年 5 月 1 日至 2020 年 12 月 31 日	(1)小型微利企业可暂缓缴纳当期的企业所得税,延迟至 2021 年首个申报期内一并缴纳;(2)个体工商户可暂缓缴纳当期的个人所得税,延迟至 2021 年首个申报期内一并缴纳;(3)对受疫情影响办理申报有困难的纳税人,可依法申请延期申报纳税
		社保缓缴	企业和个人	2020 年 1 月至 2020 年底	(1)困难企业可申请缓缴三项社会保险费至 2020 年 12 月底,缓缴期间免收滞纳金;(2)困难企业可缓缴原则上不超过 6 个月的医疗保险费;(3)以个人身份参加基本养老保险的个体工商户和各类灵活就业人员,可自愿暂缓缴费
	降低风险,减轻负担	程序优化			(1)海关对免税进口物资先登记放行,事后补办减免税手续,实现通关“零延时”;(2)拓展“非接触式”办税缴费和出口退(免)税业务办理;(3)优化税收执法,加强纳税人权益保障
公债收入政策	缓解基层财政困难		地方政府	2020 年	发行特别国债:中央财政发行 1 万亿元抗疫特别国债,通过政府性基金转移支付直达市、县基层政府,用于基础设施建设和抗疫相关支出
					增加地方专项债规模:安排地方专项债 3.75 万亿元,主要用于新基建、新型城镇化建设和重大工程

资料来源:作者自行整理获得。

上述财政收入政策组合覆盖面广、全面及时,有效保障了抗疫人员、物资供应,缓解了市场主体和地方政府资金压力,在支持打赢这场疫情防控阻击战,提振市场和社会信心,支持经济和社会全面恢复方面,发挥了不可或缺的作用。

2. 政策针对性强,施策精准,效应显著,为战胜疫情、缓解经济压力和稳定预期提供坚实保障

此次新冠肺炎疫情对国民经济产生了多层面的冲击,要对冲疫情的冲击,避免疫情的影响进一步扩散、扩大,程度进一步加深,应对疫情需要设计合理对冲政策,有针对性

地采取措施。我国在财政收入端的政策安排体现了精准施策、重点保障、适时有度的理念，重点减轻中小微企业、个体工商户和困难行业企业税费负担，对战胜疫情、缓解经济压力和稳定预期有着重要意义。

精准施策导向主要体现在五个方面：①针对特定地区，给予重灾区湖北省特殊的优惠政策。②针对特定人员，即对各地战斗在抗击疫情一线的医务人员、防疫工作者和其他工作人员给予专项个人所得税政策；对资助抗疫捐赠的个人给予更加宽松的税收政策；对社保缴费确有困难的个人给予缓缴政策。③针对特定行业，具体对受疫情影响严重的交通运输、餐饮、住宿、旅游、电影等困难行业，对抗疫器械、药物和疫苗研发行业，对抗疫物资供应至关重要的物流行业，对外贸和汽车消费相关行业等出台专门优惠政策。④针对特定类型企业，对受疫情冲击最大、困难最为集中的中小微企业和个体工商户，给予较大程度的税费免、减、缓优惠。⑤针对地方财政困难，通过适时、适度增发特别国债发挥资金补充和定向支持作用；通过增加地方专项债规模托底地方经济恢复增长，动员民间闲置资金参与抗疫，充分发挥了公债收入的跨期调节作用。上述财政收入政策"点、线、面"相结合，较为有效地缓解和对冲了疫情的不利影响。仅从减税降负的效果看，在2019 年全年减税降费超过 2.36 万亿元的基础上，2020 年预计将为市场主体新增减负超过 2.5 万亿元。①

3. 政策统一和各地因地制宜相结合，确保了政策体系的高效和丰富

结合应对疫情需要，一方面，中央对税费优惠出台统一政策，要求各省份严格按照规定的减免范围、减免时限和标准执行，确保各项措施准确落实到位，不得突破政策原则要求，不得自行出台其他减收增支政策。另一方面，各省份切实承担主体责任结合实际制定具体实施办法，推进三项社会保险省级统筹工作，将减免企业三项社会保险费等各项政策落细落实，对涉企行政事业性收费依规进行减免，并依法做好房产税、城镇土地使用税减免工作。地方政府也针对疫情影响，结合地方实际，因地制宜出台具体操作细则。同时，人力资源和社会保障部、财政部、税务总局等部委适时对各省份政策落实情况进行监督检查。

2020 年 2 月 2 日，苏州市率先出台《关于应对新型冠状病毒感染的肺炎疫情支持中小微企业共渡难关的十条政策意见》，随后北京、上海、山东、广东等地方政府陆续发布政策实施意见和具体措施。从地方政策叠加情况看，主要集中在以下几个方面：(1)给予企业(包括非营利性医疗机构)，特别是中小微企业一定的税费减免，主要是房产税、城镇土

---

① 财政部《2020 年中央和地方预算草案》。

地使用税、资源税、城市维护建设税、印花税(不含证券交易印花税)、耕地占用税、契税、教育费附加和地方教育附加等地方税费减免,以及归属地方收入的文化事业建设费、残疾人就业保障金等减免涉企收费和基金。(2)对特殊困难不能按期缴纳税费的税费缴纳主体,经申请批准延缓缴纳税费。(3)对受疫情影响生产经营的个体工商户业主、个人独资企业投资人、合伙企业个人合伙人等定额减免2020年度应纳经营所得个人所得税额。(4)地方政府实行援企稳岗举措,明确对符合条件的企业给予失业保险费稳岗返还、允许延期缴纳社保、缓缴住房公积金等政策,降低企业用工成本和失业率。

4. 阶段性政策和制度性政策相结合,既着眼于疫情期间的突出矛盾和问题,也放眼疫情后的长期稳定和发展

我国应对疫情的财政收入政策体系还有一个显著特点是制度性安排与阶段性安排相结合,政策组合既着眼于疫情期间的突出矛盾和问题,也放眼后疫情后的长期稳定和发展。从制度性政策看,继续执行下调增值税税率和企业养老保险费率的减费降税政策;延续对小微企业、个体工商户和农户普惠金融有关税收优惠政策;延续促进汽车消费的有关税收政策,并适时出台《促进消费扩容提质加快形成强大国内市场的实施意见》(发改就业〔2020〕293号),就扩大内需、促进消费等提出政策规划。从阶段性政策看,对特定行业、企业和个人给予阶段性免、减、缓的税费优惠政策,执行期限视疫情发展情况及时调整,从2020年6月前到期延长至2020年底,切实帮助市场主体渡过难关。

五、各国应对疫情的财政收入政策及其影响分析

(一)各国应对疫情的税收政策

1. 应对疫情的企业所得税政策

疫情期间,许多国家纷纷出台了企业所得税的税收优惠政策,一方面推动了企业的复工复产,另一方面也刺激了企业的投资行为,激发了企业活力。

(1)税前扣除。在税前扣除方面,不少国家都提高了税前扣除比例,从而鼓励企业生产、投资以及公益捐赠。

例如,美国首先提高了利息扣除比例限额,在2019至2020年度企业净商业利息费用的扣除限额由调整后应纳税所得额的30%增加到50%;其次,允许企业将改善性支出一次性扣除,将纳税人对非住宅建筑内部进行的改善纳入100%额外折旧扣除范围内;最后,提高了公益捐赠扣除限额,将公司纳税人的慈善捐赠的扣除上限从应税收入额的10%提高至25%。波兰也提高了慈善捐赠的扣除限额,规定企业纳税人为应对疫情而进行的捐赠,可以全额扣除或者加计扣除。此外,澳大利亚还扩大了小企业固定投资成

本费用化的优惠范围，规定年营业额不超过1.5亿澳元的小企业，在2020年7月1日以前购置的固定资产，其购置成本可以在限额15万澳元内于当年全额税前扣除；年营业额不超过5亿澳元的企业同期购置的固定资产可按购置成本的50%加速折旧。冰岛则通过提高研发支出的税前扣除标准以鼓励企业研发创新，将2021年、2022年合格的研发项目的税前特别扣除比例从研发成本的20%提高至25%，小微企业提高至35%，同时将特别扣除的研发成本的上限额提高至11亿冰岛克朗。

(2)亏损结转。在亏损结转方面，许多国家都允许企业亏损额向以前年度结转，帮助企业增加现金流。

例如，美国救助法案(The Coronavirus Aid, Relief, and Economic Security Act, CARES)新规定，纳税人可以将自2017年12月31日之后至2021年1月1日之前的纳税年度所产生的净经营亏损向前五个纳税年度进行结转，并且可以全额抵扣，不受之前80%的应纳税所得额限制。此外，2018年、2019年和2020年的净营业损失可向以前年度结转，以抵消2018年以前的普通收入和资本利得，这些纳税收入之前被按高达35%的税率征税，因此会产生有利的税率差异。日本对于2020年2月1日至2022年1月31日之间产生的净经营亏损，向前结转制度适用范围扩大至注册资本不超过10亿日元的中型企业，扩充规模为1 500家企业。

(3)税收抵免。在税收抵免方面，部分国家通过不同程度的税收抵免帮助企业渡过难关。

例如，葡萄牙计划实施特别投资税收抵免，对2020年7月1日至2021年6月30日实施的投资可以在500万欧元的限额内享受20%的公司所得税抵免优惠，即最高可以享受100万欧元的投资抵免额，每年度享受的抵免额不能超过当年应纳所得税额的70%，不足抵免的部分可以往后结转5年。美国允许带薪休假抵免，对于符合条件的雇主2020年4月1日至12月31日向雇员提供带薪休假待遇，其支付的休假薪金可以在限额内从公司所得税中抵免，不足抵免的可以获得退税。日本将中小企业购买用于远程办公的设备计入资本投资，允许计提特殊折旧或税收抵免。

(4)降低税率。还有一些国家通过直接降低受疫情影响严重的行业的企业所得税率，从而帮助企业降低生产成本。

例如，俄罗斯将信息技术产业的社会保障税税率从14%降低到7.6%，企业所得税税率从20%降低到3%；如果俄罗斯税收居民每年为其受控外国公司收入缴纳500万卢布的定额税，则可以免除CFC的报告义务。哥伦比亚对受疫情影响严重的部分行业降低所得税预征率，即从现行的75%低至25%或0%。智利宣布对中小企业临时减半征收企业所得税，在2020—2022年，临时将中小型公司适用的公司所得税税率从25%降至10%；相应地，中小型公司每月按总销售预缴公司所得税的预征率也相应下调，即销售不超过5万智利发展单位(UF)，预征率从0.25%降低至0.125%，销售超过5万智利发展单位(UF)，预征率从0.5%降低至0.25%。

2. 应对疫情的个人所得税政策

疫情期间，各国通过实施个人所得税的税收优惠政策，稳定了居民的可支配收入，防控了失业率的大幅上涨，促进稳岗就业。

例如，爱尔兰对个体经营者的临时所得税实施减免并且暂时加速亏损减免。个体经营者可以要求将其2020年的损失和某些未使用的资本津贴转回并从其2019课税年度的利润中扣除，从而减少这些利润的应缴所得税金额，可结转的总额上限为25 000欧元。俄罗斯将从2021年1月1日起实施下列应对新冠肺炎疫情的税收措施：个人可以从16岁(目前为18岁)开始以个体经营的方式从事商业活动，并可以获得1个月的最低月薪标准(目前为12 130卢布)的个人所得税免征额。土耳其临时降低了部分租赁财产或权利所得的预提税率，规定2020年12月31日之前将以下租赁财产或权利的租金支付适用的预提税率从20%降至10%：《个人所得税法》第70条规定的财产或权利的租赁；基金会和协会所拥有的财产和权利的租赁；外国、外国公共管理机构和国际组织不具有外交地位的财产的租赁；合作社拥有的财产的租赁。新加坡首先将非居民公众演艺人员的个人所得税按照10%的优惠预扣税率进行缴纳，该政策将延长至2022年3月31日；其次，对于外国务工者而言，政府豁免征收每月的外国工人税，并且从已征税款中向每位持有工作许可证或S通行证的外国工人退还750新加坡元。

3. 应对疫情的增值税政策

增值税作为目前全世界广泛运用的税种，其减税措施在支持疫情防控、助力经济恢复等方面也起到了重要的支撑作用。

(1)降低税率。在货物方面，许多国家决定在限期内降低医疗、防护用品的增值税税率以鼓励其生产与供应，从而减轻生产者和消费者的负担。

例如，法国规定暂时将5.5%低档增值税税率的适用范围扩大到口罩、防护服和消毒剂等防疫用品，具体实施期限为：口罩和防护服，境内供应自2020年3月24日起实施，进口的自2020年4月26日起实施；消毒剂，境内供应自2020年3月1日起实施，进口的自2020年4月26日起实施；两者的截止日期均为2021年12月31日。葡萄牙也颁布法律，规定自2020年5月8日至12月31日，对防护面具、消毒用品等医疗防护用品按6%低税率征收增值税；在2020年1月1日至7月31日，对政府及其他公共部门、非营利组织取得医疗防护用品暂免增值税。爱尔兰的降税幅度则更大，允许对健康、安全和环境、医院和其他医疗机构提供个人防护和用于治疗新冠肺炎患者的特定医疗设备实行增值税零税率，同时对作为抗击新冠肺炎疫情所需的应急住所的供应免征增值税。

(2)减免征收。针对餐饮、住宿、旅游等受疫情冲击较大的困难行业企业，许多国家也出台增值税减免措施以缓解其经营压力，支持其复工复产。

例如，英国宣布在2020年7月15日至2021年1月12日，对招待所、旅馆、度假村提供的食宿服务和景点门票适用的增值税税率从21%标准税率降至5%低税率。奥地利颁布实施餐饮业援助法案，规定在2020年底以前，对餐馆出售非酒精饮料适用10%低档增值税税率。保加利亚先后通过两项法案，分别规定自2020年7月1日至12月31日，对饭馆的餐饮服务、电子书和纸质书、婴儿食品和尿布适用的增值税税率从20%降至9%；自2020年8月1日至2021年12月31日，暂时将餐饮服务中提供的啤酒和葡萄酒、使用某些体育设施、旅游运营商的服务，包括旅游运营商和旅行社组织的短途旅行等项目，纳入增值税9%低税率的适用范围。巴拉圭对受疫情打击严重的旅游、食宿行业临时减半征收增值税，规定自2020年8月1日至2021年6月30日，酒店、饭店、咖啡馆和旅行社等受疫情打击严重的旅游、食宿行业实行减半征收的特殊增值税制度，即提供相关服务取得的收入减半计征增值税，税率仍为10%。

4. 应对疫情的消费税政策

对于一些支持疫情防控的产品或特定行业，一些国家也适时推出了具有针对性的消费税减免政策以助力其发展。

美国《CARES法案》为7.5%的旅客运输航空消费税，6.25%的货物运输航空消费税，以及将煤油作为航空燃料的某些用途和运输的税费提供了持续至2020年12月31日的免税期；同时该法案还规定，在2020年期间，生产和销售符合食品和药品管理局发布的与新型冠状病毒肺炎疫情爆发有关的任何指导方针的用于生产洗手液的酒精，免征消费税。爱尔兰也决定对经授权的生产商生产的一系列药品和其他产品(例如洗手液)的酒精产品税进行豁免，同时规定相关产品的生产必须经过农业、食品等部门的批准，才能出售或使用。此外，日本规定，如果在一段时间内(1个月或更长时间)，经营实体的总收入显著下降(与上年同期相比至少下降50%)，则允许该实体更改其是否须缴纳消费税的选择，而无论纳税期是否开始。

5. 应对疫情的关税政策

突如其来的疫情对各个国家的医疗技术水平和救助物资供应都提出了巨大挑战，因此许多国家为弥补国内疫情防控物资的缺口，对用于疫情防控的进口医疗物资在限期内免征关税以及进口增值税、消费税等国内税以鼓励医疗防护用品进口。

例如,2020年4月3日,欧盟委员会发布《关于免征2020年新冠肺炎疫情应对所需商品的进口关税和增值税的决定》,批准成员国和英国提出的暂时免征新冠肺炎疫情防控物品进口关税和增值税的请求,决定追溯自2020年1月1日起至7月31日,对新冠肺炎疫情防控物品,包括口罩和防护设备、测试套件、呼吸机和其他医疗设备等,暂时免征进口关税和增值税,有效期为6个月。此后根据疫情发展态势,欧盟委员会又对适用期限进行了两次修改,目前已延长至2021年4月30日。此外,菲律宾、老挝、柬埔寨等国家也制定相应的免税范围,对范围内的进口设备、用品的关税、增值税、消费税等进口环节国内税进行免税处理。

6. 应对疫情的财产税政策

考虑到疫情对企业和个人支付能力的削弱,有的国家还决定在限定期限内减免企业或个人的财产税。

比如,波兰官方公报规定,从其拥有的商业财产中获得收入的公司和个人业主在2020年3月31日至2020年12月31日免征商业财产税;在2020年1月1日至9月30日,个人因新冠肺炎疫情的特定需要而接受的捐赠物品,免征赠与税和遗产税。英国也对财产税做出了免税安排:在2020年4月至2020年6月,所有企业可以享受企业财产税免税优惠;对于受疫情影响较大的零售、酒店和休闲行业企业将享受12个月的免税期。日本制定的关于财产税的减免措施则更为细致,根据规定,需要负担固定资产税和城市规划税的中小企业,在2020年2月至10月的任何3个月内的营业额同期相比减少30%的,固定资产税和城市规划税可以减免一半;而3个月的营业额同期相比减少50%以上的,固定资产税和城市规划税可以全额免除。目前阶段,中小企业如果投资新设备的,投资后3年内可以免交固定资产税。

(二)各国应对疫情的非税政策

为了应对新冠肺炎疫情对经济和个人生活的影响,各国也推出了一系列非税政策,主要体现在为企业或个人提供贷款、支付给雇主的工资补贴、自雇补贴等方面。此外,部分国家的非税政策还涉及养老金、退休计划金、医疗、健康卫生等各个领域,尽可能地降低新冠肺炎疫情对经济社会的影响。经过收集整理资料,部分国家应对新冠肺炎疫情的非税政策如下:

1. 支付给雇主的工资补贴

澳大利亚发布了一项名为“工资补贴计划”(Job Keeper Payment)的经济支持计划,规定自2020年3月30日起,受到新冠肺炎疫情影响且符合标准的雇主,每两周可为每一个符合标准的雇员向政府申请 1 500 澳元的补偿金。该项申请计划最长可持续 6 个月。澳大利亚发布这项计划旨在帮助在新冠肺炎疫情期间受到影响的企业继续支付员工的工资。新加坡在 2020 年预算中启动了工作支持计划(Jobs Support Scheme,JSS),以帮助企业在不确定的时期留住本地员工。JSS 提供给雇主 25%～75%的工资支持,用于支付给每个本地员工(包括股东、董事)的首笔 4 600 美元月薪。为了在持续的经济低迷中为企业和工人提供持续的支持,JSS 将延长 7 个月,以涵盖 2021 年 3 月之前的工资。同时强调,雇主通过该项政策获得的补贴不征税,因为该项政策旨在通过提供现金流支持或减轻新冠肺炎疫情对雇主的财务影响来帮助雇主留住本地雇员。

新西兰规定,对于在新冠肺炎疫情期间受到影响的包括个体经营者在内的雇主,有资格申请工资补贴。工资补贴应由雇主转移给雇员,并作为雇员正常工资的一部分进行处理。该项补贴由社会发展部(MSD)支付,雇主对此补贴不承担所得税或消费税。当雇主收到补贴时,他们不会将其列为收入。相应付给雇员的部分不能作为支出和费用扣除。

加拿大实施了紧急工资补贴计划(Canada Emergency Wage Subsidy,CEWS),规定因新冠肺炎疫情导致收入下降的加拿大雇主,有资格获得补贴以补偿部分员工工资。该项补贴的目的是帮助雇主重新雇用工人,防止进一步减少工作机会,并使雇主轻松恢复正常操作。

2. 为企业提供资金

美国为支持小型企业,发布了小企业工资核算保护计划(Small Business Paycheck Protection Program)和经济伤害灾难贷款计划(Economic Injury Disaster Loans)。《CARES 法案》制定的薪资保护计划由小企业管理局在财政部的支持下实施。该计划为小型企业提供资金,以支付包括福利在内的长达 8 周的工资成本。该资金以贷款的形式提供,用于支付工资、抵押贷款、租金和公用事业的贷款利息将被完全免除(由于可能的高额认购,必须将至少 75%的免除金额用于工资单)。贷款付款也将推迟 6 个月,不需要抵押或个人担保,政府和贷方都不会向小企业收取任何费用。经济伤害灾难贷款计划是向受到疫情影响的企业推出的灾难援助,为小企业提供重要的经济支持,以帮助他们克服因新冠肺炎疫情导致的暂时收入损失。具体规定,为应对新冠病毒大流行,美国所有州、华盛顿特区和地区的小企业主都有资格申请最高 10 000 美元的经济伤害灾难贷款。这笔预付款将为目前暂时失去收入的企业提供经济救济。成功申请后,资金将可用,这笔预付款将不必偿还。如果企业除了获得薪资保护计划(PPP)贷款外还收到了经济伤害灾难预付款,小企业管理局则将从 PPP 贷款免除额中扣除经济伤害灾难预付款的金额。

新加坡在“坚毅向前”预算案中提出向合格的财产所有人提供政府现金补助。作为“毅力预算”的一部分，这是一项对符合条件的财产所有人的政府现金补助，以支持中小型企业（SME）和非营利组织（NPO）指定租户的租金减免。新西兰引入了小型企业现金流量（贷款）计划（SBCS），以支持因新冠肺炎疫情导致实际或预期收入减少而苦苦挣扎的企业和组织。计划规定，如果拥有 50 名或更少的全职员工的组织和中小型企业（包括个体商人和个体经营者）受到新冠肺炎疫情的不利影响，则有资格获得一笔为期 5 年的一次性贷款，公司将有 5 年的时间还清贷款。自提供贷款之日起，年利率为 3%。如果在一年之内全额偿还贷款，将不收取利息。可以获得的最大贷款额取决于根据原始工资补贴资金计算出的全职当量员工数量。贷款额是 10 000 新西兰元加上每名全职等效雇员 1 800 新西兰元，最高贷款额为 100 000 新西兰元。自营业者可获得最高 11 800 新西兰元的贷款。一旦获得批准，大多数申请人将在 5 个工作日内全额收到贷款付款。对于所欠的任何税收债务，都不会进行贷款调整，并且该贷款无须缴纳所得税或增值税（GST），且公司将能够要求扣除贷款资助的支出。

爱尔兰为应对新冠肺炎疫情，提出了许多贷款计划，例如 COVID-19 信用担保计划、COVID-19 商业贷款计划、COVID-19 限制支持计划、未来增长贷款计划、小型企业可持续企业基金等，以为不同领域、不同情况的企业提供针对性的支持与帮助。

3. 因隔离或照顾新冠肺炎患者而无法赚取收入的补贴

澳大利亚对由于新冠肺炎疫情而必须进行隔离或照顾新冠肺炎患者而无法赚取收入的西澳工作人员提供 1 500 澳元的补贴。此前，维州和塔州已可享受此项补助，在与州政府与联邦政府达成协议后，西澳也可被涵盖在内。按照西澳卫生部门指示，待在家中无法工作，并且无法获得诸如带薪休假或其他联邦政府补助等收入的人员或有资格领取这项补贴金。

加拿大发布了疾病康复津贴（CRSB）计划和康复护理福利（CRCB）计划，CRSB 计划为生病或因自我隔离而无法工作或者有潜在的健康问题，如很有可能感染新冠肺炎（新型冠状病毒肺炎）的就业和自营职业者提供收入支助。CRCB 计划针对有需要照顾的 12 岁以下孩童或者孩童由于新冠肺炎疫情需要隔离或有严重的健康并发症的风险而必须照料或因有需要照料的其他家庭成员而无法工作的受雇和自雇人士提供收入支持。

4. 医疗、卫生健康方面

美国《CARES 法案》3702 节规定，将某些非处方医疗产品列入合格医疗费用范围。《CARES 法案》对健康储蓄账户和阿彻医疗储蓄账户进行了修正，其中支付给经期护理产品的金额应视为医疗保障。此外,《CARES法案》还包括对医疗保健弹性支出安排和保健报销安排的修正,其中对经期护理产品所发生费用的报销应视为医疗保障。修正案适用于2019年12月31日之后发生的费用。

爱尔兰政府已提供了19亿欧元以应对卫生领域新冠肺炎疫情的挑战,以确保个人防护装备的供应、提供每周100 000次检测的能力并继续执行所有必要的新冠肺炎疫情行动计划措施,为受疫情影响的人们提供收入支持,并宣布了3个主要更改:当前的疾病福利等待期为6天,不适用于患有新冠病毒或具有医疗要求的自我隔离的任何人;个人疾病保险费率将从每周203欧元增加到每周305欧元;疾病保险的正常社会保险要求将会改变。

5. 养老金方面

澳大利亚允许部分财务压力较大的人群在本财年和下财年两次提前领取个人名下的养老金,具体政策如下:在2020年7月1日至2020年12月31日,澳大利亚和新西兰的合格公民和永久居民可以通过ATO在线服务提交一份申请,最高不超过10 000美元。个人将不需要为释放的金额缴税,提取的钱也无须计入纳税申报表。

日本对因受新冠病毒影响的企业主,给予推迟支付年金保费的支持,具体规定:由于受新冠肺炎疫情的影响,营业收入与上年同期相比降低约20%或以上且难以一次性缴纳养老保险金的有困难企业主,可以在申请支付福利养老金、保险费等时选择推迟一年缴纳。

6. 退休计划金方面

根据《CARES法案》规定,对于符合条件的退休计划(包括个人退休金账户IRA),如果2020年出于新冠病毒相关原因对退休金进行了提前分配,若提前分配的金额不超过10万美元,则无须缴纳10%的提前提款罚金。

7. 学生贷款方面

加拿大实施紧急学生津贴(CESB)计划,该计划旨在为因受到新冠肺炎疫情影响而无法找到工作的高等教育学生以及最近毕业的高等教育学生和高中毕业生提供财政支持。申请人在2020年5月10日至8月29日,每4周可收到1 250加元的补助,补助最长持续16周。如果申请人有残障或受抚养人,每4周还可以额外获得750加元(总收益为2 000加元)补助。

新西兰对需要偿还学生贷款人给予分期付款的支持。如果是来自新西兰并且符合资格的,则可以申请学生贷款还款减免。

（三）各国应对疫情的税收征管政策

1. 延期申报和延期纳税

疫情期间，多国规定纳税人可以延期提交纳税申报表和延期缴纳税款，在此期间不会被罚款或收取利息，延期申报和延期纳税是被采用最多的征管手段。

2020 年 3 月 21 日，美国财政部和国税局同时宣布，联邦所得税申报截止日期自动从 2020 年 4 月 15 日延长至 2020 年 7 月 15 日。同时，纳税人还可以将 2020 年 4 月 15 日到期的联邦所得税缴纳推迟到 2020 年 7 月 15 日，无须缴纳罚款和利息。4 月 9 日，又将延期申报和延迟纳税规定由所得税范围扩大到其他各种报税、纳税和其他税收行为。

英国为了帮企业渡过难关，采取了增值税延期纳税政策。在 2019 年 3 月 20 日到 6 月 30 日提交申报，并产生纳税义务的企业，都可以延迟缴纳税款，税金最晚可以延期到 2021 年 3 月 31 日缴纳，在此之前，不会产生额外的利息罚款，但是必须按时申报。

其他一些国家同样出台了先关政策。例如，新加坡对 4 月、5 月、6 月的所得税实行延期纳税，企业所得税自动延期缴纳 3 个月，并允许个人申请个人所得税延期纳税。同时，对各类税收实行不同程度的延迟申报。澳大利亚规定，受疫情影响大的纳税人，可申请延期缴纳所得税、商品和服务税、消费税等最长 4 个月。巴西将 4—6 月的联邦税以及社会保险缴款的纳税申报期延迟至 2020 年 7 月。

可见，面对疫情，各国普遍采取了延期申报和延期纳税措施，且所得税、消费税、财产税、社保等都有所涉及。

2. 电子报税和网上支付

为控制疫情传播，降低报税产生的传染风险，并考虑到疫情期间工作人员数量减少导致纸质纳税申报延误，各国纷纷出台措施鼓励电子报税和网上支付，降低申报成本。

美国国税局推荐纳税人采用电子申报方式进行纳税申报。为了保护纳税人和税务专业人员的健康，美国国税局将暂时允许使用数字签名。新加坡税务局在疫情期间暂停人工柜台服务，采用数字服务方式解决纳税人的税收问题，包括在线聊天、电话服务、虚拟税收助理等形式为纳税人提供服务。自 2019 年 1 月起，日本就可以使用智能手机等在便利店纳税，通过使用智能手机或平板电脑等简化手续，推动网上申报和纳税的普及，这一措施除了方便纳税人外，还减少了税务署的工作量。这种征管手段在疫情期间发挥了作用，纳税人可以在离家近的便利店完成纳税，无须前往税务局。此外，日本纳税人也可以选择网上银行支付的方式缴税，无须前往银行和税务局。

3. 暂缓对企业的税收检查

部分国家在疫情期间减少了税收检查。俄罗斯规定，2020 年底暂停对所有中小企业的税收审计;2020年5月1日前,对大企业税收审计的数量限制在原来的30%。哈萨克斯坦规定,在紧急状态期间(2020年3月16日至2020年4月15日)推迟税收审计。乌兹别克规定,在2020年年底前,暂停所有针对刑事案件和清算程序的税务审计。

4. 解决跨境征税权的争议问题

部分国家,如澳大利亚、爱尔兰和英国等发布了指导性文件或减免措施,以解决新冠肺炎疫情下工作安排的突发性、临时性变更可能导致的双重征税及其他跨境税收问题。澳大利亚规定:因疫情被迫停留在澳大利亚的非居民个人,不构成澳大利亚税收居民,其滞澳期间从外国雇主获得的工资薪金,无须在澳纳税;非居民企业因疫情滞留必须在澳开展董事会的,不能认为其管理机构在澳大利亚,不能视为居民企业。此外,英属维尔京群岛和泽西岛等避税地也暂时放宽了对经济实质的要求,明确规定如因旅行禁令导致无法在岛上召开董事会,不会将其视为违反经济实质要求。

(四)各国应对疫情的收入政策影响分析

1. 减轻经济主体负担,增加企业、个人现金流

在疫情爆发初期,各国的税收减免措施集中于保障物资供应、支持防护救治方面。一方面,通过减免进口疫情防控物品的关税、增值税、消费税等税金以及国内生产企业应缴纳的增值税,直接降低医疗物资成本,缓解物资供应紧张的局面;另一方面,出台更加优惠的所得税扣除规定,例如提高公益捐赠扣除比例,鼓励医疗物资捐赠,将医疗资源配置到紧缺的地区,多渠道、高效率地保障了疫情防控物资的生产与使用,从而大幅降低了新冠肺炎患者、医疗机构的税收负担,为加快疫情防控好转发挥了重要作用。

由于新冠病毒的蔓延,全球面临着1930年以来最严重的经济危机。经济封锁和病毒蔓延使得旅游、餐饮、住宿、交通等众多行业营业额惨淡,企业无力缴纳税款,甚至出现资金链断裂,被迫裁员或倒闭。人们因失业和病毒感染,无力承担税款或无法按期申报纳税。延期申报和延期纳税政策大大减轻了纳税人疫情期间的税收负担,也给企业增加了一笔现金流,缓解企业资金压力,从而助力企业复工复产。但是,延期纳税会暂时减少政府税收收入。在疫情期间,政府财政支出扩张,可能入不敷出。政府必须严格财政预算安排,减少不必要的支出。

同时,各国还积极通过向企业发放工资补贴和向中小企业提供优惠贷款的方式加强企业资金流,帮助它们克服因新冠肺炎疫情导致的暂时收入损失,稳定职工就业的同时,加快各行业的企业复工复业,以促进经济社会快速恢复。

2. 助推经济复苏

疫情爆发后,各国采取的税收优惠政策在支持疫情防控救治和促进经济恢复活力等

方面都产生了一定的积极影响。

随着疫情的蔓延，各国认识到了疫情对经济的冲击，开始加大政策力度并将重点转移到刺激经济回暖上。

首先，支持企业复工复产是对抗经济衰退的首要任务。许多国家规定在限期内允许企业将亏损向以前年度结转，不仅能直接减轻企业纳税负担，缓解当期的资金困难，而且通过抵减以前年度的利润还可以形成退税，增加企业现金流入，从而减轻企业恢复生产的压力，激发企业扩大产能的积极性。

其次，各国出台的所得税、财产税优惠政策，通过投资成本费用化、固定资产加速折旧、研发费用加计扣除、特别投资税收抵免等方式，能有效降低企业投资成本，刺激企业的投资行为，从而激发企业活力。

再次，为促进居民消费，拉动需求增长，各国政府不仅通过所得税的减免稳定了居民收入水平，而且通过下调餐饮业、旅游业等行业增值税税率降低了企业的生产经营成本，通过价格链条反映为相关行业最终产品和服务价格的下降，从而促进居民消费。

最后，为了应对疫情对就业的打击，避免失业人口的大幅上升，各国通过减免个人所得税、雇主工薪税和带薪休假抵免等方式，减轻了居民和中小企业的纳税负担，有效防控了失业率的大幅上涨，促进了稳岗就业。

总体来看，越来越多的国家已经认识到了疫情对世界经济冲击的严峻性，也开始执行了更强有力的对冲政策，以抑制世界经济的衰退。各国通过一系列税收优惠政策，鼓励了企业与员工的复工复产，刺激了居民消费和投资，从而促进整体经济恢复活力，推动了产业发展回升、社会秩序恢复。

3. 提升电子化信息化水平，降低经济主体奉行成本

新冠病毒的感染性强，传播迅速。传统的窗口纳税服务方法离不开面对面接触，纳税人必须按时按地进行报税，如此会增加纳税人和税收服务人员感染病毒的风险。各国推出电子报税、在线缴税、便利店缴税等方法，减少了纳税人的接触风险，从而阻隔病毒传播，加强病毒防控，同时提高了效率。此外，纳税 App、网络报税等方法，在疫情发生之前就已经产生，比如日本的便利店纳税方法，在 2019 年就开始实施。新冠肺炎疫情利用了这些新手段的同时，也促进了电子税务的发展。在未来，纳税申报、税款缴纳将更多地在线上完成，网络办公将成为常态。

4. 增加税收环境的稳定性和确定性

在部分国家，税务局对企业的税收检查频繁，对于企业而言，频繁的税收检查增加了税收遵从成本，特别给外国投资企业带来很多不确定风险。以我国“走出去”企业为例，

部分“走出去”企业受到国外税务局频繁的税收检查，并受到不利的裁决。此次疫情期间，一些国家暂停或减少了税收检查，这有利于增加当前严峻经济形势下税收环境的稳定性和确定性。当然，减少税务检查也可能会造成税款流失，因此，税务机关暂缓和减少税收检查的同时，也要严格遵守法规，疏而不漏。

5. 避免重复征税，保护纳税人利益

新冠肺炎疫情期间，各国政府实施的出行限制及各种隔离措施，可能造成个人工作地点的临时变化，由此会带来常设机构或个人、企业税收居民身份认定的争议，导致双重税收居民身份。

2020 年 4 月 3 日，经济合作与发展组织发布《OECD 秘书处分析报告：税收协定与新型冠状病毒肺炎疫情产生的影响》，对疫情期间因工作地点临时变化产生的居民身份认定争议给出了指导意见，其中包括：因不可抗力或政府规定，境外企业员工或代理人短期内（非日常）临时在家办公并在其居住地税收管辖区代表其非居民雇主或委托人订立合同，不应视为“经常行使权力以企业的名义签订合同”，因此也不应视作企业在该税收管辖区构成代理人常设机构。在计算建筑工程的持续时间时，应包括由于材料或劳动力短缺等原因导致中途停顿作业的时间，以确定该建筑工程项目是否构成常设机构。换言之，不应剔除由于新冠肺炎疫情导致的临时停工时间。报告仅代表 OECD 的观点，虽然具有一定影响力，但对各国税务机关并无法律约束力。在适用税收协定时，是否遵循报告中的观点取决于各国税务机关。部分国家主动接受 OECD 报告的指导意见，有利于避免重复征税，保护因疫情被迫滞留的纳税人的利益。

6. 丰富政策手段，恢复社会经济秩序

可以看出，各国还对养老、医疗、健康卫生等多个领域给予政策支持，做好各领域疫情防控经费保障，构建“防疫密网”。对老人、学生等人群的支持，体现了各国对困难弱势群众的兜底保障工作，为“后疫情”时期社会经济稳定发展提供了一个坚实的基础。

可见，各国推出的非税政策主要为了实现刺激经济和保障民生两个目的，以降低新冠肺炎疫情的冲击，使企业和民众都能顺利渡过难关。通过税收政策、非税政策和征管政策相结合，帮助企业与个人能够快速地从新冠肺炎疫情的影响中恢复过来，让社会经济秩序尽快步入正轨。

六、改进我国财政收入政策与制度的建议

（一）建立应对突发性灾害的收入政策体系和长效机制

如前所述，我国应对此次疫情的财政收入政策和“非典”时期相似，均以阶段性、分散

性政策为主。虽然短期内具有针对性和响应性,但是手段较为分散,不成体系,以事后阶段性应急政策为主,存在较大不确定性,从长远来看缺失应对突发性灾害的成熟财税政策体系。此外,现阶段我国实行的财政收入政策体系主要局限于疫情防控阶段,缺乏针对疫情后续影响的应对策略。

因此,应基于国家层面,从实体法到程序法,积极着手建立一套针对突发事件、包括重大公共卫生事件在内的重大灾害的可持续性财税政策体系和长效机制,与阶段性应急政策形成互补协调的政策支撑体系,以便在突发事件发生时能够快速回应和有效执行,对各类市场主体和各级政府而言,也能增强对政策的稳定预期,平衡收入政策的稳定性和灵活性。同时,需针对疫情防控进入常态化及后疫情时代经济运行中面临的各种困难,通过优化税收结构、完善税费制度,推动征管信息化等项改革,切实缓解经济下行压力,实现财政保收入和经济的可持续发展。

(二)优化财政收入结构,探索制度化的减负空间

现阶段的财政收入政策以减费降税为主体。减税降费政策在降低企业和个人税负的同时,不可避免地给财政带来一定压力。近年来,我国已经连续实行系列减税降费政策,今后进一步下调税率和征费率,实行大幅普惠性减税的优惠空间已不大。从课题组的问卷调查结果看,53.49 %的受调查者认为今后"减费降税"的政策空间较小。与此同时,税费减免会进一步加剧财政增支减收的矛盾和收支缺口。因此,以直接免征和减征为主要政策手段的优惠政策不具有可持续性,需要探索对市场主体减负的有效可替代政策。

基于上述问题,在疫情影响和财政减收增支压力加大的背景下,一方面各级政府需要从支持企业和地方长远发展和经济复苏的角度出发,调整优化我国现行财政收入结构、完善地方财政收入体系,通过消费税、资源税和房产税等税种改革,探索保持财政收入充足和可持续性的制度体系;另一方面从深化增值税和所得税等主体税种改革的角度,探索制度化的减负空间。例如:现阶段受疫情影响,企业面临的主要困境是流动性和融资问题。可考虑对企业购进贷款服务的利息进项准予增值税进项抵扣,既能切实缓解市场主体的融资困境,也能彻底打通增值税"链条"。

(三)多样化政策工具,对"物"与对"人"优惠相结合

从现阶段的财政收入政策工具看,以针对企业所得税和增值税优惠为主,个人所得税和其他税种的优惠政策较少;优惠方式以直接免税、减征、捐赠扣税和缓缴为主,而其他政策工具,如抵免、退税、损失补偿等其他政策工具则较少采用。2020 年进行的一项针对疫情冲击下中小微企业困境的一项调查显示,73.84%的受访企业表示未享受税收

优惠政策。[①] 因此,较为单一的政策工具在一定程度上限制了符合条件享受政策的市场主体规模,政策效应有局限。

从政策效应局限看:(1)所得税减免主要针对盈利企业,而受疫情影响更加需要扶持和救助的亏损企业却难以从政策中直接受益。针对这一问题,可以借鉴国际惯例探索优化亏损弥补政策,一方面适当扩大延长亏损向后结转弥补年限的适用企业范围;另一方面,研究出台亏损向前结转弥补退税的政策。(2)优惠政策主要适用于企业性单位和个体工商户,针对一般居民个人或家庭单位的相关扶持及优惠政策基本缺失,只有针对特定个人的捐赠全额扣除、补助奖金免税及防疫物品免税等阶段性政策。因此,财政收入政策在对"物"进行优惠的同时,也需要逐渐增加对"人"这一生产要素的能动性进行鼓励优惠的范围和力度,从对"物"的优惠为主转向对"物"与"人"的优惠相结合,发挥劳动力主观能动性,提高企业员工工作积极性和主动性,进而提高企业生产效率。如针对企业科技创新的优惠政策,可以提高科技人才所得税扣税基数标准,对个人转让知识产权收益、稿费收入实行减税政策,对科研人员从科研活动中获取的奖金、收入实行所得税减免。

(四)明晰优惠政策条款,建立政策信息动态更新平台

一方面,在税收减免政策实施的过程中,存在部分政策条款不清晰,条件不具体,导致征纳双方在准确适用政策上存在风险。例如:此次应对疫情相关政策中,对于符合优惠政策的主体范围如"受疫情影响较为严重""疫情严重地区""受疫情影响生产经营出现严重困难的企业"等的界定并不明确,不仅增大了征管难度,执行标准的不统一也导致地区差异,而且一定程度上也助长了"寻租"和"违章"的可能性,破坏了公平良好的税收环境。国家税务总局于2020年3月中旬组织开展打击骗取疫情防控税收优惠等违法行为专项行动,截至5月底,各地税务部门共对1 859户违法企业实施立案检查;移送公安机关1 658户。而另一方面,应对疫情的财税补贴政策对政策享受主体、享受资格条件及政策有效期限等问题的规定较为复杂,并且政策具有根据疫情情况灵活调整的不确定性,加之各地方具体适用的政策细则也有较大差异,因此在对相关政策缺乏系统梳理,未能动态更新、集中列举的情况下,不利于政策对象及时、准确了解和适用各项政策。为帮助纳税人缴费人准确掌握和及时适用各项税费优惠政策,2020年7月1日税务总局对疫情发生以来国家出台支持疫情防控和经济社会发展的税费优惠政策进行了梳理和动态更新,形成了《支持疫情防控和经济社会发展税费优惠政策指引》。但是,在地方政府

① 朱武祥,张平,李鹏飞,王子阳. 疫情冲击下中小微企业困境与政策效率提升—基于两次全国问卷调查的分析[J]. 管理世界,2020(4).

层面，由于治理能力和管理水平客观上存在差异，部分地方政府缺失对地方政策的具体指引，加之全国政策零散，跨地区经营的纳税人难以适从，客观上存在不能充分或准确适用政策的风险。

为了进一步提高财税政策的执行效率和经济效益，针对减免政策条款的模糊性和不确定，财政部及相关部门在制定减免政策时，应当制定清晰明确的减免条款，避免使用主观性、可辩解性较大的词语作为界定享受主体、减免资格条件等的标准，可采用较为具体明确的、容易量化的且与减免主体特征条件密切相关的条件或指标，建议可以用“销售额比去年同期减少50%以上的中小微企业”“营业收入比去年同季度减少了50%的企业”等具体指标进行量化和细化，防范政策执行风险。同时，中央和省级主管部门可以协同建设相关政策可查询、可咨询的统一信息平台和政策数据库，对各项减免政策的减免条件及标准进行及时披露，开发减免资格审核小程序，便于优惠主体快速了解及查询符合自身条件的减免政策；通过综合信息平台，对政策清单进行系统梳理和动态更新，各省份负责对全省范围内的地方政策进行梳理和更新，最大化便利政策适用主体，也为动态跟踪、评估和分析政策效应建立基础。

综上所述，我国应以此次疫情防控为契机，探索建立适合我国国情的应急财税政策体系，合理架构后疫情时代进一步发挥财政收入政策支持作用的策略选择，做好与其他经济社会政策的有机衔接，为后疫情时代社会经济稳定持续增长提供强大的政策支撑。

附件：后疫情时期我国财政收入格局研究课题组调查问卷

1. 本次调研所涉数据的所在地区：________省(直辖市、自治区)。

2. 本次调研所涉数据的政府层级。[单选题]

选项	小计	比例
省级政府	7	16.28%
地市级政府	16	37.21%
县级（区级）政府	19	44.19%
乡镇政府	1	2.33%
本题有效填写人次	43	

一、疫情对经济的影响

3. 从税收收入的产业结构看，2020年上半年(截至6月30日)，本级政府所在地受疫情影响，与2019年同期相比，税收贡献下降较为显著的产业有哪些？[多选题]

选项	小计	比例
农林牧渔业	2	4.65%
采矿冶金业	10	23.26%
工业制造业	36	83.72%
建筑和房地产业	20	46.51%
商业批发零售	29	67.44%
交通运输服务	26	60.47%
邮政电信服务	2	4.65%
现代服务业	17	39.53%
生活服务业	25	58.14%
不了解	0	0%
本题有效填写人次	43	

4. 从税收收入的产业结构看，2020年上半年(截至6月30日)，本级政府所在地受疫情影响，与2019年同期相比，税收贡献大致持平的产业有哪些？[多选题]

选项	小计	比例
农林牧渔业	24	55.81%
采矿冶金业	10	23.26%
工业制造业	1	2.33%
建筑和房地产业	8	18.6%
商业批发零售	8	18.6%
交通运输服务	6	13.95%
邮政电信服务	15	34.88%
现代服务业	10	23.26%
生活服务业	6	13.95%
不了解	5	11.63%
本题有效填写人次	43	

5. 从税收收入的产业结构看，2020年上半年(截至6月30日)，本级政府所在地受疫情影响，与2019年同期相比，税收贡献出现增长的产业有哪些？[多选题]

选项	小计	比例
农林牧渔业	5	11.63%
采矿冶金业	5	11.63%
工业制造业	5	11.63%
建筑和房地产业	7	16.28%
商业批发零售	2	4.65%
交通运输服务	1	2.33%
邮政电信服务	12	27.91%
现代服务业	12	27.91%
生活服务业	6	13.95%
不了解	8	18.6%
本题有效填写人次	43	

6. 2020年上半年(截至6月30日),本级政府所在地受疫情影响,与2019年同期相比,对本地居住、就业的外籍人员人数有何影响?[单选题]

选项	小计	比例
没有显著影响，与2019年同期持平	7	16.28%
同比减少10%以内	1	2.33%
同比减少10%~20%	5	11.63%
同比减少20%~50%	3	6.98%
同比减少50%以上	1	2.33%
同比增加	0	0%
不了解	26	60.47%
本题有效填写人次	43	

7. 2020年上半年(截至6月30日),本级政府所在地受疫情影响,与2019年同期相比,引进外资有何变化?[单选题]

选项	小计	比例
没有显著影响，与2019年同期持平	7	16.28%
同比减少10%以内	2	4.65%
同比减少10%~20%	5	11.63%
同比减少20%~50%	4	9.3%
同比减少50%以上	3	6.98%
同比增加	4	9.3%
不了解	18	41.86%
本题有效填写人次	43	

二、疫情对税收和非税收入的影响

8. 2020 年上半年(截至 6 月 30 日),与 2019 年同期相比,本级政府所在地的地方税收收入总体受到多大影响?[单选题]

选项	小计	比例
没有显著影响,与 2019 年同期持平	3	6.98%
同比减少 10%以内	8	18.6%
同比减少 10%~20%	22	51.16%
同比减少 20%~50%	7	16.28%
同比减少 50%以上	0	0%
同比增加	2	4.65%
不了解	1	2.33%
本题有效填写人次	43	

9. 2020 年上半年(截至 6 月 30 日),与 2019 年同期相比,本级政府所在地的国内增值税收入同比变化多少?[单选题]

选项	小计	比例
没有显著影响,与 2019 年同期持平	3	6.98%
同比减少 10%以内	5	11.63%
同比减少 10%~20%	17	39.53%
同比减少 20%~50%	14	32.56%
同比减少 50%以上	1	2.33%
同比增加	2	4.65%
不了解	1	2.33%
本题有效填写人次	43	

10. 2020 年上半年(截至 6 月 30 日),与 2019 年同期相比,本级政府所在地的国内消费税收入同比变化多少?[单选题]

选项	小计	比例
没有显著影响,与 2019 年同期持平	7	16.28%
同比减少 10%以内	13	30.23%
同比减少 10%~20%	10	23.26%
同比减少 20%~50%	1	2.33%
同比减少 50%以上	1	2.33%
同比增加	4	9.3%
不了解	7	16.28%
本题有效填写人次	43	

11. 2020年上半年(截至6月30日),与2019年同期相比,本级政府所在地的关税收入同比变化多少?[单选题]

选项	小计	比例
没有显著影响，与2019年同期持平	3	6.98%
同比减少10%以内	4	9.3%
同比减少10%~20%	5	11.63%
同比减少20%~50%	1	2.33%
同比减少50%以上	4	9.3%
同比增加	2	4.65%
不了解	24	55.81%
本题有效填写人次	43	

12. 2020年上半年(截至6月30日),与2019年同期相比,本级政府所在地的进口货物增值税和消费税收入同比变化多少?[单选题]

选项	小计	比例
没有显著影响，与2019年同期持平	3	6.98%
同比减少10%以内	3	6.98%
同比减少10%~20%	7	16.28%
同比减少20%~50%	5	11.63%
同比减少50%以上	2	4.65%
同比增加	3	6.98%
不了解	20	46.51%
本题有效填写人次	43	

13. 2020年上半年(截至6月30日),与2019年同期相比,本级政府所在地的出口货物增值税和消费税退税收入同比变化多少?[单选题]

选项	小计	比例
没有显著影响，与2019年同期持平	2	4.65%
同比减少10%以内	9	20.93%
同比减少10%~20%	7	16.28%
同比减少20%~50%	9	20.93%
同比减少50%以上	1	2.33%
同比增加	2	4.65%
不了解	13	30.23%
本题有效填写人次	43	

14. 2020年上半年(截至6月30日),与2019年同期相比,本级政府所在地的车辆购置税收入同比变化多少?[单选题]

选项	小计	比例
没有显著影响,与2019年同期持平	4	9.3%
同比减少10%以内	10	23.26%
同比减少10%~20%	11	25.58%
同比减少20%~50%	2	4.65%
同比减少50%以上	1	2.33%
同比增加	2	4.65%
不了解	13	30.23%
本题有效填写人次	43	

15. 2020年上半年(截至6月30日),与2019年同期相比,本级政府所在地的土地增值税收入同比变化多少?[单选题]

选项	小计	比例
没有显著影响,与2019年同期持平	4	9.3%
同比减少10%以内	6	13.95%
同比减少10%~20%	6	13.95%
同比减少20%~50%	3	6.98%
同比减少50%以上	8	18.6%
同比增加	11	25.58%
不了解	5	11.63%
本题有效填写人次	43	

16. 2020年上半年(截至6月30日),与2019年同期相比,本级政府所在地的印花税收入同比变化多少?[单选题]

选项	小计	比例
没有显著影响,与2019年同期持平	6	13.95%
同比减少10%以内	13	30.23%
同比减少10%~20%	6	13.95%
同比减少20%~50%	3	6.98%
同比减少50%以上	1	2.33%
同比增加	9	20.93%
不了解	5	11.63%
本题有效填写人次	43	

17. 2020年上半年（截至6月30日），与2019年同期相比，本级政府所在地的企业所得税收入同比变化多少？［单选题］

选项	小计	比例
没有显著影响，与2019年同期持平	3	6.98%
同比减少10%以内	12	27.91%
同比减少10%~20%	10	23.26%
同比减少20%~50%	8	18.6%
同比减少50%以上	2	4.65%
同比增加	7	16.28%
不了解	1	2.33%
本题有效填写人次	43	

18. 2020年上半年（截至6月30日），与2019年同期相比，本级政府所在地的个人所得税收入同比变化多少？［单选题］

选项	小计	比例
没有显著影响，与2019年同期持平	8	18.6%
同比减少10%以内	9	20.93%
同比减少10%~20%	5	11.63%
同比减少20%~50%	3	6.98%
同比减少50%以上	2	4.65%
同比增加	14	32.56%
不了解	2	4.65%
本题有效填写人次	43	

19. 2020年上半年（截至6月30日），与2019年同期相比，本级政府所在地的契税同比变化多少？［单选题］

选项	小计	比例
没有显著影响，与2019年同期持平	4	9.3%
同比减少10%以内	7	16.28%
同比减少10%~20%	7	16.28%
同比减少20%~50%	8	18.6%
同比减少50%以上	5	11.63%
同比增加	7	16.28%
不了解	5	11.63%
本题有效填写人次	43	

20. 2020年上半年(截至6月30日),与2019年同期相比,本级政府所在地的房产税同比变化多少?[单选题]

选项	小计	比例
没有显著影响,与2019年同期持平	5	11.63%
同比减少10%以内	6	13.95%
同比减少10%~20%	12	27.91%
同比减少20%~50%	6	13.95%
同比减少50%以上	1	2.33%
同比增加	10	23.26%
不了解	3	6.98%
本题有效填写人次	43	

21. 2020年上半年(截至6月30日),与2019年同期相比,本级政府所在地的城镇土地使用税同比变化多少?[单选题]

选项	小计	比例
没有显著影响,与2019年同期持平	8	18.6%
同比减少10%以内	2	4.65%
同比减少10%~20%	13	30.23%
同比减少20%~50%	8	18.6%
同比减少50%以上	3	6.98%
同比增加	5	11.63%
不了解	4	9.3%
本题有效填写人次	43	

22. 2020年上半年(截至6月30日),与2019年同期相比,外向型经济的税收收入出现怎样的变化?[单选题]

选项	小计	比例
没有显著影响,与2019年同期持平	5	11.63%
同比减少10%以内	4	9.3%
同比减少10%~20%	5	11.63%
同比减少20%~50%	7	16.28%
同比减少50%以上	3	6.98%
同比增加	4	9.3%
不了解	15	34.88%
本题有效填写人次	43	

23. 2020 年上半年(截至 6 月 30 日)，与 2019 年同期相比，外资企业缴纳的增值税有何变化?［单选题］

选项	小计	比例
没有显著影响，与 2019 年同期持平	5	11.63%
同比减少 10%以内	9	20.93%
同比减少 10%~20%	6	13.95%
同比减少 20%~50%	4	9.3%
同比减少 50%以上	2	4.65%
同比增加	3	6.98%
不了解	14	32.56%
本题有效填写人次	43	

24. 2020 年上半年(截至 6 月 30 日)，与 2019 年同期相比，外资企业缴纳的消费税有何变化?［单选题］

选项	小计	比例
没有显著影响，与 2019 年同期持平	10	23.26%
同比减少 10%以内	4	9.3%
同比减少 10%~20%	3	6.98%
同比减少 20%~50%	3	6.98%
同比减少 50%以上	1	2.33%
同比增加	1	2.33%
不了解	21	48.84%
本题有效填写人次	43	

25. 2020 年上半年(截至 6 月 30 日)，与 2019 年同期相比，外资企业缴纳的企业所得税有何变化?［单选题］

选项	小计	比例
没有显著影响，与 2019 年同期持平	6	13.95%
同比减少 10%以内	7	16.28%
同比减少 10%~20%	6	13.95%
同比减少 20%~50%	4	9.3%
同比减少 50%以上	2	4.65%
同比增加	5	11.63%
不了解	13	30.23%
本题有效填写人次	43	

26. 2020年上半年(截至6月30日),与2019年同期相比,外资企业缴纳的个人所得税有何变化?[单选题]

选项	小计	比例
没有显著影响，与2019年同期持平	10	23.26%
同比减少10%以内	7	16.28%
同比减少10%~20%	1	2.33%
同比减少20%~50%	3	6.98%
同比减少50%以上	1	2.33%
同比增加	5	11.63%
不了解	16	37.21%
本题有效填写人次	43	

27. 2020年上半年(截至6月30日),与2019年同期相比,走出去企业的数量有何变化?[单选题]

选项	小计	比例
没有显著影响，与2019年同期持平	7	16.28%
同比减少10%以内	4	9.3%
同比减少10%~20%	4	9.3%
同比减少20%~50%	2	4.65%
同比减少50%以上	3	6.98%
同比增加	1	2.33%
不了解	22	51.16%
本题有效填写人次	43	

28. 2020年上半年(截至6月30日),与2019年同期相比,对外投资金额有何变化?[单选题]

选项	小计	比例
没有显著影响，与2019年同期持平	6	13.95%
同比减少10%以内	7	16.28%
同比减少10%~20%	1	2.33%
同比减少20%~50%	4	9.3%
同比减少50%以上	2	4.65%
同比增加	1	2.33%
不了解	22	51.16%
本题有效填写人次	43	

29. 2020 年上半年(截至 6 月 30 日),与 2019 年同期相比,非居民缴纳的个人所得税收入变化情况如何?[单选题]

选项	小计	比例
没有显著影响，与 2019 年同期持平	11	25.58%
同比减少 10%以内	8	18.6%
同比减少 10%~20%	0	0%
同比减少 20%~50%	3	6.98%
同比减少 50%以上	0	0%
同比增加	3	6.98%
不了解	18	41.86%
本题有效填写人次	43	

30. 2020 年上半年(截至 6 月 30 日),与 2019 年同期相比,本级政府所在地的财政收入(包括税收和非税收入)总体受到多大程度的影响?[单选题]

选项	小计	比例
没有显著影响，与 2019 年同期持平	4	9.3%
同比减少 10%以内	11	25.58%
同比减少 10%~20%	17	39.53%
同比减少 20%~50%	5	11.63%
同比减少 50%以上	2	4.65%
同比增加	2	4.65%
不了解	2	4.65%
本题有效填写人次	43	

31. 2020 年上半年(截至 6 月 30 日),本级政府所在地的有关收费等非税收入政策有无变化?[单选题]

选项	小计	比例
有变化	27	62.79%
无变化	16	37.21%
本题有效填写人次	43	

32. 2020年上半年(截至6月30日)，与2019年同期相比，本级政府所在地的一般公共预算收入呈现怎样的变化？[单选题]

选项	小计	比例
没有显著影响，与2019年同期持平	2	4.65%
同比减少10%以内	14	32.56%
同比减少10%~20%	17	39.53%
同比减少20%~50%	2	4.65%
同比减少50%以上	0	0%
同比增加	3	6.98%
不了解	5	11.63%
本题有效填写人次	43	

33. 2020年上半年(截至6月30日)，与2019年同期相比，本级政府所在地的政府性基金收入呈现怎样的变化？[单选题]

选项	小计	比例
没有显著影响，与2019年同期持平	5	11.63%
同比减少10%以内	7	16.28%
同比减少10%~20%	6	13.95%
同比减少20%~50%	7	16.28%
同比减少50%以上	4	9.3%
同比增加	2	4.65%
不了解	12	27.91%
本题有效填写人次	43	

34. 2020年上半年(截至6月30日)，与2019年同期相比，本级政府所在地的社保基金预算收入呈现怎样的变化？[单选题]

选项	小计	比例
没有显著影响，与2019年同期持平	4	9.3%
同比减少10%以内	8	18.6%
同比减少10%~20%	6	13.95%
同比减少20%~50%	7	16.28%
同比减少50%以上	1	2.33%
同比增加	7	16.28%
不了解	10	23.26%
本题有效填写人次	43	

35. 2020 年上半年(截至 6 月 30 日),与 2019 年同期相比,本级政府所在地的国有资本经营预算收入呈现怎样的变化?[单选题]

选项	小计	比例
没有显著影响，与 2019 年同期持平	8	18.6%
同比减少 10%以内	8	18.6%
同比减少 10%~20%	4	9.3%
同比减少 20%~50%	1	2.33%
同比减少 50%以上	2	4.65%
同比增加	4	9.3%
不了解	16	37.21%
本题有效填写人次	43	

36. 2020 年上半年(截至 6 月 30 日),与 2019 年同期相比,本级政府所在地的国有土地使用权出让收入的规模如何变化?[单选题]

选项	小计	比例
没有显著影响，与 2019 年同期持平	4	9.3%
同比减少 10%以内	3	6.98%
同比减少 10%~20%	5	11.63%
同比减少 20%~50%	5	11.63%
同比减少 50%以上	4	9.3%
同比增加	10	23.26%
不了解	12	27.91%
本题有效填写人次	43	

37. 据您掌握情况,能列举一两个本省(市)税收收入仍然较为坚挺,保持平稳甚至出现较快增长的地(市)、区吗? 据您观察,其原因何在?[简答题]

38. 根据您的观察和判断,如果疫情和国际经贸冲持续,是否会对我国税制结构(增值税、所得税和财产税比重)产生较大影响? 可能的主要原因是什么?[简答题]

39. 据您掌握情况,能列举一两个本省(市)税收收入仍然较为坚挺,保持平稳甚至出现较快增长的产业吗? 据您观察,其原因何在?[简答题]

三、政府政策相机决策与调整

40. 疫情期间出台的“减税降费”政策在助推实体经济和小微企业生存发展方面的效应是否显著?[单选题]

选项	小计	比例
没有影响	0	0%
影响不大	7	16.28%
影响显著	29	67.44%
不了解	4	9.3%
(空)	3	6.98%
本题有效填写人次	43	

41. 疫情期间出台的“减税降费”政策在助力市场主体创新和高新技术企业发展方面的政策效应是否显著？[单选题]

选项	小计	比例
没有影响	1	2.33%
影响不大	14	32.56%
影响显著	19	44.19%
不了解	5	11.63%
(空)	4	9.3%
本题有效填写人次	43	

42.“减税降费”今后是否还有进一步减税的较大政策空间？[单选题]

选项	小计	比例
有较大的政策空间	7	16.28%
有较小的政策空间	23	53.49%
几乎没有政策空间	4	9.3%
不了解	5	11.63%
(空)	4	9.3%
本题有效填写人次	43	

43. 本级政府所在地的税收收入对外向型经济或出口导向型经济的依存度如何？[单选题]

选项	小计	比例
依存度较大	12	27.91%
依存度较小	20	46.51%
几乎没有依存度	2	4.65%
不了解	5	11.63%
(空)	4	9.3%
本题有效填写人次	43	

44. 如果疫情和国际经贸冲突持续，根据您的观察和预测，是否会对本级政府所在地的外向型经济税源产生重大影响？[单选题]

选项	小计	比例
有较大影响	24	55.81%
有较小影响	6	13.95%
没有影响	2	4.65%
不了解	6	13.95%
(空)	5	11.63%
本题有效填写人次	43	

45. 自疫情发生以来，线上经济、平台经济发展迅速。根据您的观察和判断，互联网应用相关行业未来能否成为后疫情时代新的税源增长点？[单选题]

选项	小计	比例
不可能	1	2.33%
有微小的空间	11	25.58%
有较大的空间	24	55.81%
不了解	3	6.98%
(空)	4	9.3%
本题有效填写人次	43	

46. 对新经济的税收征管主要面临哪些方面的障碍和问题？[简答题]

47. 据您观察，为应对疫情冲击、促进后疫情时期的经济社会发展，税收制度和税收政策领域可做的重要改革是？[简答题]

48. 预算编制中是否有预算储备金？预算储备金主要用于哪些方面？此次疫情是否动用了预算储备金？[简答题]

感谢您花时间完成本问卷。您的参与将有助于国家制定更好的财政收入政策。

参考文献

1. 傅志华，韩凤芹，周孝，申学锋．疫情冲击下的地方财政形势：现状、风险与应对[J]. 地方财政研究，2020(07)：39－48.

2. 张亚璟．“新冠肺炎”对我国经济发展和税收的影响[J]. 山西财经大学学报，2020，42(S1)：1－4.

3. 中华人民共和国中央人民政府网站，http://www.gov.cn/.

4. 中华人民共和国财政部网站，http://mof.gov.cn/.

5. 国家税务局网站,http://www.chinatax.gov.cn.

6. 中国地方政府债券信息公开平台,http://www.celma.org.cn/zqxx/index.jhtml.

7. 中国债券信息网,https://www.chinabond.com.cn/d2s/index.html.

8. 李克强.政府工作报告——2020年5月22日在第十三届全国人民代表大会第三次会议上[J].中华人民共和国国务院公报,2020(16):4—12.

9. 中华人民共和国财政部国库司,http://gks.mof.gov.cn/tongjishuju/.

10. 国家财政部.2020年一季度财政收支情况新闻发布会文字实录[EB/OL].http://www.gov.cn/xinwen/2020—04/20/content_5504362.htm,2020—04—20.

11. 汪红驹.2020第二季中国财政运行季报[EB/OL].http://www.china—cer.com.cn/hongguanjingji/202008187548.html,2020—08—18.

12. 国家财政部.2020年前三季度财政收支情况新闻发布会文字实录[EB/OL].http://www.mof.gov.cn/zhengwuxinxi/caizhengxinwen/202010/t20201021_3608232.htm,2020—10—21.

13. 财政部.关于2019年中央和地方预算执行情况与2020年中央和地方预算草案的报告[EB/OL].(2020—05—30).http://www.mof.gov.cn/gkml/caizhengshuju/202005/t20200530_3523307.htm.

14. 财政部国库司.2020年1—9月中央政府收支及融资数据和二季度债务余额情况[EB/OL].(2020—10—26).http://gks.mof.gov.cn/tongjishuju/202010/P0202010265
25277583804.pdf.

15. 财政部.2020年中央国有资本经营收入预算表[EB/OL].(2020—06—17).http://yss.mof.gov.cn/2020zyys/202006/t20200615_3532077.htm.

16. 财政部.关于2020年中央国有资本经营预算的说明[EB/OL].(2020—06—17).http://yss.mof.gov.cn/2020zyys/202006/t20200615_3532010.htm.

第三章

中国房地产市场

2020 年 COVID-19 新冠疫情对房地产市场的冲击正逐渐展现出来，可能比以往传染病疫情造成的影响更为复杂，更为深远。在本书中，我们通过对 2020 年前三季度相关统计数据的整理和分析，以及对政策走势的梳理，采用定量研究和政策分析的方法来研判疫情对土地市场，以及住房、商业、办公三种类型的房产市场的影响，并对后疫情时代房地产市场的发展走势做出判断，并讨论相应的发展对策。

一、概述

(一)背景

我国的房地产业在过去的 20 年中经历了一个快速发展的阶段，对国民经济的增长和就业增加做出了很大的贡献。到 2019 年，房地产业增加值占 GDP 比重达到了 7.03%，房地产业就业人数接近 510.26 万人，占城镇单位就业人数的 3%。房地产业的发展对建筑业、制造业、批发零售业、商业服务等行业起到了显著的带动作用，对土地开发和城市发展有很强的促进作用，同时关系着城市居民的安居乐业。

2020 年初 COVID-19 新型冠状病毒疫情爆发之后，全国上下一盘棋，投入到了防疫抗疫斗争中。各地都推迟了春节后的复工复学，出台了许多防疫管控措施，加强人口流动管理，限制人群聚集。这一系列的措施不但导致房地产投资、开发和建设的延缓，同时还给住房市场和商业地产市场带来了直接的冲击。在 2 月 3 日召开的中共中央政治局常务委员会会议中，习近平总书记指出："密切监测经济运行状况，聚焦疫情对经济运行带来的冲击和影响，围绕做好'六稳'工作，做好应对各种复杂困难局面的准备。"[①]在

① 中国基金报. 习近平：聚焦疫情对经济运行带来的冲击和影响，做好应对各种复杂困难局面的准备！[OL]. [2020—02—03]. https://www.sohu.com/a/370413509_465270.

2020年两会的政府工作报告中，除了提到继续坚持“房住不炒，因城施策，促进房地产市场平稳健康发展”的既定方针外，还针对疫情对企业的影响提出了“减免国有房产租金，鼓励各类业主减免或缓收房租，并予政策支持”“放宽小微企业、个体工商户登记经营场所限制”等政策措施[①]。这些政策延续了近年来房地产市场平稳健康发展的主要目标，同时也鼓励房地产行业在确保自身运行稳定的情况下，采取措施缓解中小企业租户由于疫情而受到的冲击。

与2003年的SARS疫情相比，COVID-19新冠肺炎疫情传染性更强，影响范围更为广泛，持续时间更长。因此，COVID-19新冠肺炎疫情以及疫情之后的政策调整可能会给房地产市场和房地产行业带来更为复杂而深远的影响。新冠肺炎疫情对房地产行业的冲击主要表现在哪些方面？在疫情防控常态化前提下，如何缓解疫情对房地产行业的影响？如何保障后疫情时代房地产市场平稳健康发展？本书将通过对梳理和评估近期土地市场，以及住宅、商业、办公地产市场的运行状况，分析新冠肺炎疫情带来的直接和间接影响，同时通过对房地产板块的相关政策的整理，展望行业未来的发展趋势，并提出相应的政策建议。

（二）经济政策的不确定性对经济的影响

近年来，在全球经济疲软以及全球经济一体化的背景下，“黑天鹅”事件频发，影响范围不断加大。2020年初的新型冠状病毒肺炎疫情更是给经济带来了不确定性的冲击。现有的文献侧重从经济政策不确定性的角度探讨因“黑天鹅”事件导致的不确定性如何冲击实体经济（Bloom，2014；Jurado et al.，2015；Baker et al.，2016；Husted et al.，2019）。现有的国外研究发现，经济政策的不确定性在微观层面将抑制企业投资（Gulen and Ion，2015），影响企业并购重组（Nguyen and Phan，2017），增加企业的风险和信息不对称（Nagar et al.，2019），导致宏观层面的经济波动（Baker et al.，2016）。在针对中国的研究中，学者们也发现经济政策不确定性不仅会给企业投资、信用供给、创新、生产率等带来负面冲击影响（陈德球和陈运森，2018；陈胜蓝和刘晓玲，2018；李凤羽和杨墨竹，2015；郝威亚等，2016；顾夏铭等，2018），而是显著影响房价波动及宏观经济增长（王义中和宋敏，2014；金雪军等，2014；刘尚希和武靖州，2018）。而房地产业是国民经济的重要组成部分，在活跃市场、促进创新、解决就业等方面均发挥着重要作用，到目前为止，鲜有研究报告直接探讨新型冠状病毒肺炎疫情对房地产业的影响。这正是本研究报告的重要意义所在。

---

① 新华网.（两会受权发布）政府工作报告［OL］.［2020－05－30］. http://www.china.com.cn/lianghui/news/2020－05/30/content_76107727.shtml.

(三)传染病疫情对经济以及房地产的影响

大规模的传染病疫情除造成民众健康和生命的损失外，还会冲击经济的正常运行，导致经济增长下降，失业率增加，市场信心受损。例如由于埃博拉病毒的爆发，利比里亚2014年的GDP增长从2013年的8.7%急剧降到0.7%；同一个阶段，塞拉利昂的GDP增长从2013年的5.3%降到2014年的0.8%(World Bank，2016)。

以往的学术研究对于传染病疫情的经济影响分析往往聚焦于国民经济发展的直接影响以及有限范围内的间接影响，例如由于医疗资源紧张而导致的公共健康影响等。一般认为，受到传染病疫情直接影响和冲击较严重的行业集中在医疗行业、农业以及畜牧业、旅游与交通行业、零售和批发行业等。然而，这些疫情也会影响到包括房地产业在内的其他多个产业，并留下了长期的负面效应。

2003年SARS疫情爆发后，我国各个行业受到的冲击有很大的差异。根据各个行业的疫情影响周期、行业交易周期、行业消费决策周期和交易转移指数等指标特征，吕本富和佟仁城(2003)将行业分为三类：餐饮、文化娱乐属于受影响最重的行业，疫情带来的损失无法弥补；旅游业属于受损严重，然而在疫情过后恢复能力较强的行业；而房地产行业属于受到SARS疫情波及程度有限的行业。杜新波(2003)在针对SARS对北京的房地产市场影响研究中指出非典疫情的短期影响并不会改变大部分家庭的购房需求，也不会对开发周期较长的供给产生显著的影响，而政策上的支持可能推动房地产业的发展。相比之下，旅游行业受到的影响更为显著。根据叶晨曦和许韶立(2012)的测算，SARS疫情导致了当年国际旅游收入下降了21.62%，国内旅游收入下降了18.97%。同样受到2003年SARS疫情的影响，新加坡旅游业收入下降超过70%(Lee和McKibbin，2019)。

尽管香港地区的住房市场同样受到SARS疫情的影响，但影响程度也相对有限，而且部分影响来自市场的信心。张凌和杨霖尊(2020)采用CEEMD方法对香港1997—2018年的月度住宅价格数据进行了分解，发现SARS疫情在香港从爆发到疫情得到控制这段时间住宅交易价格下降了约1%。Wong(2008)在研究SARS疫情对香港房地产交易价格时发现，SARS造成了居住小区平均交易价格下跌约1.6%，而那些出现过SARS感染病例的小区交易价格下降在1%～3%。尽管疫情期间房产交易数量有所减少，但是市场态度以观望为主。

除了SARS疫情之外，近年来有部分研究聚焦于其他疫情产生的经济影响。学者们对1998年马来西亚的尼帕(Nipah)病毒爆发的经济影响进行了事后评估，发现广义的经济损失高达5.82亿美元，其中房地产行业的直接损失超过了110万美元(Smith等，2019)。在2015年韩国中东呼吸综合征疫情爆发时，政府为应对疫情关闭推迟了许多公共活动和会议。疫情造成了当年韩国食品与酒店服务行业的产出下跌了10%，娱乐行业的产出下降了8.6%，信息通信行业下跌了6.3%（Lee和Ki，2015）。而2009年的H1N1疫情导致墨西哥最大的服务产业——旅游业在5个月内大约减少了100万游客，直接损失高达28亿美元（Rassy和Smith，2013）。而H1N1疫情对我国的冲击主要体现在旅游业和生猪养殖业上（袁小川，2009），其中对国际旅游收入的影响率达到10.91%，对国内旅游收入的影响率为0.61%（叶晨曦和许韶立，2012）。

一些研究者提出对于传染病疫情的经济影响的研究需要一个更大的框架结构（Smith等，2019）来支持决策。这个框架结构中应该包括疫情对经济各种直接或是间接的影响，例如各种疫情准备和应急措施、停工停学、交通限制、供应链断裂，疫情后的就业减少、农场关闭、房地产受损，以及受疫情影响个人家庭的长期护理等。而对于这些措施和影响的分析评估毫无疑问需要更多案例和实证数据分析来支撑。本书主要通过研究新冠肺炎疫情对房地产市场的短期影响，以及相关的政策来补充和丰富传染病疫情的经济影响研究，从而为政府未来面临突发疫情决策提供支撑。

相较西方经济体，我国房地产市场一直处于发展阶段，我国不同区域的房地产市场的联动性远远小于完全市场经济国家，因而各个区域房地产市场在受到类似新型冠状病毒肺炎疫情的不确定性冲击时往往呈现出区域分化的特点。同时，个体投资者和机构投资者在对其资产配置的选择上因房地产资产的类型和区域异质性会存在个体差异与区域差异。这时深入分析研究新型冠状病毒肺炎疫情对房地产市场的影响及其传导机制，特别是在不同类别房地产市场的不同周期的可能影响更具有时效性和现实意义。

（四）内容框架

2019年末的COVID-19新冠肺炎疫情对房地产市场的冲击正逐渐展现出来，可能会比以往传染病疫情造成的影响更为复杂，更为深远。新冠肺炎疫情对投资和消费的影响，疫情发展的不确定性，众多企业面临的困境，防疫常态化下家庭和企业行为的变化，以及国家和城市的相关政策都会影响到房地产市场短期和中期的发展趋势。厘清后疫情时代房地产市场受到的冲击以及潜在发展趋势对于维护房地产业的健康稳定发展，保持城市的经济活力，促进城市的可持续发展尤为重要。

城市土地市场供需关系和要素价格是否受到冲击？居民对住房的需求是否会发生变化？许多学者和从业者认为商业地产市场已经进入了存量时代，发展重心将会由项目开发转向资产管理和运营。这次疫情是否会加快这个趋势的发展？国家和城市层面的相关政策是否会刺激商业和办公地产市场的投资？新的房地产金融工具例如REITs会对后疫情时代房地产行业的发展起到什么样的作用？在本书中，我们将对这些问题进行分析和探讨。我们通过对相关统计数据的整理和分析，对政策走势的梳理，采用定量研究以及政策分析的方法来研判疫情对土地市场，以及住房和商业房地产市场的冲击，对后疫情时代房地产市场的发展走势做出判断，并讨论相应的发展对策。

二、土地市场发展研究

（一）我国土地市场发展概况

1978 年我国改革开放以来，经济体制不断深化，我国的土地市场也随之发生了深刻的变化。土地市场的供应从无偿到有偿，从农村到城市，从一级市场到二级市场，土地市场逐步规范化，实现了土地市场的优化配置和高效利用，为保障社会经济发展做出了有利的贡献。

土地供应方式由协议出让方式向“招拍挂”方式转变。1993 年，十四届三中全会正式做出《中共中央关于建立社会主义市场经济体制若干问题的决定》，提出建立社会主义市场经济体制，使市场在国家宏观调控下对资源配置起基础性作用。2001 年，国务院下发《关于加强国有土地资产管理的通知》，明确提出各地要大力推行土地使用权招标、拍卖。我国土地市场正式向“招拍挂”方式转变，要求经营性用地、生产性用地必须以招标、拍卖或者挂牌方式出让。这在一定程度上可避免过分依赖协议方式出让所带来的土地市场不透明、国有土地资产流失、容易滋生腐败等问题，保证土地供应的公开、公平、公正性。

土地市场由国有土地一级市场为主向城乡统一的市场转变（卢为民和唐扬辉，2019）。2013 年 11 月，党的十八届三中全会通过的《中共中央关于全面深化改革若干重大问题的决定》提出，使市场在资源配置中起决定性作用和更好地发挥政府作用，要求建立城乡统一的建设用地市场。在符合规划和用途管制的前提下，允许农村集体经营性建设用地出让、租赁、入股，实行与国有土地同等入市、同权同价。完善土地租赁、转让、抵押二级市场。保障农户宅基地用益物权，改革完善农村宅基地制度，选择若干试点，慎重稳妥推进农民住房财产权抵押、担保、转让，探索农民增加财产性收入渠道。按照中央的部署安排，从 2015 年开始，我国陆续开始了集体经营性建设用地入市试点、宅基地制度改革试点，以及土地二级市场试点探索，提高存量土地资源的配置效率。

土地市场的发展与我国经济发展息息相关，2001—2019 年我国土地市场供给与经济增速同向变动（见图 3－1），GDP 的增长速度和我国国有土地供给高度相关，可见土地资源在我国经济发展中的重要地位。疫情下的经济发展，不容忽视的首要就是稳定我国土地市场。

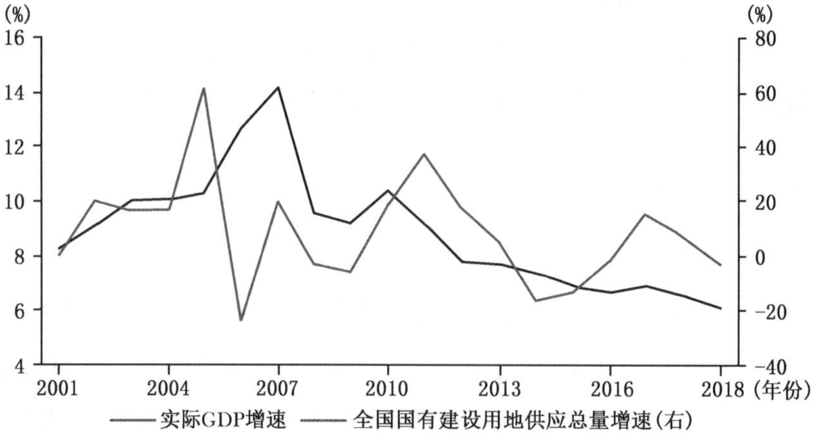

资料来源:国家统计局。

图 3—1 GDP 增速与土地供应增速情况

(二)疫情对土地市场发展的冲击

2020 年突如其来的新冠肺炎疫情,打乱了社会的发展节奏,对中国乃至世界的经济发展产生了巨大的外部冲击,各行各业都受到不同程度的影响。房地产行业作为国民经济的"风向标"和"晴雨表",是我国经济发展的基础性、先导性、支柱性产业,而土地市场是房地产市场的一级市场,在一定程度上能够恰当地反映房地产行业市场整体趋势的变化,针对疫情对土地市场发展冲击的研究,可以看出土地市场的供求情况,后疫情时代房地产行业的发展趋势。

1. 各地出台政策,稳定土地市场

新冠肺炎疫情爆发后,中央及地方纷纷出台相关政策,支持疫情防控工作,确保土地市场健康有序发展。自然资源部办公厅发布《关于做好疫情防控建设项目用地保障工作的通知》,明确支持疫情防控建设项目先行使用土地,坚持节约集约用地,保障疫情防控建设项目用地计划指标。多个省市提出疫情期间保障经济发展的用地政策举措,从保障疫情防控用地、降低企业用地成本、调整土地出让金的缴纳时间和方式,适当延期工程进度等多个维度支持企业复工复产以及稳定土地市场的发展。

从表 3—1 中可以发现出台相关土地扶持政策的城市主要是一二线城市,分布在东部地区的居多。从时间上看,长三角地区的城市出台政策速度最快,其次是省会城市,究其原因,这类城市经济发展速度较快,有较强的扩张需求,因此由于疫情,受到疫情影响的程度相对较大,为稳定土地市场,保证经济维稳的迫切度更高。

表 3—1　　疫情期间各地相关土地政策情况

时　间	城　市	政策简要
2.11	杭州	减免土地相关费用,已成交地块,《成交确认书》和《土地出让合同》的签订时间可顺延 21 天,若已经签订合同,出让金、开竣工时间亦可以顺延
2.12	上海	未按合同缴付土地价款和交付土地的,不作为违约行为;延长土地出让金缴纳时限和方式;交地、开竣工顺延;以租赁方式从政府或国有企业取得的产业用地,将免除疫情期间的土地租赁费用
2.12	浙江	企业因疫情影响无法按约定签订《成交确认书》《土地出让合同》或缴纳出让金的,可延期至疫情消除后签约、缴纳,不收取滞纳金,不记入企业诚信档案
2.12	无锡	纳税申报及税款缴纳最长可延期 3 个月,房产税、城镇土地使用税有困难的可申请减免。到期还款困难的企业可展期,信贷合理适度增长。可申请延迟交地和延期缴纳出让金。预售部分完成 25%以上投资即可申请预售
2.13	南昌	允许企业延期开竣工、延期缴纳出让金
2.13	西安	分期缴纳土地出让价款、允许变更出让价款缴纳期。新出让土地可按起始价的 20%确定竞买保证金,出让合同签订后一个月内缴纳土地出让价款的 50%,余款可按合同约定分期缴纳
2.13	南京	企业可就土地出让合同(含补充协议)申请重新签订补充协议,延迟缴纳土地出让金(最长可延期至疫情一级响应结束后的 33 天内缴纳),延迟开竣工

2. 土地供应下降后进入反弹期,成交量受疫情影响不明显

在新冠肺炎疫情期间,土地市场总体发展趋势为先下跌后快速反弹,下半年逐渐趋于平稳的走势。从土地供应方面看,新冠肺炎疫情爆发的第一季度,土地市场受到的影响较为严重,一季度三个月土地供给面积分别为 4 734.82 万平方米、3 122.94 万平方米、7 777.71 万平方米,同比分别增速分别为 3.14%、−16.87%和 51.12%。2 月受到的影响最为严重,供给大幅度下降,全国全面进入“抗疫”备战状态,土地市场供给萎缩明显。随着疫情逐渐控制,社会逐渐进入正轨,企业纷纷进入复产复工状态,3 月的土地供给大幅回升,地方政府弥补“战疫”中的财政支出,土地供给增量显著。第二季度相对第一季度较为稳定,土地市场供应面积大致维持在 7 000 万平方米,同比增长速度在 20%上下波动。第三季度土地供应有所下滑,但波动程度不是很大,土地供应市场趋于平稳。

从目前市场上看,一方面,市场对于土地的需求量仍然处于较高水平,受到疫情的影响,房企开发商的复工也受到影响,项目建设期随之推迟,在一定程度上给整体的房地产项目的供给留下了缺口,需要靠土地供给和需求的配合去弥补缺口,土地供给规模的扩大,是保证房地产行业增速的关键。另一方面,土地市场是财政收入的重要来源,2018 年我国土地财政收入占整体收入的 51%,在 2019 年,这个土地收入占比上涨达到 52.9%,且 2019 年的财政收入的增长值基本是由土地出让收入来实现的,土地市场的收

入对全国各地的经济发展至关重要。土地出让金是城市财政的主要来源，在疫情的压力下，各行各业发展受损，各地为保障经济的增长、财政收入增速，确保城市的正常运作与发展，土地市场的供应回升是必然的。

在土地成交方面，新冠肺炎疫情对土地成交的影响程度没有对土地供给的影响大。一季度三个月土地成交面积分别为 3 661.61 万平方米、3 731.13 万平方米、4 407.39 万平方米，同比增速分别为－42.07%、14.2%和 6.07%。1 月土地成交量相对于上年 12 月大幅下降，原因在于 2019 年第四季度土地交易规模放量上涨，基数比较大，土地市场交易升温，2020 年受疫情影响，土地市场节奏放缓，虽有跌幅，但据以往经验，第一季度土地市场为淡季，跌幅显著在情理之中。2 月土地成交大于土地供给量，主要原因一方面是房企受到疫情影响，复产复工后拿地需求扩大，土地市场回暖，各地恢复供应；另一方面，国家出台一系列扶持政策，降低了企业的融资成本，开发商在获得债券融资后加强了优质土地的竞拍。3 月土地成交小于土地供应量，原因在于 3 月的土地供给市场大幅度回升，同比增速高达 51%，供应量高速上涨而需求量未能同步。总体上，第一季度的成交量整体尚可，新冠肺炎疫情的影响有限(见图 3－2)。

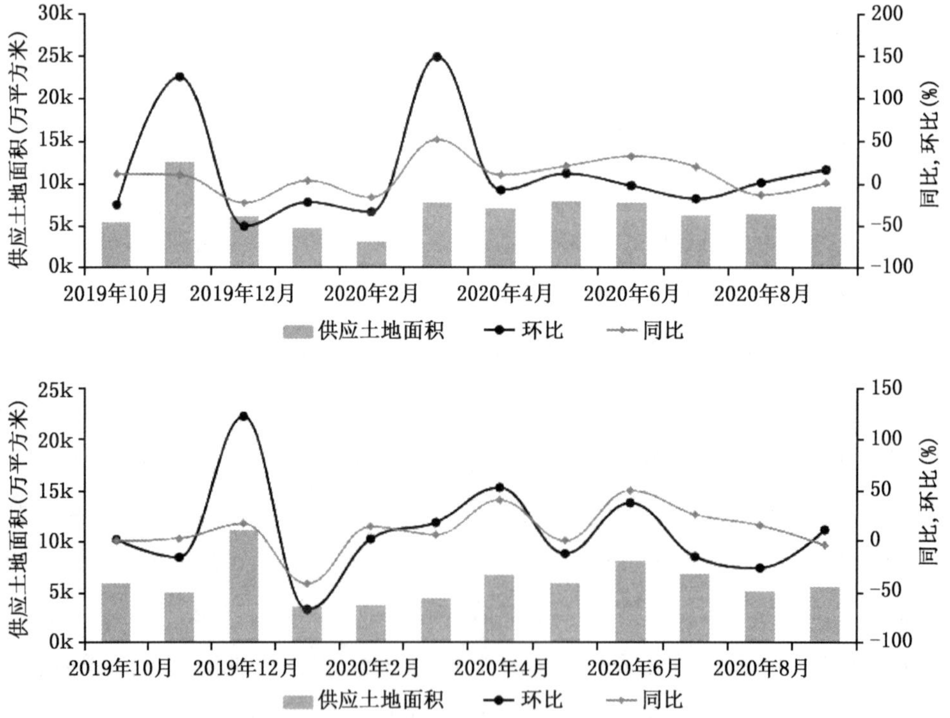

数据来源：Wind。

图 3－2　住宅用地供应及成交情况

3. 土地溢价率上行，成交价缓步上升

从上述土地供需数据来看，土地供需两端虽受疫情抑制，但影响有限。从成交土地楼面价上看，土地受疫情影响搁置，土地成交价降低，1 月到 3 月是下降阶段，从 3 161.37 元/m^2 下降至 2 213.72 元/m^2，下降幅度达 30%，4 月回升至 2019 年年底水平，达到 3 589.85 元/m^2，成交价从 5 月开始下滑，下滑幅度在 6%上下波动。可以发现土地成交价较为坚挺，疫情主要影响第一季度的土地成交价格（见图 3—3）。

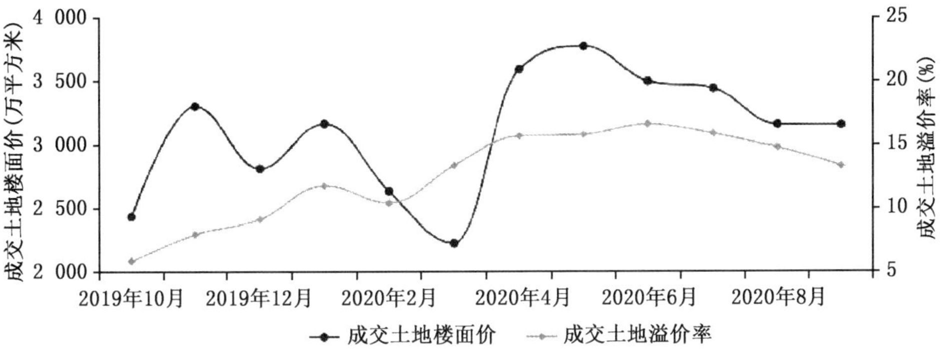

数据来源：Wind 数据库。

图 3—3　土地用地楼面价及溢价率

从总体上看，近一年土地溢价率缓步上升，成交土地溢价率下滑主要是第一季度受疫情的影响，但是整体上房企开发商并未因短暂疫情改变长线发展布局的战略节奏，土地溢价率从 1 月的 11.71%下降到 2 月的 10.36%，2 月溢价率开始回升，第二季度处于上升阶段，而第三季度有所缓和，下降幅度在 1%波动。

受疫情影响第一季度的土地供应量不足，在第二季度土地大量供给的同时，土地需求者之间的竞争压力会减小，这在一定程度上会带来土地溢价率的降低，正好反映了第三季度土地溢价率的下降的现象。土地溢价率的下降，意味着房企开发商的拿地成本略有降低，也有利于后续房地产行业的稳定。

4. 城市土地市场进一步分化

疫情之下，一二线城市和三线城市的土地市场进一步分化，城市土地市场的地价分化是城市土地市场分化最直观的表现，城市土地市场的供求关系分化是城市土地市场分化的内在本质（徐思超，2017）。二三线城市的土地成交面积占 2020 年第一季度总成交面积的 95.16%，但是从土地成交价上看，二三线城市的成交总价占比仅为 74.79%。土地成交表现出明显的分化特点，2020 年第一季度一线城市住宅用地成交 97.42 万平方米，占总成交面积的 4.84%；但成交总价达到 739.05 亿元，占总成交价款的 25.20%。

二线城市以 46.39%的成交面积贡献了 44.23%的总成交价；但若仅统计长三角、珠三角、京津冀的二线城市，则这些都市圈范围内的二线城市以 11.03%的成交面积贡献了 25.91%的总成交价。三线城市住宅用地成交 981.99 万平方米，占总成交面积的 48.77%；但成交总价达到 896.24 亿元，占总成交价款的 30.56%（见表 3—2）差异在于一线和三线城市的土地溢价差距，二线城市的成交面积的占比和成交总价占比在 45%左右，而一线城市价格过高，三线城市价格过低，由此导致了此现象的出现。

表 3—2　　2020 年第一季度土地成交情况

	土地成交面积（万平方米）	面积占比（%）	土地成交总价（亿元）	总价占比（%）
一线城市	97.42	4.84	739.05	25.20
二线城市	934.19	46.39	1 297.06	44.23
其中：热点二线城市	222.12	11.03	521.77	25.91
三线城市	981.99	48.77	896.24	30.56
总　计	2 013.60	100.00	2 932.35	100.00

数据来源：Wind 数据库。

城市土地市场的分化，很大程度上与房企的资源可获取性相关，随着资源向头部房企集中，城市土地分化逐渐凸显。由于一线和二线城市的住宅用地价格偏高，对房企开发商的实力要求较高。由图 3—4 可看出，实力强、知名度高的房企土地成交的城市主要分布在一二线城市。2020 年一季度共有 49 家房企成功拍得住宅用地，前 10 家房企的土地成交总价达到 1 687.68 亿元，占总成交款的 57.55%。从这 10 家房企所竞拍土地的城市分布来看，除了招商蛇口和碧桂园在一二线城市的份额较低外，其他 8 家房企在一二线城市住宅用地市场的平均份额达到 75.68%。

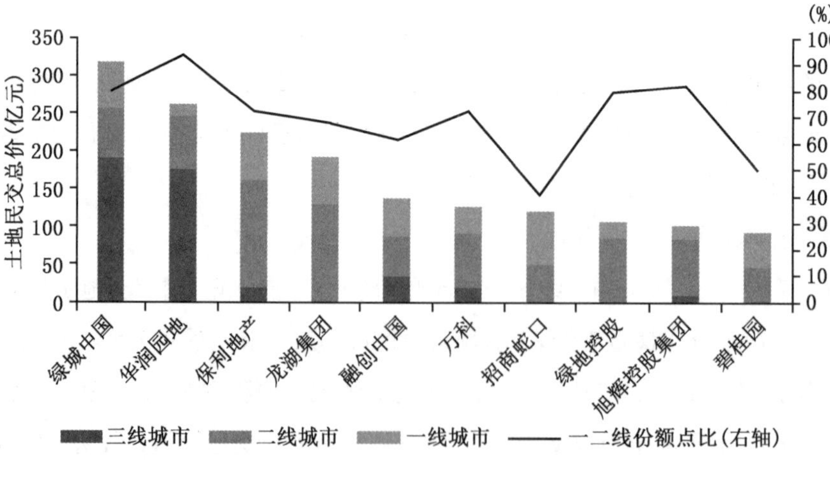

资料来源：Wind 数据库。

图 3—4　2020 年第一季度前 10 名房企土地成交的城市分布

房企的分化随之而来的是城市土地的分化。土地市场资源向头部房企集聚，究其原因，可从以下三个方面进行分析。

从营销投入上看，疫情期间，客户无法实地看房，房企们纷纷开启花式营销，进行线上销售推广。从线下销售模式到线上销售模式的转变，需要房企在前期进行软件和硬件的研发投入和设计，使销售流程全面信息化和数字化。对于线下线上的转型，首先需要房企具有风险把控和前瞻意识，另外一系列的相关投入需要资金链的支持，头部房企在这两个方面更具有相关优势。如万科在2017年就开发了内部App推出的“在线家”“分享家”“e选房”等客户端应用，恒大、华润置地、保利等房企也纷纷开启与渠道联合营销的模式，进行线上直播购房的活动，这些都为疫情期间看房、买房提供了渠道。

从财务实力上看，疫情期间，房企销售陷于低估，房企们普遍面临资金流动性危机，加上房企们需要线下转向线上销售，加大营销投入，更是进一步加剧资金紧张。2020年1月末五部委联合下发了《关于进一步强化金融支持防控新型冠状病毒感染肺炎疫情的通知》后，房地产行业债券融资明显好转。克而瑞数据显示，2月地产债发行351.33亿元，远超2019年同期195.42亿元；3月地产债发行1 118.61亿元，远超2019年同期686.76亿元。2020年一季度债券融资前三名分别是恒大、融创和碧桂园。可以看出，在房企融资过程中，头部房企更具有优势。

从客户群体上看，疫情加剧了居民财富和收入的分化，客户群体的分化也加剧了房企销售的分化。西南财经大学发布的《疫情下中国家庭的财富变动趋势》显示，金融资产或年收入在5万元以下分组报告财富减少很多，金融资产或年收入10万元以上家庭，其财富整体是增值的，金融资产300万元以上或年收入100万元以上财富增幅最大。这意味着疫情之下富人更富，穷人更穷。由于购房具有一定的门槛效应，进入门槛的人群在财富提升后会选择品质和品牌更好的住宅，显然资源会进一步向头部房企倾斜。

通过对2020年疫情后的土地市场的相关数据分析，可以看出疫情期间土地市场虽有所冷却，但只是对土地的需求的时间窗口延后，并未从本质上改变市场的供需关系。后疫情时代房地产市场、土地市场的恢复迹象明显，后疫情时期房地产市场将呈现出分化趋势，土地开发市场的资源进一步向头部房企集聚，中小型房企因抗风险能力弱恐被市场淘汰，房地产行业或将进行一次结构调整，优胜劣汰。

（三）土地市场的供求分析

供求关系作为影响土地市场资源配置效率最主要、最直接的因素，对于供求关系研究有助于更深入把握土地市场运行动向。

1. 土地供给趋势分析

土地经济供给是指各种用途土地利用效益及条件的变化，而发生相互转移，使未被利用土地转化为可被利用土地数量。其主要影响因素有：

(1)国土规划严控新增建设用地。土地规划决定土地开发规划和利用方式，从而直接影响各类用地经济供给。根据《全国国土规划纲要(2016—2030年)》，我们要严控新增建设用地，有效管控新城新区和开发区无序扩张。有序推进城镇低效用地再开发和低丘缓坡地开发利用，推进建设用地多功能开发、地上地下立体综合开发利用，促进空置楼宇、厂房等存量资源再利用。严控农村集体建设用地规模，探索建立收储制度，盘活农村闲置建设用地。加强土地利用监测监管，实行单位国内生产总值建设用地目标考核。"十三五"期间，让单位国内生产总值建设用地使用面积下降20%。根据各区域资源环境承载能力、国土开发强度及在国土开发格局中的定位，合理配置建设用地指标，实行国土开发强度差别化调控。进一步优化环渤海地区、长江三角洲地区、珠江三角洲地区空间开发结构，严格控制开发强度和新增建设用地供给，积极盘活存量建设用地，降低工业用地比例。限制农产品主产区和重点生态功能区开发强度，鼓励整治修复农业和生态空间。到2030年，国土开发强度控制在4.62%以内。优化城乡建设用地结构和布局，到2030年城镇与农村建设用地面积之比调整为3.9∶6.1。

此外，影响城市土地供给能力因素还包括城市规划区面积、建成区土地闲置率、土地利用强度、土地利用结构、土地利用空间分布状况等内容。土地经济学理论认为城市土地供给属于经济供给。城市用地规模扩大表现为：一方面城市空间范围增大，使得城乡边界向外扩展，需要将包括农用地在内的非建设用地转为城市建设用地；另一方面是通过对存量土地深度开发和利用，提高土地利用效率，调整建设用地结构与利用方式，充分挖掘土地利用潜力，在土地绝对供应量不变的情况下增加土地产出效益，从而相对增加土地经济供给量。因此城市土地市场供给主要取决于农用地转为城市建设用地潜力和城市存量土地利用潜力。

从地域上看，城市土地有三个层次：第一层次是城市市区(建成区)的土地，即城市建设用地；第二层次是城市规划区内，目前大部分仍为农副业生产和村镇占用；第三层次是城市行政区土地，包括城市规划区和城郊土地。城市土地供给主要来自城市建成区和城市规划区，其中规划区决定农用地转为城市建设用地潜力，建成区决定城市存量土地利用潜力。影响城市土地供给能力因素很多，主要包括城市规划区面积、建成区土地闲置率、土地利用强度、土地利用结构、土地利用空间分布状况等内容。

在市场经济条件下，由于市场主体对经济利益的追求，在一定时间内，土地经济供给与土地价格存在着极其密切的关系。通常在土地价格不太高时，若地价升高，则会引起土地经济供给增加；相反，地价下降，会引起土地经济供给减少。由于受土地自然供给量制约，城市用地经济供给不会随地价增长而无限制增加，当地价超过某一水平时，土地经济供给数量就难以增加。但是，在城市内部，可以通过价格机制和供求机制，调整土地供给在各部门分配。

(2)土地供应先快后慢。土地自然供给量越多，则经济供给量就相应增多，而自然供给我们可以用土地供应面积来衡量。

图 3—5 所示，由于疫情的影响，2020 年第一季度各大城市土地出让一度终止，土地市场的热度也处于低谷，全国土地市场的供应规模与上年相比明显下降，但是随着疫情逐渐得到控制，全国各地为了稳定经济发展，全面复工复产之后，加大了土地市场的供应。进入第二季度，全国土地供应的节奏明显加快，甚至超过了上年的同期水平。在二三季度，全国多地都出台了收紧土地市场的调控政策，土地市场监管的趋严，让土地供应回归理性，相比第二季度有所回落，预计第四季度在相关紧缩政策的影响下，土地供应将会相对于第三季度进一步下降。

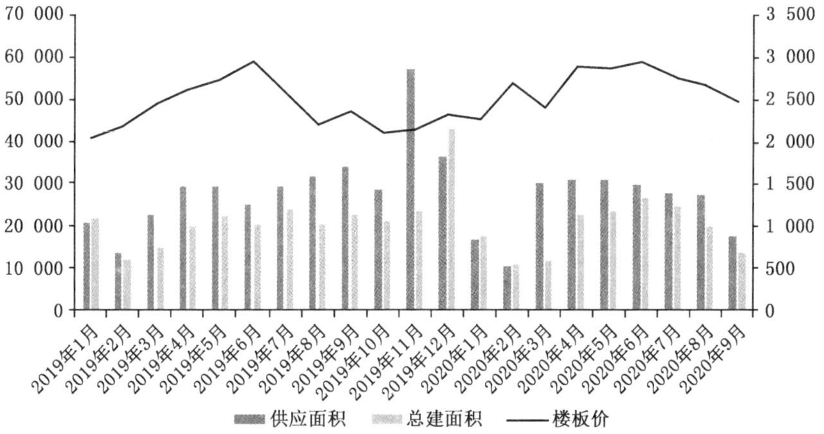

数据来源：CRIC 中国房地产决策咨询系统。

图 3—5　2019 年 1 月—2020 年 9 月全国 100 个重点城市商品住宅供应面积

图 3—6 所示，在土地流拍的部分，第一季度受疫情的影响，刚起初土地流拍数量远远高于上年同期的数据，之后随着疫情得到控制，土地流拍数量逐渐下降，尤其是第三季度，流拍数量明显减少，从月份来看，7、8、9 三个月的流拍数量均低于上年同期的水平。

土地流拍情况的改善主要得益于，2020 年各个城市为了稳定经济加大了多处优质土地的供给，以及外部融资环境的改善，让房企拿地保持了很高的积极性，土地流拍的现象也明显缓和，在第三季度一直处于较低水平。

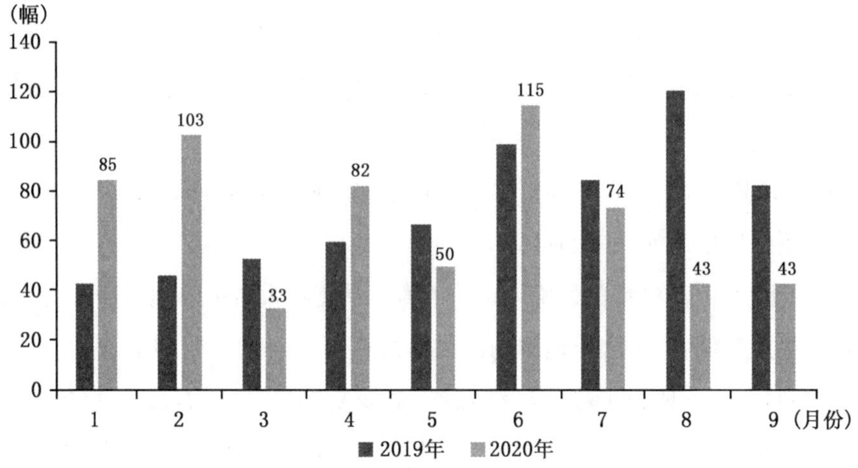

资料来源:CRIC中国房地产决策咨询系统。

图3—6 2020年1—9月及上年同期重点监测城市土地流拍幅数

不过由于第三季度以来,土地市场趋严,各大城市逐渐紧缩土地市场,优化供地结构,下降土地的供给,"三道红线"新规试点的实行,降低了房企拿地的积极性,所以合理估计第四季度土地流拍幅数可能会较于上一季度上升。

根据国家统计局的发布(见图3—7),房地产业的购置面积从2020年2月受疫情影响之后开始上升,其中2—6月是快速上升阶段,从1 092万平方米增长到7 964.61万平方米,增长幅度达729%,7—9月房地产业购置面积增长放缓,至9月底累计房地产购置面积累计增长以趋至−2.9%,可见全国建设用土地的自然供给量以及趋于平稳,合理预计第四季度土地成交面积仍然会缓慢增长。

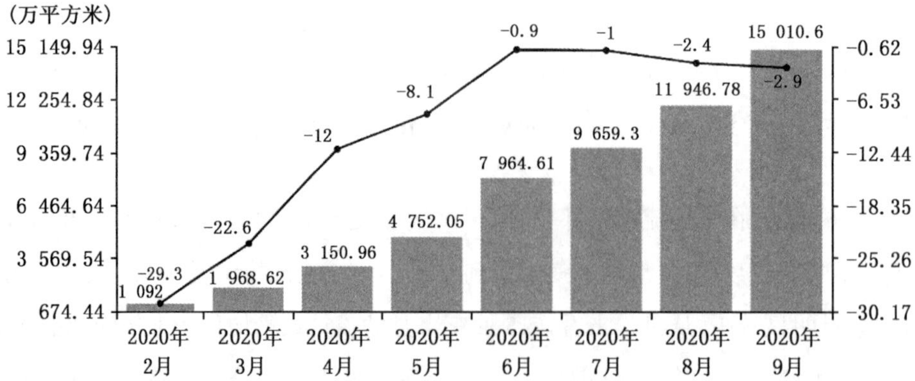

数据来源:国家统计局。

图3—7 房地产业土地购置面积

(3)主要城市分用途地价增速放缓。社会需求变化引起产品价格变化,导致用地价格支付能力变化,促使土地利用方向改变,影响各类土地经济供给数量。

2020 年第二季度,从环比看,全国主要监测城市总体地价增速为 0.43%,较上一季度上升 0.34 个百分点。分用途看,依次为-0.26%、0.87%、0.23%, 较上一季度分别变化-0.04、0.53、0.31 个百分点。总体来看,全国地价整体运行平稳,综合、住宅、工业地价环比增速由降转升,商服地价环比增速则持续放缓;其中,综合、住宅地价环比增速在连续三个季度下降后回升,商服地价环比增速则连续四个季度放缓。在二三季度,随着紧缩型土地市场调控政策的实施以及土地市场监管的趋严,土地供应的下降趋势,预计第四季度的商服、住宅、工业地价环比增速将会增长(见图 3—8)。

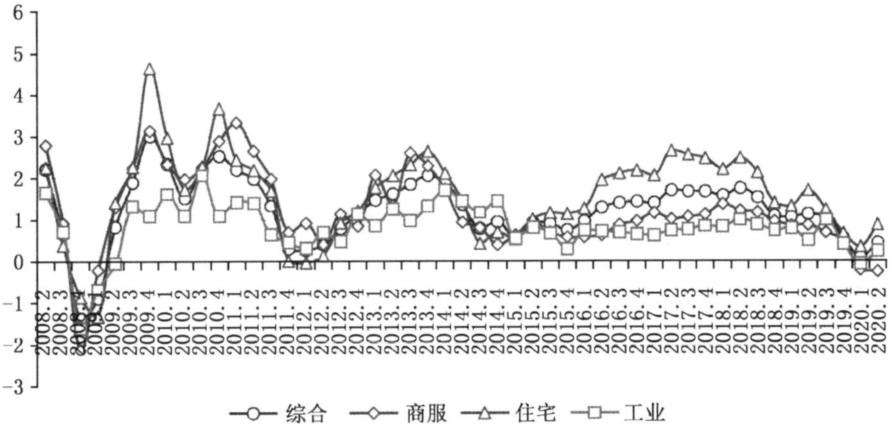

数据来源:中国国土勘测规划院。

图 3—8 全国主要城市分用途地价环比增速曲线图

从同比看,全国主要监测城市总体地价较上年同期增长 2.05%,增速较上一季度下降 0.61 个百分点。分用途看,商服、住宅、工业地价同比增速依次为 0.54%、3.11%、1.46%,较上一季度分别下降 0.82、0.78、0.26 个百分点。其中,住宅地价同比增速连续九个季度放缓,综合、商服地价同比增速连续八个季度放缓,工业地价同比增速持续三个季度放缓(见图 3—9)。

2. 土地需求趋势分析

土地需求是人类为满足生存和发展,利用土地进行各种生产和消费活动的需求。城市土地需求包括工业、仓储、商业、服务业、住宅、学校、交通、绿地、市政公用等建设所引致土地需求,具体表现为各种土地用途需求。城市土地需求包括两方面:一是经济增长和人口聚集引起土地需求总量增加;二是社会经济发展以及产业结构调整引起土地需求

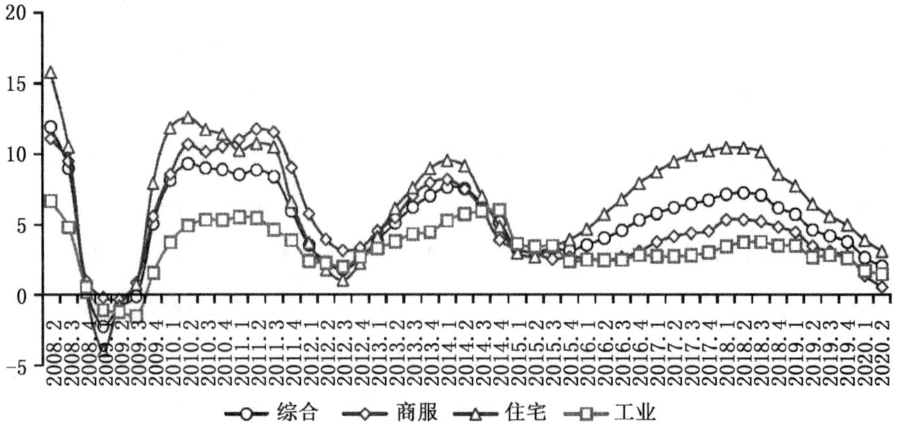

资料来源：中国国土勘测规划院。

图3—9　全国主要城市分用途地价环比增速曲线图

结构变化。城市用地需求随城市化水平提高而增加。城市发展过程中，地区土地需求量是由当地社会经济条件和生态环境各种因素之间彼此制约、相互影响所决定。在这些因素中，人口变动、消费水平、经济发展、城市化水平等是主要因素，对这些因素及其影响进行科学的分析论证是土地需求量预测的基础。

(1)人口从乡村往城市集中。研究土地需求最基本就是研究人口与土地关系。人是土地产品直接和间接消费者，人口增加既减少人均耕地数量，又需要相应增加居住、交通等非农业建设用地面积，加剧人地矛盾。人口指标是计算各项用地规模重要依据，因此，要预测对土地需求量，首先必须对人口变动做出科学的预测。

从图3—10可以看出，我们的年末总人口一直在低速增长，2013—2019年变动了2.9%，其中主要的变动来自城镇人口变动，从2013年的73 111万人变成2019年的84 843万人，变动幅度达到16%，但是乡村总人口从2013年的62 961万人减少到2019年的55 162万人，下降幅度为14.1%。总人口以及城镇人口的增加趋势提高了对城镇土地市场的需求，农村人口的下降由于耕地红线的存在并不存在明显的变动效应，因此人口因素对土地市场需求的影响是正向的。

(2)消费水平快速增长。随着消费者收入增加，消费者支出模式也会发生相应变化。根据"恩格尔"定律，消费水平提高会降低基本生活支出比例，但用于购买房产、投资教育、闲暇娱乐活动支出将明显增加，导致居住区休闲服务设施需求增加和全社会公共服务设施增加，最终导致相应用途土地需求增加。

由图3—11数据可得，自2012年起人均居民消费开始飞速增长，从2012年的人均

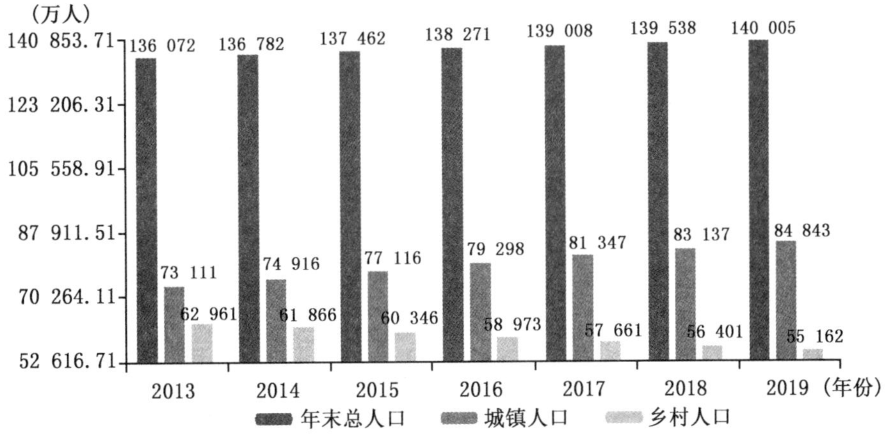

资料来源:国家统计局。

图 3—10　每年人口及其分布的变动趋势

14 075 元到 2019 年的人均 27 563 元,涨幅达到 196%,可见随着人均居民消费的增长会促进人们对于房地产的需求,进而增加土地市场的需求。

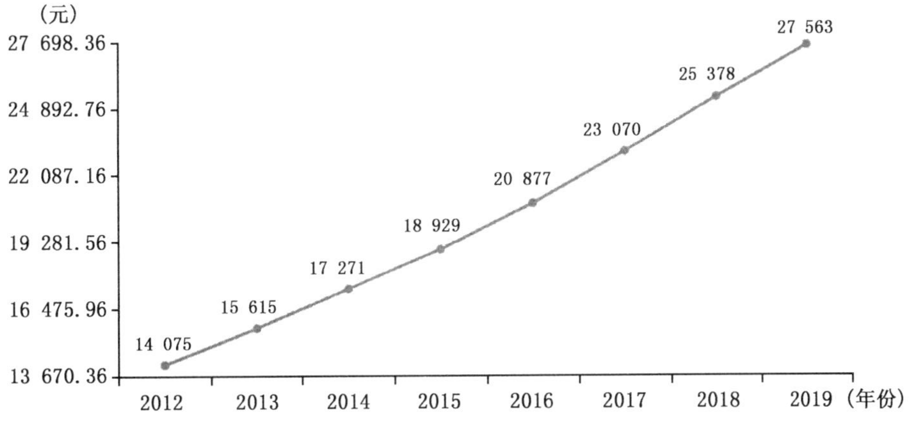

资料来源:国家统计局。

图 3—11　2012—2019 年居民消费变动

(3)经济增长稳定上升。土地作为必不可少生产要素,土地需求必然受到经济发展状况影响。经济发展包括经济规模扩大和产业结构调整。前者引起土地需求总量增加,后者导致土地需求结构变化。由于结构调整,优先发展产业需要更多空间扩大生产规模,而限制发展产业必须面临产业转移或者清算关闭,引起土地行业需求变化。

根据 2015 年至 2019 年国内生产总值的变动情况(见图 3—12),国内生产总值从

2015年的688 858.2亿元到2019年的990 865.1亿元,四年间涨幅达到43.8%,增加了土地需求总量。三个产业在五年间均发生增长,涨幅最快的是第三产业,五年间涨幅高达52.7%,第二产业其次,涨幅达37.3%,第一产业涨幅为22%,排名最后。产业结构的调整让第三产业规模扩大,其经济总量占总国民产出的比例上升,进而增加第三产业土地的需求量。

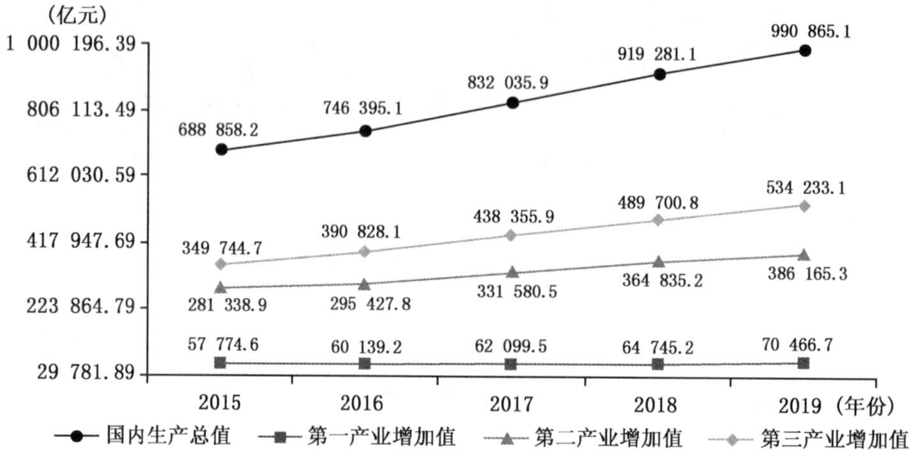

资料来源:国家统计局。

图3—12 国内生产总值以及各个产业产值变动

(4)新开工房地产施工面积迅速增加。房地产施工面积反映未来短期可以向市场供应的房地产数量,而一个城市的新开工房地产施工面积能够一定程度上反映该城市对新增房地产的需求,并反映到对土地的需求上。

2020年2月开始,房地产施工面积以及新开工施工面积均在稳定增长(见图3—13),从2020年2月的694 241.2万平方米到9月的859 820.27万平方米,累计增长23.8%,累计从2.9%增长到3.1%。疫情后的房地产施工面积在一定程度上的增长意味着城市化进程已然进入稳定增长时期,不会出现大幅度房地产施工面积的增加。

但是疫情后新开工施工面积的迅速增加,原因有二:

一是受疫情影响全国房地产市场基本暂停。房地产开发建设暂停,复工推迟,多个城市明令禁止售楼处、中介门店继续营业,封闭管理限制人口流动假期延长等因素都在一定程度上影响了购房需求,而这种需求在疫情得到控制之后就得以释放。

二是因为后疫情时代,大家对健康住宅、舒适住宅的需求增加。健康住宅目前已有国家标准,有了评价体系。例如空气质量方面,新风系统能不能对病毒进行过滤,能不能在玄关处对一定浓度的臭氧进行消毒等,这些都是健康住宅最关心的问题,对大城市行

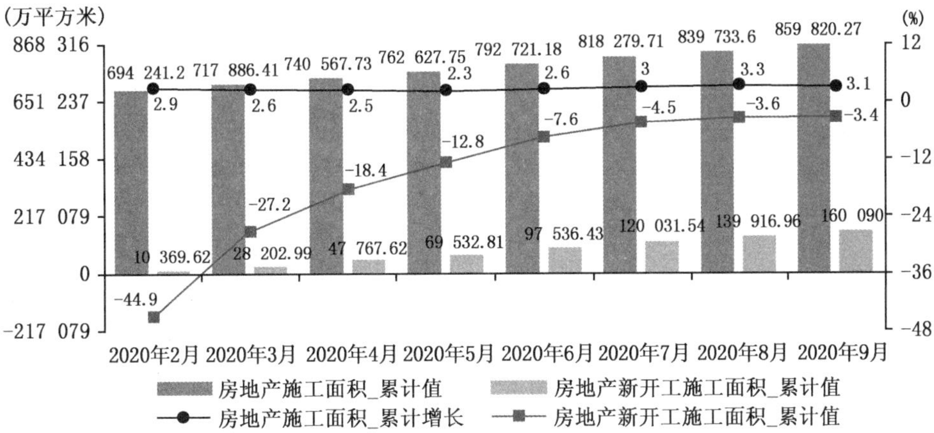

资料来源：国家统计局。

图 3—13 房地产施工面积与新施工面积及其增长率

政管理高效以及充足医疗资源的追求也是房地产新施工面积增长的一个重要因素。

（四）土地市场发展的对策建议

1. 从政府宏观政策角度

鉴于疫情对宏观经济的冲击，宏观政策应做出相应的调整。与2003年非典时期相比，2020年的宏观环境与土地市场所处环境已经出现了较大差异，2020年全球化红利缩紧，面临着贸易摩擦的问题，我国经济下行压力大，新冠肺炎疫情的影响更是加大了经济运行的压力。虽然宏观调控采取了积极的财政政策和稳健的货币政策，但货币信贷难以快速扩张，对总需求的刺激效果有限。从对冲宏观衰退的角度，一些学者提出应开放地产调控。但是我们仍需坚持“房住不炒”的前提，因城施策，因此地方政府双向调控会增多，这一点延续了2019年四季度以来的地方政府调控思路和举措。房地产市场要稳，既不能大起，也要防止房地产企业的下坠风险。

（1）增加土地供应。在疫情稳定后，为使土地市场热度提高，政府最重要的是应该加快供地节奏，加大土地供应，适度放松“五限”政策，适度放松监管政策与金融政策。

在后疫情时代，住房市场与土地市场将呈现出分化的趋势，开发市场的资源会聚集，一线城市保持稳定，在需求的带动下，二线城市供应量则可能会有较强增长，特别是户籍制度改革，地方政府应更多地考虑当地库存情况及人口流动特点相适应的供给计划，而加大这些城市土地的供给。除部分重点城市外，三四线城市无论是供给还是成交都将有所下降。

（2）盘活存量建设用地。随着我国城市化水平的增加，各地的建设用地总规模持续增加，这种增加的趋势是不可持续的。反映在国土空间规划上，未来新增建设用地规模会日趋紧张，而人口的城镇化和社会经济的稳定发展离不开土地供应的保障。

因此，未来土地供应的来源结构将需要进一步调整，新增建设用地规模将逐步减少，建设用地内部结构调整将会是主导方向。

一是建设用地类型结构调整。根据经济发展和社会需求，积极调整各类型用地结构，盘活低效利用土地，通过规划引导，政策推动，促进各类建设用地高效利用。

二是调整城乡建设用地空间关系。在各地的建设用地总规模中，农村建设用地占有很大的比重，从用地效率来讲，城市建设用地的用地效率比农村建设用地的用地效率高得多。随着人口城镇化的发展，农村地区实际居住人口下降，很多地方农村住房空置现象更重。农村集体经营性建设用地效率低下，甚至存在很多废弃利用的农村经营性建设用地。未来盘活存量建设用地，低效利用的农村建设用地盘活潜力巨大。既可以推进农村集体经营性建设用地入市交易，也可以通过城乡建设用地增减挂钩方式，调整城乡建设用地空间结构，为经济发展和社会进步保驾护航。

(3)有序引导供地方向，完善区域配套。政府应有序引导住宅用地供应，确保保障性住房供应。增加租赁住房供应，优先考虑在轨道站点、商服中心、产业园区周边集中建设租赁住房，多渠道解决人才公寓建设总体规模与净流入人口日益增长的安居需求之间的矛盾。

深化重点领域改革，完善区域配套。合理谋划重点地段公共空间，建设健康安全城区。合理确定商住比，充分考虑区域实际情况，在满足基本配套服务设施的原则下，差异化发展商业设施配套，灵活确定商住比。

2. 从房地产企业的角度

(1)制定和实施投融研一体化策略。投融研一体化策略是近年来许多房地产开发企业的发展策略之一。目前，碧桂园、中梁等许多领先房企都在强调投融研一体化。碧桂园的组织架构已于今年进行调整，把设计中心并到了投资策划中心，就是企业实现投融研一体化的一大措施。而对于想要做勾地的房企，投融研一体化更为重要。

房地产企业在后疫情时代做好组织架构的调整，可以从以下几方面出发：

一是维持既定的投资战略，加快投资工作的节奏。疫情并不会改变市场的长期发展趋势，而是带来一个短期的影响，因此企业仍旧可以维持既定的投资战略，但是需改变投资工作节奏，包括跟政府洽谈的节奏，做市场摸排的节奏，抓住疫情后的窗口期。

二是保障现金流安全，保护自身现金流健康，并重新做好资金计划，从第二季度起预留出资金，迎接窗口期的机会。

三是引入人才，后疫情时代人员流动变动大，可以以相对较低的成本引进优秀的人才，提升整个团队的能力。

四是建立规范化、标准化的投资决策体系，以提高自身的竞争力。

(2)加强土地市场分析。土地市场窗口期随时可能出现，所以企业应该加强市场数据摸排，做好准备。具体如下：

一是了解目前真实市场容量和有效库存。市场整体容量是有限的，通过市场容量和库存的摸排，能较好地判断后期推地节奏和销售市场走势。当然，疫情严重期间购房需求只是被暂时抑制，因此疫情结束后购房需求仍会爆发，企业营销可以根据真实市场量与有效库存进行营销节奏铺排。

二是企业可以进行竞品动态摸排，关注竞品运营节点与现金流情况，可以排查出收并购机会。一方面可以摸排出若竞品项目受疫情影响导致现金流风险，则会产生收并购机会，另一方面通过摸排判断竞品会不会折价跑量。

三是财政与基建投资计划摸排，通过对城市的财政预算数据摸排，判断产业勾地机会与资金资源机会。

四是进行后续可供应土地摸排，土地财政窗口期随时可能会出现，了解今年本地有多少土地可以供应，防止下半年放量供地。

(3)积极寻求收并购机会。疫情之下房地产市场恢复迹象明显，后疫情时期房地产市场将呈现出分化趋势，因此开发市场的资源会主要向头部房企集聚，土地市场重新回归一线城市和热点二线城市。对于中小房地产企业而言，可以主动寻找收并购项目，重点找现金流较好的项目。

具体的措施有：

一是通过梳理目标市场过去3—5年内已摘牌未开工或是未开盘项目的公开信息，核对运营情况、销售情况，并分析原因，寻找收并购机会。

二是与金融机构合作，银行、信托和基金等金融机构对项目现金流量风险性更为了解，可以与金融机构进行合作。另外央行规定不能抽贷，金融机构也更希望把资金链断裂项目介绍给房企。

(4)积极做好勾地工作。勾地是指土地在正式挂牌出让前，由单位或个人对感兴趣的土地向政府表明购买意向，并承诺愿意支付的土地价格。勾地制的出现，使得用地者可以根据自己的需要选择合适的土地。同时，公开土地供应信息后，买家竞争更有利于土地优化利用。

对此，房地产企业首先可以进行异业合作联盟，目的是提高现金流。房地产企业过去更多的是同业间的合作，今年货币市场流动性充沛，但并不会流动到房地产企业，与实体经济进行合作，便能使企业资本扩大，可以去做勾地的沟通、谈判。

对于前期已和政府对接的勾地项目，要进一步加强与政府的沟通谈判，跟进项目，包括住宅用地面积配比、地价，甚至没有谈妥的项目。

三、住房市场研究

（一）疫情对住房市场的冲击

新冠肺炎疫情的爆发给住房市场造成较大冲击。市场整体销售走弱，价格呈现断崖式下跌。从供给端来看，各地售楼处营业暂停、网签系统关闭、建筑工地停工、土地拍卖暂缓，"宅经济"模式将房地产企业资金问题推向制高点。从需求端来看，住房租赁需求大幅度降低，且社区防疫进一步激化住房所有权与租赁权的矛盾，影响住房租购需求；此外，返乡置业受到较大波及，购房需求主动或被动释放的动力减弱。为提振住房市场信心，多地密集出台各项纾困政策，因城施策更加灵活。同时，房地产企业的资金困境恶化。其中地方小房企受疫情影响资金链更为紧张，破产风险增加。与此同时，家庭部门收入增长预期较为悲观，市场观望情绪浓厚。

1. 住房市场表现

（1）整体：销售走弱，价格"跳水"。①成交量显著缩减，为近十年同期最低。房地产企业销售停摆，商品住房成交规模显著缩减。根据中指研究院数据（如图 3－14 所示），2020 年第一季度，50 个代表城市[①]商品住房月均成交面积达到 2011 年以来同期最低，同比下降约 40 个百分点。其中，2 月成交规模下降幅度最大，同比、环比降幅都超 70 个百分点。3 月，随着各地稳市场政策的出台，加上住房市场自身的韧性恢复，市场交易规模有所回升，但依然不及上年同期。

分城市来看，各线城市成交量同比均降，但降幅各异。根据中指研究院重点监测的 22 个主要城市的数据（如表 3－3 所示），2020 年第一季度，一线城市商品住房成交套数和成交面积分别为 44 305 套和 455.93 万平方米，较上年分别同比下降 38.48％和 38.04％；二线代表城市商品住房成交套数和成交面积分别较上年同比下降 35.21％和

---

① 50 个代表城市含一线城市：北京、上海、广州、深圳 4 个城市；二线城市：天津、重庆、杭州、武汉、大连、苏州、厦门、成都、南京、三亚、贵阳、温州、哈尔滨、海口、长春、合肥、青岛、福州、西安、南宁、郑州、沈阳、无锡、长沙、南昌 25 个城市，主要是各省份会城市和计划单列市；三四线城市：三明、莆田、中山、惠州、淮安、肇庆、汕头、镇江、绍兴、宿州、韶关、包头、佛山、徐州、唐山、泉州、泸州、芜湖、东莞、扬州、南通 21 个城市，主要指地级市。与历史数据不同的是，本报告中杭州统计范围纳入萧山、余杭；苏州纳入吴江；重庆统计口径由商品房变更为商品住宅；惠州统计范围由惠城区扩展至全市。

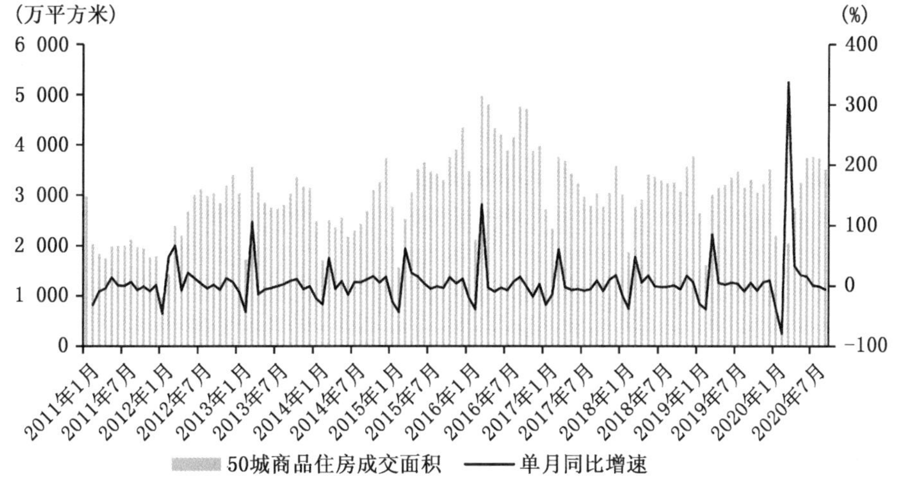

资料来源:CREIS 中指数据。

图 3－14　2011—2020 年 9 月 50 个代表城市商品住房月度成交量及同比走势

31.21%;三线代表城市的该两项指标较上年分别同比下降 31.79%和 32.98%。在 22 个城市中,19 个城市成交套数和成交面积同比下降(如图 3－15 所示)。其中,西安、重庆和泉州成交套数降幅均超过 50%,且西安和泉州的成交面积降幅也超过 50%;仅苏州和杭州在两个指标上的同比均上升,前者涨幅分别约为 38%和 36.32%,后者分别约 2.80%和 14.65%。其中苏州成交量的逆势上升和二手房挂牌量的大幅增加以及房价的下降有密切的关系。3 月份国内疫情缓解,企业复工节奏加快,叠加多地出台稳楼市政策,市场交易规模低位回升,但距上年同期“小阳春”行情仍有差距,杭州、成都等部分热点城市市场恢复相对较快。

表 3－3　　2019 年和 2020 年第一季度 22 个代表城市商品住房成交量情况

	2020 年第一季度		2019 年第一季度	
	成交套数(套)	成交面积(万平方米)	成交套数(套)	成交面积(万平方米)
北京	9 732	97.71	14 411	150.82
上海	16 764	170.09	32 427	321.95
广州	11 014	118.7	18 310	194.63
深圳	6 795	69.44	6 868	68.40
一线城市	44 305	455.93	72 016	735.80
杭州	3 748	50.72	3 646	44.24
南京	9 243	109.92	11 498	136.46

续表

	2020 年第一季度		2019 年第一季度	
	成交套数（套）	成交面积（万平方米）	成交套数（套）	成交面积（万平方米）
苏州	10 832	135.26	7 849	99.22
青岛	17 235	198.95	21 288	254.08
福州	4 713	47.55	6 425	66.9
大连	2 021	20.42	3 583	38.55
宁波	16 669	201.58	20 226	241.3
温州	8 363	100.95	13 902	175.18
济南	11 804	147.26	15 682	196.03
西安	12 089	151.37	28 282	336.56
重庆	11 813	195.25	35 128	387.3
二线代表城市	108 530	1 359.23	167 509	1 975.82
东莞	5 654	65.19	8 106	90.43
惠州	2 827	33.38	4 647	55.03
泉州	2 381	27.89	6 563	78.65
韶关	2 682	29.59	2 522	31.96
汕头	3 838	47.96	4 515	59.55
扬州	3 557	43.12	4 861	60.05
连云港	8 723	99.51	12 273	141.57
三线代表城市	29 662	346.65	43 487	517.24

资料来源：CREIS 中指数据。

②住房价格累计涨幅为近五年同期最低。商品住房价格累计涨幅回落，为近五年同期最低。中房指数系统对 100 个城市的全样本调查数据显示，2020 年第一季度，百城新建住宅价格累计涨幅是 2015 年 5 月以来季度涨幅的最低值，仅有 0.18 个百分点。2 月，多数企业售楼从线下转为线上，并开始降价促销模式，百城住宅均价出现小幅调整。3 月，市场情绪有所恢复，价格环比小幅上涨 0.14 个百分点。

分城市能级来看，2020 年第一季度，一线城市商品住房价格保持相对平稳，三四线代表城市则有小幅调整（如图 3—16 所示）。具体地，一线城市各月价格环比累计上涨 0.19%，与上年同期基本持平。二线和三四线代表城市商品住房价格在 2 月有小幅调整，3 月随着买卖双方入市意愿增强，价格环比止跌转涨。

（2）供给端：销售下滑、开工受阻和资金紧张成三大痛点。①销售下滑。疫情之下，

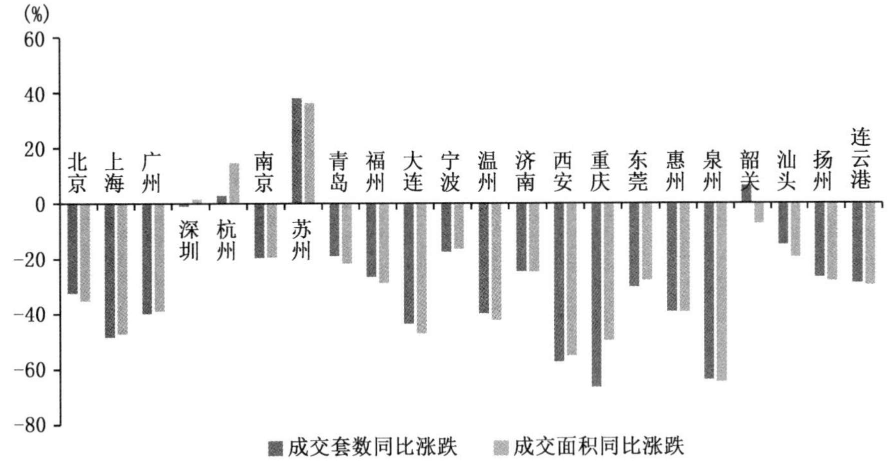

资料来源:CREIS 中指数据。

图 3—15　2020 年第一季度 22 个代表城市商品住房成交量同比变化

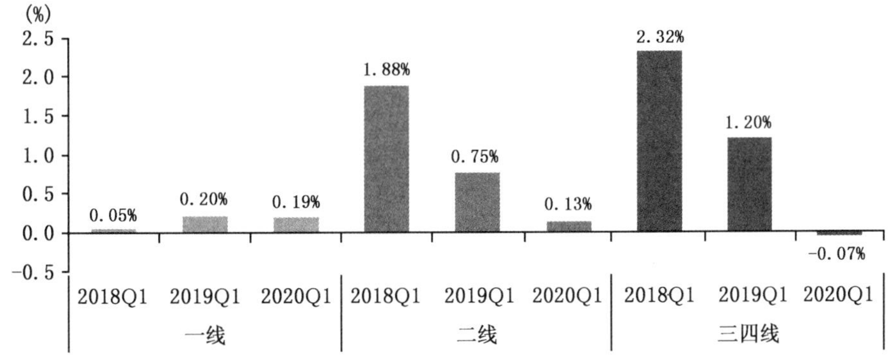

资料来源:CREIS 中指数据。

图 3—16　2018—2020 第一季度各级城市商品住房均价累计涨幅对比

整体楼市成交呈现下行态势。2020 年 1 月 27 日至 2 月 2 日,中指研究院重点监测的 13 个城市中,有 10 个城市商品住房成交面积环比下降幅度超 90%,其中,成都和大连降幅高达 99.25%和 99.26%(见表 3—4)。

表3—4　　2020年1月1日—2020年2月2日主要城市房地产市场成交情况

城市	本周成交套数(套)	本周成交面积(万平方米)	1月周均成交(万平方米)	上周成交面积(万平方米)	成交面积环比(%)
北京*	8	0.07	12.32	1.44	−95.09
上海	61	0.68	16.83	8.24	−91.70
广州	22	0.23	9.66	4.32	−94.65
成都*	16	0.16	28.92	21.55	−99.25
福州*	14	0.13	3.21	1.96	−93.37
苏州*	83	1.31	13.57	8.56	−84.67
青岛*	5	0.07	15.52	6.14	−98.88
大连*	1	0.01	2.01	1.31	−99.26
温州*	98	1.22	14.16	12.17	−90.01
济南*	69	0.83	12.38	6.70	−87.68
扬州*	3	0.03	3.86	2.50	−98.71
连云港*	16	0.19	9.33	7.75	−97.52
舟山*	7	0.08	1.64	0.40	−81.16

资料来源:CREIS中指数据。

注:(1)带有*的城市价格为通过报价估算所得;(2)连云港和舟山统计口径为商品房,其余为商品住房;(3)北京1月27—30日,广州1月28日、2月1—2日,青岛1月27—30日、2月2日,扬州1月27—31日数据无。

根据克而瑞数据,2020年2月,国内房企销售额前100名的房企合计实现销售金额3 243.3亿元,创下了近几年来单月销售的最低记录,环比降低43.8%,同比降低37.9%。1—2月,百强房企整体的业绩规模同比降幅超过20个百分点。其中,多数房企2月单月业绩和累计业绩均出现了同比环比双降的局面。

②延迟开工复工。同历史数据相比,住宅开发投资、新开工与竣工面积增速均有明显下降,累计同比跌至负值。国家统计局公开数据显示,2020年1—2月,全国住宅开发投资7 318亿元,下降16.0%;新开工面积7 559万平方米,下降44.4%;竣工面积6 761万平方米,下降24.3%。截至2020年2月9日,多地住建部门出台了推迟建筑工地开工复工时间的相关指示(如表3—5所示)。这一举措无疑对房企造成巨大冲击。根据课题组对在沪67家房企的调查,2月底企业总部已复工51家,占76%,但到4月中上旬各房企项目才基本实现全面复工,如2月底上海万科26个项目中有2个复工,上海金地则无项目复工。

表 3—5　　全国建筑业开复工时间

不早于	地　区
2月2日	四川、青海
2月9日	北京、上海、重庆、广东、江苏(南京、泰州、常州、连云港、宿迁、扬州、盐城)、浙江、安徽、江西、湖南、河南、山东、河北、辽宁、吉林、山西、陕西、贵州、云南、海南、内蒙古、广西、新疆库勒尔
2月14日	新疆石河子
2月15日	徐州
2月17日	温州、阜阳
2月20日	苏州、淮安、南通、镇江、景德镇
2月24日	南宁
3月1日	太原
3月2日—9日	合肥
3月6日—16日	郑州
4月中旬	黑龙江
延后待定	无锡、天津、甘肃、西藏
暂无通知	宁夏、青海

数据来源:相关政策文件。

注:数据统计时间截至2020年2月9日。

③营运和资金压力加大。就长租公寓品牌而言,营运不畅导致现金流压力剧增。根据迈点研究院2020年2月发布的《2020疫情下的中国公寓行业报告》,疫情期间,运营成本上升、租客“返工潮”隔离防护不易管理、资金周转困难是长租公寓品牌面临的三大重要挑战。与上年同期相比,长租公寓品牌的空置率有明显的上升(如图3—17所示)。其中,25%的服务式公寓品牌空置率同比上年上升80%以上;42%的集中式长租公寓品牌空置率同比上年上升10%～20%。此外,有45%的企业较上年同期业绩下滑超过20%,即使规模较大的长租公寓企业盈利也不佳,如已在纳斯达克上市的“青客”2020年一季度净亏损1.25亿元,市值较上市时缩水30%。同时,公寓企业根据疫情防控要求,“只出不进”,即只能解约、没有新增,与往年春节后是新增租赁高峰反差明显,现金流存在较大压力。

就开发销售主体而言,在资金流入方面,占比近50%的销售回款(包括个人按揭贷款和定金及预收款)减少,在短期内对资金链造成考验。国家统计局数据显示,2019年销售回款占房地产开发企业实际到位资金的比例约为49.62%。与此同时,由于严格减缓的融资约束,国内贷款占比仅约14.13%。房地产销售的中止将严重冲击房地产企业

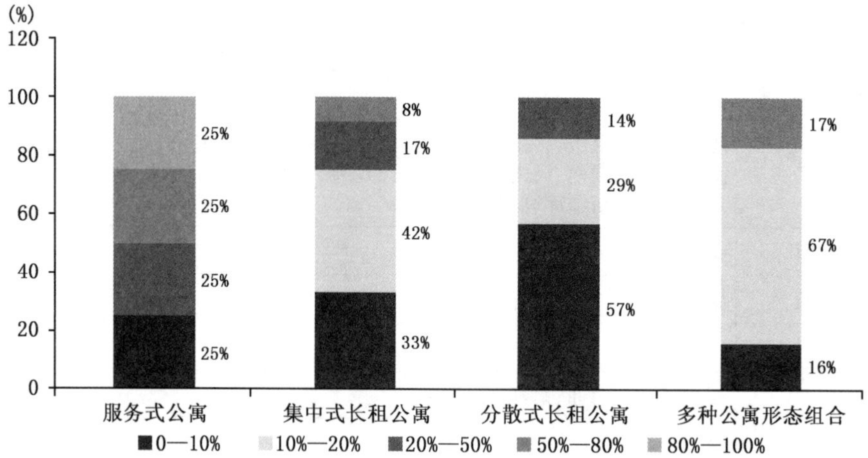

资料来源:迈点研究院。

图 3—17 各品类公寓品牌"空置率"情况对比

的资金链。2020年1—2月份(如图3—18所示),全国房地产开发企业到位资金同比减少17.5%、增速环比下滑25.1个百分点,其中定金及预收款、个人按揭贷款同比分别减少23.9%和12.4%、增速分别环比下滑34.6个和27.5个百分点。资金支出方面,占比达2/3的各类刚性支出仍然可观。根据恒大研究院数据,126家A股上市房企在2019年前三季度现金流出中,支付土地款、货款和工程款、偿还到期债务、员工工资、税费等刚性支出占比66.6%。值得关注的是,2020年有95家房企年内到期债券达到5 000亿元以上,相较上年上涨45个百分点。房企偿债压力较大,尤其中小房企因资金储备不足、项目变现能力较弱、融资渠道少且信用资质较差等弊端,加剧资金链紧张程度,加速了破产清退。

(3)需求端:租购需求受冲击,返乡置业影响凸显。社区防疫,引发住房所有权与租赁权的不同等对待。具体表现包括:一是部分地方明确要求返城人员要有本地房产证;二是关停住房租赁业务,即使租客返城了也无处可住;三是社区要求房东给租客担保,房东负连带责任;四是合租者更可能被集中隔离;五是租客更难领到防疫物资。以上多是租客在疫情期间所面临的困境,这些困境折射出"租购同权"长路漫漫。在其背后有着很深刻的社会制度和社会治理根源,需要着眼于未来,对住房租赁市场的必要性和重要性做出很好的定位。

与此同时,新冠肺炎疫情将加速健康住宅、智能生活升级。新冠肺炎疫情的爆发使得居住小区成为疫情防控的第一道防线、住宅建筑成为阻断疫情蔓延扩散的重中之重。居住小区的建筑密集、人口集中、人际交往频繁成为亟待解决的问题,同时对住宅居家空

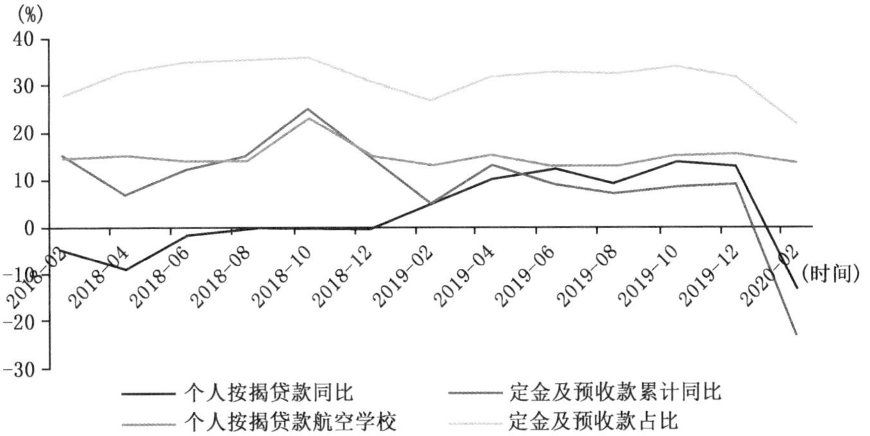

资料来源：国家统计局、恒大研究院。

图 3－18　2018 年 1 月至 2020 年 2 月全国房地产开发企业到位资金中销售回款占比和同比增速

间与通风、卫生与污染物等软硬件两方面提出新的要求，但传统住宅建设不仅缺失系统性卫生防疫安全保障技术，而且在硬件方面应对新冠病毒肺炎疫情防控也存在明显短板。同时，长时间的居家隔离，既加深了居民的居住体验感，也进一步激发了居民对住房品质的需求。引致诸如大户型改善型住房、住房产品升级、高品质物业服务或园林绿化好、周边商业医疗等基础配套齐全等的新型住房需求。于是，以生活宜居为本的健康安全居住环境成为新的住房需求关注点。此外，新冠肺炎疫情的冲击也加速了线上营销的发展趋势，线上购房已开始被一部分人所接受，居民购房渠道逐渐多样化。

多数三四线城市的返乡置业需求受到较大程度的影响。春节前后本是返乡置业高峰，但疫情期间，多地暂停线下销售或禁止开盘、促销，三四线城市销售降幅加剧。2020 年传统返乡置业季，三四线代表城市商品房销售套数合计 549 套，与上年同期相比下降 92.4%(图 3－19)。此外，以衢州、安庆、阜阳为典型代表，从克尔瑞监测的 2020 年春节返乡成交数据(以春节为界，取前后各 15 天)来看，衢州、安庆成交量均不足 3 万平方米，同比分别下降了 96%和 71%。

(4)土地市场：交易暂时中止，溢价率逆势回升，区域分化程度加大。疫情期间，土地市场呈现出先下跌后快速反弹的特征。土地供给方面，2020 年 1－3 月，住宅用地供给面积分别为 1 712.88 万平方米、950.25 万平方米、3 299.74 万平方米，同比增速分别为－0.4%、－26.64%和 47.5%。其中，2 月的住宅用地供给萎缩明显，辽宁、四川、石家庄、西安、合肥、长沙、贵阳等省市宣布暂停土地出让。2020 年 1－3 月土地成交面积分别为 1 630.46 万平方米、1 057.07 万平方米、1 490.31 万平方米，同比增速分别为－

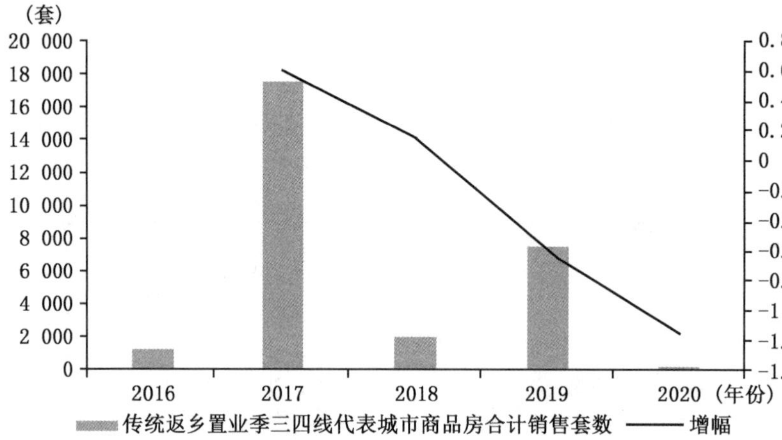

资料来源:Wind,恒大研究院。

注:本图中"传统返乡置业季"指春节当周与后一周;三四线代表城市包含镇江、扬州、连云港、汕头、吉林、韶关、莆田、泰安、湖州、江阴、淮安、芜湖、衡水、池州、肇庆。

图 3—19　2016—2020 年传统返乡置业季三四线代表城市商品房销售套数及增幅

26.84%、—15.4%和—2.95%。1 月疫情突发,土地成交增速下降幅度为一季度最大,而 2 月土地成交多依赖于一二线城市优质土地的竞拍(见图 3—20)。

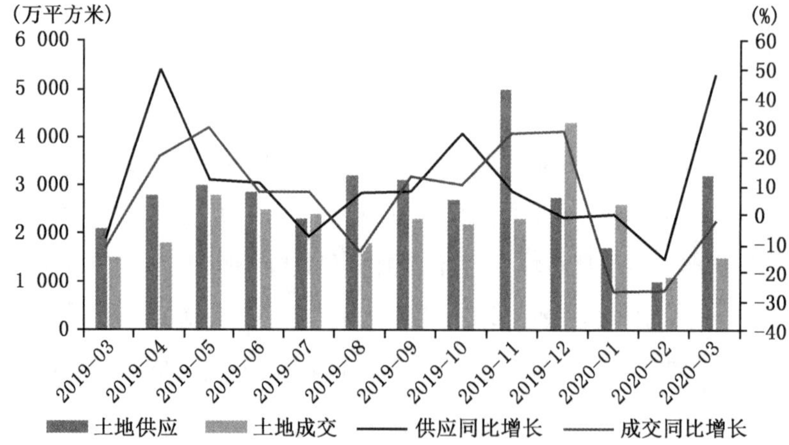

资料来源:Wind。

图 3—20　住宅用地供应及成交情况

住宅用地楼面价方面在 2020 年前 3 个月分别为 5 514 元/平方米、5 878 元/平方米、4 887 元/平方米,呈现出先涨后降的走势特征(见图 3—21)。上涨和下降的原因均主要来自北京、上海等城市出让多块优质土地,以北京为例,2 月竞拍的 2 宗位于海淀区的大宗宅地成交楼面价都超过 4.5 万元/平方米，抬升了整体地价水平。但在 3 月，尽管杭州、苏州等二线城市恢复了土地出让，但相对权重较小，不足以弥补一线城市土地竞拍减少的差距。

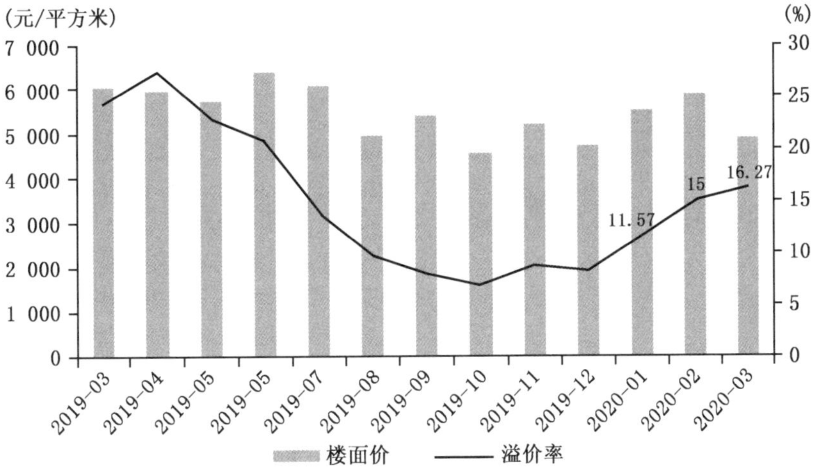

资料来源：Wind。

图 3—21　住宅用地楼面价及溢价率

城市住宅用地成交分化明显。根据 Wind 数据（见图 3—22），2020 年第一季度，一线城市住宅用地成交 97.42 万平方米，占总成交面积的 4.84%；但成交总价却占总成交价款的 25.20%。二线城市住宅用地成交占总成交面积的 46.39%，但成交价款却占到总成交价款的 44.23%。三线城市以 48.77%的成交面积贡献了 30.56%的总成交价款。这种分化，与头部房企资源集中度高存在高度关联性。一线和杭州等部分二线热点城市的住宅用地总价高，通常能够竞拍成功的多是实力强劲的企业。2020 年一季度共有 49 家房企成功拍得住宅用地，从前 10 家房企土地成交的城市分布来看，有 8 家在一二线城市土地市场的份额超过 70%。

2. 主体反应

（1）政府：陆续出台各项纾困政策，因城施策更加灵活。政府部门积极应对，统筹疫情防控与经济发展。在房地产市场领域，中央保持房地产调控定力，坚持“房住不炒”定位不变，不将房地产作为短期刺激经济的手段，保持房地产金融政策的连续性、一致性和稳定性，促进房地产市场平稳运行。地方政府则依据“因城施策”的调控思路，根据当地住房市场发展实际和疫情防控情况，从供需两端发力，陆续出台各项纾困政策（如表 3—6 所示）：在供给端，出台多重政策缓解企业资金压力、提振企业投资信心；在需求端，聚

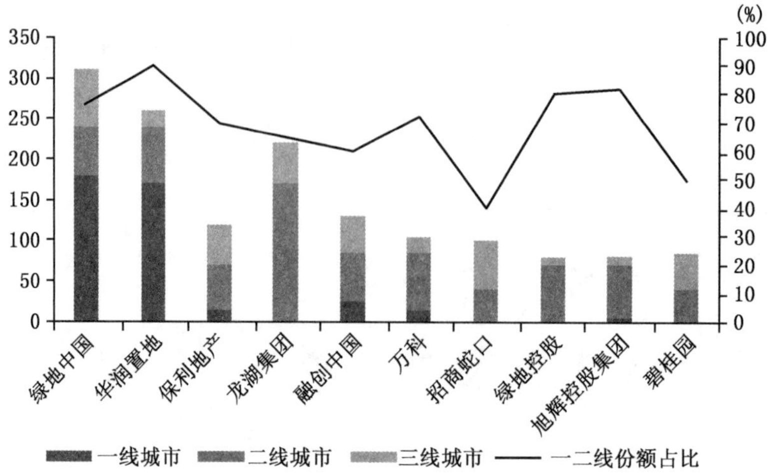

资料来源：Wind。

图 3—22　2020 年第一季度前 10 名房企土地成交的城市分布

焦购房资金贷款、人才政策调整等以提振市场信心。

表 3—6　　2020 年第一季度从供给端、需求端出台扶持政策的城市列表

供给端		需求端	
政策内容	代表城市	政策内容	代表城市
延期或分期缴纳出让金	上海、广州、杭州、南京、福州、西安、苏州、南昌、天津、济南、绍兴、合肥、青岛、常州等	发放购房补贴	衡阳、马鞍山、宜宾、钦州、抚州、益阳等
办理开竣工延期	上海、深圳、南京、杭州、苏州、福州、无锡、西安、南昌、滁州、南通等	公积金贷款条件放宽或额度提高	南宁、东莞、抚州等
调整商品房预售条件和预售资金监管	广州、深圳、苏州、武汉、无锡、厦门、福州、沈阳、龙岩、衡阳、莆田、钦州、滁州、南通、抚州、石家庄、长春等	加大住房公积金支持力度(如：未能正常还款，不作逾期处理)	北京、上海、深圳、南京、武汉、苏州、程度、福州、厦门、嘉兴、大连、兰州、常州等
调整土地出让竞买保证金比例	南昌、抚州等	扩大人才购房补贴范围或支持人才购房	杭州、衡阳等
加大信贷支持	成都、无锡、抚州、郑州等	降低人才落户门槛	广州、苏州、青岛、天津等
实施税费支持政策	厦门、沈阳、贵阳、南通、郑州等		
加大土地供应	深圳等		

资料来源：中指研究院。

与此同时，在疫情冲击下，面对来自房地产供求两端的压力，维持中小企业的生存和发展是确保房地产市场组织生态和长效机制建立的关键。为此，2020年2月21日召开的中央政治局会议上强调，要“加大对重点行业和中小企业帮扶力度，救助政策要精准落地，政策要跑在受困企业前面”。

(2)企业：资金面进一步承压，强者恒强局面加速推进。为缓解疫情冲击下房地产企业的资金压力，上海、南京、无锡等多个城市纷纷出台针对性的纾困救助或减负政策，包括允许延迟土地价款和相关税费缴费、适度放宽预售条件、推行线上审批、强化信贷支持等。但前期“限购”“限贷”“限价”“限售”等措施的推行，与2019年房地产市场调控政策的继续加码，已在一定程度上加剧了房地产企业的资金困境。

与此同时，疫情促使小房企加速退出，大房企市场占有率跳升，强者恒强局面加速推进。2020年第一季度，TOP10、TOP50和TOP100房企市场占有率分别较2019年提升10.0个、11.0个和7.8个百分点(见图3—23)。造成这种局面的原因有二：一是疫情加速抗风险能力弱、资金链紧张的地方中小房企退出市场。地方小房企资金储备不足、项目变现能力较弱、融资渠道少且信用资质较差，受疫情影响资金链更为紧张，破产加速。二是大型房企资金优势相对较大，抗风险能力也相对较强。以上海市为例，2019年263家房地产开发企业中，前20名及前50名企业在上海市场的占有率分别为49.9%和74.7%，在全国也都属于销售额排名前100的企业，实力雄厚，可以维持正常运营。疫情期间，大型房企在上海和北京等城市纷纷拿地也说明这一点，并且大型房企能及时通过加强线上营销、优惠促销力度等措施灵活应对疫情，销售业绩受到市场冲击的程度相对较小。

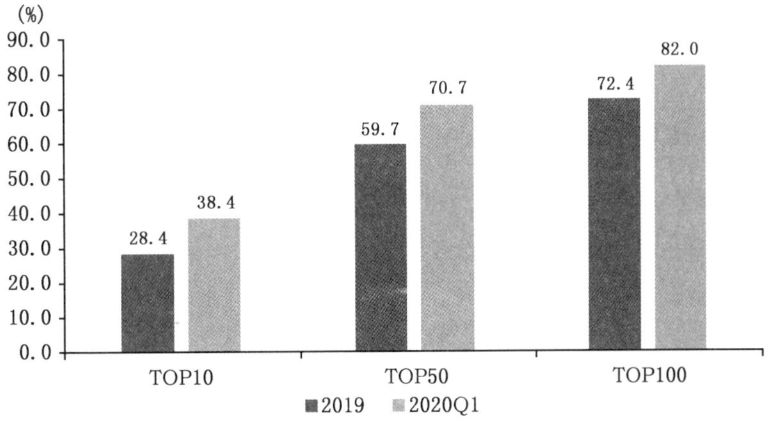

资料来源：国家统计局、克尔瑞、恒大研究院。

图3—23　2019年和2020年第一季度TOP10、TOP50和TOP100房企市场占有率增速

(3)家庭：收入增长预期悲观，市场观望情绪浓厚。企业破产倒闭风险大、工资发放延迟以及各项红利减少等因素导致家庭收入不乐观。根据国家统计局公布的数据(图3—24),截至2020年第一季度,城镇与农村居民可支配收入累计值分别为11 691元和4 641元,全国居民收入累计增长速度为—3.9%(见图3—24),自2013年一季度实施新的统计制以来首次出现负值,环比下降9.7%,同比下降10.7%。其中,城镇和农村居民收入增速也是自2014年一季度有数据以来首次出现负值。城镇居民收入增速—3.9%,同比减少9.8%,农村居民收入增速—4.7%,降速高于城镇居民,同比减少11.6%。西南财经大学中国家庭金融调查与研究中心、蚂蚁金服集团研究院在2020年4月联合发布的《中国家庭财富指数调研报告》中也表示,2020年第一季度相比2019年第四季度,有42.9%的家庭工资性收入没有变化,工资减少一点和增加一点的家庭占比分别为17.5%和17.7%,工资减少很多和增加很多的家庭占比分别为18.9%和3.0%(见图3—25)。由此可见,总体而言,家庭工资收入是下降的。

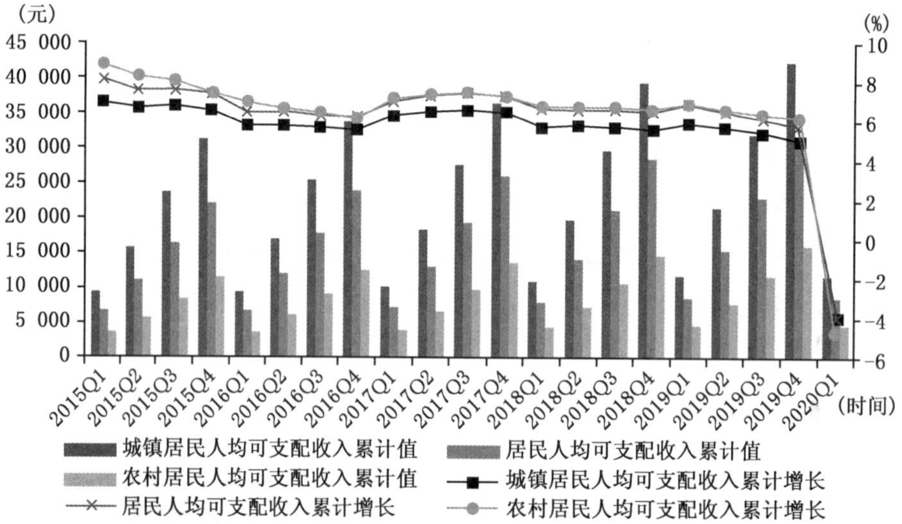

资料来源:国家统计局。

图3—24 2015年第一季度至2020年第一季度城乡居民可支配收入

疫情带来的冲击在引发惶恐心理和收入预期悲观的同时,也对居民购房计划产生影响,市场观望情绪较为浓厚。贝壳研究院调查显示(见图3—26),38.0%的受访者表示因疫情影响看房而暂缓买房计划,28.8%的受访者认为房价会跌而暂缓买房。疫情加重市场观望情绪,房价短期承压。根据克而瑞数据,2020年1月前十房企操盘项目销售均价为12 660元/平方,同比下降3%、较2019年全年下降2.3%。

(二)疫情防控常态化时期住房市场供给特征分析

疫情防控常态化时期,住房市场供给端呈现出多个新的变化特征。首先,从市场整

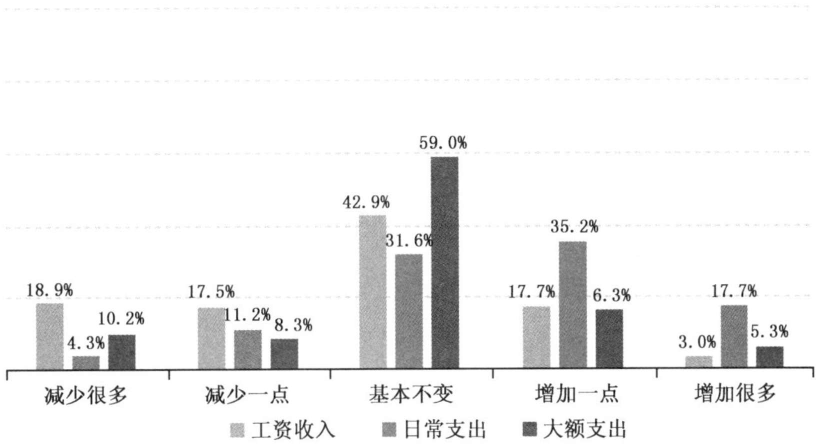

资料来源：https://wenku.baidu.com/view/45de9e4bad45b307e87101f69e3143323868f570.html。

图 3—25　家庭收支变动分布

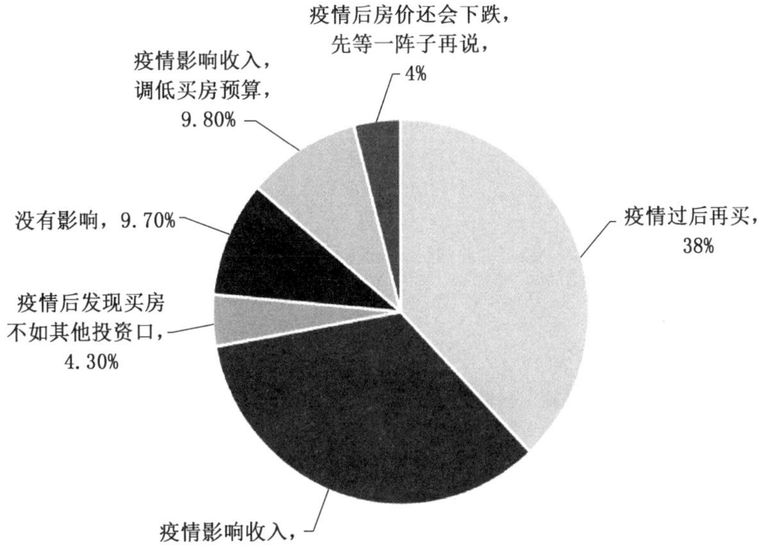

资料来源：贝壳研究院、恒大研究院。

图 3—26　疫情对消费者购房计划的影响

体来看，短期经济承压背景下稳投资的重要性凸显，市场景气程度稳步回升，但土地市场区域间分化程度将进一步加剧，企业拿地更加聚焦重点城市群。其次，房地产企业将在战略层面、业务层级、产品供应以及融资结构几个方面有所优化。一是总体发展战略更为理性,企业组织韧性将成为关注重点。二是企业积极推动业务升级,搭建"高效+高质+特色"的成熟体系,同时谋求多样化转型路径。三是内外兼优的住房产品供应更受重视,通过"科技+智慧+场景"模式,兼顾产品内外价值的协调和链接,推动产品创新升级。四是各项应付款逆势上行,但在强监管的制约之下,国内贷款难以给予额外支撑。五是对于政府部门来讲,将加速城镇老旧小区改造进程,同时,基础建设被视为拉动经济的重要手段。而对于社区治理,也将倾向于微基建与"新基建""老基建"三管齐下的模式。

1. 市场整体:景气程度稳步回升

(1)开工复工:复工时间相较延后,新开工面积增速放缓。严格的疫情防控背景下,全国房屋新开工规模短期受到显著影响,叠加人员流动限制影响,复工时间相较延后,新开工难以大规模补足。而现阶段,房地产行业尚有较大规模的在建待售库存,在房企资金压力加大、销售规模调整预期增强等背景下,新开工积极性将进一步减弱,全年新开工面积增速趋缓或有所下调(见图3—27)。

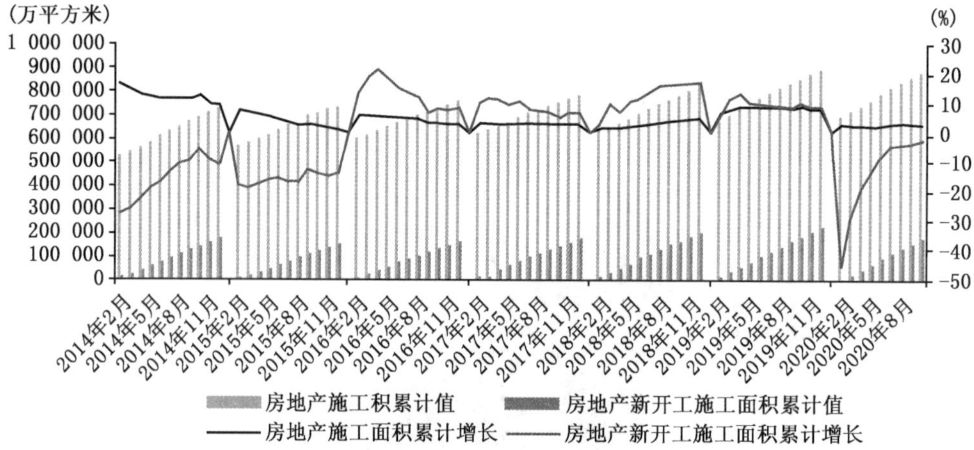

资料来源:国家统计局。

图3—27 2014年1月至2020年10月全国房屋累计新开工和施工面积及其同比增速

(2)开发投资:积极推盘抢收回款,投资增速仍处较高水平。3月份以来,房地产行业陆续开工复工、线下售楼处恢复营运,同时,疫情期间积压的购房需求逐步释放,房企为快速回笼资金、清理库存,积极推盘强化回款,销售业绩逐步增长。根据中指研究院数据,2020年前三季度,TOP100房企销售额增长率均值为7.2%。1 000亿元以上超级阵营共21家,销售额增长率均值为8.6%;第一阵营(500亿—1 000亿元)共32家,销售额增长率均值为9.7%;第二阵营(200亿—500亿元)有51家企业,销售额增长率均值为

6.4%；第三阵营（100亿—200亿元）共33家，销售额增长率均值为1.4%；第四阵营共21家，销售额均值为78.7亿元，同比下降12.7%。进入三季度，随着市场情绪的进一步恢复，房企推盘和营销力度持续加大，三季度代表房企[①]销售金额1.7万亿元，同比增长超20%，增幅较二季度扩大。

从投资端来看，短期经济承压背景下稳投资的重要性凸显，在施工程稳步推进、棚改攻坚计划收官、土地购置费保持较快增长仍可期等多重因素支撑房地产开发投资增速仍保持较高水平。根据国家统计局数据，2020年5月开始，房地产开发投资额同比增幅扩大（见图3—28），住宅开发投资额占房地产开发投资的比重依旧保持在70%以上的较高水平。

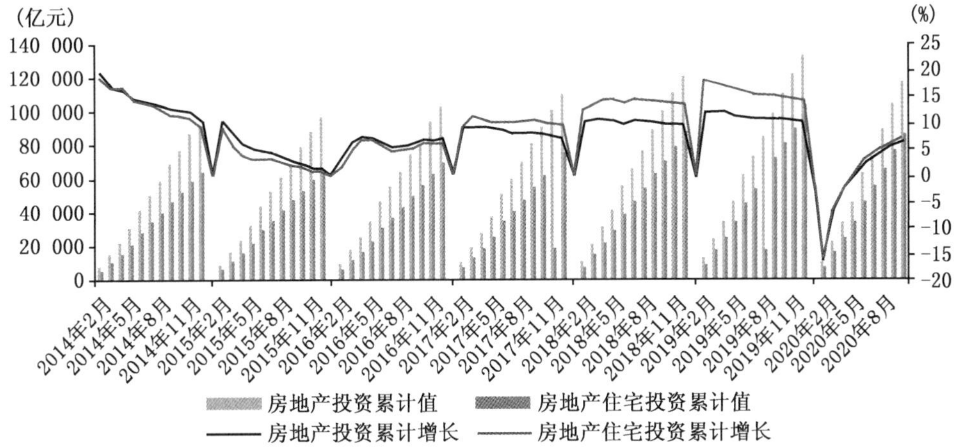

资料来源：国家统计局。

图3—28　2014年1月—2020年10月全国房地产和住房投资累计值及其同比增速

房地产开发投资到位资金改善，2020年9月房企融资规模环比减少。中指研究院数据显示，2020年1—8月，房地产开发企业到位资金11.7万亿元，同比增长3.0%，各项资金来源同比均增长。从不同融资渠道来看，2020年1—9月，房企通过信用债融资5 076亿元，同比增长18.7%；海外债发行3 596亿元，同比下降17.9%。9月，房地产行业信用债发行规模同比增长63.3%，环比下降12.5%，海外债发行规模同比、环比均下降，降幅分别为7.3%、39.6%。

（3）区域表现：结构性拿地机会呈现，资金投向更为聚焦。宅地供应节奏加快，土地市场呈逐渐降温态势。2020年，百城住宅用地计划供应面积2.8万公顷，与上年基本持

---

① 代表企业包括万科、保利、中海、恒大、碧桂园、华润、世茂、绿城、融创、龙湖、金地、富力、雅居乐、远洋、新城、建业、招商蛇口、首创、合景泰富、越秀。

平。其中一线代表城市2020年住宅用地计划供应1 293公顷，同比增长17.5%，深圳同比增长近100%(见图3－29)；二线代表城市住宅用地计划供应0.9万公顷，同比增长5.2%，19个二线代表城市中有15个城市住宅用地计划供应量同比增加；三四线代表城市2020年住宅用地计划供应1.8万公顷，同比下降3.4%。

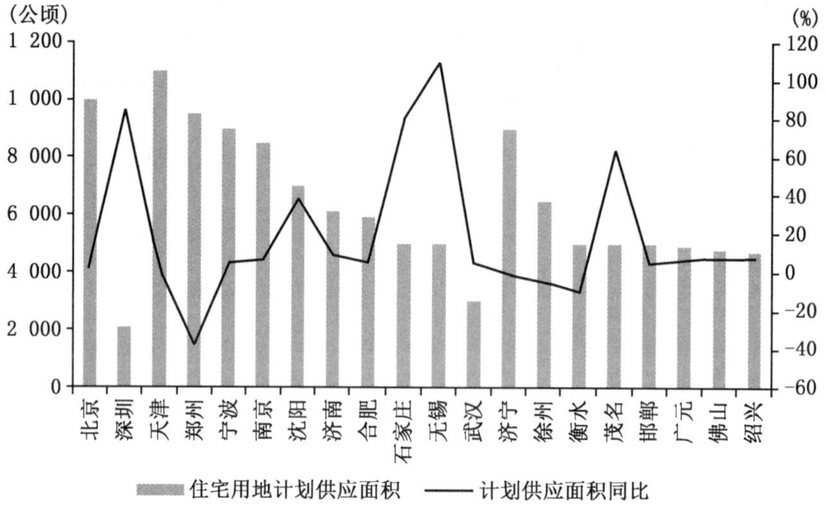

资料来源：中指研究院

注：北京、深圳、天津、南京、沈阳、济宁、衡水、佛山为全市数据，武汉为中心城区，其余城市为市本级数据。

图3－29 2020年各线代表城市住宅用地计划供地面积及同比变化

通过对比2020年百城土地供应计划和上半年已推出土地总量发现，上半年多数城市推地节奏较慢，百城住宅用地推出面积占全年供应计划的36.1%，较上年同期下降5.9个百分点，下半年百城住宅用地供应总量呈现加快趋势，土地市场热度有所缓和。对企业来说，下半年部分热点城市推地力度仍将继续加大，企业获取优质土储的机会仍较多。

区域间分化程度加剧，企业拿地回归一二线城市，更加聚焦重点城市群。具体地，一线城市市场需求旺盛，但因实施的疫情防控措施严格，延缓了需求入市节奏，与其他级别城市相比，市场规模反弹幅度相对平缓，但房地产销售较快恢复，市场热度依旧不减。二线城市人口规模突出，近几年为强化竞争力，城市积极引才，其市场需求韧性更为凸显。鉴于人地挂钩制度的实施将进一步为热点城市房地产市场发展拓展空间，因此房企投资重心或将继续向热点城市聚焦，尤其是东部发达城市群中的热点城市。三四线城市中部分城市需求已存在透支，加之2020年棚改力度进一步减弱，需求持续性较弱，房地产销售短期内承压，房企投资也更为谨慎。

2. 企业部门：积极转型补短板

(1)战略层面：强化战略布局，提高企业组织韧性。全球经济一体化过程中机遇和风险并存，提高企业韧性，构建可持续创新驱动机制成为企业应对不确定性的不二选择。新冠肺炎疫情给房地产企业带来一场经营考验：投资受阻、工程延期、销售业绩下滑、管理成本增加。这些考验让房地产企业感到压力巨大的同时，也提供了一个调整企业战略，提供组织韧性的良好机遇。疫情防控常态化时期，房地产企业更加注重在组织中植入“韧性”基因，通过产生组织抗体，寻求企业在各种危机之下依然能够实现经营可持续。而所谓韧性(Resilience)，其概念源于物理学。伴随着社会经济发展、产业技术变革以及各种商业模式创新的不断推进，企业经营的不确定性逐步增强，尤其在面对一些无法预知的自然灾害或外界刺激的时候，这种不确定性将进一步凸显出来。由此，便引发了企业对于组织韧性的需求(Burnard 和 Bhamra，2011)。组织韧性是指一种不断适应的能力，通过自身的恢复可以应对内外部环境中的各种突发事件(Sharma，2016)。组织韧性越强的企业，在应对各种危机，特别是在经营环境处于重大调整和变化的时期，越能够保持一种相对积极稳定的发展战略，为企业培养出一种基于创新驱动发展战略的对各项风险和机遇的应变能力(苏敬勤和刘畅，2016)，实现逆势增长(王勇和蔡娟，2019)。

房地产企业组织韧性的构建需要有技术、市场和财务等多个子系统之间形成一个良性互动的机制。对组织韧性的提升路径而言，无论内外环境如何变化，总存在未被满足的市场(Stephenson 等，2010)。疫情防控常态化时期，房地产企业更加注重从产品创新和市场创新两个维度出发，通过创新驱动，寻找属于自己的利基市场。一方面，从产品创新角度。房地产企业更加重视创新技术和创新能力的提高，通过“科技＋智慧＋场景”模式，兼顾产品内外价值的协调和链接，推动产品创新升级。另一方面，从市场创新角度。疫情之后，住房销售市场需求端将呈现三大特征：一是租转购基本住房需求增强，以获得身份认同；二是改善型需求快速激发，以提升居住体验；三是居住品质更受关注，即更加关注内外居住环境兼优的住房产品。适应于市场需求变化，房地产企业应在总体发展战略上更为理性。

(2)业务层级：推进业务升级，谋求多样化转型路径。新时代下，如何满足人们美好居住需要是房地产企业的重要课题。居家防疫和居家办公均加深了居民的居住体验，在带来新需求的同时，也给房地产企业带来业务转型升级的良好契机。具体方式有如下两种：

一是丰富完善产品服务体系，推进业务升级，体现差异化。居民对于住房的需求本就存在多元化特征,疫情更是激发了其对于住房品质和服务质量的需求。疫情防控常态化时期,房企更加聚焦完善产品服务体系,提升产品附加值。同时,更加强调根据居民住房消费需求和投资需求对住房产品进行优化设计和建造,根据家庭结构和需求状况供给各类住房产品。

二是在巩固和升级核心业务的基础上,选定多元业务进行拓展。在拓展方向上,因企制宜。根据自身业务成熟度和政策支持力度,选择适合自身发展战略的业务。相对而言,大型房企相对规模较大、整体资金实力较强,且有着良好的融资能力和资源整合能力,因此,可布局多个业务线,诸如产业地产、文旅地产、社区服务等。但中型房企尚处于规模进一步扩张的关键阶段,可在政策支持力度较大的业务中选取1—2类业务(例如长租公寓、特色小镇、养老地产等)集中运营;小型企业应适时退出增量业务,并聚焦某一类业务转型服务商。内部独立运作或整合外部资源是多元业务拓展的两种主要模式。对于前者,企业可以完全自主掌握业务拓展进度和发展质量,一旦形成一种规范化的运营模式,将快速形成规模化的快速推进,但前期推进速度相对较慢。后者能够实现合作方的优势互补,但要关注合作的不确定性、并购的后期业务融合等问题。此外,并购也是整合外部资源的一种有效方式。

(3)产品供应:低密度健康住房将增加,助推产品升级。房地产需求是住房供应体系构建与完善的重要依据,对于促进新时代房地产市场的可持续发展也尤为重要,同时也符合"以人民为中心"的发展思想(孙聪等,2019)。新冠肺炎疫情的突发导致各地不得已采取封城、售楼处暂时关闭等措施。居家防疫和居家办公加深了居民对居住体验的感受,将激发居民对于低密度健康住房的欲望或需求,这为房地产企业转型升级带来良好契机。当健康成为生活的第一要义,满足居家功能已不再是置业的唯一目标,无论社区还是住房产品都必然会迎来一次小升级。健康住房,将是新一代的安家乐土。健康住房有多重内涵:首先,低密度是宜居的前提。社区密度过高会带来诸多问题,楼房之间过于密集,通风采光较差,各种噪声声声入耳,公共设施与社区资源分配不够均衡,生活舒适度和健康程度也会随之下降。而低密度的社区,意味着更多的鲜氧流动,更长的光照时间,更好的居家私密性,更低的社区人员流动性,意味着更健康宜居。其次,户型依旧是核心关注点。只有全明、通风是远远不够的,既有公共空间,又有独立空间的户型,更大的窗墙比、更大的面宽,南低北高、错落有致的分布,才会带来舒适、舒心的居家生活。最后,以业主为核心的服务细节,都是健康住房生活品质的保障。从社区安防、智能化系统、家居智能化、智能快递柜等多方面,打造高端智能化生态豪宅,实现一键式智慧生活。

新增的健康住房可能呈现出如下特征:一是有着良好的社区绿化率。低二氧化碳浓度和高负氧离子含量空间,能够使人感到舒适惬意,起到镇静止喘、调节神经等功效。社区密集的树木能大量吸收有害气体,减少粉尘、噪音,提供一个安静舒适的社区环境。二是有着舒适的居住空间密度。楼间距、容积率、公共空间等变化影响着社区居住密度,当一个社区人口密度变低,单个住户的日照时长将会等比增长,适量的居住人口,也会使得人均占有的公共资源更多,居住环境也就更加健康。三是与配套设施保持恰当距离。一个社区如果与商圈距离过近,往往会带来噪音危害,在特殊时期,密集的商圈也容易受到病毒的波及,但如果与医疗配套过远,将可能延误黄金治疗时间,所以与配套设施保持恰当距离十分关键。四是户型设计更加注重南北通透、采光充足与通风流畅。五是采用智能社区管理和居家设计。在智能社区中,通过人车分流、智能停车、入户识别、隔音细节等人性化细节,可以阻隔汽车噪音、尾气等污染,避免外围不利于健康的因素和社区直接接触。采用智能家居系统,例如人脸识别门禁,有效切断病毒传播途径;选用节能门窗系统,可以调节太阳辐射,增强保暖隔音隔热性能,并且减少紫外线,更大程度保障健康。六是更加注重物业管理和服务。好的物业除了能够给予社区一流的物业管理,通过智能、智慧、精心的防护系统保障业主的居家安全,而且能够最大限度地降低突发情况对于社区生活的影响。

(4)融资结构:各项应付款逆势上行,国内贷款支持力度有限。房地产行业前期开发耗费资金量大,仅靠自有资金、销售回款通常难以维系,因此融资途径多样化明显。以国家统计局分类口径,房地产开发投资资金来源包含国内贷款、利用外资、自筹资金、其他资金、各项应付款五大类。其中,国内贷款指向银行及非银行金融机构借入的各种国内借款;外资包括对外借款、外商直接投资、外商其他投资等;自筹资金则主要是房地产企业通过股权融资、资本公积等方式自筹得到的预算外资金;其他资金主要包含定金及预付款、个人按揭贷款以及其他到位资金;各项应付款则主要来自经营过程中产生的应付款项。

2020年以来,五种房地产开发投资资金来源同比增速均迅速转负。三四月仅各项应付款恢复为正,且3月达到了20.5%的高速增长;其他四种融资来源累计同比仍显著为负。利用外资累计同比增速在2019年逐渐回落,2020年2月累计同比降幅高达77.20%,收窄至4月仍有31.6%,到5月才开始实现转正,但总体增速仍领先于其他几种投资资金来源;其他资金累计同比增速在8月依然是负值(见图3—30)。

进一步从2019年以来各项资金来源的占比情况来看,利用外资资金在整体投资资金中占比微乎其微;国内贷款的占比一直较为稳定。2020年2月、3月各项应付款成为房地产投资资金最主要来源,4月起占比虽有所下降,但仍明显高于上年同期水平;而其

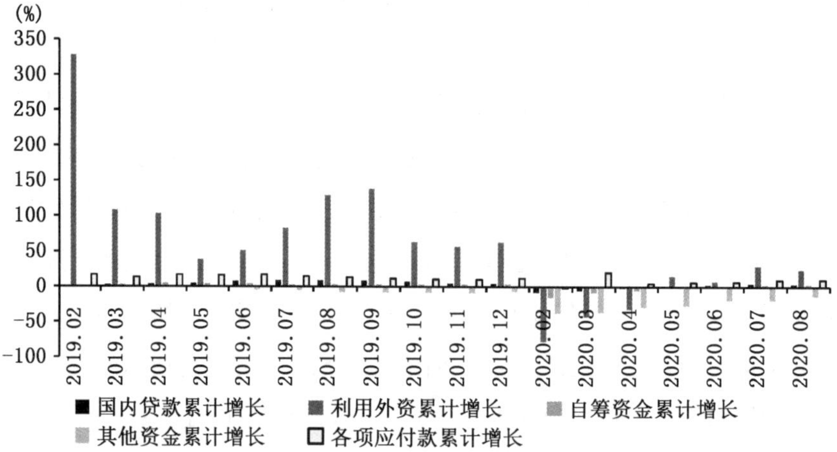

资料来源：国家统计局。

图3—30　2019年1月—2020年10月房地产开发投资资金来源累计增长情况

他资金、自筹资金占比较上年同期则出现明显回落(见图3—31)。

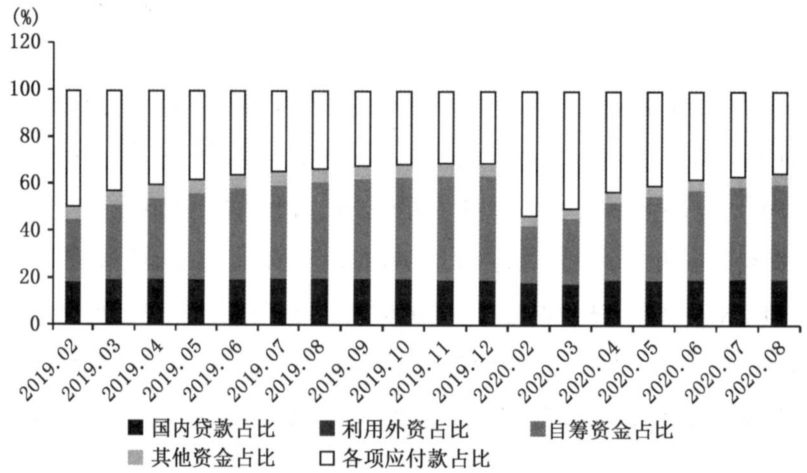

资料来源：国家统计局。

3—31　2019年1月—2020年8月房地产开发投资各项资金来源占比情况

从房地产行业的融资走势动向来看，在疫情防控常态化时期，房地产企业融资结构的变动主要在各项应付款。各项应付款主要包括在项目建设和购置中应付未付的投资款，是房地产企业依靠供应链获得的一种融资方式。其包括两类：一类是用于工程款的应付票据及应付账款，其占比一直较稳定地保持在55%左右，2020年3月占56.83%；另一类则用于工程款以外。当房地产销售不景气时，尤其在叠加外部融资困难等因素时，各项应付款在房地产投资资金中所占比重通常会出现被动上升的情况。此外,疫情期间,多地对房企缴纳土地价款的延期上给予了相关的政策支持,缓解了其现金流压力,同时也助力了各项应付款的增长。

在强监管的制约之下,国内贷款难以给予额外支撑。国内贷款主要包括银行以及其他非银行金融机构如信托机构、财务公司提供的贷款,可分为两类:一类是银行表内的房地产开发贷款;另一类则是以委托贷款、信托贷款为代表的非标融资。从房地产开发贷款的角度来看,在房地产调控趋严及防范重大金融风险、金融去杠杆的背景下,申请房地产开发贷款的要求逐渐严苛,增速也因此不断放缓。申请房地产开发贷,需要满足"四证齐全、30%资本金、二级开发资质",中小型房企相对来说资质较差,难以获得足够的房地产开发贷款。在"房住不炒"基调不变的情况下,房地产开发贷款或将继续延续高标准,对房企融资的支持将继续保持相对稳定的态势。在非标融资方面,委托贷款随着监管的强化大规模萎缩。2018 年以前,委托贷款由于可以逃脱表内资本充足率等监管而成为银行向房地产投放贷款的主要形式。但随着 2018 年银监会出台的《商业银行委托管理办法》对银行的委托贷款业务进行了直接限制,社会融资总规模存量中委托贷款数量 2018 年来一直在下降。2019 年以来,降幅有所放缓,但仍能看出整体不断萎缩的趋势。因此,房企受到此部分的资金支持也随之萎缩。与此同时,2019 年以来,随着资产价格下行,地产信托产品的需求增加,尽管带动发行量降幅缩窄,但同比变动依然为负,信托资金依然面临强监管限制,难给行业带来明显支撑。综合以上分析,国内贷款对房地产投资资金的支持力度难有明显增大。

3.2　政府部门:进一步完善基本住房保障体系

(1)资金保障:加大保障性安居工程资金筹措力度。保障性安居工程建设是市民关注的民生热点。保障性住房小区业主属于弱势群体,人员比较复杂,防护意识较差,在防疫期间成为各地有关部门高度关注和加强帮扶的重点。而由此也衍生出提升保障房安居工程质量的必要性。在这其中,资金筹措是关键。

一种由政府财政直接投入、土地出让金净收益和住房公积金增值收益构成的财政性资金,是我国保障房建设最重要的资金来源。但保障房不仅建设期的资金投入巨大,后期运营也需要持续的资金投入,因而以财政资金为主的模式具有明显的不可持续性。从各国实践看,保障性住房建设资金主要依靠财政投入(包括财政资金与税收减免两部分)和社会资本两大类。英国的公共住房建设的筹资模式在 20 世纪 70 年代开始便发生转变,私人筹资模式逐步成为主要的融资方式。美国政府对住房市场直接干预较少,直接建造的少量保障房的建设资金来自财政投入。而另一种具有保障性质的住房,即政府资助的私有租赁住房，在建设过程中享受政府提供的补贴与利率优惠，但社会资金是其主要来源，具有一定的私人筹资模式特点。

我国各地在资金筹集方面的探索有如下几种：第一，发行地方政府债券或转借国债。已有城市（如新疆、安徽等地的城市）通过财政部代发地方政府债券用于廉租房建设。除财政部代地方政府发行债券外，2011年上海、浙江、广东、深圳四省市还试点自行发行地方债支持保障房建设。第二，包括政策性和商业性贷款在内的银行贷款。根据国家开发银行公布年报数据，该行贷款是保障性住房建设的主要融资渠道，而且利率低（5.39%）、期限较长（一般为15年）。第三，项目自身的经营性收入。包括保障房租金收入以及经营性配套设施的租赁或销售收入。第四，其他融资渠道。2010年以来，南京、上海、天津等多个城市先后试点社保基金、保险资金、房地产信托投资资金等新型融资渠道，融资规模在30亿—40亿元。

（2）小区改造：继续推进城镇老旧小区改造。当前，我国城市综合治理和社区自身发展也都进入"以人民为中心"、追求高质量发展的新时代。作为城市中最基本的生活单元，城镇老旧小区面广量大，情况各异，呈现出复合性、叠加性、扩散性等整体性风险，改造更新工作较为复杂，也不利于"韧性城市"的建设（肖文涛和王鹭，2020）。尤其疫情冲击之下，城镇老旧小区的改造更新和居民健康问题成为关注重点。老旧小区的改造不仅事关城市整体形象，更与居民群众利益密切相关。在"人民城市人民建，人民城市为人民"的理念之下，如何保障居住环境和生活质量，提升居民幸福指数，让改造后的老旧小区不仅"好看"，还要"好住"，值得我们深刻反思。

2020年7月10日，国务院办公厅印发《关于全面推进城镇老旧小区改造工作的指导意见》，从指导思想、基本原则、工作目标、改造任务、组织实施、共担机制、配套政策以及组织保障等方面，对全面推进城镇老旧小区改造工作制定了全面、详尽的安排部署，反映了新时代城市更新工作的使命和任务，对于持续提升社区群众的获得感、幸福感和满意度，推进城市更新和开发建设方式转型，以及促进经济高质量发展具有重要意义。

城镇老旧小区改造前需要开展评估工作，能改即改、需拆即拆。对于确定属于城镇老旧小区改造范畴的，可以按照安全绿色、节能环保等要求加以改造。对不用拆除重建的城镇老旧小区，要尽量通过改造来提升其品质。城镇老旧小区改造也应鼓励和强调市场化运作和市场资本参与。政府须引导以房企为代表的社会资本适应从增量思维到存量思维的转变，谋求更多精细化的设计和长线运营规划。这是城市逐步从增量走向存量、发展方式转型的必然要求。当然，在城市转型过程中，政府也要思考相应的政策机制，为企业在存量时代的长期运营提供更好的制度保障和政策环境。由于国内城镇老旧小区的状况地域差异较大，同一个城市同一个片区内也存在不同情况，所以在进行改造时，要因地制宜、因区施策，根据具体情况采取具体的方式。

(3)便民设施：引导发展社区养老、医疗等公共服务。老年人是新冠肺炎的易感人群，老年人照料设施在疫情中也受到了各方的高度关注。2020 年 2 月 28 日，国家发展改革委联合各部门发布的《关于促进消费扩容提质 加快形成强大国内市场的实施意见》中提出，要大力优化国内市场供给，尽快完善包括养老业在内的服务业标准体系；大力发展“互联网＋养老”，鼓励以高水平社会服务机构为核心，建立远程在线服务体系。同时强调了常态化疫情防控中做好老年人照顾服务工作的重要性。

社区嵌入式养老机构是指位于居住社区之中，为该社区及周边社区民众提供各类养老服务的小型养老服务设施。该类设施与社区紧密结合，建筑物从属于社区。在过去几年，投资人、社区嵌入式养老服务运营商、建筑设计师、建筑施工单位多方合力协同，在缺乏完善的建设法规与标准体系的情况下积极探索，克服消防、疏散以及给排水、供电等专业问题，克服了建设管理繁杂、运营成本高等商业模式及盈利难关，一批专业程度高、社区契合度好的连锁社区嵌入式养老服务品牌呈现出来。疫情冲击下，“社工—志愿者”、低龄老年人及亲属，成为社区养老及防疫工作重要的人力资源来源和有效补充，也更是将社区嵌入式养老机构的设计优化问题加以凸显。相关部门后续应更加关注于此，以保证老年人与家庭及长期生活的社会环境不脱节，做到“离家不离亲”，同时推动实现城市养老服务的全覆盖。

(4)社区治理：推进“微基建”与“新基建”“老基建”三管齐下。随着城市进入内涵式发展阶段，社区营造成为一个热门话题。社区在防疫工作中发挥了重要作用，但也暴露出一些短板和不足。经历新冠肺炎疫情之后关注的重点是：一是加强社区健身、医疗以及物流、超市等方面的设施配套；二是区分不同群体的需求，因地制宜进行补缺，做到不同年龄层次人群的基础设施和基本服务均衡化；三是在城市郊区社区加强基础设施和公共服务均等化建设，强化轨道交通导向的社区发展，为中国城市都市圈化和城乡一体化发展提供条件和动力。就中国城市高质量发展而言，无论是疫情防控常态化时期还是后疫情时代，基建投资都需要“微基建”与“新基建”“老基建”三管齐下，这既是对习近平总书记“人民城市为人民，人民城市人民建”的人民城市重要理念的贯彻落实，同时也是适应提升城市治理现代化的现实要求。具体而言：一是持续推进以“铁公机”为代表的老基建；二是加强以数字化为代表的新基建；三是以 15 分钟生活圈为中心，推进社区营造微基建。其中，社区微基建是基于人民城市的重要理念，对标基本实现现代化的目标，推进微型基础设施和公共服务体系建设，致力于满足居民“最后一公里”的需求。在建设过程中，需要有机整合社区微型基础设施和公共服务配套，采用数字化手段，融合政府、社会和市民等多方力量，统筹规划、建设和管理。

（三）疫情防控常态化时期住房市场需求特征分析

疫情防控常态化时期，住房市场需求端也呈现出多重变化趋势。从购房预期来看，住房市场自身的韧性恢复、消费者对价格的预期等都成为影响因素，且较长时间的居家防疫和居家办公也直接改变了居民对住房商品的认知。租购需求结构也呈现出三大特征：一是租赁需求转购房需求增加，以获得身份认同；二是购房需求中的改善型需求进一步被激发出来；三是相对于机构租赁房源，个人租赁房源满意度更为凸显。

1. 购房预期：多重因素改观购房预期

（1）住房市场走势：增强消费者信心。2020年上半年，货币环境相对宽松，且多地出台了房地产扶持政策，但在第三季度，中央多次召开会议强调“房住不炒”的基本定位和“不将房地产作为短期刺激经济的手段”，调控政策有所转向。7月以来，多地先后收紧调控政策，以稳定市场预期。一方面，房地产金融监管持续强化，企业端和个人端均有加强。监管部门设置“三道红线”用来限制房企融资，防范化解房地产金融风险。杠杆水平不高、财务稳健的企业优势将进一步凸显。另一方面，多地收紧楼市调控，保障刚需群体住房需求。7月以来，杭州、宁波、深圳、成都等城市先后收紧调控政策，以稳定市场预期。从调控内容上看，各地出台的政策主要表现在限购、限贷升级，限售年限增加、增值税免征年限提升，强化土地市场管控，明确高层次人才及无房家庭优先购房等。除收紧政策频出之外，部分城市或地区亦从公积金贷款额度提升、公积金异地信息互认、人才落户放宽等方面着手，促进各要素更好地自由流动、不断引才强化城市竞争力的同时，也将进一步促进房地产市场的发展。天津提出要深入实施“海河英才”行动计划，加大人才引进力度；吉林省全面取消落户限制；郑州发布“3.0版”人才新政，对不同层次的人才给予不同额度的首次购房补贴，最高可达300万元；上海扩大人才引进范围，在沪“世界一流大学建设高校”应届毕业生，符合基本申报条件可直接落户。

在政策影响下，2020年第三季度，重点城市商品住宅市场整体成交规模骤增，但旺季效应整体前置。根据中指研究院数据初步统计，2020年1—9月，50个代表城市商品住宅月均成交面积约2 820万平方米，整体仍处2015年以来同期最低位，但同比降幅已收窄至6%左右。值得关注的是，三季度重点城市商品住宅市场规模恢复节奏加快，整体成交规模增速明显。7—8月，房企持续积极推盘需求释放仍在高位，成交规模显著增长。9月，需求持续快速释放后逐步归于平稳，加上楼市调控持续收紧的政策效应凸显，50个重点城市商品住宅成交面积同比增幅大幅收窄。

从不同梯队城市来看，2020 年第三季度，一线城市商品住宅月均成交面积约 81 万平方米，同比增长 38.1%，增幅明显高于其他城市；其中北上广深成交面积同环比增幅均超过 20 个百分点。二线代表城市商品住宅月均成交面积约 90 万平方米，同比增幅基本维持平稳状态；但内部城市分化较为明显，其中成都、青岛等地同比延续增长态势，武汉、重庆市场快速恢复，成交面积接近上年同期水平，西安市场规模则持续深化调整。三线代表城市商品住宅月均成交面积约 51 万平方米，因代表城市以东部发达城市群热点三四线城市为主，市场普遍恢复较快，三季度月均成交规模同比增长 28%（见图 3—32）。

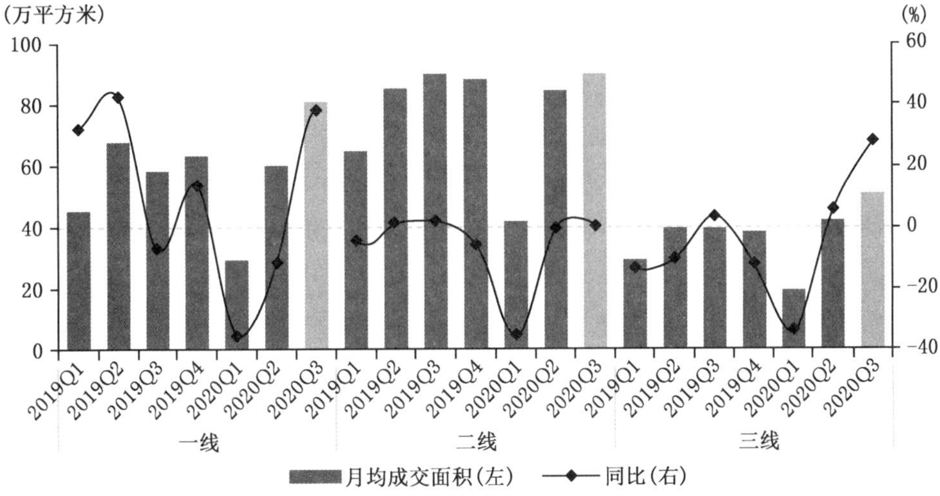

资料来源：中指研究院。

图 3—32　2019 年一季度至 2020 年三季度各梯队城市商品住宅月均成交规模及同比走势

（2）价格预期：改变住房消费意愿。消费者对住房价格的预期也将对其消费意愿和消费行为产生影响。疫情期间，贝壳研究院、90 度地产联合发起“疫情下的住房消费者预期调查”。调查显示，超过 70%的受访者认为房价会维持稳定或小幅下跌。预期房价下跌的原因，可能来自两个方面：一是之前积聚的新房库存；二是开发企业降价促销以回笼资金维持正常运营的需要。购房者期待未来能够有降价空间。同时疫情也加强了消费者持有现金的意愿。当然，买房意愿与持有现金的意愿在受访者中的占比基本持平，均约为 36%。但疫情并没有降低在疫情之前有买房和换房计划的消费者的购房意愿。由此可见，疫情并不会实际减少购房需求，降低购房意愿，而只是存在相对延后的影响效果（见图 3—33、图 3—34）。

从市场反应来看，在 2020 年第三季度，我国住房市场价格稳中有升，重点城市成交规模达到阶段性新高水平。根据中指研究院中国房地产指数系统对 100 个城市的全样

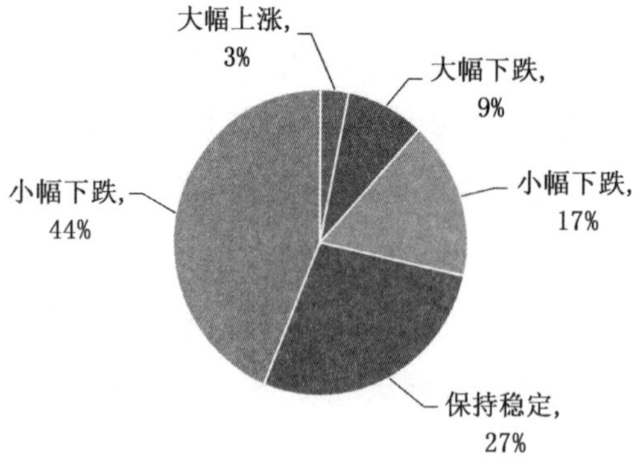

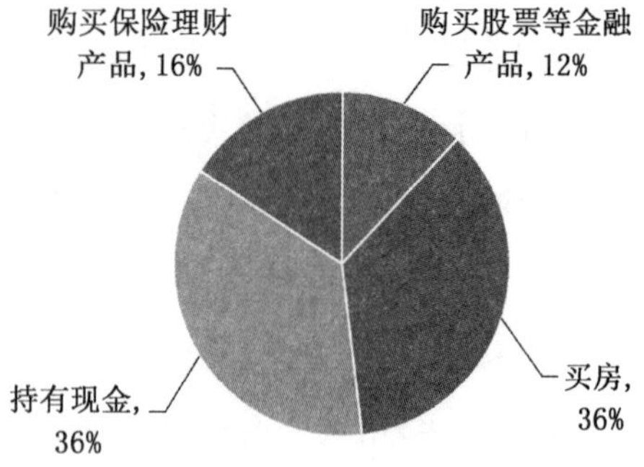

资料来源：贝壳研究院。

图3—33 消费者对后期房价的预判分布　　**图3—34 疫情后消费者消费意愿分布**

本调查数据，2020年9月，百城新建住宅均价15 643元/平方米，环比涨幅连续39个月维持在0.6%以内。1—9月，百城新建住宅价格累计上涨2.46%，涨幅较上年同期收窄0.08个百分点，三季度累计上涨1.18%，较二季度和上年同期均小幅扩大(见图3—35)。整个市场的表现在一定程度上证实，疫情并非减少了购房需求，而只是将购房需求延后。

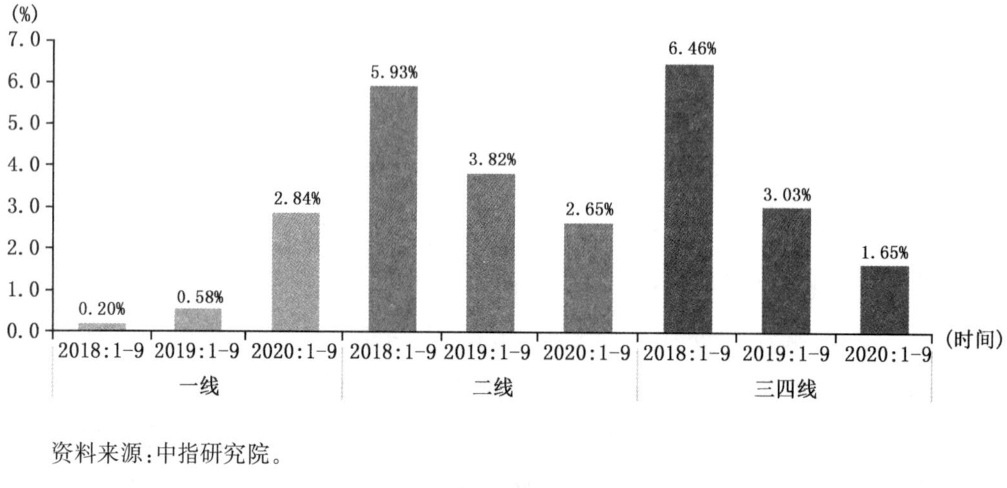

资料来源：中指研究院。

图3—35 2018—2020年1—9月各梯队城市住宅均价累计涨幅对比

(3)疫情冲击：转变住房认知。疫情使得住房市场需求主体预期、体验与行为发生重大改变。具体而言：从心理预期来看，疫情冲击经济增长，影响居民收入预期；从居住体验来看，居家防疫和居家办公激发出对高品质居住的诉求；从社区防疫来看，租客无法进入的困境折射出“租购同权”长路漫漫；从租购行为来看，疫情导致居民租购意愿大幅下降，租购交易增幅降幅明显。

疫情也将改变住房销售市场需求端的住房认知，使其呈现出三大特征：一是租转购基本住房需求增强，以获得身份认同；二是改善型需求快速激发，以提升居住体验；三是居住品质更受关注，即更加关注内外居住环境兼优的住房产品。具体将引致7类新型购房需求转变：部分租赁需求转为购房需求；购买和持有第二居所意愿提升；以大户型为代表的改善型需求将被进一步激发；对住房产品升级的需求更明确；洋房、别墅等低密度产品将受关注；高品质物业服务的楼盘需求提升；园林绿化好、周边商业医疗等基础配套齐全的楼盘更受欢迎。

对于住房租赁市场而言，疫情防控期间，多地社区防疫中严禁租客出入社区的措施，在折射出“租购同权”长路漫漫的同时，也引发对住房租赁市场需求端的居住权和稳定性问题的探讨。住房租赁市场原本就存在小户型房源少、合租比例高，居住“舒适性”和“归属感”较低等问题。同策研究院数据显示，2017年，北京、上海、深圳等城市的合租需求占比在40%左右，上海的合租比例最高，其他城市的合租比例相对较低。当然，也有部分城市合租问题较为突出，如苏州、南京等。这些城市普遍房价相对较高，如果没有足够多的低租金房屋供给，个人又无力承担稍大户型的住房租金，合租将成为无奈选择。疫情冲击更是将住房租赁市场的弊端进一步凸显出来，使部分租赁需求转为购房需求。2019年10月全国排名前十的城市整租房和合租房日均需求如图3—36、图3—37所示。

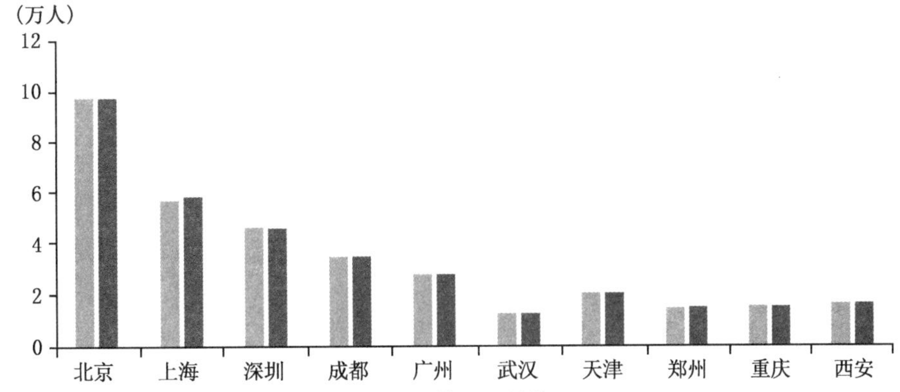

资料来源：中指研究院。

图3—36　2019年10月全国排名前十的城市整租房日均需求

2. 租购需求：结构转换明显

(1)租转购需求增加：租赁需求转购房需求以获得身份认同。如前文所述，在疫情防

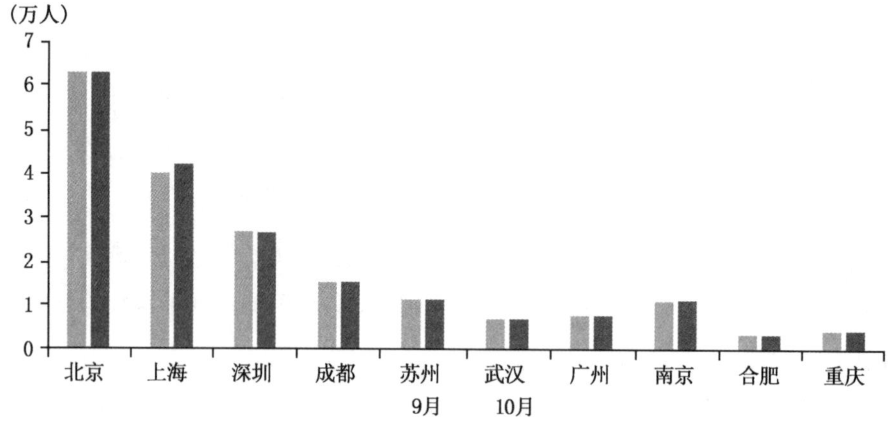

资料来源:中指研究院。

图 3—37 2019 年 10 月全国排名前十的城市合租房日均需求

控期间,租客的生活和工作所受影响较大,租客所面临的困境折射出"租购同权"长路漫漫。事实上,当前阶段,我国本就存在明显的"租购不同权"。中国的城镇化建设快速发展,公共服务供给尚未满足需求。由于公共服务设施具有空间不可移动性,资源分配时除考量居民有无价值贡献外,必须考虑空间的可达性(通勤成本),因此"就近优先"成为不得不采用的原则,进而必须以价格竞争获得临近地块的空间产权,这种以邻近住房产权界定的"身份"就成为自然而然采用的需求排序工具。租赁住房对城市建设支付的费用相对较低,且流动性大、租房合同的可变造性强,租赁者在公共服务享有群体的排序中只能靠后。尽管公共服务本身具有非排他性,但获取公共服务的便利性却存在差别。在绝大多数国家和地区,通过竞价取得公共设施邻近区域的住房产权而优先或独占享有稀缺公共服务的方式广泛存在,但由于公共服务供需不匹配的矛盾在"租购不同权"的背景下更为突出,便形成了房价租金比失调和"重购轻租"的需求结构。尽管自 2017 年起,各地便出台文件保障租户与业主同等的租住权利,但防疫期间的各项措施却使租客依法享有的基本租住权、房屋使用权都受到一定的限制。因此,有能力将住房租赁需求转化为购买需求的将在疫情防控常态化时间集中释放以获得身份认同和基本权利。

(2)购房需求转变:改善型住房需求进一步激发。居家办公和居家防疫改善了居民对住房的认知,改善型住房需求加速释放。根据中指研究院调查数据(见图 3—38),从 30 个城市住宅项目销售套数占比情况来看,2020 年 1—5 月,120—144 平方米、144—200 平方米和 200 平方米以上的改善型产品销售套数较 2019 年均有所增多,居住需求不断升级。根据最新中指百城居民置业意愿调查结果(见图 3—39),6 月,近四成受访者表示短期购房需求为换房改善,改善型需求占据重要地位。此外,受当前城市居民居住特征影响,各类置业群体也更为偏好三居类中大户型产品,此类产品需求占比为44%,明显高于其他类型。后续市场换房需求仍存较大释放空间,且在限购等政策影响下,部分购房者更倾向选择一步到位的产品,中高端项目成交占比有望继续上升。

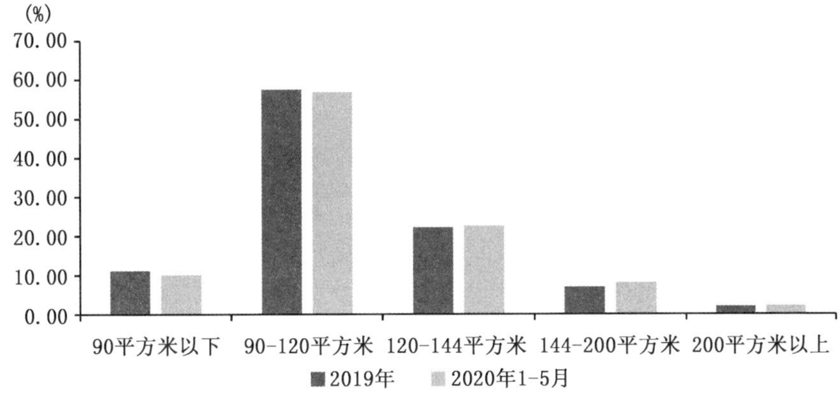

资料来源:中指研究院。

图3—38 30个城市各面积段住宅销售套数占比变化

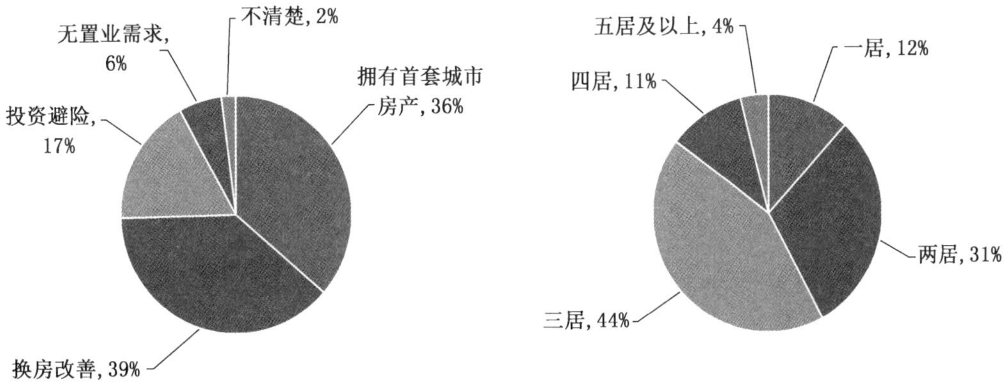

资料来源:中指研究院。

图3—39 2020年6月受访居民计划置业需求类型情况

受住房居住属性回归及疫情的加速刺激作用影响,产品内部功能区域划分合理性、小区配套设施等对居民购房决策的影响力更加凸显。为契合居民购房需求,房企后续将更加聚焦产品的迭代升级。同时,疫情也加速刺激了物业服务需求的释放,给物业行业带来新机遇和新挑战。我国存量房规模较大,物业管理服务行业发展空间可观,房企在物业板块的布局,或将重构未来房地产行业的竞争格局。

(3)租赁房源满意度凸显:个人房源满意度高于机构房源。为了解租赁群体在疫情之下的租赁需求变化趋势,克而瑞通过线上问卷调研方式,采集了包括个人房源、分散式公寓及集中式公寓租客的租房需求变化情况。调研所得的结果显示,约54%的个人房源租客对现有租住房屋表示满意,对房屋不太满意的仅占约8%。而对于机构化房源,仅有约42%的租客对现有住房表示满意,不太满意的约有13%(见图3—40、图3—41)。

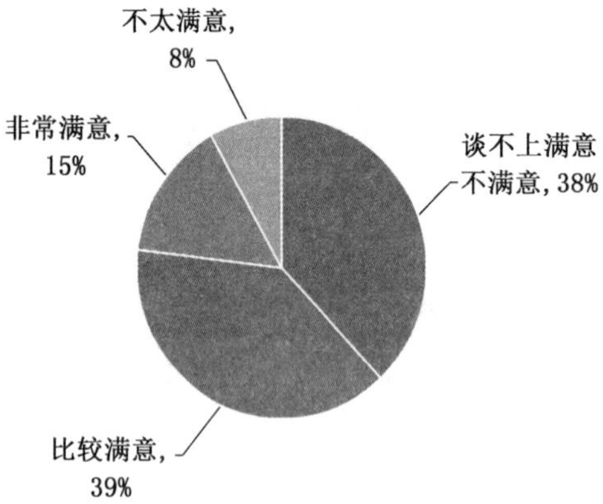

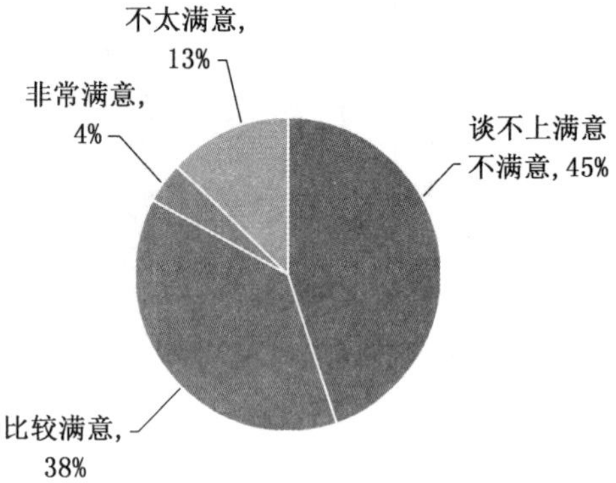

资料来源:克而瑞研究院。

图3—40 个人房源租客满意度情况　　**图3—41 机构化房源租客满意度情况**

疫情之前,不论是个人社区房源的物业服务,还是分散式公寓和集中式公寓的管家服务,其重要性和能见度均较弱;而在疫情影响下,服务是否到位、质量能否保障,成为影响租客认可度和满意度的决定性因素之一。相对于机构化租赁,个人房源的社区管理到位、整体物业服务相对较好,是个人房源租客满意度较高的关键。员工配备不到位,服务质量打折扣,限制入住等都是影响租客对机构化租赁住房满意度的重要因素。运营服务作为集中式公寓区别于个人房源的产品附加值,在疫情这块"试金石"下,暴露了预期尚未达标的现状。危机应对、社区管理、租客服务等多个方面都还有较大的提升空间,租客满意度的落差不利于培养租赁人群对集中式公寓的接受度(见图3—42、图3—43)。

(四)后疫情时代住房市场的运行环境与发展趋势

后疫情时代,我国住房市场运行的经济环境、政策环境、人口环境等均会发生一定的变化。就经济环境而言,经济长期向好、高质量增长的基本面并不会受到根本性的影响,但经济结构性分化问题将给住房市场的发展带来一定的机遇或挑战;就政策环境而言,保持宏观经济政策连续性、稳定性、推进新型城镇化建设、实施城市更新行动等都将给住房市场的平稳运行带来良好契机;就人口环境而言,人口集聚分化促使中国住房市场不断分化,在少子老龄化背景下,未来经济基本面好、人口流入较多的城市,其房地产市场

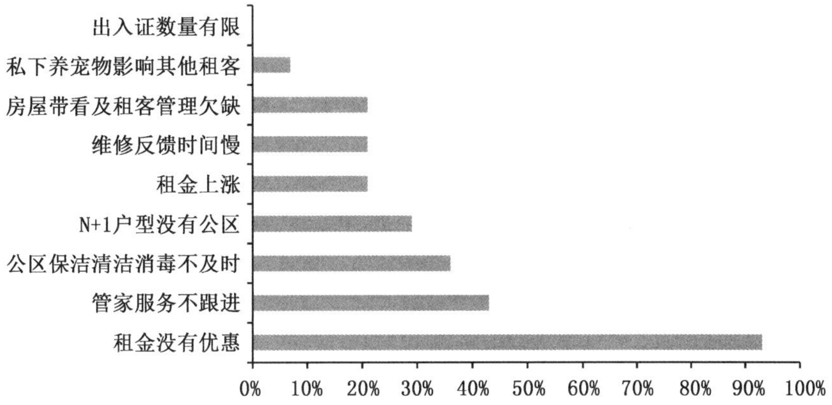

资料来源:克而瑞研究院。

图 3—42　分散式公寓不满意因素

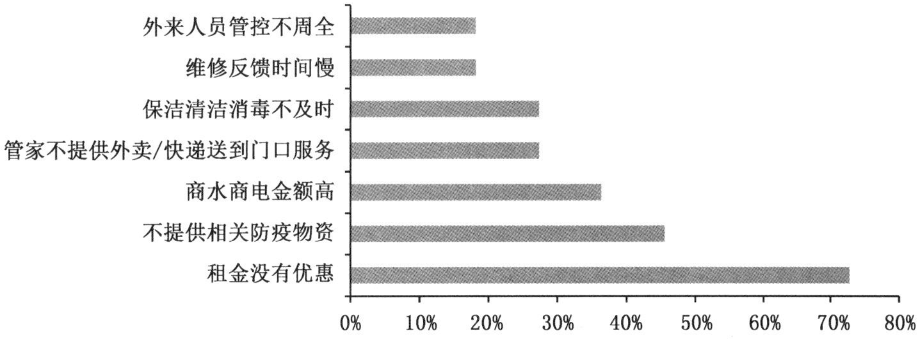

资料来源:克而瑞研究院。

图 3—43　集中式公寓不满意因素

的发展将更有潜力。与此同时,住房市场发展也表现出一些值得关注的新趋势:一是长租公寓为代表的机构租赁推动住房租赁市场快速发展,但行业的经营模式和市场监管也有更高的要求;二是注重于居住品质提升的改善型住房需求旺盛;三是互联网与大数据的深度应用改变了市场交易和监管行为,市场交易信息趋于透明化。

1. 运行环境

(1)经济环境。宏观经济周期波动对房地产经济周期起到基础性的影响。两者存在同方向的变动趋势,经济上行时,房地产经济也会景气上行;相反,经济下行时,也可能会给房地产经济带来负面影响。其中所隐含的机制包含两个:一方面,宏观经济引发房地产经济周期性波动通过房地产投资实现。作为社会固定资产投资中的重要组成部分,房地产投资受到宏观经济波动的直接影响较大。经济繁荣时,房地产投资需求随之增长;

经济萧条时，房地产投资需求也将随之降低。另一方面，宏观经济也会通过居民收入和住房需求进而作用于房地产经济。经济上行时，居民收入也会增加，购房意愿和购房能力随之增强，推动房地产经济上行。经济下行时，居民收入和购房需求也将降低，影响房地产经济运行。

我国经济总体发展韧性较强，且宏观经济政策空间也相对较为充足，尽管疫情带来一定冲击，但经济长期向好、高质量增长的基本面并不会受到根本性的影响。在疫情防控进入常态化之后，释放出一些前期被抑制的消费和投资需求，经济增长逐步回升。2020年10月19日，国家统计局公布的数据显示，前三季度国内生产总值722 786亿元，按可比价格计算，同比增长0.7个百分点。分季度看，尽管一季度同比降幅较大，但二季度便直接恢复为正值，且三季度涨幅更是高出二季度1.7个百分点，经济运行基本恢复（见表3—7）。

2020年5月召开的中共中央政治局常委会会议上首次提出，要“构建国内国际双循环相互促进的新发展格局”。两会期间，习近平总书记再次强调要“逐步形成以国内大循环为主体、国内国际双循环相互促进的新发展格局”。这是党中央在国内外环境发生显著变化的大背景下，推动我国开放型经济向更高层次发展的重大战略部署。2021年是“十四五”开局之年，也是“双循环”新发展格局加快形成的关键之年，将带动经济快速复苏和推动实现高质量增长。

表3—7　　2015—2020年GDP同比增长速度　　单位：%

年份	一季度	二季度	三季度	四季度
2015	7.1	7.1	7.0	6.9
2016	6.9	6.8	6.8	6.9
2017	7.0	7.0	6.9	6.8
2018	6.9	6.9	6.7	6.5
2019	6.4	6.2	6.0	6.0
2020	−6.8	3.2	4.9	

资料来源：国家统计局。

注：同比增长速度为与上年同期对比的增长速度。

但不可否认的是，疫情也将加剧我国经济结构性分化问题。具体可体现在区域分化、收入分化和产业分化三个方面：首先，区域分化有利于市场化配置资源。事实上，各地资源禀赋和所积累的生产要素均有较为明显的差异。如前所述，在疫情防控常态化时期，各线代表城市的土地市场便已呈现出分化态势，这也能够说明区域分化程度的进一步加深。这种分化也将直接作用到我国住房市场。其次，收入分化可从消费结构来反映。根据智研咨询发布的《2020—2026 年中国互联网＋奢侈品行业市场竞争模式及未来趋势预测报告》，2018 年，我国奢侈品消费总额达 7 700 亿元，占全球份额约 32%，高端消费突出，但中低端消费相对较弱。其根本原因在于贫富差距的扩大，中低阶层收入增速明显慢于高阶层。疫情作为“催化剂”将使这一现象进一步加剧，“马太效应”或将有所加深。再次，产业分化体现在传统服务受疫情影响较大，新兴产业崛起趋势明显。受疫情冲击较大的是诸如餐饮、旅游、百货等传统服务行业，而对于互联网、机器人、5G、通信等新兴产业的影响则较小。新兴产业的崛起将给绿色住宅、科技住宅带来必要的技术支持。

(2)政策环境。①经济政策。新冠肺炎疫情给我国经济发展带来较大冲击。面对经济的下行压力，中央加大逆周期调节力度，强调积极的财政政策更加积极有为，稳健的货币政策要更加灵活适度，保持流动性合理充裕，多次降准降息下，货币环境整体表现较为宽松。2020 年 11 月，李克强总理在同主要国际经济机构负责人举行第五次“1＋6”圆桌对话会上提到，我国将保持宏观政策连续性、稳定性，增强可持续性和有效性，继续实施积极的财政政策、稳健的货币政策和就业优先政策，根据形势变化不断丰富政策内涵、完善政策组合，更多采用改革办法，推动经济运行恢复到合理区间。2020 年 11 月，党的十九届五中全会通过的《中共中央关于制定国民经济和社会发展第十四个五年规划和二〇三五年远景目标的建议》中也强调要“完善宏观经济治理”。“健全以国家发展规划为战略导向，以财政政策和货币政策为主要手段，就业、产业、投资、消费、环保、区域等政策紧密配合，目标优化、分工合理、高效协同的宏观经济治理体系”“提高逆周期调节能力，促进经济总量平衡、结构优化、内外均衡”等。这能够为我国住房市场的健康平稳运行提供有效支撑。

②新型城镇化。新型城镇化是以城乡统筹、城乡一体、产业互动、节约集约、生态宜居、和谐发展为基本特征的城镇化，是大中小城市、小城镇、新型农村社区协调发展、互促共进的城镇化。新型城镇化是人口、土地、产业更好结合的城镇化，是破除户籍制度壁垒、增加土地流转能力，增强城市集聚效应的城镇化。自 2014 年《国家新型城镇化规划》及《推进户籍制度改革意见》颁布以来，推进农业转移人口城镇落户就一直是城镇化和户籍制度改革的重要工作。2020 年 4 月，国家发展改革委发布的《2020 年新型城镇化建设和城乡融合发展重点任务》中也提出，要“加快实施以促进人的城镇化为核心、提高质量为导向的新型城镇化战略”。2020 年 10 月，十九届五中全会中再提“优化国土空间布局，推进区域协调发展和新型城镇化”。由此可见新型城镇化建设工作的重要性。而“深

化户籍制度改革，放开放宽除个别超大城市外的城市落户限制，推动公共资源按常住人口规模配置”，是逐步消除城乡二元体制、促进城乡融合发展的关键举措。而伴随着要素市场化改革的进一步深入，跨城经济往来将更为密切，产业将加速融合、协同发展，国内“人地钱”流动能力及匹配程度也将逐步提升，带动房地产市场迎来新机遇。

③城市更新。城市更新是以节约利用空间和能源、复兴衰败城市地域、提高社会混合特性为特点的新型城市发展模式，即将城市中已经不适应现代化城市社会生活的地区作必要的、有计划的改建活动。城市更新是中国城市发展走向内涵式、集约式、精明增长的重要方式。2020年11月，党的十九届五中全会通过的《中共中央关于制定国民经济和社会发展第十四个五年规划和二〇三五年远景目标的建议》明确提出实施城市更新行动，其总体目标是建设宜居城市、绿色城市、韧性城市、智慧城市、人文城市，不断提升城市人居环境质量、人民生活质量、城市竞争力，走出一条中国特色城市发展道路。政府部门应借助城市更新改造机会加快构建以公租房、保障性租赁住房和共有产权住房为主体的住房保障体系，结合城镇棚户区改造和老旧小区改造，有效增加保障性住房供应。住房市场供给主体也应借此契机积极盘活存量住房资源。

(3)人口环境。①人口流动。人口迁移带来的居住需求是房地产发展的根基。近年来，我国人口迁移集聚到广东、浙江较多，同时，也存在回流到中西部城市的情况特征。恒大研究院数据显示，从常住人口变化看，2001—2010年、2011—2015年、2016—2019年，广东、浙江常住人口年均增加分别为171万、69万、131万人和83万、15万、65万人，而江苏三个时期分别为51万、16万、18万人；安徽、云南、四川、河南、湖南、重庆、贵州、湖北等中西部省份由2001—2010年的年均负增长转为2011年后的正增长；东北三省由2001—2010年的年均正增长转为2011—2015年的负增长，近4年减幅扩大见图3－44。人口集聚分化促使中国住房市场不断分化，在少子老龄化背景下，未来经济基本面好、人口流入较多的城市，其房地产市场的发展将更有潜力。

②人口老龄化。20世纪90年代以来，我国人口老龄化进程加快。国家统计局数据显示，我国65岁及以上老年人口数量从1990年的6 368万人增加到2000年的8 821万人，占总人口的比重由5.57％上升为6.96％；2019年，65岁及以上老年人口约为17 599万人，占总人口的比重约为12.57％(见图3－45)。按照联合国的标准(7％)，我国早已步入老龄化社会。老龄化背景下，老年人需要更多的适合养老、医疗以及精神赡养等功能的居住生活场所，养老地产日益受到重视。

③人口自然增长。2015年10月，党的十八届五中全会允许实行普遍二孩政策，政策规定：促进人口均衡发展，坚持计划生育的基本国策，完善人口发展战略，全面实施一

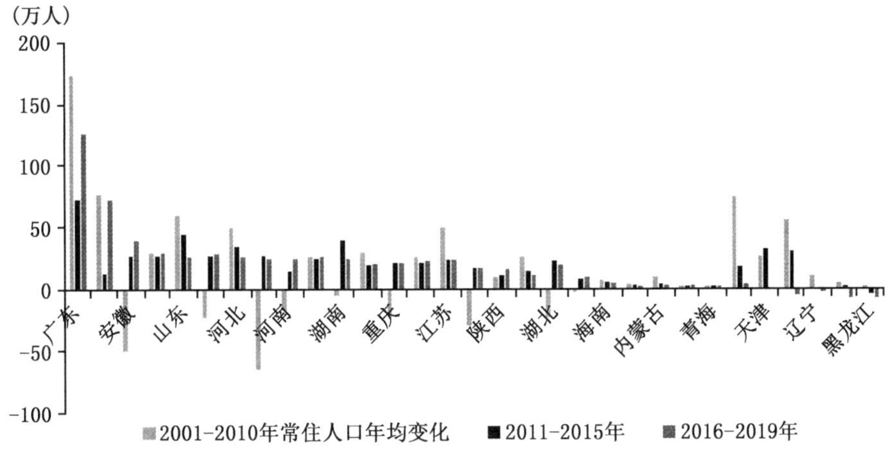

资料来源:恒大研究院。

图 3—44　2001—2019 年各省份常住人口年均变化情况

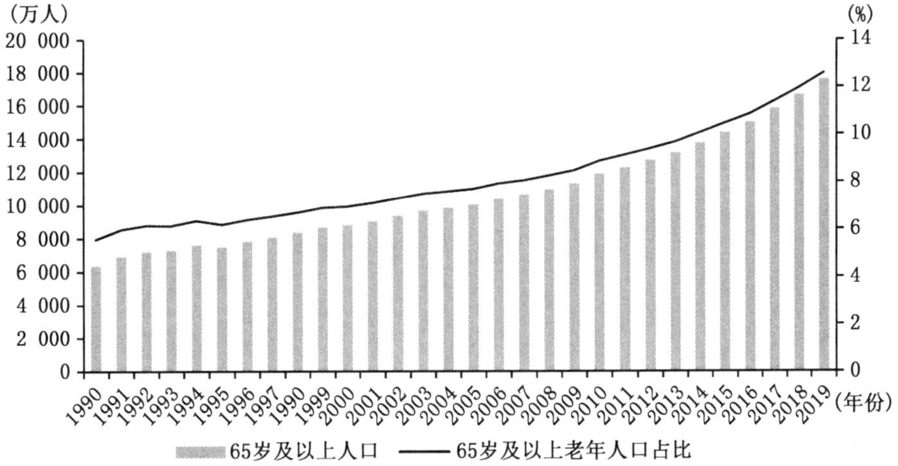

资料来源:国家统计局。

图 3—45　1990—2019 年我国 65 岁及以上人口数量及占总人口比重趋势

对夫妇可生育两个孩子政策,积极开展应对人口老龄化行动。12 月 27 日,全国人大常委会表决通过了《中华人民共和国人口与计划生育法修正案(草案)》,全面二孩于 2016 年 1 月 1 日起正式实施。借力二孩政策等推动,改善性住房需求将增加,户型不大、功能完善、设计紧凑等将成为买房人对产品考量的重要依据,凸显市场理性。

2. 发展趋势

(1)租赁市场发展进入新阶段。以发达国家为参照,我国住房租赁市场仍具有较大的发展空间。链家数据显示，2017年我国租赁人口占比11.6%，租赁房屋占比18%，而这一数据在英国、美国、日本等成熟市场都在35%以上(见图3—46)。

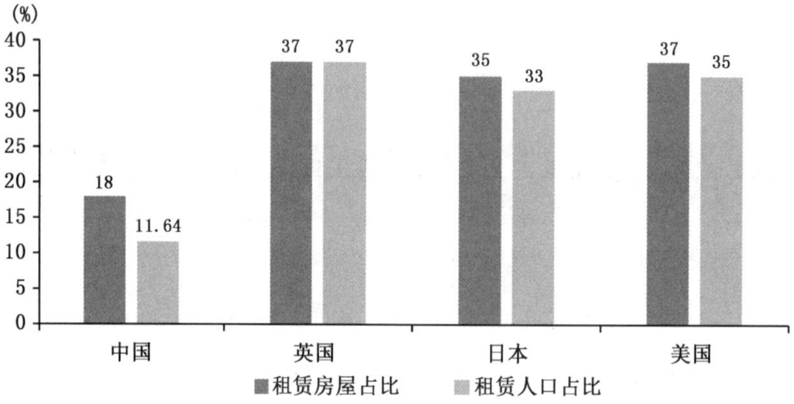

资料来源：链家研究院。

图3—46　世界主要国家租赁人口和房屋比例对比

对标国际大都市，我国一线城市租赁住房供给也存在较大缺口。北京、上海、深圳的租赁人口占比大大地超过租赁房屋占比；而纽约、洛杉矶、旧金山、中国香港、东京等国际大都市却相反(见图3—47)。

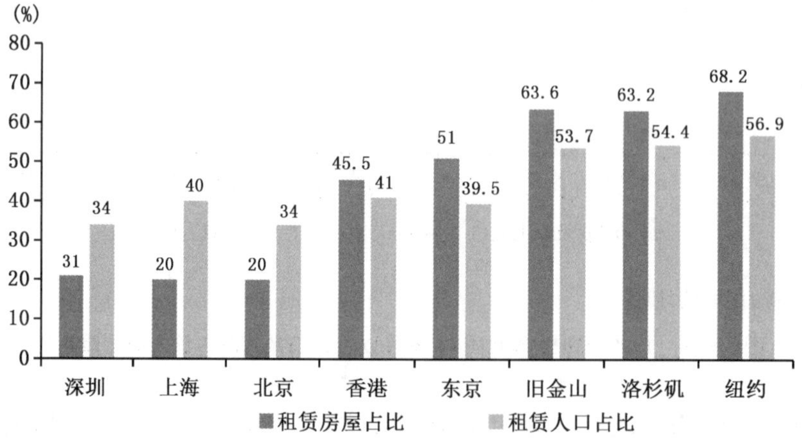

资料来源：链家研究院。

图3—47　世界各大城市租赁人口和房屋比例对比

事实上，居民家庭满足住房需求可通过租赁与购买两种形式。但以“购”为主体的住房市场是一个发展不平衡的市场，高房价致使很多中低收入群体望“房”兴叹，有经济能力的投机者却拥有多套住房，两极分化较为严重，由住房市场可能引发的社会问题也值得高度重视。培育和发展住房租赁市场、建立租购并举的住房制度，是中国政府近年来弥补城市住房供给的结构性短板、解决住房市场突出矛盾的“治本”之举，也是应对当前中国房地产市场失衡局面的有效举措(陈杰和吴义东，2019)。自2015年底中央经济工作会议首次提出“以建立购租并举的住房制度为主要方向”以来，中央历次重要会议中也多次发文，要求加快培育和发展住房租赁市场。2017年，住建部等九部门联合印发了《关于在人口净流入的大中城市加快发展住房租赁市场的通知》(建房[2017]153号)，将广州、深圳、南京、杭州、厦门、武汉、成都、沈阳、合肥、郑州、佛山、肇庆12个城市作为首批开展住房租赁试点的单位。党的十九大报告更是将“租购并举”列入住房制度的重要一环。这些政策文件和措施都在加快推动中国城市住房租赁市场朝着规范化、制度化、常态化方向发展。

从2013年萌芽到2017年快速发展，再到2018年爆发式发展，我国长租公寓的勃兴得益于政策鼓励和资本介入。但在2020年，受疫情冲击和政策监管收紧的双重影响，长租公寓接连发生爆雷跑路现象，也暴露出住房租赁市场的一些弊端，更是对该行业的经营模式和市场监管提出了更高的要求。

(2)改善型需求注重品质提升。①住房本身：更加关注住房品质。作为生活必需品，获得适足的住房水平是个人生存和发展的前提条件。住房权作为一种为国际社会所公认的基本人权，理应受到重视。尊重、实现和保护公民的住房权，无论是从国内公平发展的角度，还是从国家间和平共处的角度，都是政府义不容辞的责任与义务，也成为公共政策的优先和焦点议题。“人因宅而立，宅因人而存”，纵观古今中国，人们对保障住房权和改善居住条件的信念追求从未间断。从圣贤老子的“安其居，乐其业”的辩证思想，到《后汉书》中“安居乐业，长养子孙，天下晏然，皆归心于我矣”的向往，再到诗人杜甫的“安得广厦千万间，大庇天下寒士俱欢颜”的愿望，再到新时代习近平总书记提出的让“全体人民住有所居，住得安全、住得舒心”。从“有房住”向“住好房”“住得绿色”“住得健康”的需求转变，充分反映了人民群众生活水平的提高以及对住房需求的多元化，需求的变轨也促使中国房地产业逐步走进“品质时代”。而居家防疫更是推动健康成为生活的第一要义，满足居家功能已不再是置业的唯一目标，健康住房将更受重视。

与此同时，较长时间的居家防疫和居家办公，也提升了租客对合理的室内功能空间设置的需求。由于个人房源的空间面积相对能满足日常居家需求，而机构化租赁项目差异较大，租赁反馈问题较多。一方面，在高频使用下，其内部空间相对受限；另一方面，公区划分不独立，环境相对嘈杂。尤其是对于合租的租客而言，这种问题体现得更为明显。就我国目前情况而言，小户型、房源少、合租比例高，居住“舒适性”较低是住房租赁市场存在的主要问题之一。而在防疫期间，租客的体验感更强，其生活习惯也有了一定程度上的改变，对厨房、阳台等居住功能属性较强的功能空间需求变强，合理的空间布局也将成为其未来选择租赁住房需要重点考虑的因素之一。

②周边配套：强调绿化、商业、医疗等配套。防疫期间，社区封闭式管理，居民活动空间相对有限，而此时，社区绿化和卫生环境将是居民身心健康和居住体验的决定性因素。如前文所述，低二氧化碳浓度和高负氧离子含量空间，能够使人感到舒适惬意，起到镇静止喘、调节神经等功效。社区密集的树木能大量吸收有害气体，减少粉尘、噪音，提供一个安静舒适的社区环境。而良好的卫生环境将有效降低居民患病的风险。因此，在后疫情时代，住房置换需求将更加关注于园林绿化和小区环境。

疫情期间，乘坐交通工具外出采购生活物资和就医的暴露风险较高，周边具有步行可达的基础配套重要性凸显。其中，商业配套主要包括大型商场、农贸市场和社区超市，医疗配套主要包括大型医院、社区诊所和药店。具备上述完备配套的住房，主要是品牌开发商的品质大盘和地处核心城区优质地段的小区，疫情后配套溢价将逐步显现。因此，要提高住房产品质量，主要取决于商业配套与医疗配套的经济潜力。政府应承担起加强基础设施建设、社区物业建设以及绿化、商业配套建设等方面的责任，并注重提高住房建设品质，积极发展节能省地环保型住房，不断提高住房科技含量，推动住房品质迈上新台阶。

③物业管理：追求高品质物业服务水平。防疫期间，全国各小区物业服务水平呈现出两极分化的特征。一方面，一些小区因防疫工作不到位被通报批评。例如，2月7日，杭州住保房管局因小区未按要求严格排查并上报小区内来自重点疫区人员信息、人员出入管理不严格等问题通报批评了10家物业公司，其中包括彩生活旗下的深圳开元国际物业管理。另一方面，一些龙头企业因“代跑腿”等特色服务和“硬核”科技防疫举措，受到地方政府、业主和资本市场等多方认可。例如，碧桂园服务推出了代购、代跑腿、联系蔬菜产地等特色服务，解决了业主的“最后一公里”配送等问题。与此同时，在一些落地智能化的社区里，碧桂园服务还推出了智能安防监控云平台、智能门岗系统、物业信息化管理系统、业主App等新应用，通过科技手段全方位保障社区安全。

居家防疫的过程使得不同物业的服务水平差距凸显，居民将意识到高品质的物业服务不仅关系到日常的居住体验，在一些非常时期也将影响其健康安全。居家防疫期间，物业公司与业主之间有意互动频繁，在一定程度上提升了物业公司与业主的黏性，物业基础服务和某些增值服务也将是居民后续置业中可能考虑的重要因素。

(3)线上交易监管成趋势。互联网技术的发展和大数据的深度应用，让“技术＋商业”的融合得到空前发展，加上日趋成熟的商业模式和环境，表明我国当前已经进入技术驱动时代。这些网络新兴技术不断嵌入房地产市场行为中，传统的房产服务行业在产品、服务上越来越完善，也促进了市场的高效、便捷运作。

网络新兴技术的加入改变了房地产市场交易和监管行为。首先，交易过程的信息不透明以及信息虚假，一直是行业痛点。过去买房，用户没有固定的信息获取渠道，往往打了一圈电话，自己心仪的房子不是卖了，就是“眼见不实”，令人十分烦恼。随着互联网对房产服务业的改造不断深化，很多环节都被重构。以链家为例，从2008年开始建立的“楼盘字典”，让真房源的保障逐渐被落实。同时，房产服务企业通过大数据呈现的“用户画像”，也可以更清晰地了解用户需求，为其匹配更精确的住房服务，让整个行业趋向良性发展。其次，在房地产市场监管方面，2016年，杭州突破原有监管服务模式，升级房产交易市场的监管手段，建立了“杭州市二手房交易监管服务平台”，从原先的管人、管事转向管平台、管数据、管信息。2017年，平台充分运用互联网技术，整合行业大数据，实现了市区全覆盖，促进了房地产经纪行业的规范经营、诚信服务和二手房市场的信息对称、体验提升，受到了社会各界的高度关注和广大市民的一致好评，并得到国家住建部的大力推广。通过这种方式，将存量住房纳入统一监管平台，实现了存量房供需两方面的信息对称。

网络新兴技术的加入，既增加了市场参与主体，促使参与主体多元化，也使市场交易行为更加透明化。当前房产消费者正从线下往线上迁移，尤其在疫情期间，更是多方助力房企进行线上营销。例如，2020年5月20日，北京市住房和城乡建设委下发相关文件，鼓励常态化疫情防控期间房地产开发项目售楼场所加大科技应用。其中提出，鼓励开发企业利用电话、互联网、虚拟现实技术（VR）、直播售楼等非直接接触方式，开展线上楼盘展示、宣传等营销活动。同时，市住建委将进一步优化网签备案服务，推进“互联网＋网签”。鼓励有条件开发的企业，利用大数据、人脸识别、区块链等科技手段，推行线上选房及签约。2020年5月22日，京东与中骏地产合作，联合推出直播卖房。住房消费的线上化已是大势所趋。消费者不仅能在线上看到更多的房源，或者在线上发起与经纪人的即时通信来咨询，还开始越来越关注线上丰富和优化的内容，包括房评、百科、问答、指南、经验、房价频道、小区频道等信息，大大减少了沟通时间和沟通成本。通过互联网将待租待售的房源不断整合共享，提供各类多元化服务，使得此类房产信息共享平台成为重要的市场参与主体。同时，房源收集和匹配的高效率、青年租客对社交娱乐的新需求也使得部分企业通过租赁、购买等方式多渠道筹集房源，加入房源出租方的角色中。

(五)后疫情时代促进住房市场平稳健康发展的对策建议

1. 总体方向:“房住不炒”,以“稳”为重,强化逆周期调控

(1)定位:“房住不炒”,不将房地产作为短期刺激经济的手段。2017 年 10 月,习近平总书记在党的十九大报告中指出,应“坚持‘房子是用来住的、不是用来炒的’定位,加快建立多主体供给、多渠道保障、租购并举的住房制度,让全体人民住有所居”。“房住不炒”成为新时代中国特色住房制度顶层设计的制度定位,也成为当前及未来较长一段时期构建和完善房地产市场平稳健康发展“长效机制”的中心思想。

事实上,从价值理论看,住房的本质属性是消费品,其价值最终在于居住消费。自古以来,衣食住行就被列为人类生活的四大基本需求。作为人类社会存在和发展的基本要素之一,住房的基本作用是为居民提供安全、舒适、美观、便利的居住空间。然而,住房需依土地而建。而土地作为一种不可再生的资源,具有投资累积性特征,这就决定了住房商品具有天然的投资品属性,因而也就更容易受到资本的追捧而产生剧烈的价格波动、形成价格泡沫。在市场经济发展到一定时期时,住房的投资属性将进一步凸显,因而也就更容易受到资本的追捧而产生剧烈的价格波动、形成价格泡沫,产生投机性购房行为。在这一过程中,以各供给方为代表的参与主体的微观行为是助推房价波动的重要力量。开发商通过夸大需求、成本等手段,诱导消费者提高对房价上涨的概率判断,从而达到高价销售的目的,即产生所谓的“炒房”行为。从这个角度看,“炒房”是房地产泡沫经济的产物。地方政府则为繁荣地方经济以及出于土地财政的内生动力,“纵容”投机炒作,成为土地适度饥渴政策的制定者和执行者。在产能供给充足跟进的情况下,地方政府对土地出让控制,加剧住房市场供需矛盾,形成从土地拍卖到住房出售的卖方市场的叫价优势,造成短期内供不应求的假象,这也是近几年我国房地产价格持续上涨的重要原因。

作为我国国民经济的支柱产业,在后疫情时代,是否会依靠房地产来拉动经济发展这一问题引起社会广泛关注。“房住不炒”的最终目的是实现“全体人民住有所居”,如若将其作为刺激经济增长的手段,那么这一定位必将受到影响。但在 2020 年 2 月 19 日,中国人民银行发布的《2019 年第四季度中国货币政策执行报告》中强调,要坚持“房子是用来住的,不是用来炒的”的定位,按照“因城施策”的基本原则,加快建立房地产金融长效管理机制,不将房地产作为短期刺激经济的手段,表明基本定位仍然保持不变。11 月发布的《中共中央关于制定国民经济和社会发展第十四个五年规划和二〇三五年远景目标的建议》(以下简称《建议》)也强调,中国房地产市场调控政策整体仍将保持连续性和稳定性,“房住不炒”、因城施策保障市场平稳运行。另外,《建议》中提出要“促进住房消费健康发展”,合理的住房消费依然是被鼓励和支持的对象,同时“推动金融、房地产同实

体经济均衡发展”,预示着房地产与金融将更多地注重协调发展。

(2)重点:关注房企经营风险与三四线城市泡沫风险。一直以来,现金流管控都是房企的管理重点。住房市场的动荡加上疫情冲击,房地产行业内融资受阻、销售回落、开工延迟让诸多房企的现金流暴露出问题。尽管住房市场在疫情后逐渐回温,但在中央稳杠杆和加强金融风险防范化解的大背景下,房企经营风险也依然是不可忽视的一个方面。房地产企业经营风险来源于多方面:一是行业政策。从老“国八条”“国六条”到“限购令”“限售”,可以明显看出房地产的回落和复苏都是跟政策直接相关的。二是人口、城市化程度与产业结构等。人口数量与增速直接影响了房地产市场的需求,城市化进程跟产业结构也影响了房地产行业的走势。所以对于行业风险的识别和防范,需要企业时刻关注与研究政策动态,对企业决策层的投资敏锐度和专业判断力的要求也就更高。三是企业自身资金来源和资金链的风险。若企业的实际资金来源都无法解释,无法证明其合理性与合法性,或者存在资金链不稳定等情况,对于企业来说是极为重大的隐患。此外,股东对外提供担保、进行股权质押等也是风险来源。因此,企业必须要严格核实所有的资金、关联企业、股东的信用情况以识别出存在的风险。四是项目风险,在项目建设前期、施工建造、销售环节、售后物业管理的全环节都存在着潜在的风险。这也是房地产企业数量最多、最直接和直观的风险。为确保住房制度改革的有效实施,有必要创新房地产金融。例如,通过资产证券化、房地产信托投资基金等方式实现房地产金融产品创新,通过设立政策性住房金融机构实现房地产金融组织创新,通过实施住房信贷担保制度等方式实现房地产金融制度创新,通过房地产抵押初级市场、二级市场及市场体系的构建等实现房地产金融市场创新,通过房地产预警体系的构建与完善等方式实现房地产金融监管创新。对于房地产企业正常、合规的资金需求应给予较为充分的满足,以避免因政策原因导致中小房企出现大规模破产的情况。

与此同时,应警惕三四线城市泡沫风险的不断积聚。三四线城市在近几年通过棚户区改造在短期内释放出大量的居民刚性住房需求,在去库存的同时,也助推了房价的上涨。而房价的上涨又进一步激发了住房市场的投机投资性需求,房价泡沫积聚明显。但就其城市内部的工业化成熟度和服务业集中度等的发展情况来看,都远不足以与一二线城市相对比。此外,多数三四线城市的人口都倾向于流向一二线城市谋求发展,导致供需匹配不均程度进一步加深。在各省份棚改规模下降、货币化安置政策逐步退出的背景下,房价可能存在大幅下跌的趋势,库存将进入新一轮的上升周期。在遇到市场不景气时,投机者最容易出现集体的“预期逆转”,一旦楼市泡沫破灭,便极有可能诱发系统性风险,既不利于城市稳增长的发展目标,又可能会导致地方财政风险的增加。

(3)目标:“稳地价、稳房价、稳预期”,警惕市场深度调整。2018年底召开的全国住房和城乡建设工作会议提出,2019年要以“稳地价、稳房价、稳预期”为目标,促进房地产市场平稳健康发展。“稳”不同于之前的“控”,“控”是从限高角度来讲的,强调的是上涨趋势;而“稳”则包含两方面含义,既要防止大涨,也要防止市场过冷。就房价来讲,市场要保持总体的平稳,不会大涨或者大跌。“稳地价、稳房价、稳预期”,这“三稳”是相辅相成的。地价是房价成本的重要构成,所以稳房价须以稳地价为前提。我国土地制度决定了地方政府是稳地价的核心主体。而舆论作为影响房价涨跌的重要因素之一,舆情稳定,购房预期才能稳定,才能最终达到稳房价的效果。

围绕“三稳”目标,全国住房和城乡建设工作会议同时提出四个方面的具体要求:①坚持“房住不炒”定位,着力建立和完善房地产市场平稳健康发展的长效机制,坚决防范化解房地产市场风险;②坚持因城施策、分类指导,夯实城市主体责任,加强市场监测和评价考核,切实把稳地价、稳房价、稳预期的责任落到实处;③继续保持调控政策的连续性、稳定性,加强房地产市场供需双向调节,改善住房供应结构,支持合理自住需求,坚决遏制投机炒房,强化舆论引导和预期管理,确保市场稳定;④加大房地产市场监管力度,继续深入开展打击侵害群众利益违法违规行为治理房地产乱象专项行动。各地在房地产市场调控中应保持政策的连续性,科学分析、比较评价,在稳地价、稳房价、稳预期,从而保持房地产市场平稳健康发展的基础上进行,防止住房投机行为“卷土重来”。

围绕“稳地价、稳房价、稳预期”,进一步解决当前房价高、杠杆率高、经济对房地产依赖度高的问题,应谨防速度过快,在当前累计房价泡沫指数连续两年超过2的前提下,后续房地产市场应警惕产生深度调整。短期内,应坚持贯彻落实因城施策的方针,可利用“互联网+”和大数据应用等技术,将中央政府、地方政府、购房者、开发商和商业银行等多元利益群体纳入有序框架,加强市场监测分析,落实好“月监测、季评价、年考核”制度,推进地价、房价联动的分类与精准调控,保持房地产调控政策的连续性和稳定性。

(4)方式:行政调控不放松,以时间换空间。基础性住房制度及其关联与配套制度的改革规模较大、内容复杂,不能一蹴而就。面对后疫情时代住房领域的新发展趋势和特征,现阶段仍需通过一系列短期阶段性的行政调控手段,辅之以适度从紧的货币政策,从“满足人民对美好生活的向往”出发,按照“政府市场双到位、商品房保障房双轨并行、供给需求两侧双激活”框架,坚决落实“房住不炒”,为住房领域长效机制建设预留重要的时间窗口期。各地应坚持调控力度不减,坚持因地制宜、综合施策、长短结合、标本兼治,把“稳地价、稳房价、稳预期”的责任落到实处,制定住房发展规划,提出具体的调控措施,加强供需双向调节,强化舆论引导和预期管理,确保市场稳定。

具体而言：一是建立和形成土地市场多元供给的竞争机制，落实人地挂钩政策，合理增加土地供应，化解局部热点城市压力和三线、四线城市的库存压力，并构建合理的土地定价机制。二是构建和完善以公租房、共有产权住房和商品住房为主的供应体系，分层次满足城市低保、低收入家庭、外来务工人员、中等偏下收入家庭、刚需家庭、新就业职工和改善型住房需求等。同时，积极实施人才优先发展战略，鼓励各地制定出台“加强大学毕业生安居保障实施意见”等特殊优惠政策，促进新市民在城市安家落户。三是合理运用“限购、限贷、限售、限价、限土拍、限商改住”的“六限”调控措施，刚需优先，坚决抑制投资投机性购房行为，引导合理住房消费。重点加大房地产开发企业和房地产中介机构发布虚假信息、恶意炒作、哄抬房价、捂盘惜售等违法违规行为查处力度。四是契合多样化的需求差异，优化供给产品，满足居民从“有房住”向“住好房”“住得绿色”“住得健康”的需求转变。继续紧紧围绕中央“稳地价、稳房价、稳预期”调控目标，突出房地产业“改善民生、改善人居”方面的重要作用，实现“住有所居”“住有宜居”。

针对配套制度不完善问题，近期可考虑成立房改领导小组，下设不同职能部门，对相关问题进行统筹协调和安排。重点考虑解决以下几个方面的问题：一是监督监管房地产市场乱象，重点关注热点城市、潜在热点城市、热点周边城市，对于工作不力、市场波动较大、未能实现调控目标的地方，予以约谈问责，从而不断提高住房市场的法制化管理水平。二是从“银根”入手，支持“住”、抑制“炒”，采用稳健的房地产投融资政策，以微观信贷政策支持合理自住购房，严格限制信贷流向投资投机性购房，同时配套合理的财税政策，减少刚需住房的税费。三是对一些利用高杠杆开展经营活动的大型房地产企业加强融资监管和风险监控，有效把控企业资产负债率与负债规模。

2. 供给端：多措并举，优化多主体住房供应体系

(1)关键：确保房企（特别是租赁类房企）经营可持续。针对开发类房企，强调缓解其短期资金压力。因疫情影响，超八成房企已启动网上售楼，近七成房企认为2020年无法完成销售目标，近半数认为全年拿地规模较上年下降。相较于国有独资房企，民营和混合制房企经理人悲观情绪更明显。因此，房企希望政府出台放松限购、降低首付和贷款利率等刺激需求政策，以及增加资金流动性、加快按揭放款等缓解资金压力举措。事实上，央行和财政部已经在面上采取适度宽松的货币政策和积极的财政政策，但“脱虚向实”必须坚持，“房住不炒”也需坚守。同时，应理性看待无锡、西安、南昌、上海和杭州等地所采取的诸如延缓土地出让金缴纳、阶段性放款预售条件等相关政策。建议借此次疫情之机，着眼长远，确保房企经营可持续，并注重发展住房租赁市场。

租赁类房企的快速发展不到十年，即使规模较大的企业，短期盈利也不佳。据统计，

2018 年长租公寓领域，企业获得融资(包括发债、基金、授信等各类用于长租公寓发展的资金)37 笔，约 1 491 亿元；而 2019 年仅 16 笔，约 360 亿元，不足上一年的 1/4。即使已在纳斯达克上市的“青客”，也一直亏损，2017 财年、2018 财年及 2019 年上半财年的净亏损金额分别为 2.45 亿元、4.99 亿元和 3.73 亿元。疫情更是将其资金链压力进一步凸显。住房租赁投资回收周期较长。快速扩张期无法通过企业自生收益来加速发展，只能通过外部融资，一旦遇到融资形势紧张，现金流就难以为继。前几年该行业的发展主要依靠私募与风投，但这类市场化基金都有短视性，在经济形势不稳时会减少对企业的股权投资。为确保其持续运营，建议利用国家政策支持资金，组建“长租公寓发展基金”，对长期收益性不错的较大型公寓企业进行适度股权投资。

(2)路径：优化税收政策，降低房企税负。我国房地产税制存在重开发流转、轻持有以及重复征税等局限性，在加大企业经营成本的同时，也降低了企业对房地产税的纳税遵从，使得偷逃税行为的发生率增大。为此，课题组建议，应简化合并有关税种，将现有的房产税、印花税、增值税、企业所得税、个人所得税、土地增值税、城市维护建设税、教育费附加等若干税种简化合并为房产税、增值税和所得税，避免重复征税，提高征收效率。

房屋出租同样涉及房产税、增值税、城镇土地使用税、教育费附加和所得税等多个税种，综合税负过高(唐旭君和姚玲珍，2012)。对专业化租赁企业而言，在企业经营租赁业务收益率已经很低的情况下，还要承担高额税负，难以实现盈利，无法实现良性循环和规模化经营，不能承担稳定租赁市场“压舱石”的角色。同样，税收对盈利的侵蚀也会影响个人投资者的需求和行为。为此，需要进一步落实国家有关培育和发展住房租赁市场的政策，降低租赁市场中各类供给主体的税负。我们建议：一是市场发展初期免征个人出租房的个人所得税，后期则调整为差别税率。例如，对超过 3 年的长租行为进行免税，对租期为 1—3 年及 1 年以内的设置逐档提高的税率，以引导长租理念。二是对租赁企业减免企业所得税，降低增值税税率。可根据《企业所得税法》第二十五条“国家对重点扶持和鼓励发展的产业和项目，给予企业所得税优惠”。例如，自获利年度起，第 1 年至第 3 年免征企业所得税，第 4 年至第 6 年减半征收企业所得税。在住房租赁市场发育完善之时，可适当降低增值税税率。三是对个人及企业出租住房的房产税按房租收入的统一标准征收。既体现政府对住房租赁税收征管的权利，也体现支持住房租赁市场发展的倾向。

(3)核心：租售并举，提升多主体住房供应能级。租售并举本质上是弥补城市住房供给的结构性短板，优化住房市场的供应结构，供需平衡才能使房地产市场降温。一方面，商品房市场应以租售并举为抓手，契合租购需求差异，优化住房产品供应。另一方面，要构建多主体住房供应体系，通过培养和培育住房市场多主体，从而形成竞争局面以充分发挥市场在住房资源分配上的决定性作用；通过搞活微观主体，契合居民多层次的住房需求。在当前宏观经济形势下，必须坚持以总量均衡、结构协调、价格合理为目标，以增加有效供给为抓手，形成市场机制有效、微观主体有力、宏观调控有度的运行体制，推进住房供给侧结构性改革，重点发展租赁市场，切实落实租售并举。通过建立起一套能够自动稳定房地产市场价格的制度，提高房地产市场韧性，从而为房地产市场泡沫及相关金融风险的化解、实体经济的振兴以及人民居住条件和福祉水平的改善创造有利的条件。

需求的变轨促使中国房地产行业逐步走进“品质时代”，改善型住房需求更侧重于住房品质。然而，在住房产品供应上，当前住房市场房型设计配比结构与实际需求并不匹配。为满足人们从“有房住”向“住好房”“住得绿色”“住得健康”需求的转变，住房供应主体应大力践行绿色发展理念，坚定保护生态环境的信念，努力推动住房品质提升。

随着市场日益成熟，长租公寓行业正朝着集中化、专业化、品牌化的方向发展。在瞬息万变的市场环境中，长租公寓的可持续发展需要对企业定位和客群细分有充分的认识和掌控。国内目前长租公寓的市场定位趋同，产品同质化较为严重。长租公寓面对的重要客户是青年群体，越来越强调个性，性格、爱好、职业、收入等因素的差异会带来不同的租房需求，针对各细分群体提供差异化、专业化的房源产品，满足不同租户的需求，提升租赁市场占有率，形成自身品牌特色。在此过程中，互联网化是一个需要重视的未来趋势。目前，一二线城市住房租赁互联网平台种类繁多。形态各异的住房交易互联网平台，是“互联网＋”住房租赁市场管理工作的重点。课题组建议，应根据互联网平台在租赁模式中所充当的角色，从信息真实度、信息保密、合理市场竞争等方面进行差异化管理。

3. 需求端：精准施策，完善购房需求调控机制

(1)关键：因购房需求性质实施差异化政策。①继续支持中低收入家庭购房自住需求。当前我国对符合条件保障家庭提供的购房保障补贴方式主要有两种：一是直接给予一次性购房补贴。如常州，2015 年对符合户籍且实际居住 3 年以上、家庭人均月可支配收入在 3 290 元(含)以下、无房或家庭人均住房建筑面积低于 18 平方米三项条件的家庭，在购买新建成套普通商品房一套时，发放 10 万元补贴[①]。这种方式对补贴对象的要求较为严格，但补贴力度非常大，实际上是经济适用房政策的货币体现。国际上采用这

① 详见《2015 年常州市市区经济适用住房货币补贴政策指南》。

种大额一次性直接补贴方式的案例也较少，住房保障体系完善的国家中仅见于新加坡的中央公积金住房资助计划（“CPF Housing Grant” Scheme），政府对于符合条件的新加坡居民购买二手组屋提供直接资助。因而建议尽量减少使用这种方式。二是采用共有产权房的方式。与经济适用房相比，共有产权房这种保障方式具有极大的优势。首先，与经济适用房一样，可有效解决低收入家庭的住房困难。其次，这种方式极大压缩了保障房与商品房之间的价格差距，避免了“福利陷阱”。最后，以“有限产权”的方式，让居民实现了“买房梦”，使家庭财富随房价的增长而增值。与此同时，对中低收入群体通过税收或货币政策实行产权激励保障。这种方式补贴标准低、受众面广、政府财政压力低并能促进中低收入群体通过自身努力解决住房问题，是住房保障体系完善国家最常用的方式。

②限制奢侈性自住与投资性购房需求。针对奢侈性自住需求，应考虑在住房交易环节征收一次性消费税，并在住房保有环节适当征税。这样设计既符合抑制高收入家庭奢侈性住房消费、缩小住房财富差距的调控目标，也符合税收支付能力原则，能缩小社会纳税范围和降低税收负担，起到减少税改推进阻力的作用。

这一思路的重点，在于甄别和抑制投机性购房需求。自住、投资和投机性需求其实并不存在明显界限，它们之间存在转化的可能性，很难锁定“谁是投机性需求”（张书海和刘文勇，2010）。在住房政策的调控中，对合理的自住需求应予以支持。合理的投资性需求对市场也是必要的，因为租赁需求的满足依赖于住房投资；同时，投资性需求也为住房市场提供必要的流动性。纯粹的投机需求过多，则会挤占合理消费需求，异化持有住房的财富效应，形成市场泡沫，并可能带来市场危机。因此，基于便利原则，在交易环节仍通过套数来界定家庭购房的性质，即不管家庭是否是第一次贷款，只要购买的是第二套住房，则一律按“非自住”处理。在持有环节，可以通过住房的使用状态来判断家庭购房的性质，即是否用于自住消费、是否用于出租获取投资收益，若空置则判断其为投机行为。在性质界定基础上，分别适用不同的金融和税收政策，如采用二套及以上住房的抵押贷款利率上浮、首付比例增加、征收差异房产税等政策增加投机性需求的成本。

（2）路径：结合各地住房供需差异特征精准施策。在市场供需基本稳定背景下，减少政策调控，主要以规范市场行为为主，更多地发挥市场机制的自发调节作用。

在市场供不应求、房价可能大幅上涨背景下，如一二线城市，从供需两端入手进行调控。一方面增加和优化供给体系，限制开发商利润，控制住房成本；另一方面加重投资和投机的税收负担、收紧信贷政策，甚或结合行政管制手段，减少住房投机的利润空间，抑制过热需求。

在市场存在高库存、住房有价无市或价格可能大幅下跌背景下，如部分三四线城市，亦应供需两头发力予以调节。在供给层面，适当控制土地供给节奏，给予开发商信息对称，减少盲目开发。在需求层面，实施较为宽松的财税、货币政策鼓励居民购房，也可适度支持住房投资需求，对居民投资住房出租的，给予税收减免；另外还可考虑将库存的商品住房转化为保障房，增强地区住房福利水平。

(3)核心：租购同权，健全配套制度体系。“租购同权”的目的在于使租房群体与购房群体不因产权差异而享受不同的其他民生权利。“租购不同权”中权利差别的实质，是在公共服务供给稀缺、城市发展不充分的阶段不得已采用的权宜之计。因此，促进“租购同权”并非是对租房居民的赋予和“恩赐”，而是对现行不完善的住房权利体系的“矫正”。具体可考虑通过如下几种方式进行：

第一，通过制度改革根本上明确租购群体具有平等的公共服务享有权，强调对租房者权益的保护。对此，可借鉴德国经验。德国《民法典》和《租房法》在租金价格管制与承租人权利保护的高度结合方面非常完善，从居住者利益角度看，租房和买房的差别不大，有效保障了租房需求。在租金价格管制方面，既对房租定价有指导，也对房租涨价的上限有明确规定。在租约管理方面，既程序化合约签订，又明确规定，出租人如想解除租约，只能在有正当理由的情形下提出。即使承租人一时无法支付房租，出租人也不能直接要求承租人搬走，而须向法庭提起诉讼来进行相关处理。在严格市场监管方面，既禁止转租行为，又对租赁违规行为零容忍。

第二，契合租购需求差异，优化租售住房的空间分布，培育多元供给主体提供契合需求差异的住房产品。政府在新城开发和旧城更新改造时，可根据租购需求偏好差异，综合考虑其他各种因素优化住房或土地供给。在住房产品方面，面向中低收入居民以租为主，提供经济适用住房。通过财政、税收优惠政策引导市场多提供小面积租赁住房。考虑中低收入人口的流动主要受就业驱动，改建、新建的租赁用房要优先布局于产业园区附近，并增加生活设施的配置。面向中高收入居民租售结合，推动美好居住。在大力发展租赁市场的同时，也不应完全忽视购房家庭的合理性改善需求。另外，在租赁住房市场上，尽管整体上租赁群体对住房的舒适性要求不高，但随着租赁人口的构成日渐复杂，高收入人群的流动、独立养老趋势以及青年住房消费的新观念，也会使租赁群体对住房品质的要求提高，因此有必要考虑多样化租赁产品的供给。

第三，通过社会舆论导向扭转租赁歧视论。链家地产研究院发布的《2016 居住生活报告》显示，从 2013 年到 2016 年，北京、上海地区居民的首次购房年龄从 30 岁推迟到 34 岁，即每年推迟一岁。这说明即使房价再高，倾力买房仍是中国人的首选。政府、教育行业和媒体都应有责任承担起引导社会舆论的重任，改变传统观念，破除“没房子就不结婚”“没房没地位”和“啃老买房”等不良社会风气，利用各种媒介，宣传依靠自身奋斗、通过“租购并举”实现居住幸福的社会新风尚。

四、商业地产市场研究

商业地产是城市商业经济活动的主要载体，是城市资产的重要组成部分，也是城市规模效应和集聚效应的集中体现，比其他类型的土地开发更能带动周边区域的发展（王秀玲和李文兴，2011）。西方发达国家的城市发展经验表明，商业地产的发展，尤其是大型商业地产项目是促进城市更新进程，重塑城市核心区域竞争力的重要催化剂（Lowe，2005；Singha 等，2013）。近些年来，随着我国经济的发展，城市商业地产也得到了迅速发展，酒店、写字楼、商业中心、城市综合体等房地产开发项目大量涌现。尽管存在着投资偏向于中心城市，融资以银行贷款等间接融资为主，租赁价格与销售价格走势存在特征差异等问题（高波和赵奉军，2009），但整体商业地产市场正趋向于成熟。然而，受到突然爆发的 COVID-19 新冠肺炎疫情的冲击，商业地产市场在短期和中期的发展趋势出现了很多不确定性。本节主要讨论商业地产的需求和投资受到疫情影响后的短期走势，当前的政策及其影响，以及由于疫情而形成的对商业地产发展有长远影响的因素。本节中的商业地产主要指以城市和社区商业中心为代表的零售地产、办公地产以及以酒店为代表的旅游地产。

（一）疫情前宏观经济与商业房地产发展背景

1. SARS 疫情对商业地产的影响

回顾 2003 年的 SARS 疫情时期，由于信贷政策宽松和居民购房需求的增加，房地产尤其是商业地产受到的冲击比较有限。从数据上看，全国 2003 年办公楼项目的投资额同比增长了 33.4%，商业营业用房同比增长了 39.5%。而 2002 年两项数据分别是 23.7%和 23.6%。按照销售面积，全国 2003 年办公楼项目同比增长了 17%，而商业营业用房同比增长了 27.7%。相对而言，办公楼商品房平均销售价格受到了一些影响，由 2002 年的 4 336 元/平方米降到了 2003 年的 4 196 元/平方米。商业营业用房平均销售则稍有上升，从 2002 年的 3 488.57 元/平方米上升至 2003 年的 3 675.14 元/平方米。SARS 疫情之后，商业地产的投资和需求都得到了显著的成长。

后非典疫情时期的房地产行业政策较为积极。非典疫情过后，中央政府通过了一系列和房地产业相关的政策和举措来带动经济恢复。2003 年 5 月中国人民银行向全系统和各家银行发出《关于应对非典型性肺炎影响，全力做好当前货币信贷工作的意见》，明确促进信贷向房地产、汽车和互联网等行业倾斜[①]。2003 年 8 月，国务院下发了《关于促进房地产市场持续健康发展的通知》(即"18 号文")，通过文件首次明确房地产业的国民经济支柱地位，此后房地产行业进入了快速发展阶段[②]。在 SARS 疫情过后，不少专家学者认识到加强房地产管理以及提升物业服务应急能力的重要性(王晓光，2006)。

2. 新冠肺炎疫情的宏观经济和房地产业政策背景

2020 年新冠肺炎疫情的宏观经济和房地产业发展政策背景与 2003 年时相比已有很大差异。2019 年末中国经济的整体体量达到了 99.08 万亿元，是 2003 年的 7.3 倍。就 GDP 增速而言，即便受到 SARS 疫情的影响，2003 年的 GDP 增速依然达到了 10%，其中第二季度 GDP 同比增长一度回落到 8.78%。而 2019 年 GDP 增速为 6%，2020 年第一季度的 GDP 同比增长为−6.8%。虽然中国经济经过多年的快速发展规模更大，整体抵抗风险的能力更强，但是这次新冠肺炎疫情对整体经济的影响程范围和程度也更大，影响的持续时间也将超过 SARS 疫情。

对于房地产行业而言，2003 年房地产市场刚开始进入高速规模增长的起步阶段，发展势头强劲。其中，2003 年办公楼完成投资额同比增长 33.4%，商业营业用房完成投资额同比增加 39.5%。而到了 2019 年，城市建设与房地产行业经过近 20 年的高速发展已经形成相当的规模，发展进入到平稳期。其中，办公楼完成投资额与商业营业用房完成投资额同比增长分别回落到了 2.7%和 −6.7%。

此外，房地产政策环境也发生了很大变化。2017 年，习近平总书记在中国共产党第十九次全国代表大会上作报告时提出，坚持"房住不炒"定位，加快建立购租并举的住房制度和供应体系。各地政府纷纷出台政策措施，强化"房住不炒"定位，落实"稳房价、稳地价、稳预期"的三稳目标，确保房地产市场平稳健康发展，同时加快城市保障房体系的建设，以解决中低收入家庭住房需求问题。以上海市为例，上海市近年来明确提出了"一个定位、两大体系、三个为主、四位一体"和租购并举的住房制度框架。而在新冠肺炎疫情发生阶段，房地产相关政策依然维持在"房住不炒、因城施策"的主轴上。商业地产项目受到的政策影响尽管弱于住房地产，但是依然面临着融资困难，拿地成本上升，以及竞争增加的压力。

近年来，一些城市也出台了对于商业地产的管理调控政策，主要针对将商办地产改

① 中国人民银行. 关于应对非典型肺炎影响全力做好当前货币信贷工作的意见[OL]. [2003−05−19]. http://www.pbc.gov.cn/tiaofasi/144941/144959/2817565/index.html。

② 中央政府门户网站. 国务院关于促进房地产市场持续健康发展的通知[OL]. [2005−08−13]. http://www.gov.cn/zwgk/2005−08/13/content_22259.htm.

用于居住的商改住项目。例如,2017 年 3 月,北京住房和城乡建设委员会发布新规规定:商业、办公类项目(以下简称"商办类项目")应当严格按规划用途开发、建设、销售、使用,未经批准,不得擅自改变为居住等用途。同时要求商办类项目最小分割单元不得低于 500 平方米,在建在售商办类项目不得卖给个人,商业银行暂停此类购房贷款。[①] 此外,上海、广州、深圳、成都等多个一二线城市也落地了针对商办类项目的调控政策。[②] 这些调控政策短期内确实对商办地产的开发和销售造成了影响。

3. 商业以及旅游业发展的政策背景

商业地产发展趋势不但与房地产行业的政策密切相关,也无法脱离各级政府对商业和旅游业的政策。随着消费在经济发展中的重要性的提升,国家和地方政策不断对商业消费倾斜。因此,以零售地产和旅游地产为代表的商业地产依然能够保持着对市场和增长的信心。2019 年 8 月 27 日,国务院发布了《关于加快发展流通促进商业消费意见》,围绕促进流通新业态新模式发展、推动传统流通企业创新转型升级、改造提升商业步行街、活跃夜间商业和市场、满足优质国外商品消费需求、优化市场流通环境等提出了若干政策措施。[③] 随后,商务部等多部委及地方政府出台一系列提振消费的政策措施,将建设国际消费中心城市、升级改造步行街、促进夜间经济、发展社区商业和首店经济等工作提上日程,商业营商环境整体迎来利好。

在旅游业方面,2018 年国务院办公厅出台了《关于促进全域旅游发展的指导意见》,提到旅游业已成为国民经济的战略性支柱产业,要求发展全域旅游,统一规划布局、优化公共服务、推进产业融合、加强综合管理,有利于不断提升旅游业现代化、集约化、品质化、国际化水平,更好满足旅游消费需求。[④] 2019 年 3 月,国家发改委发布了《关于持续深入推进降低重点国有景区门票价格工作的通知》,提出为完善国有景区门票价格形成机制,促进旅游业转型升级,需要推进更大范围和力度的门票降价。[⑤] 此外,以海南省为代表的离岛免税消费保持强劲增势,2019 年上半年的销售金额同比增长了 26.56%。总的看来,无论是商业消费还是旅游目前都处在一个增长稳健、服务和管理水平不断提升、

① 参考消息. 央行:商办类项目不得擅自改变为居住等用途[OL]. [2017－04－06]. http://www.cankaoxiaoxi.com/china/20170406/1854945.shtml.

② 中国经济时报. 北京、上海等出台商办调控政策,商业地产市场有望健康发展[OL]. [2017－06－26]. http://news.winshang.com/html/061/9046.html.

③ 国务院办公厅. 关于加快发展流通,促进商业消费的意见[OL]. [2019－08－27]. http://www.gov.cn/zhengce/content/2019－08/27/content_5424989.htm.

④ 国务院办公厅. 关于促进全域旅游发展的指导意见[OL]. [2018－03－22]. http://www.gov.cn/zhengce/content/2018－03/22/content_5276447.htm.

⑤ 国家发展改革委办公厅. 关于持续深入推进降低重点国有景区门票价格工作的通知[OL]. [2019－03－14]. https://www.ndrc.gov.cn/xxgk/zcfb/tz/201903/t20190328_962410.html.

政策利好的阶段,对 GDP 的贡献将持续上升,也激励着商业和旅游地产的投资和开发。

(二)疫情对商业地产的直接和间接冲击

1. 后疫情时代商业地产的需求特征分析

最新研究表明,COVID-19 新冠病毒具有高传染性和高隐蔽性两大特征。在爆发初期,基本繁殖数 R0 为 3.54,远高于 SARS 和 MERS 疫情(Hao 等,2020)。因此我国在疫情防控工作中尤其注重对传染源的追踪和排查,以及传染途径的识别和控制。在疫情爆发初期,全国各地对人群聚集的公共场所进行了严格管控,同时对城际人员流动进行了全面管制。这些防疫措施能有效降低疫情的传染范围,最大程度隔绝传染途径,却对实体零售业和旅游业产生了直接的冲击。大部分城市的商业中心和综合体在 2020 年 1 月底到 2 月初都受到不同程度的运营限制,部分城市的商业地产到 3 月初才恢复正常营业状态。而全国的电影院线更是到了疫情爆发的近半年后(2020 年 7 月 20 日)才恢复有限度的运营。疫情对个体的出行和消费行为同样产生了很大的影响。许多城市居民出于对传染风险的顾虑,减少了前往商业中心消费用餐,转而借助于网购、外卖等方式进行消费。同样的,除复工复产期间回到工作地的人流之外,城市间的人员往来、商务出行、旅游访问等都受到了来自国家和地方、企业机构以及社区等不同层面的政策制度约束。

根据国家统计数据,2020 年 3 月,全国社会消费品零售总额同比下降了 15.9%,其中餐饮业态收入同比下降了 46.8%,商业零售业态下降了 12%。而同一时间网上零售受到的波及十分有限,仅同比下跌了 0.8%。客流流失导致了许多实体商业体验式的服务业态例如餐饮、亲子教育、美容健康等商业店铺的收入水平直线下降。除零售业外,运输业和旅游业受到影响尤其严重。2020 年 2 月的旅客周转量同比下跌了 85.6%。虽然后面几个月呈现出缓慢好转的局面,到了 8 月,旅客周转量仍然同比下跌了 42.6%。旅游业方面,在 2020 年第一季度,全国星级饭店的平均出租率只有 22.83%,其中包括了大量被临时征用用于防疫抗疫的饭店。而 2019 年,全国星级饭店的平均出租率维持在 55%左右。

可以看出,新冠肺炎疫情对于人们出行和消费的限制对零售业、旅游业的运营造成了直接的冲击,客流大幅减少,营收显著下降,进而影响到商业地产的出租率和租金水平。

(1)零售地产:出租空置率上升,租金水平略微下跌

我们通过世邦魏理仕物业顾问有限公司提供的主要大城市商业地产的季度数据,来研判新冠肺炎疫情对商业地产租金和出租率的影响。该数据多采集自商业中心或是商

业综合体等大型商业地产，承租的商业零售店铺多以连锁品牌为主，因此无法代表所有类型的商业零售地产的近况。

包括北京、上海等四个一线城市在内的16个重点城市[①]的优质零售地产季度空置率发展趋势如图3－48所示。大部分重点城市的零售地产空置率在2020年的前两个季度有明显上升，其中武汉上升了3.2％，成都上升了3.9％，天津上升了5.7％。一线城市优质零售地产在2020年前两季度的空置率上升总体低于其他城市，其中北京（2.1％）、上海（1％）、广州（1.2％）以及深圳（0.1％）都在可控范围之内。从整体来看，不少城市优质零售地产空置率在2020年第二季度上升趋势更明显，显示疫情对零售店铺关店的后续影响正逐渐展现。由于消费和投资趋向谨慎，更多的商业可能会在近期遇到资金和运营的问题。虽然第三季度零售业已经出现部分复苏的势头，但是整体上城市零售地产，尤其是非优质类的零售地产的空置率可能出现继续上升的势头。

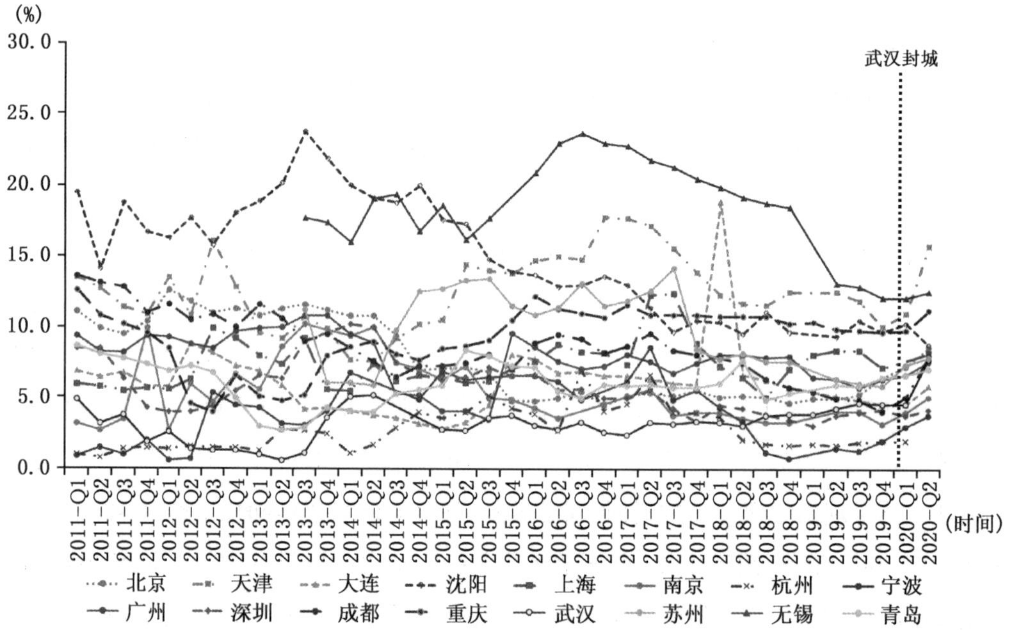

资料来源：世邦魏理仕物业顾问有限公司、前瞻数据库。

图3－48 主要大城市优质零售地产空置率（2011年Q1—2020年Q2）

商业地产空置率的上升必然会影响到租金水平。部分重点城市优质零售地产首层租金的平均水平发展趋势如图3－49所示。大部分重点城市的零售地产首层租金在

① 16个重点城市：北京、上海、天津、重庆、广州、深圳、大连、沈阳、南京、杭州、宁波、成都、武汉、苏州、无锡和青岛。

2020 年前两个季度略微下跌。相比之下，上海和广州尽管下跌幅度较大，但是基本上是疫情前一段时间的下跌趋势的延续。而武汉在疫情爆发后，优质商业零售地产的首层租金的下跌幅度并不明显。就这些数据看来，重点城市的优质零售地产并未因为疫情冲击而主动下调租金水平。

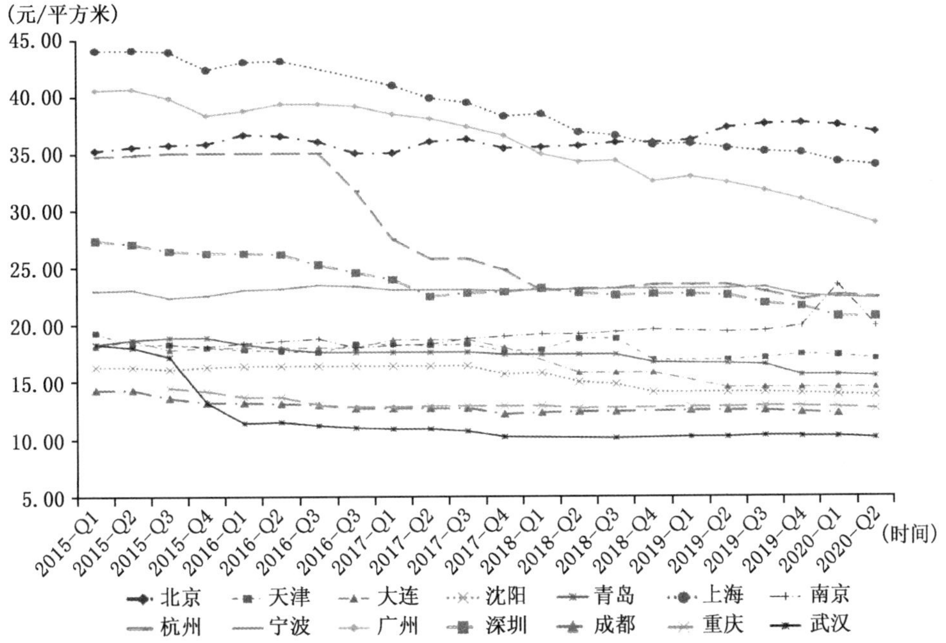

资料来源：世邦魏理仕物业顾问有限公司、前瞻数据库。

图 3－49　主要大城市优质零售地产首层平均租金(2015 年 Q1－2020 年 Q2)

此外，城市核心商圈受到的冲击相对于非核心商圈要更小。根据仲联量行的数据，上海市核心商圈的商业零售地产首层物业租金在 2020 年第二季度环比下跌 1.21%，而非核心商圈的商业零售地产首层物业租金同期下跌了 3.03%。这显示出非核心商圈商业零售地产在客流稳定度以及承租商业实力方面均相对较弱，因此更容易受到突发事件的影响。由于目前距离疫情爆发时间还比较近，大部分商业中心和商业综合体的承租方仍然在合同期内，疫情带来影响还未完全显现出来。因此，政府和行业需要加强对商业地产市场的监管和风险防范，对于潜在的问题要及早介入。

(2)办公地产：需求下降，出租空置率上升。同样的，大部分重点城市在疫情爆发之后，出现了优质办公楼空置率上行的趋势。部分城市第二季度的空置率有一些回调。其中一线城市中上海(0.5%)和深圳(0.9%)的办公楼空置率上升幅度相对较小，北京(1.7%)和广州(2.5%)受到的冲击较重。此外，北方城市如天津、大连和沈阳的办公楼空置率受疫情的影响更明显。西部城市例如成都和重庆在疫情之前办公楼空置率一路往下，受到疫情影响之后略有反弹。武汉的空置率从2019年第四季度的37.8%上升到2020年第二季度的39.5%。而南京在2020年第二季度办公楼空置率出现大幅度下降的反常现象(见图3—50)。

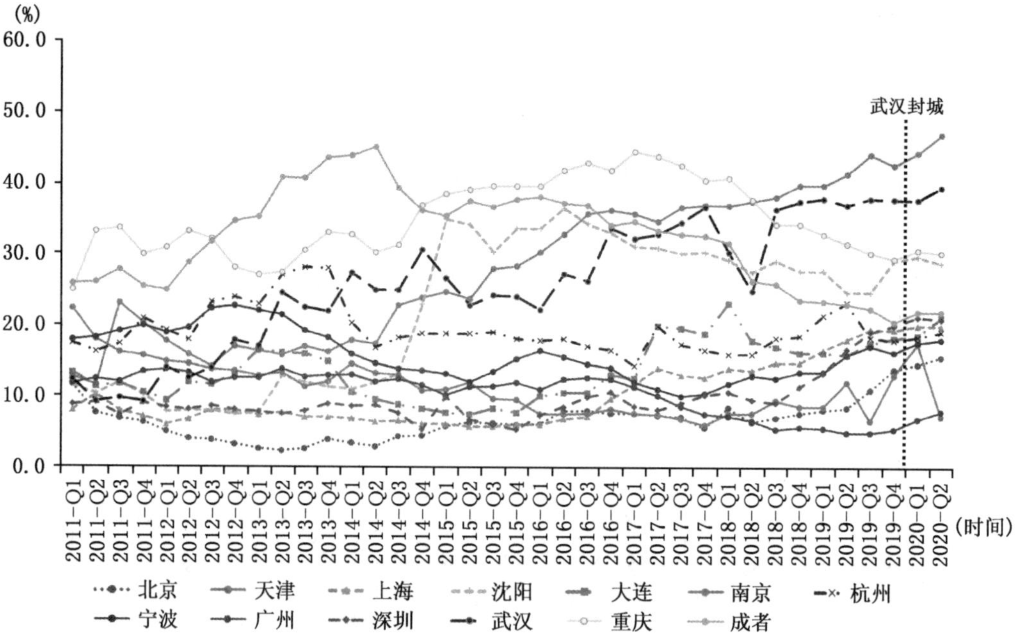

资料来源：世邦魏理仕物业顾问有限公司、前瞻数据库。

图3—50　主要大城市优质办公楼空置率(2011年Q1—2020年Q2)

大部分重点城市的办公楼租金在疫情爆发之后出现少许回落，但总体租金水平保持平稳趋势(见图3—51)。从2020年初到第二季度为止，北京优质办公楼的租金水平下跌了1.6%，上海优质办公楼租金水平下降了4%，广州和深圳分别下跌了2.1%和3.1%。而武汉的办公楼租金变化也好过预期，同比下跌了3%。相比之下，天津由于办公楼空置率较高，受到疫情以及中美贸易关系和国际经济环境的影响，2020年前两个季度租金下降了13%。

(3)商业地产租金影响评估模型

在这一部分，我们采用回归模型对COVID-19新冠肺炎疫情对16个重点城市商业首层租金和优质办公室租金的影响进行初步评估(见表3—8、表3—9)。我们选取了从2017年第一季度到2020年第二季度16个城市的租金数据，以及上一年的人均GDP、第三产业就业人数等数据，采用可行广义最小二乘的方法(FGLS)对以下模型进行标定：

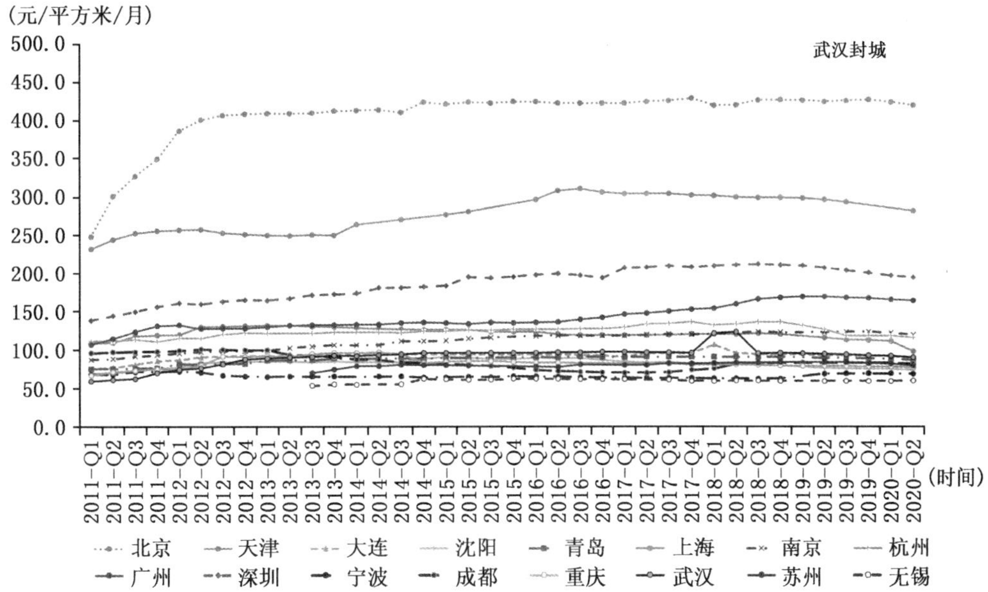

资料来源：世邦魏理仕物业顾问有限公司、前瞻数据库。

图 3－51　主要大城市优质办公楼租金水平(2011 年 Q1－2020 年 Q2)

$$\ln(R_{it})=\alpha+\beta COVID\text{-}19_{it}+\gamma T_{it}+\mu COVID\text{-}19_{it}*T_{it}+\delta T1_t+\pi X_{i,t-1}+\varepsilon_{it} \tag{4-1}$$

模型中应变量 R_{it} 是城市 i 在时间点(季度)t 的平均租金水平(元/平方米)；$COVID$-19_{it} 指代城市 i 在时间点(季度)t 是否已爆发规模性的 $COVID$-19 新冠肺炎疫情，引发了大规模的检测；T_{it} 是城市 i 在时间点(季度)t 距离规模性的疫情出现的时段数；$COVID$-$19_{it}*T_{it}$ 是交叉项；$T1_t$ 是城市 i 在时间点(季度)t 距离疫情初始爆发(以武汉封城为标志)的时段数；$X_{i,t-1}$ 指代城市 i 在上一年的人均 GDP、第三产业就业人数等控制变量数据；ε_{it} 是残差项。

在模型中，β 系数衡量的是规模性的 COVID-19 新冠肺炎疫情对城市租金的影响效应；γ 衡量的是新冠肺炎疫情对城市租金的时间影响效应；μ 捕捉到的是疫情的影响；δ 捕捉到的是武汉封城对各个城市的商业物业租金和办公室租金的影响。

表 3－8　　商业物业首层租金影响模型 FGLS 结果

	标定值	标准差	t 值	显著性
截距	1.863	0.143	12.999	***
第三产业就业人数(万人)	0.000 9	0.000 2	3.825	***
人均 GDP(万元)	0.078	0.009	8.704	***

续表

	标定值	标准差	t值	显著性
居住面积(平方公里)	0.000 7	0.000 3	2.245	*
当地疫情爆发后	—0.530	0.203	—2.608	* *
距离武汉封城时间	—0.094	0.066	—1.436	
控制变量:季度	是			
观测值	184.000			
零偏差	36.127			
残余偏差	17.783			
AIC	130.220			

注:*表示显著性水平,* * *<0.001,* *<0.01,*<0.05。

表3—9　　优质办公室租金影响模型FGLS结果

	标定值	标准差	t值	显著性
截距	3.109	0.104	29.769	* * *
第三产业就业人数(万人)	0.001 5	0.000 2	8.825	* * *
人均GDP(元)	0.092	0.006	14.657	* * *
居住面积(平方公里)	0.001 8	0.000 2	7.503	* * *
当地疫情爆发后	—0.422	0.538	—0.784	
距离武汉封城时间	—0.143	0.046	—3.073	* *
控制变量:季度	是			
观测值	199			
零偏差	57.512			
残余偏差	10.545			
AIC	20.141			

注:*表示显著性水平,* * *<0.001,* *<0.01,*<0.05。

根据模型结果(表3—8)显示,截至2020年第二季度,城市商业零售地产的首层租金与人均GDP、第三产业就业人数以及城市居住面积等变量呈现出显著正向关联。疫情爆发对武汉商业零售地产租金水平有显著的负面影响。尽管随着距离疫情爆发时间的增加,样本城市商业物业首层的平均租金水平依然在下跌,但是这个效果并不一定是由疫情的干预而引起的。由于目前距离疫情爆发的时间较短,这个租金影响模型的结果只能反映疫情的短期影响,而无法反映出中长期影响。总体看来,新冠肺炎疫情短期内对城市商业零售地产的首层租金影响不大,而中长期的影响与商业消费的恢复水平以及总体经济的回升有很大关联。

(4)旅游地产:受到旅游业牵连,饭店出租率显著下跌。旅游业是受到疫情冲击最严重的行业。根据文化和旅游部 2020 年第一季度全国旅行社统计调查报告,第一季度全国旅行社入境旅游外联[①]达到了 35.90 万人次或是 139.02 万人天,分别同比减少 87.15%以及 84.83%[②];实际接待 49.66 万人次或是 185.95 万人天,分别同比减少 86.52%以及 82.79%。之后,由于疫情在全球范围的蔓延以及入境隔离的政策,入境旅游客流量更是屈指可数。而在国内旅游的部分,2020 年第一季度全国旅行社国内旅游客流为 497.80 万人次或是 1 540.72 万人天,分别同比减少 84.08%以及 84.05%; 实际接待 566.09 万人次或是 1 372.52 万人天,分别同比减少 81.65%以及 81.88%。

疫情受到控制之后,国内旅游开始逐步恢复。按照文化和旅游部的数据,2020 年 5 月黄金周的接待旅客数为 1.15 亿人次,同比下降 41%;旅游收入为 475.6 亿元,同比下跌了 59.5%。而到了 10 月黄金周,接待旅客数达到了 6.37 亿人,同比仅下降 18.5%;旅游收入为 4 665.6 亿元,同比下跌了 28.19%。显然,10 月黄金周期间旅游收入相比"五一"期间有明显反弹。但是,由于疫情防控还在持续进行中,相当一部分游客在旅游时间和消费水平上做出了调整,选择了短途旅游目的地,致使人均旅游收入少于 2019 年同期。

旅游业遭到的重挫直接牵连到了旅游地产。图 3－52 显示了从 2010 年初到 2020 年第二季度全国星级饭店平均房价和平均出租率。受到疫情的冲击,星级饭店在 2020 年第一季度的平均出租率仅为 22.83%,同比下跌了 53.33%,其中还包括一部分被用于防疫抗疫的饭店。到了第二季度,星级饭店平均出租率恢复到 33.08%,同比仍然下跌了 41.86%。在房价方面,2020 年第一季度星级饭店的平均房价为 317.87 元/日,同比下跌 6.95%;而到了第二季度,平均房价进一步下降到 300 元/日,同比下跌 17.8%。图 3－53 显示了 2015 年初到 2020 年第二季度不同星级的饭店的平均出租率。疫情爆发之前,饭店平均出租率普遍随着星级增加而上升;五星级饭店的平均出租率长期保持在 60%以上,而一星级饭店的平均出租率普遍低于 50%。到了 2020 年前两个季度,饭店平均出租率随着星级增加反而下降。特别是第二季度时,一星级饭店的平均出租率已经接近疫情前的水平,而五星级饭店的出租率仅为疫情前的一半。很明显,高等级饭店的入住率受到入境客流和商务出行的影响较大。当前入境旅游还处于严格限制的状态,高

---

① 旅行社外联人次:指报告期内旅行社自主外联的入境旅客数量,反映旅行社对外招徕的能力。

② 文化和旅游部. 2020 年第一季度全国旅行社统计调查报告[OL].[2020－09－25]. http://zwgk.mct.gov.cn/auto255/202009/t20200925_875420.html.

等级饭店的入住率仍然较低。

总体看来，新冠肺炎疫情对旅游业和旅游地产造成了严重的冲击，主要体现在星级饭店的平均出租率，尤其是高等级饭店的出租率上。此外，饭店平均房价也出现了一定程度的下跌。

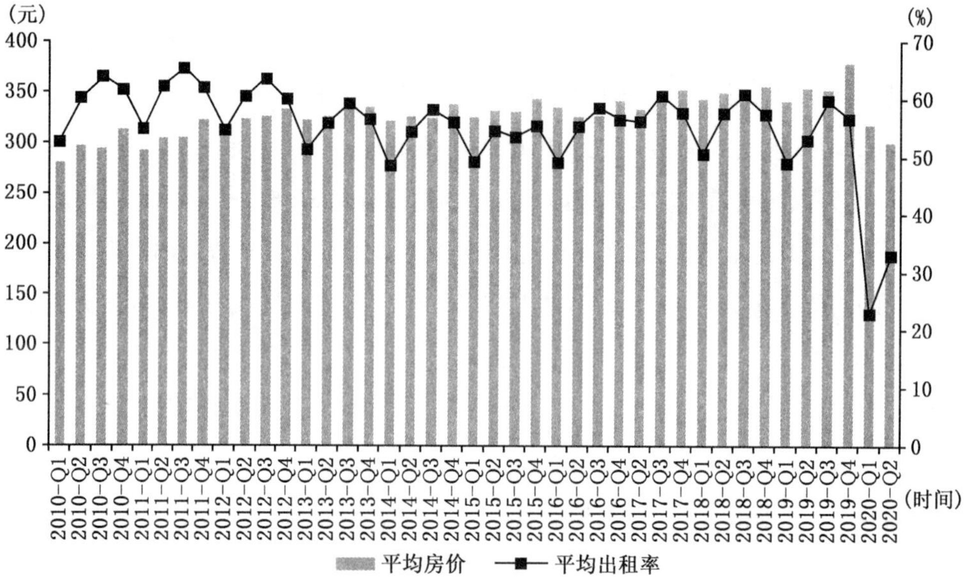

资料来源：文化和旅游部、前瞻数据库。

图 3－52　全国星级饭店平均房价和平均出租率

2. 商业地产开发和投资趋势特征分析

那么除了客流减少带来的直接影响，新冠肺炎疫情是否影响到商业地产开发商的投资开发决策呢？我们通过全国商业营业用房新开工面积，竣工面积以及开发投资等指标的梳理来分析新冠肺炎疫情对商业地产开发与投资的影响。同时，通过聚焦一些重点城市的市场趋势差异来探讨城市间商业地产受到的影响差异。

(1)商业零售地产：建设与投资恢复迅速，在建面积持续增长。全国 2000 年 6 月到 2020 年 7 月商业营业用房新开工面积[①]以及竣工面积[②]的年度累计值变化趋势如图 3－54 所示。2011 年之后全国商业营业类房地产项目建设快速增长，而竣工面积累计值虽

① 房屋新开工面积：指房地产开发企业报告期内新开工建设的房屋面积，以单位工程为核算对象。不包括在上期开工跨入报告期继续施工的房屋建筑面积和上期停缓建而在本期复工的建筑面积。房屋的开工以房屋正式开始破土刨槽(地基处理或打永久桩)的日期为准。房屋新开工面积指整栋房屋的全部建筑面积，不能分割计算。

② 房屋竣工面积：指报告期内房屋建筑按照设计要求已全部完工，达到住人和使用条件，经验收鉴定合格或达到竣工验收标准，可正式移交使用的各栋房屋建筑面积的总和。

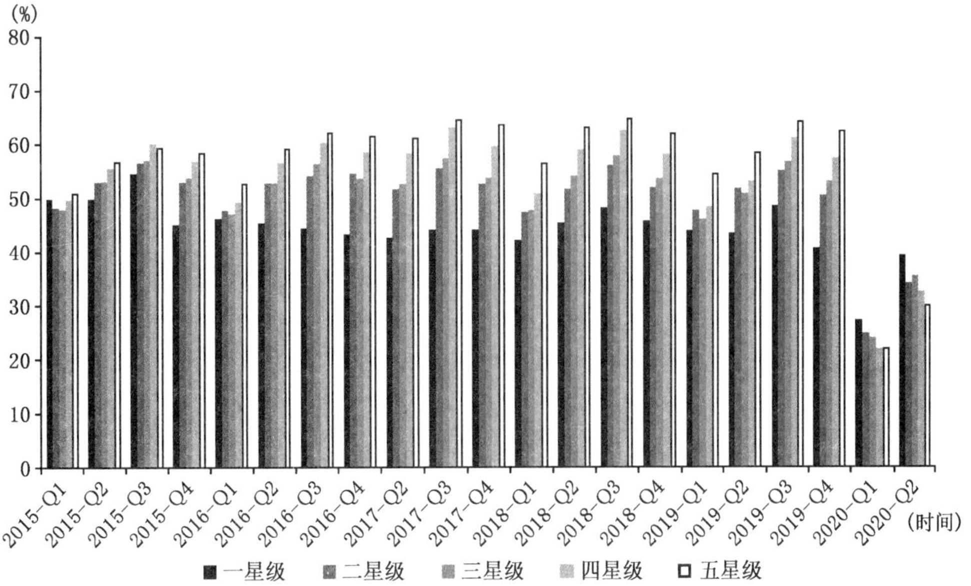

资料来源：文化和旅游部、前瞻数据库。

图 3—53 全国星级饭店分星级平均出租率

然逐年上升，增长幅度相对平缓。新开工面积在 2014—2015 年达到了峰值，随后开始缓慢下降。由于过去几年新开工面积与竣工面积之间的累计缺口，目前仍有大量的商业营业类地产处于施工建设状态。截至 2020 年 8 月，全国范围商业营业类用房的施工面积达到了 86 534 万平方米，是同期办公楼施工面积的 2.51 倍。这个数字虽然少于 2019 年底的 100 389 万平方米，但仍然预示着未来几年有大量的商业营业类用房将竣工进入市场。

从开发投资的角度来看，近几年商业营业类用房的投资依然处在一个高峰期（图 3—55）。2019 年的投资额尽管略低于 2017 年以及 2018 年，但是仍然达到了 13 226 亿元。而 2020 年的上半年，商业营业用房的开发投资额也并未由于疫情而显著放缓。到了 9 月，累计投资额已经达到 9 548.33 亿元，同比只下降了 2.5%。对于开发商来说，一方面，尽管城市的商业中心以及商业综合体开发在近年来发展迅速，但竞争愈加激烈。然而受到国家对商业消费的政策激励，商业营业类用房的发展前景依然被普遍看好。另一方面，由于居住地产受到政策调控的影响较大，越来越多的开发商开始通过商业地产的持有和运营来拓宽经营渠道。因此，商业营业类用房的投资并没有因为新冠肺炎疫情以及零售业的短期不景气而产生显著的萎缩。

如果只看 4 个直辖市的开发和投资情况，近 10 年中，重庆市无论在商业营业用房的

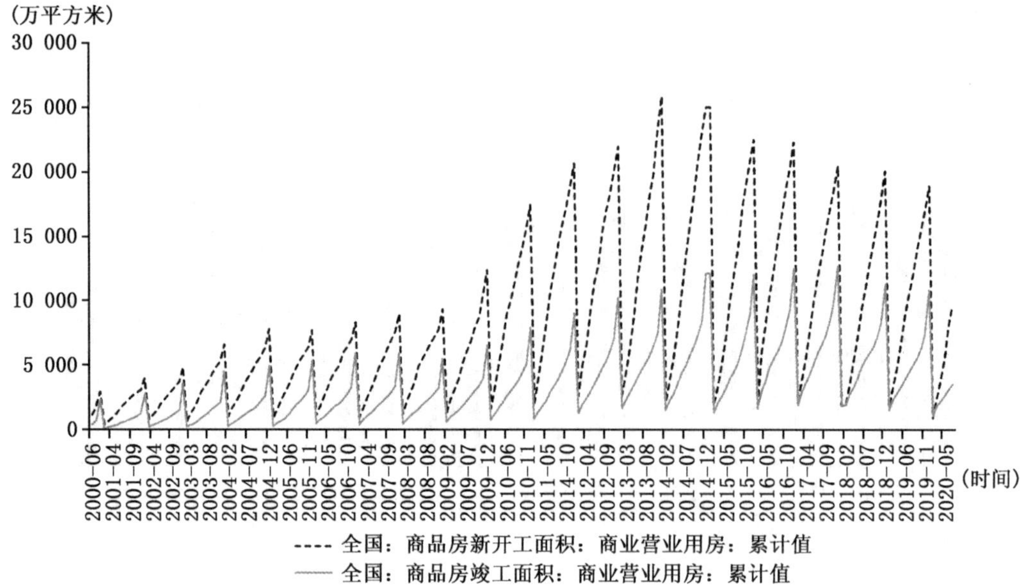

资料来源:国家统计局。

图 3—54 全国商业营业用房新开工面积和竣工面积年度累计值

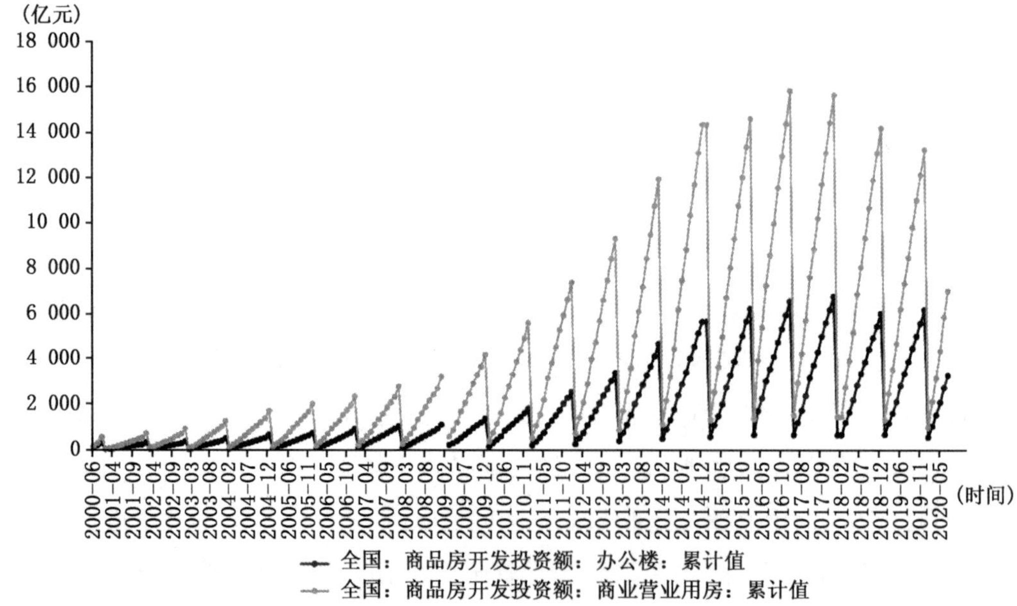

资料来源:国家统计局。

图 3—55 2000 年 6 月至 2020 年 7 月全国商业营业用房和办公楼的开发投资年度累计值

新开工面积还是竣工面积方面都大幅超过其他三个城市,尽管在 2020 年有放缓的趋势

（见图 3—55 以及图 3—56）。受到疫情对建设进度的影响，2020 年第一季度北京市的商业营业用房新开工面积处于低位，但第二季度有所恢复。整个上半年，北京市和天津市的竣工面积下降明显。相比之下，上海市的商业营业用房项目无论是在新开工面积还是在竣工面积上相对于 2019 年都没有明显下跌（见图 3—57）。

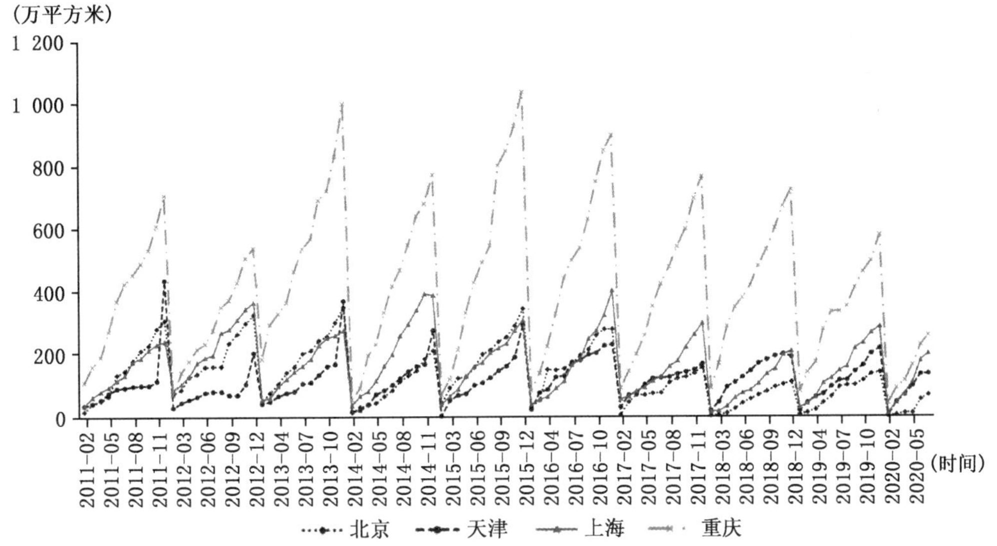

资料来源：各城市统计局、前瞻数据库。

图 3—56　2011 年 1 月至 2020 年 7 月直辖市商业营业用房新开工面积年度累计值

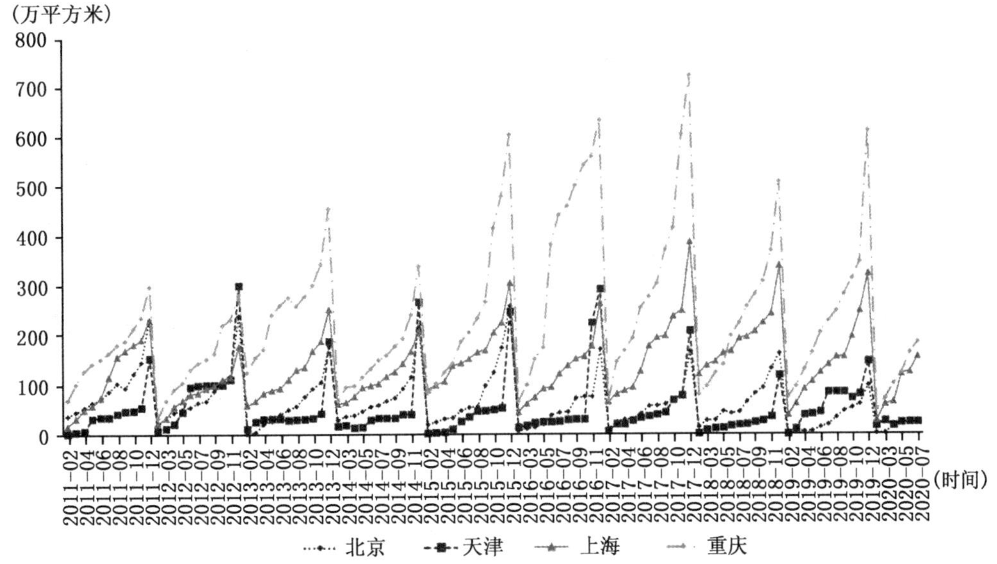

资料来源：各城市统计局、前瞻数据库。

图 3—57　2011 年 1 月至 2020 年 7 月直辖市商业营业用房竣工面积年度累计值

如果聚焦到优质商业营业用房例如大型商业中心和商业综合体,调查数据显示,重点大城市中只有南京、深圳以及成都在2020年上半年有新增优质零售建筑面积(图3—58)。深圳、成都、杭州、上海这几个城市2019年的新增优质零售建筑面积都超过了50万平方米,重庆和广州也超过了40万平方米。而部分城市例如苏州、无锡、沈阳等2019年以及2020年上半年都没有新增优质零售建筑。不同城市在商业中心或是大型商业综合体方面投资建设趋势上有着较大的差异。

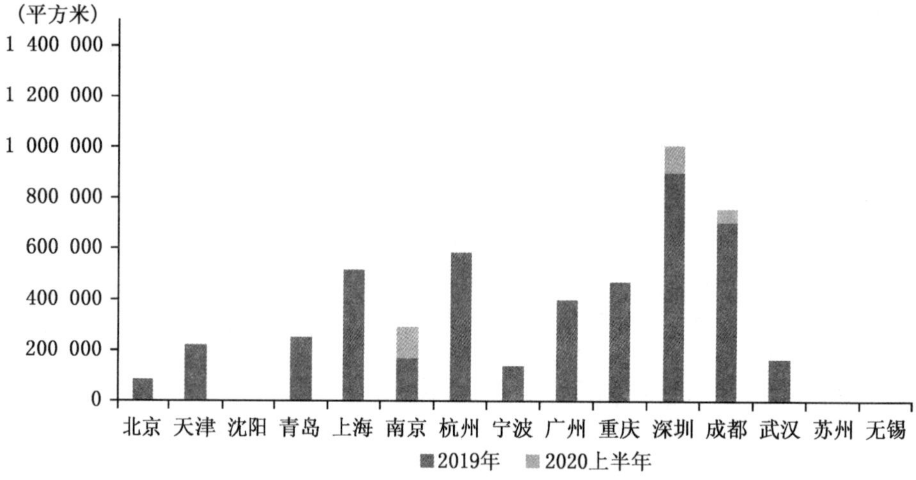

资料来源:世邦魏理仕物业顾问有限公司、前瞻数据库。

图3—58 主要大城市2019年以及2020上半年新增优质商业营业用房建筑面积

总体来看,新冠肺炎疫情对商业营业用房的开发和投资在疫情初期呈现出一定的影响,主要由于经济活动和劳动力流动受限而造成的。从2020年第二季度开始,无论是在国家层面还是在4个直辖市,商业地产的开发建设和投资都进入了快速恢复的阶段。尽管目前疫情对商业地产的建设开发和投资冲击不大,但是由于房地产投资开发周期较长所导致的滞后性,疫情影响还需要一段时间的观察。过去几年商业地产的大力投入,可能会在未来几年涌现大量新竣工的商业地产,届时市场的供需关系可能发生很大的变化。

(2)办公地产:开发投资受疫情影响有限。全国自2000年6月到2020年7月办公楼的新开工面积以及竣工面积的年度累计值变化趋势如图3—59所示。2011年之后全国范围办公楼建设快速增长,新开工面积累计值显著增长,而竣工面积累计值则逐年上升,增长幅度相对平缓。办公楼新开工面积与竣工面积的差距代表着未来几年办公楼供应将大幅上升。事实上,到2020年7月,全国在建办公楼面积达到了33 930.71万平方米，而 2019 年末这个数字高达 37 251.82 万平方米。受到疫情的影响，2020 年上半年办公楼新开工面积同比下跌 6%，虽然前三个月的开工面积同比下跌达到了 38%。这显示新建办公楼趋势受到疫情影响相对有限，而且在第二季度迅速反弹。相比之下，疫情造成施工进度的减缓使得上半年办公楼竣工面积的影响更为显著(同比下跌 14%)。

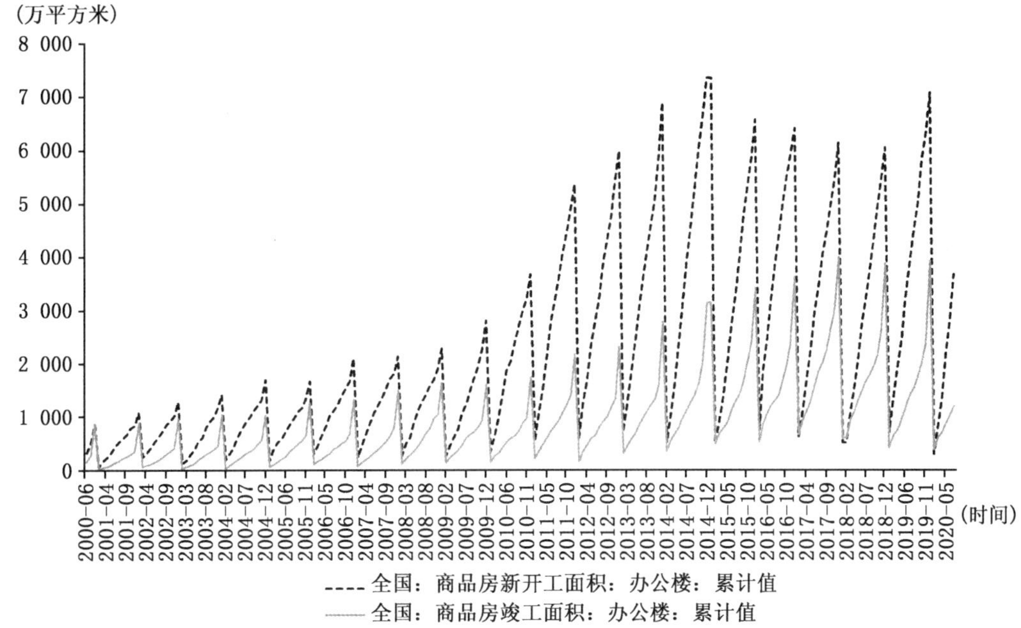

资料来源：国家统计局。

图 3—59 全国办公楼新开工面积和竣工面积年度累计值

中国的办公楼在过去的 20 年的开发投资经历了一个快速发展的过程，在 2015—2016 年达到了顶峰，但是 2018 年—2019 年办公楼和商业营业用房的开发投资额比前几年略有下降。2020 年的上半年，办公楼的开发投资累计值的趋势与 2019 年同期并没有明显的差异，显示出疫情对商业办公地产开发投资的影响有限。

在办公楼新开工面积方面，除了上海，其他三个直辖市在近几年呈现出明显的下降趋势(见图 3－60)。北京市 2019 年新开工办公楼面积达到了 170.5 万平方米，仅仅占了 2017 年新开工面积的 46.7%，2015 年的 29%，2013 年的 25.3%。在 2020 年的头 5 个月，除了上海市，其他几个直辖市的办公楼新开工面积累计值同比下降明显。而上海市在办公楼新开工面积保持着较为稳定的趋势。

在办公楼竣工面积方面，4 个直辖市都显现出下降趋势，尤其与 2015 年－2017 年相比(见图 3－61)。图 3－62 显示 2020 年上半年大部分主要大城市(除天津市和广州市外)的

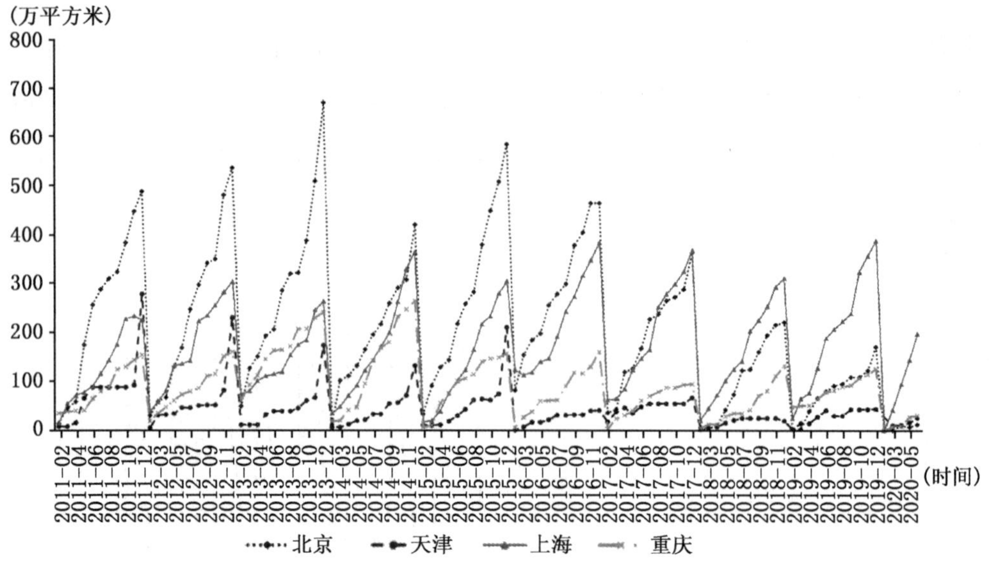

资料来源：各城市统计局、前瞻数据库。

图 3-60　2011 年 1 月至 2020 年 7 月直辖市办公楼新开工面积年度累计值

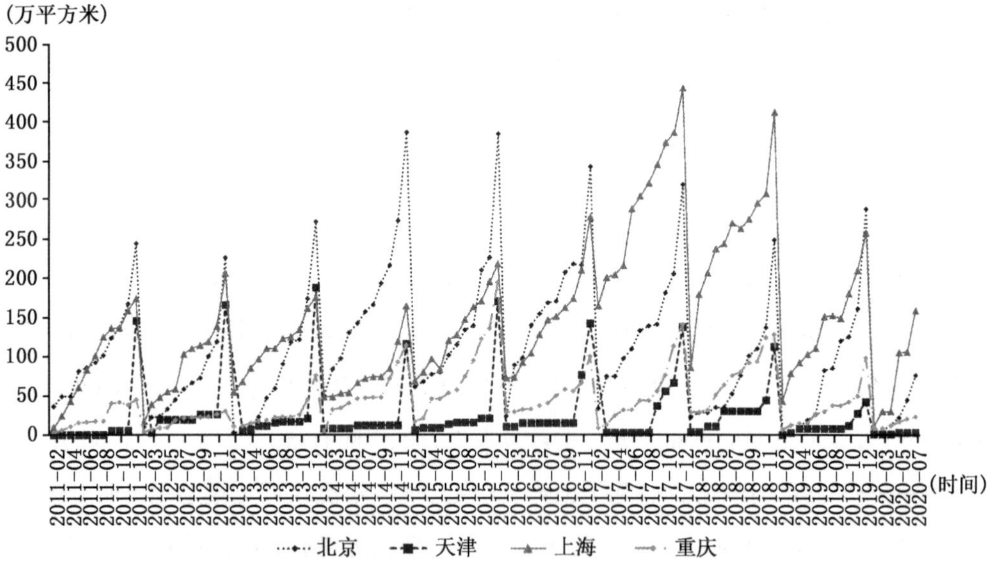

资料来源：各城市统计局、前瞻数据库。

图 3-61　2011 年 1 月至 2020 年 7 月直辖市办公楼竣工面积年度累计值

优质办公楼竣工面积都明显减少。总体看来，大城市尤其是一线城市已经进入了商业办公楼的投资放缓。相比之下，中小城市在未来几年存在消化办公楼供给的压力更大。

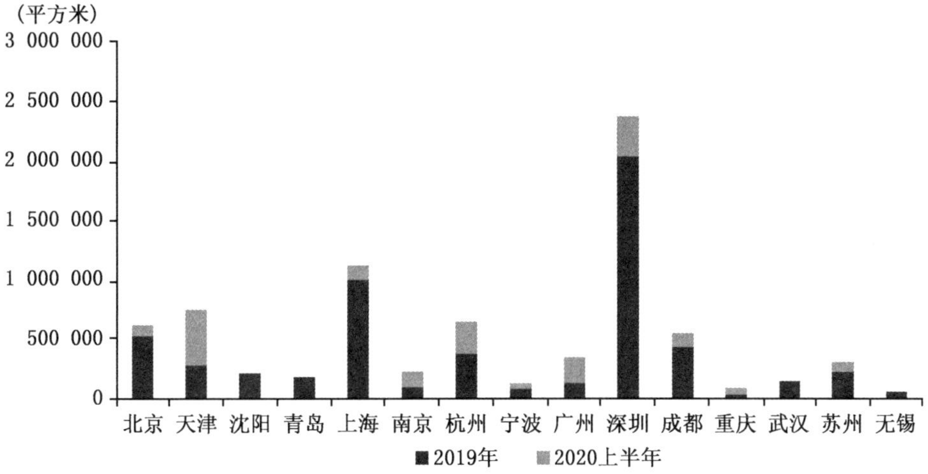

资料来源:世邦魏理仕物业顾问有限公司、前瞻数据库。

图 3－62　主要大城市 2019 年以及 2020 上半年新增优质办公楼建筑面积

(3)旅游地产:星级饭店供给呈现下跌趋势。在旅游地产开发和投资方面,近年来由于市场竞争日趋激烈以及基于网络平台的共享旅馆和民宿的蓬勃发展,星级饭店的数量和房间数从 2017 年就开始呈现出下跌的趋势(图 3－63)。其中星级饭店房间数从 2017 年的 147.06 万间下跌到 2019 年的 120.38 万间,下降了 18%。尽管 2020 年的数据还没有发布,但是疫情发展趋势以及旅游业面对的短期困境势必影响到旅游地产尤其是旅馆酒店行业的投资。

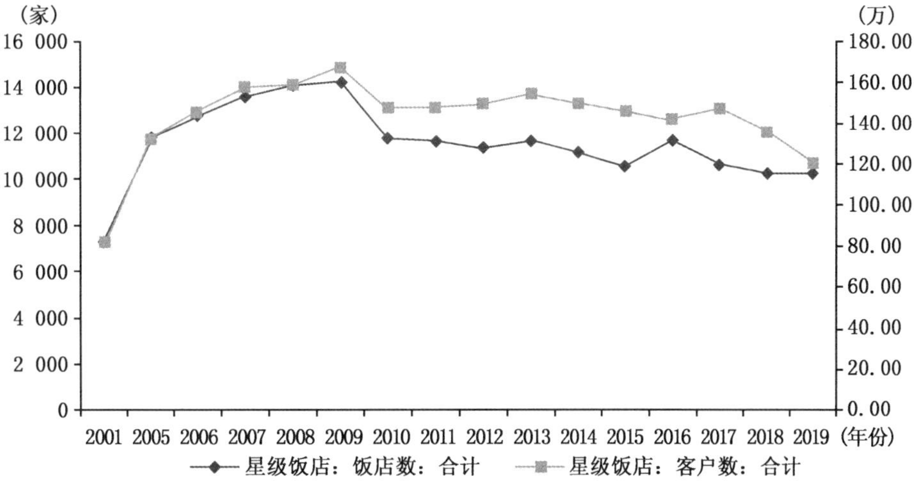

资料来源:国家旅游局、前瞻数据库。

图 3－63　2001 年至 2019 年星级饭店饭店数和客房数

（三）疫情后商业地产相关政策和措施

疫情爆发初期，众多的商业零售地产在客流量以及销售额方面都受到了直接的冲击。由于各个城市出台了各自的外来人员隔离政策，城市间的旅游也进入了"寒冬"，大量的航班车次和酒店订单取消，游客数量一落千丈。随后，政府部门和众多房地产企业相继推出了各种纾困政策，以减轻疫情对商业零售、办公地产以及旅游地产带来的冲击。在本节，我们对疫情爆发后，国家政府和各部委出台的与商业地产、零售业以及旅游业相关的政策进行了一个梳理和总结，对不同政策对于商业地产和旅游地产带来的后续潜在影响进行初步的评估。

2020年至今的商业地产以及商业零售和旅游相关政策主要可以分为四大类（见表3－10、表3－11、表3－12）：

（1）关于防疫抗疫相关工作的部署。例如文化和旅游部早在2020年1月24日就要求全国旅行社暂停暂停经营团队旅游及“机票＋酒店”旅游产品；到了2020年4月13日，文化和旅游部和国家基于疫情防控总体形式趋稳发布了《关于做好旅游景区疫情防控和安全有序开放工作的通知》，要求旅游景区接待游客量不得超过核定最大承载量的30％，到7月14日才将旅游景区接待游客量的上限调整为核定最大承载量的50％。

（2）关于疫情爆发之后对于中小企业的纾困政策和计划。主要的纾困措施包括减免物业房租，暂缓员工社保公积金的缴纳，税收减免，加大金融支持力度等。例如2020年2月11日国务院常务会议提出“通过减免国有物业房租、下调贷款利率、延期还本付息、完善税收减免政策等，实施临时性支持措施”。3月20日国务院办公厅通过的《关于应对新冠肺炎疫情影响强化稳就业举措的实施意见》中提出的“支持多渠道灵活就业；合理设定无固定经营场所摊贩管理模式，预留自由市场、摊点群等经营网点”。这对于商业零售行业以及商业地产会造成一些影响。

（3）延续疫情爆发前的政策方向。例如促进新零售业态的发展，改造提升商业步行街，优化社区便民服务设施等措施延续了2019年8月国务院办公厅发布的《关于加快发展流通促进商业消费的意见》中的内容。此外，在房地产金融方面，保持政策的连续性、一致性和稳定性，继续“因城施策”落实好房地产长效管理机制，促进市场平稳运行。

（4）着眼于商业、旅游业与房地产的长远发展，结合疫情的短期影响提出的政策措施。例如在土地使用方面，将永久基本农田以外的农用地转为建设用地审批事项授权下放给各省、自治区、直辖市人民政府批准。在房地产金融方面，支持发展房地产投资信托基金（REITs）。在旅游方面，十四五规划的建议稿中要求继续完善节假日制度，落实带薪休假制度。

表 3—10　　国家各部委涉及商业房地产相关政策

日　期	部门/政策	商业/旅游地产相关细则
2020 年 2 月 11 日	国务院常务会议①	通过减免国有物业房租、下调贷款利率、延期还本付息、完善税收减免政策等，实施临时性支持措施；推动重大项目尽早开工和建设。各地要加快项目前期工作，做好用工、土地、资金、用能等保障
2020 年 2 月 21 日	中国人民银行 2020 年金融市场工作电视电话会议②	保持房地产金融政策的连续性、一致性和稳定性，继续"因城施策"落实好房地产长效管理机制，促进市场平稳运行
2020 年 3 月 1 日	国务院关于授权和委托用地审批权的决定③	将国务院可以授权的永久基本农田以外的农用地转为建设用地审批事项授权各省份、自治区、直辖市人民政府批准；试点将永久基本农田转为建设用地和国务院批准土地征收审批事项委托部分省、自治区、直辖市人民政府批准
2020 年 3 月 20 日	国务院办公厅关于应对新冠肺炎疫情影响强化稳就业举措的实施意见④	支持多渠道灵活就业。合理设定无固定经营场所摊贩管理模式，预留自由市场、摊点群等经营网点
2020 年 3 月 30 日	中共中央国务院关于构建更加完善的要素市场化配置体制机制的意见⑤	建立健全城乡统一的建设用地市场；全面推开农村土地征收制度改革，扩大国有土地有偿使用范围。建立公平合理的集体经营性建设用地入市增值收益分配制度。建立公共利益征地的相关制度规定。深化产业用地市场化配置改革；在符合国土空间规划和用途管制要求前提下，调整完善产业用地政策，创新使用方式，推动不同产业用地类型合理转换，探索增加混合产业用地供给。鼓励盘活存量建设用地；充分运用市场机制盘活存量土地和低效用地，研究完善促进盘活存量建设用地的税费制度

① 中国政府网. 李克强主持召开国务院常务会议 进一步部署在全力以赴抓好疫情防控同时加强经济运行调度和调节更好保障供给[OL]. [2020—02—12]. http://www.gov.cn/premier/2020—02/12/content_5477837.htm.

② 人民银行. 召开 2020 年金融市场工作电视电话会议[OL]. [2020—02—22]. http://www.gov.cn/xinwen/2020—02/22/content_5481961.htm.

③ 国务院. 关于授权和委托用地审批权的决定[OL]. [2020—03—12]. http://www.gov.cn/zhengce/content/2020—03/12/content_5490385.htm.

④ 国务院办公厅. 关于应对新冠肺炎疫情影响强化稳就业举措的实施意见[OL]. [2020—03—20]http://www.gov.cn/zhengce/content/2020—03/20/content_5493574.htm.

⑤ 中共中央，国务院. 关于构建更加完善的要素市场化配置体制机制的意见[OL]. [2020—04—09]http://www.gov.cn/zhengce/2020—04/09/content_5500622.htm.

续表

日　期	部门/政策	商业/旅游地产相关细则
2020 年 4 月 3 日	国家发展改革委 2020 年新型城镇化建设和城乡融合发展重点任务①	完善和落实主体功能区战略，发挥各地区比较优势，增强经济发展优势区域承载能力，构建大中小城市和小城镇协调发展的城镇化空间格局，形成高质量发展的动力系统。加快发展重点城市群；提升中心城市能级和核心竞争力；着眼于增强人口经济承载和资源优化配置等核心功能，健全城市可持续发展体制机制，提升城市发展质量；加快推进城市更新；改革建设用地计划管理方式；改革城市投融资机制等
2020 年 4 月 30 日	中国证监会、国家发展改革委联合发布《关于推进基础设施领域不动产投资信托基金（REITs）试点相关工作的通知》②	中国证监会与国家发展改革委将加强合作，按照市场化、法治化原则，充分依托资本市场，积极支持符合国家政策导向的重点区域、重点行业的优质基础设施项目开展 REITs 试点
2020 年 5 月 6 日	住房和城乡建设部 国家发展改革委关于进一步加强城市与建筑风貌管理的通知③	明确城市与建筑风貌管理重点；完善城市与建筑风貌管理制度；加强责任落实和宣传引导
2020 年 5 月 9 日	国家发改委关于应对新冠肺炎疫情进一步帮扶服务业小微企业和个体工商户缓解房屋租金压力的指导意见④	房屋租金减免和延期支付政策主要支持经营困难的服务业小微企业和个体工商户，优先帮扶受疫情影响严重、经营困难的餐饮、住宿、旅游、教育培训、家政、影院剧场、美容美发等行业；实施房屋租金减免；完善财税优惠政策；加大金融支持力度；稳定房屋租赁市场

① 国家发展改革委. 关于印发《2020 年新型城镇化建设和城乡融合发展重点任务》的通知[OL]. [2020－04－03]. https://www.ndrc.gov.cn/xxgk/zcfb/tz/202004/t20200409_1225431.html.

② 中国证监会，国家发展改革委. 关于推进基础设施领域不动产投资信托基金（REITs）试点相关工作的通知[OL]. [2020－04－30]. http://www.csrc.gov.cn/pub/newsite/zjhxwfb/xwdd/202004/t20200430_374843.html.

③ 住房和城乡建设部，国家发展改革委. 关于进一步加强城市与建筑风貌管理的通知[OL]. [2020－05－06]. https://www.ndrc.gov.cn/fzggw/jgsj/tzs/sjdt/202005/t20200506_1227549.html.

④ 八部委联合印发. 关于应对新冠肺炎疫情进一步帮扶服务业小微企业和个体工商户缓解房屋租金压力的指导意见[OL]. [2020－05－09]. http://www.gov.cn/xinwen/2020-05/09/content_5510292.htm.

续表

日　期	部门/政策	商业/旅游地产相关细则
2020年5月11日	中共中央国务院关于新时代加快完善社会主义市场经济体制的意见①	落实农村第二轮土地承包到期后再延长30年政策，完善农村承包地"三权分置"制度。加快建设城乡统一的建设用地市场，建立同权同价、流转顺畅、收益共享的农村集体经营性建设用地入市制度。深化户籍制度改革，放开放宽除个别超大城市外的城市落户限制，探索实行城市群内户口通迁、居住证互认制度。推动公共资源由按城市行政等级配置向按实际服务管理人口规模配置转变。完善城镇建设用地价格形成机制和存量土地盘活利用政策，推动实施城镇低效用地再开发，在符合国土空间规划前提下，推动土地复合开发利用、用途合理转换。研究将部分品目消费税征收环节后移。稳妥推进房地产税立法。构建区域协调发展新机制，完善京津冀协同发展、长江经济带发展、长江三角洲区域一体化发展、粤港澳大湾区建设、黄河流域生态保护和高质量发展等国家重大区域战略推进实施机制，形成主体功能明显、优势互补、高质量发展的区域经济布局。健全城乡融合发展体制机制。加快建立多主体供给、多渠道保障、租购并举的住房制度，改革住房公积金制度
2020年5月29日	国家发展改革委关于加快开展县城城镇化补短板强弱项工作的通知②	抓紧补上疫情暴露出的县城城镇化短板弱项，大力提升县城公共设施和服务能力，促进公共服务设施提标扩面、环境卫生设施提级扩能、市政公用设施提档升级、产业培育设施提质增效，适应农民日益增加的到县城就业安家需求
2020年6月1日	中共中央国务院印发海南自由贸易港建设总体方案③	支持住房租赁金融业务创新和规范发展，支持发展房地产投资信托基金(REITs)。稳步拓宽多种形式的产业融资渠道，放宽外资企业资本金使用范围。创新科技金融政策、产品和工具
2020年8月20日	住建部、央行在北京召开重点房地产企业座谈会④	会议指出，为进一步落实房地产长效机制，实施好房地产金融审慎管理制度，增强房地产企业融资的市场化、规则化和透明度，央行、住建部会同相关部门在前期广泛征求意见的基础上，形成了重点房地产企业资金监测和融资管理规则
2020年9月16日	银保监会印发《关于加强小额贷款公司监督管理的通知》	小额贷款公司贷款不得用于以下事项：股票、金融衍生品等投资；房地产市场违规融资；法律法规、银保监会和地方金融监管部门禁止的其他用途

① 中共中央国务院.关于新时代加快完善社会主义市场经济体制的意见[OL].[2020－05－18].http://www.gov.cn/zhengce/2020－05/18/content_5512696.htm.

② 国家发展改革委.关于加快开展县城城镇化补短板强弱项工作的通知》[OL].[2020－06－03].https://www.ndrc.gov.cn/xxgk/zcfb/tz/202006/t20200603_1229778.html.

③ 中共中央国务院印发海南自由贸易港建设总体方案.http://www.gov.cn/zhengce/2020－06/01/content_5516608.htm.

④ 住建部央行.形成重点房企资金监测和融资管理规则[OL].[2020－08－24].https://finance.sina.com.cn/money/bank/bank_hydt/2020－08－24/doc－iivhuipp0286534.shtml.

表3—11　　国家各部委涉及商业零售恢复和发展相关政策

日　期	部　门	政　策	商业零售相关政策
2020年3月13日	国家发展改革委等多23个部门	《关于促进消费扩容提质加快形成强大国内市场的实施意见》①	着力建设城乡融合消费网络，结合地区发展布局打造若干区域消费中心，优化城乡商业网点布局，加强消费物流基础设施建设
2020年9月9日	国务院常务会议②		确定支持新业态新模式加快发展带动新型消费的措施，促进经济恢复性增长。要推动新型消费扩容提质。创新无接触消费模式。推广在线开放课程、互联网诊疗等服务。促进健身、旅游等线上线下融合。探索智慧超市等新零售。加强农商互联农产品供应链建设。制定促进新业态新模式带动新型消费的税收政策，鼓励金融机构创新措施降低移动支付费用成本
2020年9月16日	国务院办公厅	《关于以新业态新模式引领新型消费加快发展的意见》③	创新无接触式消费模式，探索发展智慧超市、智慧商店、智慧餐厅等新零售业态。规划建设新型消费网络节点。围绕国家重大区域发展战略打造新型消费增长极，培育建设国际消费中心城市，着力建设辐射带动能力强、资源整合有优势的区域消费中心，加强中小型消费城市梯队建设。规划建设城乡融合新型消费网络节点，积极发展"智慧街区""智慧商圈"。深化步行街改造提升工作，鼓励有条件的街区加快数字化改造，提供全方位数字生活新服务。优化百货商场、购物中心、便利店、农贸市场等城乡商业网点布局，引导行业适度集中。完善社区便民消费设施，加快规划建设便民生活服务圈、城市社区邻里中心和农村社区综合性服务网点
2020年10月29日	发改委等十四部门	《近期扩内需促消费的工作方案》④	推动物业服务线上线下融合发展；积极支持餐饮恢复发展；增加社区生活服务消费；加大旅游宣传推广

① 国家发展改革委等二十三部门. 关于促进消费扩容提质加快形成强大国内市场的实施意见[OL]. [2020—03—13]. https://www.ndrc.gov.cn/xxgk/jd/jd/202003/t20200313_1223104.html.

② 21世纪经济报道. 国务院常务会议五大措施带动新型消费 新零售等行业迎政策利好[OL]. [2020—09—10]. http://www.gov.cn/xinwen/2020—09/10/content_5542346.htm.

③ 国务院办公厅. 关于以新业态新模式引领新型消费加快发展的意见[OL]. [2020—09—21]. http://www.gov.cn/zhengce/content/2020—09/21/content_5545394.htm.

④ 发改委等十四部门. 近期扩内需促消费的工作方案[OL]. [2020—10—29]. http://house.china.com.cn/home/view/1687191.htm.

续表

日　期	部　门	政　策	商业零售相关政策
2020 年 10 月 29 日	中国共产党第十九届中央委员会第五次全体会议	《中共中央关于制定国民经济和社会发展第十四个五年规划和二〇三五年远景目标的建议》①	推动金融、房地产同实体经济均衡发展;全面促进消费。增强消费对经济发展的基础性作用,顺应消费升级趋势,提升传统消费,培育新型消费,适当增加公共消费。健全现代流通体系,发展无接触交易服务,降低企业流通成本,促进线上线下消费融合发展,开拓城乡消费市场。发展服务消费,放宽服务消费领域市场准入。培育国际消费中心城市。改善消费环境,强化消费者权益保护

表 3—12　国家各部委涉及旅游业恢复和发展相关政策

日　期	部　门	政　策	旅游相关政策
2020 年 1 月 24 日	文化和旅游部办公厅	《文化和旅游部办公厅关于全力做好新型冠状病毒感染的肺炎疫情防控工作暂停旅游企业经营活动的紧急通知》②	全国旅行社及在线旅游企业暂停经营团队旅游及“机票＋酒店”旅游产品;已出行的旅游团队,可按合同约定继续完成行程
2020 年 3 月 13 日	国家发展改革委等 23 个部门	《关于促进消费扩容提质加快形成强大国内市场的实施意见》③	重点推进文旅休闲消费提质升级,丰富特色文化旅游产品,改善入境旅游与购物环境,创新文化旅游宣传推广模式
2020 年 4 月 13 日	文化和旅游部,国家卫生健康委	《关于做好旅游景区疫情防控和安全有序开放工作的通知》④	各地在做好旅游景区疫情防控工作的前提下,坚持分区分级原则,严格落实《旅游景区恢复开放疫情防控措施指南》要求,做到限量、有序开放,严防无序开放。疫情防控期间,旅游景区只开放室外区域,室内场所暂不开放;旅游景区接待游客量不得超过核定最大承载量的 30%

① 新华社.中共中央关于制定国民经济和社会发展第十四个五年规划和二〇三五年远景目标的建议[OL].[2020—11—03].http://www.gov.cn/zhengce/2020—11/03/content_5556991.htm.

② 文化和旅游部办公厅.关于全力做好新型冠状病毒感染的肺炎疫情防控工作暂停旅游企业经营活动的紧急通知[OL].[2020—01—24].http://www.gov.cn/xinwen/2020—01/26/content_5472279.htm.

③ 国家发展改革委等二十三部门联合印发.关于促进消费扩容提质加快形成强大国内市场的实施意见[OL].[2020—03—13].https://www.ndrc.gov.cn/xxgk/jd/jd/202003/t20200313_1223104.html.

④ 文化和旅游部,国家卫生健康委.关于做好旅游景区疫情防控和安全有序开放工作的通知[OL].[2020—04—13].http://www.gov.cn/zhengce/zhengceku/2020—04/14/content_5502188.htm.

续表

日　期	部　门	政　策	旅游相关政策
2020年7月14日	文化和旅游部办公厅	《文化和旅游部办公厅关于推进旅游企业扩大复工复业有关事项的通知》①	调整旅游景区限量措施。旅游景区要继续贯彻落实“限量、预约、错峰”要求，接待游客量由不得超过最大承载量的30%调至50%。在严格落实各项防控措施的前提下，采取预约、限流等方式，开放旅游景区室内场所
2020年07月27日	国家发展改革委办公厅	《关于持续推进完善国有景区门票价格形成机制的通知》②	继续推动景区门票降价，断完善门票价格形成机制，着力规范景区价格行为，切实落实门票价格减免政策，加强政策宣传引导
2020年9月16日	国务院办公厅	《关于以新业态新模式引领新型消费加快发展的意见》③	鼓励发展智慧旅游，提升旅游消费智能化、便利化水平
2020年10月20日	文化和旅游部办公厅	《文化和旅游部办公厅关于进一步加强秋冬季疫情防控工作的通知》④	各地文化和旅游行政部门要针对秋冬季疫情容易出现反复的特点，坚持分区分级原则，进一步落实好旅游企业疫情防控措施指南要求，加强对已恢复经营活动旅游企业的监督指导，重点督促A级旅游景区、星级饭店、旅行社等完善常态化疫情防控措施，暂不恢复旅行社及在线旅游企业出入境团队旅游及“机票＋酒店”业务
2020年10月29日	中国共产党第十九届中央委员会第五次全体会议	《中共中央关于制定国民经济和社会发展第十四个五年规划和二〇三五年远景目标的建议》⑤	完善节假日制度，落实带薪休假制度，扩大节假日消费。推动文化和旅游融合发展，建设一批富有文化底蕴的世界级旅游景区和度假区，打造一批文化特色鲜明的国家级旅游休闲城市和街区，发展红色旅游和乡村旅游

① 文化和旅游部办公厅. 关于推进旅游企业扩大复工复业有关事项的通知[OL]. [2020－07－14]. http://www.gov.cn/zhengce/zhengceku/2020－07/14/content_5526872.html.

② 国家发展改革委办公厅. 关于持续推进完善国有景区门票价格形成机制的通知[OL]. [2018－03－22]. http://www.gov.cn/zhengce/zhengceku/2020－08/12/content_5534298.htm.

③ 国务院办公厅. 关于以新业态新模式引领新型消费加快发展的意见[OL]. [2020－09－21]. http://www.gov.cn/zhengce/content/2020－09/21/content_5545394.htm.

④ 文化和旅游部办公厅. 关于进一步加强秋冬季疫情防控工作的通知[OL]. [2020－10－20]. http://www.gov.cn/zhengce/zhengceku/2020－10/22/content_5553257.htm.

⑤ 新华社. 中共中央关于制定国民经济和社会发展第十四个五年规划和二••三五年远景目标的建议[OL]. [2020－11－03]. http://www.gov.cn/zhengce/2020－11/03/content_5556991.htm.

1. 商业零售相关政策以及影响

如果按照近两年社会消费品零售总额第一季度同比增长平均值 9%来估算，2020 年第一季度的社会消费品零售收入损失达到了 28 011 亿元，其中线下零售企业的损失尤其严重。表 3－11 整理了疫情爆发后的商业零售相关政策，主要集中在缓解短期冲击的纾困措施，例如减免国有物业房租，鼓励非国有物业减免房租，减免税收以及加大金融支持等。此外，部分政策明确支持新业态新模式加快发展带动新型消费，尤其提到了无接触消费模式的创新，城乡融合新型消费网络节点和社区商业体系的规划建设，以及推动物业服务线上线下融合发展。这些措施体现出政府在防疫抗疫常态化的局势下持续推进商业发展满足人民生活的需要的决心，也反映出国家对新商业零售业态以及城乡商业融合的支持和鼓励。

相对于住房地产坚持“房住不炒，因城施策”的既定发展方针，商业地产涉及的政策内容更多来自土地利用改革和宏观区域发展的层面。2020 年 3 月 30 日出台的《中共中央国务院关于构建更加完善的要素市场化配置体制机制的意见》中提道：“深化产业用地市场化配置改革；在符合国土空间规划和用途管制要求前提下，调整完善产业用地政策，创新使用方式，推动不同产业用地类型合理转换，探索增加混合产业用地供给。鼓励盘活存量建设用地；充分运用市场机制盘活存量土地和低效用地，研究完善促进盘活存量建设用地的税费制度。”[①]2020 年 5 月发布的《中共中央国务院关于新时代加快完善社会主义市场经济体制的意见》中提到“完善城镇建设用地价格形成机制和存量土地盘活利用政策，推动实施城镇低效用地再开发，在符合国土空间规划前提下，推动土地复合开发利用、用途合理转换。研究将部分品目消费税征收环节后移”[②]。

此外，在多份政策文件中提到围绕国家重大区域发展战略打造新型消费增长极，培育建设国际消费中心城市，着力建设辐射带动能力强、资源整合有优势的区域消费中心，加强中小型消费城市梯队建设。结合 2020 年 6 月 1 日出台的《中共中央国务院印发海南自由贸易港建设总体方案》，在海南省以及一些主要大城市建设消费中心城市的过程中，商业地产的发展机遇依然很明显。在金融方面，一方面，相关政策更注重对于房地产企业贷款专项的管理。2020 年 9 月，银保监压缩对杠杆率过高、财务负担过重房企的过度授信，加大对“首付贷”、消费贷资金流入房市的查处力度，引导银行资金重点支持棚户

---

① 中共中央，国务院. 关于构建更加完善的要素市场化配置体制机制的意见[OL]. [2020－04－09]. http://www.gov.cn/zhengce/2020－04/09/content_5500622.htm.

② 中共中央国务院. 关于新时代加快完善社会主义市场经济体制的意见[OL]. [2020－05－18]http://www.gov.cn/zhengce/2020－05/18/content_5512696.htm.

区改造等保障性民生工程和居民合理自住购房需求。另一方面，证监会和国家发改委开始鼓励REITS试点运行。2020年4月30日出台的《关于推进基础设施领域不动产投资信托基金(REITs)试点相关工作的通知》要求"按照市场化、法治化原则，充分依托资本市场，积极支持符合国家政策导向的重点区域、重点行业的优质基础设施项目开展REITs试点"。

(1)商业地产租金减免政策。在疫情爆发初期，全国各地许多商业地产主动或是相应政府的政策通过减免租金及灵活调整租赁政策的方式与租户共担风险，一定程度减缓租户的损失。作为受到疫情冲击最严重的地区，湖北省在2月初就颁布了《应对新型冠状病毒肺炎疫情支持中小微企业共渡难关有关政策措施的通知》，从减轻企业负担、强化金融支持、加大财税支持、加大稳岗支持四方面出台18项措施，支持中小微企业应对新冠肺炎疫情影响。通知提到对承租国有资产类经营用房的中小微企业，3个月房租免收、6个月房租减半[①]。

同样的，北京市在2月初发布了《关于应对新型冠状病毒感染的肺炎疫情影响促进中小微企业持续健康发展的若干措施》(京政办发〔2020〕7号)[②]，提出对于承租市及区属国有企业房产从事生产经营活动中小微企业，若按照政府要求坚持营业或依照防疫规定关闭停业且不裁员、少裁员的，免收2月份房租；承租用于办公用房的，给予2月份租金50%的减免。对在疫情期间为承租房屋的中小微企业减免租金的企业，由市区政府给予一定资金补贴。4月，北京进一步延长了该租金减免政策实施时限，使得该政策在3月和4月持续生效。

上海市在《关于本市国有企业减免中小企业房屋租金的实施细则》中提出"对于已签约承租实施主体自有经营性房产从事生产、办公、商业配套等经营活动的中小企业，由房产所属国有企业免除2020年2月、3月两个月租金。对免除2个月租金后仍有较大困难的中小企业，各企业集团根据实际情况，明确减免缓收标准，进一步给予支持"[③]。

全国各城市都根据具体情况都出台了各自版本的商业地产租金减免政策。基本规定包括减免国有企业所属物业部分租户的租金，鼓励或补贴非国有企业、个人业主物业减免租金。而政策的差异点主要在政策实施的期限、方式以及减免对象方面。此外，众

---

① 湖北省人民政府网.省人民政府办公厅关于印发应对新型冠状病毒肺炎疫情 支持中小微企业共渡难关有关政策措施的通知[OL].[2020-02-19].https://hb.qq.com/a/20200219/029392.htm.

② 经济日报.北京市人民政府办公厅关于应对新型冠状病毒感染的肺炎疫情影响促进中小微企业持续健康发展的若干措施[OL].[2020-03-30].http://www.ce.cn/culture/zt/2020/dfwlzy/dt/beijing/202003/30/t20200330_34578103.shtml.

③ 上海市发展与改革委员会.关于印发《关于本市国有企业减免中小企业房屋租金的实施细则》的通知[OL].[2020-03-11].http://fgw.sh.gov.cn/qswglqyjqfd/20200211/0025-37735.html.

多的房企例如万达、龙湖、华润、新城、远洋、瑞安等对商业地产推出减免租金的举措，缓解了商户的部分经营压力。例如万达商管为全国所有万达广场商户免除了一个月租金及物业费。

对于租户特别是中小企业来说，这些租金减免政策确实有助于暂时缓解成本压力。对于商业地产的运营方来说，虽然租金减免政策会带来短期租金营收的下降，但是这些政策有助于稳定当前的租户，避免近期物业由于空置率大幅攀升而造成损失。由于需求减少，空置率上升，写字楼和商业中心的租金也开始下跌。按照中国房地产指数系统、中指研究院联合发布的 2020 半年度房地产市场趋势报告，2020 年上半年 100 家样本商业中心的商铺租金环比下跌了 1.09%，而写字楼租金则累计下跌了 2.38%①。

到 7 月 28 日，发改委印发了《关于做好 2020 年降成本重点工作的通知》，其中提到缓解房屋租金压力，减免国有房产租金，鼓励各类业主减免或缓收房租②。对实际减免租金的出租人，鼓励金融机构视需要给予适当信贷支持。稳定房屋租赁市场，建立健全房屋租赁纠纷调处机制。若是减免租金的政策一直持续到疫情结束，对于一些商业地产企业尤其是部分国有房产企业来说会造成不小的营收压力。

(2)消费刺激措施。随着疫情得到全面的控制，各地政府开始盘算如何能够重振消费动能，增强内需，以弥补疫情对批发零售行业的冲击。在三四月份，一些地方政府纷纷出台了一些刺激消费的措施和政策。

许多地方政府采用了发放消费券的方式来拉动消费需求，刺激城市商业的恢复。通过消费券的发放，政府以财政购买的方式变相补贴消费者，同时为零售商户带来客流，在短时间内起到刺激消费，带动经济的作用。3 月 2 日，山东济南推出了 2 000 万元文旅消费券，主要针对景区、旅行社、影剧院、演艺场所、书店等文旅类型的消费。3 月 13 日，江苏南京推出了 3.18 亿元消费券，涵盖了餐饮、体育、图书、信息等七大类。3 月 27 日，浙江杭州通过手机抢领的方式分三次向全体在杭人员发放 16.8 亿元消费券。

除消费券之外，其他一些政府采用大型活动的方式来提振消费。譬如上海市政府在 2020 年 4 月 23 日对外发布《关于提振消费信心强力释放消费需求的若干措施》，除帮助包括商贸等各类企业降低经营成本、提供融资便利的措施外，同时宣布 5 月 4 日启动“五

---

① 中指研究院. 2020 中国商业地产发展白皮书：危中寻机，创新引领变革[OL]. [2020－07－03]. https://fdc.fang.com/news/2020－07－03/36583144.htm? ztzh_uuid＝wap_202007/2020sybps.html&ztzh_uuid＝wap_202007/2020sybps.html.

② 国家发展改革委. 关于做好 2020 年降成本重点工作的通知[OL]. [2020 － 07 － 18]. https://www.ndrc.gov.cn/xxgk/zcfb/tz/202007/t20200728_1234637.html.

五购物节"[①]。"五五购物节"线上线下同步进行，先后举办了 34 项重点活动和 260 项特色活动，24 小时全市消费支付金额超过 156.8 亿元。在购物节期间，支付端大数据监测的全市线下实物消费 482 亿元，基本恢复到上年同期水平，重点监测样本企业零售额同比增长 10.3%，环比增长 27.9%。[②]。而相比一些城市本地消费客流的有力回升，由于疫情的持续影响，外来客流仍然处于低迷。

(3)"地摊经济"倡议。为了应对新冠肺炎疫情对民生和就业的冲击，提振内需，加速城市经济和活力的恢复，2020 年 3 月 20 日，中国国务院办公厅下发的《关于应对新冠肺炎疫情影响强化稳就业举措的实施意见》中，提及"合理设定无固定经营场所摊贩管理模式，预留自由市场、摊点群等经营网点"等措施。[③] 5 月，中共中央文明办明确要求不将占道经营、马路市场、流动商贩列为 2020 年文明城市测评考核内容。

之后，许多城市都快速推出了各自的实施方案和配套政策。以上海市为例，5 月 28 日，上海发布了《上海市城市管理行政执法局关于优化营商环境的指导意见》，支持特色小店开展"外摆位"经营，实施"轻微免罚"制度，同时要求小店的外摆位在原定的规划红线内，不能妨碍公共空间，并且做好卫生和垃圾处理工作。对于无固定店铺的商户，意见要求商户通过申请在属地政府和相关管理部门科学设置的市集摊位。[④] 推进夜市经济发展，配合属地政府和相关管理部门科学设置夜市，指导夜市落实管理主体、实施商户自治。而早在 3 月，成都市就发布了允许在居民居住集中区附近开辟临时占道摊点摊区，有条件的地方可设置占道夜市，营造市井场景等举措。

大部分城市例如上海、苏州、杭州、宁波等将摊贩集中在夜市、特色街道或是商圈的场所和区域周边。但也有一些城市，例如西安、哈尔滨等给予了流动摊贩更大的自由度，允许在居民居住集中区开辟临时摊点摊区，允许流动商贩在一定时间和区域占道经营。重庆市甚至将南岸区第五号步行街拿出 1 万平方米黄金商业面积免费提供给低收入者或青年创业者"摆摊"3 个月。

对于市集邻近区域商铺来说，"地摊经济"的推动会造成部分客流的分流。而对于市集所在区域的商铺一方面会面对更多商贩的竞争，但另一方面也受益于市集所吸引的客

---

① 上海市人民政府办公厅.关于提振消费信心强力释放消费需求的若干措施[OL].[2020－04－23].http://www.shio.gov.cn/sh/xwb/n790/n792/n1114/n1121/u1ai24445.html.

② 人民网.全市线下实物消费 482 亿元 "五五购物节"助力上海消费全面回暖[OL].[2020－05－13].http://sh.people.com.cn/n2/2020/0513/c134768－34015448.html.

③ 国务院办公厅.关于应对新冠肺炎疫情影响强化稳就业举措的实施意见[OL].[2020－03－20].http://www.gov.cn/zhengce/content/2020－03/20/content_5493574.htm.

④ 上海市城市管理行政执法局.关于优化营商环境的指导意见[OL].[2020－05－20].http://cgzf.sh.gov.cn/channel_83/20200525/0043－news_20067.html.

流量。因此,地摊经济的相关配套政策对这些商铺的影响更为复杂。由于目前大部分城市对摆摊的范围、时间以及资质都有相应的限制,对商业地产的影响还很有限。

(4)远程办公新模式。受到疫情、中美关系、全球进出口下降等宏观趋势的影响,许多企业开始实施削减成本的短期策略。一些有扩张打算的企业纷纷冻结了原有计划,更多的企业开始缩减办公空间,或是搬到租金更低的办公楼以节省开支。

许多企业在疫情期间测试了"在家办公"模式,随着各类线上办公软件和应用的发展,一些企业开始考虑将"在家办公"纳入固定办公模式的体系。例如 Facebook、推特等科技企业宣布,即使在解除新冠肺炎疫情封锁以后,也允许部分员工永久性居家办公。2013 年,梁建章等专家学者合作发表《在家办公的可行性:基于中国的试验证据》研究论文,通过对携程员工工作模式的实验对比表明,"在家办公"提高了员工 13%的绩效,使员工具有更高的工作满意度,工作离职率也下降了 50%。而绩效的提高主要源于病事假的减少所带来的工作时间的增加,以及安静独立的工作环境导致工作效率的提高;而省却通勤时间也有利于提升工作效率。在疫情之前,全球已经有相当数量的企业特别是高科技企业允许员工"在家办公",而疫情则加速了这一办公趋势的发展。

随着我国大数据云计算等互联网底层技术的发展,我国远程办公市场规模保持较高增速增长。据 Global Workplace Analytics 测算,我国 2019 年远程办公市场规模近 229.4 亿元,远程办公人数近 529 万人。2005 年至 2019 年,我国远程办公市场规模年均复合增长为 8%(见图 3－64)。

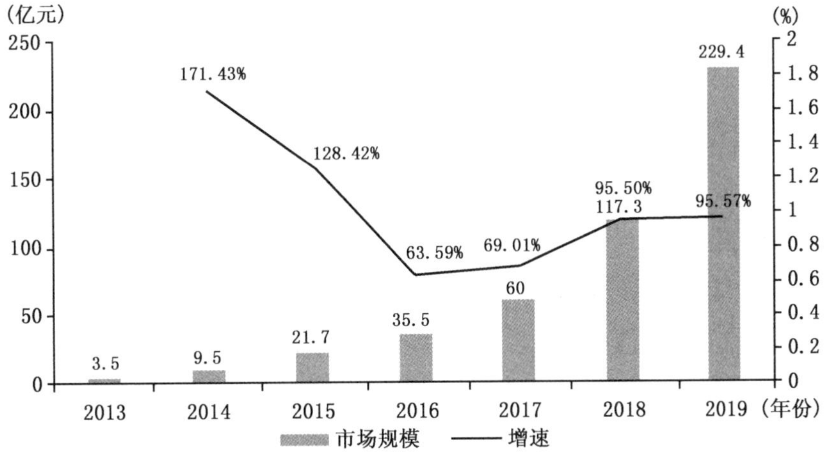

资料来源:Global Workplace Analytics。

图 3－64　2013—2019 年中国远程办公市场规模及增速情况

新冠肺炎疫情对我国远程办公人口的提升有明显推动作用。阿里旗下在线办公平台钉钉数据显示，仅2020年2月3日复工当天，超1 000万家企业、超2亿人使用钉钉远程办公。因新冠肺炎疫情导致的居家隔离办公模式可能会促使写字楼市场的需求进一步缩减。

除此之外，不少企业都对传统的办公环境和模式做出了调整。adidas等企业为了改善管理效率和员工体验的企业，实现灵活、高效的新办公方式，采取了告别流动工位的模式。员工不用被拘泥在固定工位，而是可以灵活地选择合适的办公区域。这种办公方式的目的之一是高效利用办公空间，减少闲置面积。

无论是"在家远程办公"，还是流动工位等灵活办公模式以及共享办公的发展都将深刻影响企业对于办公场所和环境的需求机制，给办公物业的开发和管理带来新的挑战。而疫情毫无疑问加速了这一趋势的发展。

(5)轻资产运营。我国大中城市写字楼地产市场和商业零售地产逐步进入存量竞争阶段，地产企业更加注重运营能力的提升。新冠肺炎疫情发生后，联合办公企业充分意识到办公场所的健康安全性对有效复工复产以及降低新冠病毒传播风险的重要性，并积极推进轻资产运营，降低企业运营成本。由此可见，后疫情时代，以科技与绿色建筑为导向的健康智能办公地产有助于企业精细化管理，轻资产运营的写字楼模式将成为未来办公物业管理发展的主要趋势之一。

2. 旅游地产相关政策以及影响

随着疫情在全国范围受到控制，零售业开始出现了复苏。在经历了前7个月的同比下跌之后，2020年8月的社会消费品零售总额已经实现单月同比增长0.5%，9月同比增长已经达到3.3%。而旅游行业以及旅游地产受到的影响却仍在延续。2020年的前8个月，北京市星级饭店接待住宿人数同比下跌均超过60%。9月随着旅游黄金周前夕以及大学开学等原因，住宿人数明显增加，但也同比下降了34.4%。

疫情在全球范围的扩散以及秋冬季节潜在的疫情升级风险限制了旅游行业的进一步放开。如果疫情继续持续影响1—2年，旅游行业以及旅游地产受到的损失将是不可估量的。因此，2020年10月20日出台的《文化和旅游部办公厅关于进一步加强秋冬季疫情防控工作的通知》要求"各地文化和旅游行政部门要针对秋冬季疫情容易出现反复的特点，坚持分区分级原则，进一步落实好旅游企业疫情防控措施指南要求，加强对已恢复经营活动旅游企业的监督指导，重点督促A级旅游景区、星级饭店、旅行社等完善常态化疫情防控措施，暂不恢复旅行社及在线旅游企业出入境团队旅游及'机票＋酒店'业务"①。

2020 年 2 月 6 日财政部和税务总局发布《关于支持新型冠状病毒感染的肺炎疫情防控有关税收政策的公告》，提出对"受疫情影响较大的包括交通运输、餐饮、住宿、旅游在内的困难行业企业 2020 年度发生的亏损，最长结转年限由 5 年延长至 8 年"②。各地也纷纷出台了扶持旅游行业的政策，主要措施包括税收减免、旅游质量保证金的暂退、延缴社会保险，以及专项资金和金融支持等。

从旅游业的长期发展来看，国家将重点推进文旅休闲消费提质升级，丰富特色文化旅游产品，改善入境旅游与购物环境，创新文化旅游宣传推广模式；同时鼓励发展智慧旅游，提升旅游消费智能化、便利化水平。

（四）商业地产的韧性以及疫情的间接影响

1. 从经济韧性看消费零售的恢复

城市韧性常常被用来表述城市自然环境或是建成环境抵御自然灾害或是突发事件的能力，以及在遭遇冲击后的恢复能力。雷吉尼（Reggiani）等学者（2002）认为韧性这个概念应该成为区域或是城市经济动态发展研究中的一个重要内容，尤其是在经济危机、金融海啸以及各种自然灾害和公共卫生事件层出不穷的今天。韧性在不同的领域代表着不同的含义。马丁（Martin）、森利（Sunley）和泰勒（Tyler，2007）根据韧性在不同领域中的定义和含义的区别，将韧性分为三种主要类型（见表 3－13）。

表 3－13　　韧性在不同的领域代表着不同的含义（Martin，Sunley 和 Tyler，2007）

韧性类型	领　域	含　义
工程韧性	物理学、工程学	工程领域对韧性的解释接近经济周期波动研究中的"plucking"模型，就是看趋势或是形态是否回归到受到冲击前的（变化）增长路径
生态韧性	生态学	在生态学中，韧性其实接近于衡量系统所能承受或是吸收的冲击（量）而不影响它的形态、功能或是位置
适应性韧性	复杂系统理论	面对冲击或是自组织临界（self-organised criticality），系统内部要素协同进化式的交互从而完成内部结构的改组

在城市或是区域经济领域，韧性一般指经济韧性（Economic Resilience），代表着城市或是区域的经济运行从经济危机或是突发冲击中恢复的能力。图 3－65 显示了商业

① 文化和旅游部办公厅. 关于进一步加强秋冬季疫情防控工作的通知[OL]. [2020－10－20]. http://www.gov.cn/zhengce/zhengceku/2020－10/22/content_5553257.htm.

② 财政部，税务总局. 关于支持新型冠状病毒感染的肺炎疫情防控有关税收政策的公告[OL]. [2020－02－06]. http://www.chinatax.gov.cn/chinatax/n810341/n810755/c5143465/content.html.

地产市场遇到新冠肺炎疫情冲击后经济运行的几种可能发展趋势：①受冲击后迅速恢复，并延续冲击前的增长势头；当外部冲击较短暂且并未对商业地产市场产生深层次、结构性的影响时，供应和需求虽然在短期被波及，但影响有限，在冲击后迅速释放反弹。②冲击后缓慢恢复，但最终恢复到冲击前的增长趋势；由于外部冲击延续的时间较长或是市场供需水平恢复得较慢，导致尽管受冲击后增长速度高于受冲击前，但是调整恢复所需的时间较长。③按照冲击前的增长速度继续发展，但无法再回到冲击前的水平；外部冲击对商业地产市场没有形成深层次影响，但是受到影响的部分也无法复原。④冲击直接影响到增长的速度。外部冲击可能对商业地产市场发展形成了结构性的影响，造成供需关系发生变化，导致受冲击后的增长速度低于受冲击前。

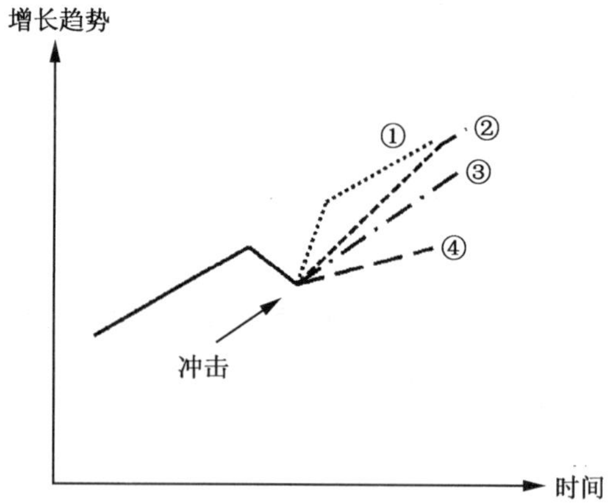

图3－65　外界冲击对增长趋势影响的演变路径

面对疫情的影响，零售业展现出了较好的韧性。全国社会消费品零售总额同比增长率的变化趋势如图3－66所示。在疫情冲击之前，全国社会消费品零售总额同比增长率稳定在7%～10%，随着季度变化而略有波动。到了2020年初，受到新冠肺炎疫情的冲击，同比增长率下跌至－20%。在疫情初步受到控制后，在3－5月，社会消费品零售总额同比增长率出现了一个快速的反弹。2020年6月至10月，同比增长率继续攀升，但是反弹的力度有所下降。目前看来，疫情对商业零售的影响正逐步减小，但是仍然存在。

相比之下，旅游业的恢复之路将更加漫长。图3－67显示了星级饭店季度平均收入的发展趋势。疫情前，单店平均季度收入超过600万元。疫情爆发时，单店平均季度收入迅速下跌到300万元不到。这还包括了2020年1月前期旅游业正常运行时的收入。虽然2020年第二季度，单店平均季度收入恢复到350万元左右，但是由于旅游业受到的持续的限制，恢复到疫情前的水平还需要一段时间。

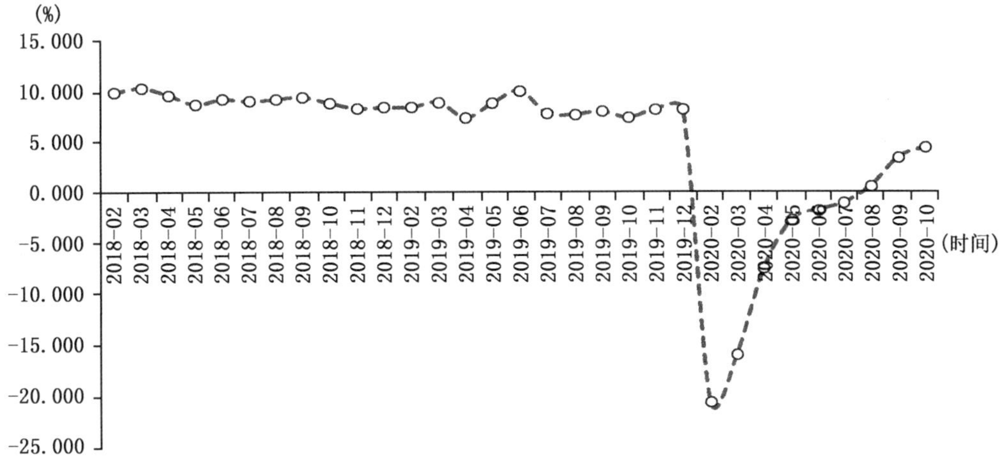

资料来源:国家统计局。

图 3—66 社会消费品零售总额同比增长率变化

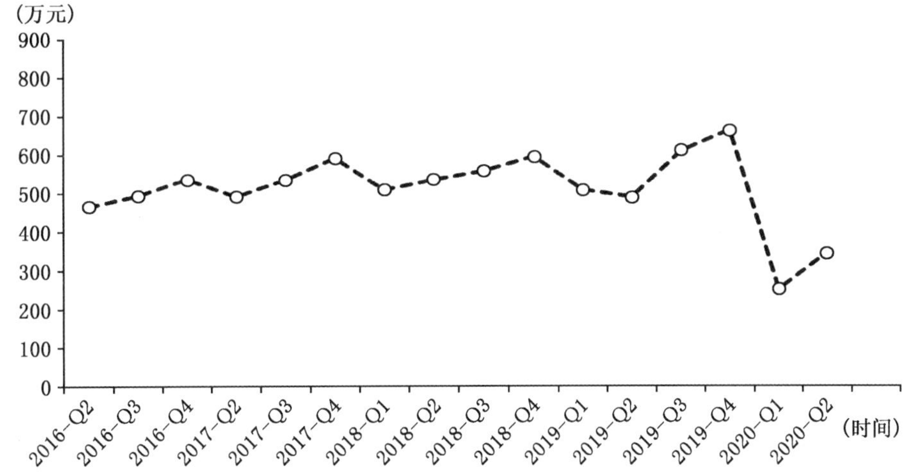

资料来源:国家文化与旅游部。

图 3—67 星级饭店季度平均收入

2. 新零售业态发展的影响

随着信息通信技术以及电子商务的发展,以及消费的升级,零售行业竞争愈加激烈,传统零售商业纷纷转型升级。2016 年 10 月,阿里巴巴集团董事局主席马云在阿里云栖大会上抛出“线上＋线下＋物流”深度融合的“新零售”理念,引发社会广泛关注。王宝义(2017)根据专家学者的意见,提出“新零售”的基本理念包含以下几个主要方面:①“线上＋线下＋物流”的深度融合,目的是为消费者提供全渠道、全面化的服务;②数据技术驱动，数据技术串联零售始终，打通线上线下，优化零售效率；③以消费为核心的零售本质的凸显，努力为消费者提供高效满意乃至超过预期的服务。

张宁(2014)对电子商务以及商业地产价格进行实证分析，发现电子商务对商业地产价格具有直接影响。张红等学者发现电子商务销售额变化率与实体零售销售额变化率之间互为格兰杰因果关系，其两者表现出高度的相关关系(张红等，2016)。他们还分析了不同业态商业地产受到电子商务的冲击，发现折扣店和仓储会员店等业态由于购物环境和体验较差，可能受到电子商务较强的冲击。

除商业中心或是商业综合体外，社区商业也会受到新零售业态的冲击。以京东为例，到2019年10月为止，京东的线下门店京东之家和京东专卖店在全国建店数量已经突破了2 000家。京东的线下门店主要用于商品的展示，以更好地满足消费者到店的购物体验。而阿里推出了盒马鲜生、无人零售便利店等社区的超市、便利店、生鲜店等满足居民日常核心需求的商业模式。

而许多实体零售店铺，包括一些传统以堂食为主的餐饮店铺，纷纷开始推出线上服务，扩大销售的渠道，吸引更多的消费者，同时减轻疫情的冲击。随着线上服务在零售业比重的上升，以及零售商线上线下运营策略的调整，实体商业店铺的租赁需求很有可能在后疫情时代会进一步下跌。

在疫情期间，越来越多的零售商业店铺转向“线上＋线下”的模式，通过在线导购、在线课程、外卖快递等方式为顾客提供商品和服务，减轻顾客无法到店所带来的损失。除服装、餐饮等业态外，传统的超市也出现了以盒马生鲜等为代表的“线上＋线下＋物流”的新零售业态和模式。许多城市的居民主动或者被动地选择了线上生鲜电商所带来的无接触模式，减少疫情期间的外出。

尽管新冠肺炎疫情对于线下商业产生了显著的冲击，与2003年的SARS相似，线上商业零售却得到了发展。以线上消费比较发达的浙江省为例，到2020年7月，年度线上消费的网络零售额累计值达到了10 343亿元，同比增加了10.6%。网络购物、外卖服务、线上买菜等服务在疫情期间业务量激增。一部分原来以线下消费为主的家庭和个人在疫情期间开始主动尝试线上消费服务。一些线上买菜平台由于在价格比较、折扣信息等方面的独特优势，甚至渗透到了中老年居民群体市场。在保证货品质量和配送效率的前提下，线上消费平台毫无疑问将进一步挑战实体零售店铺，分享零售业营收和利润。

在线上消费习惯被越来越多的城市居民认可后，线下外出消费行为就相应减少。这可能对商业零售地产产生直接的影响。一方面，商务对于实体店铺面积需求将减少，取而代之的是对于物流仓储的需求。另一方面，由于维护线上渠道的成本增加，商户对于商铺租金的支付能力可能受到影响。这些因素不但可能影响商铺租金水平，也将影响出租率。

3. 房地产企业拿地策略转变

对于万科以及中国海外发展这两家房地产行业的头部企业来说，新冠肺炎疫情带来冲击同样体现在土地获取方面(图 3－68)。在 2020 年 2 月疫情爆发的初期，中国海外发展新增的土地面积同比下降 80.7％，而万科的新增土地面积则更是同比下跌了 90.3％。2020 年上半年，万达的中国海外发展下降了 53.4％；而中国海外发展则显示出了反弹的势头，到 6 月累计新增土地面积同比上升了 27.6％，累计新增地价同比增加了 15％。到了 7 月，两家企业新增土地面积都达到了疫情后的一个高峰，然而这个势头到了 8－9 月有迅速下跌。

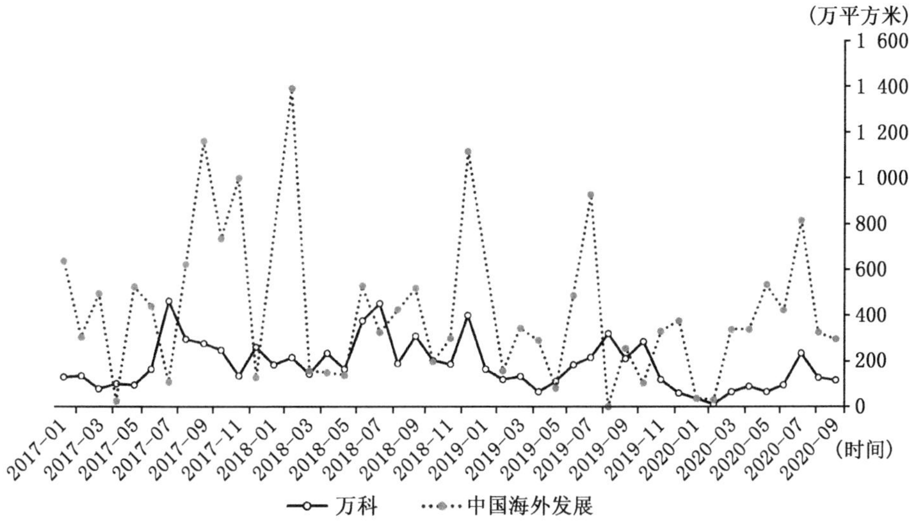

资料来源：前瞻数据库。

图 3－68　万科与中国海外发展月度新增土地面积统计

4. 房地产企业债务压力增加，融资管理趋紧

新冠肺炎疫情对商业零售以及旅游行业的影响将间接地影响到相关地产开发商和物业公司的营运收入，从而束缚房地产企业的流动资金，使得一些房地产企业的还贷压力增加。酒店、零售及商用物业在世茂地产中占据了很大的份额。其中酒店和商娱类地产是世茂地产推动自身供给侧升级，抢占市场高地的“大飞机战略”的重要组成部分。从 2017 年至 2019 年，虽然按月合约销售面积和金额呈现出一定程度的波动性，但是整体向上的趋势明显，2019 年合约销售金额是 2017 年的 2.6 倍。疫情爆发初期，虽然世茂

地产的合约销售面积和金额双双下跌，但是到了 3 月就开始迅速反弹，上半年整体合约销售面积同比增加 13.3%，合约销售金额同比增加 10.1%（见图 3—69）。部分企业以价换量来实现资金的周转，2020 年上半年，金融街合约销售面积同比上升 4.8%，而合约销售金额则下跌了 12%；保利地产合约销售面积同比下降 8%，而销售金额只下跌了 1.5%。也有部分房地产企业合约销售受到疫情的影响非常显著，苏宁环球上半年合约销售面积同比下降 65.5%，合约销售金额下跌了 62.1%。

作为房地产专业咨询和中介行业的龙头企业，世联地产能很好地体会到这次疫情对房地产整个行业的冲击，以及房地产开发企业和政府的应对。2020 年上半年，世联地产的代理销售业务收入同比下跌了 4.7%，代理收费平均费率同比微跌了 2.5%，顾问业务年度执行合约数同比下跌了 22.3%。

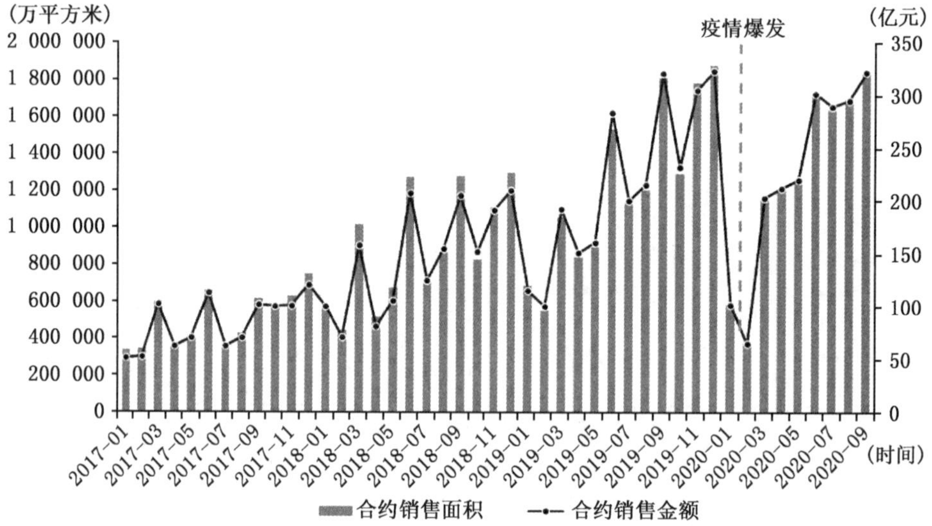

资料来源：前瞻数据库。

图 3—69　世茂地产合约销售面积和合约销售金额发展趋势

房地产企业贷款在国内企业贷款中占有较大的份额，许多银行贷款也主要流向房地产行业。近年来，随着房地产行业的持续发展以及城市化进程的推进，房地产企业的贷款规模也一直在扩大。2010 年底房地产行业全年累计资金达到了 72 494.34 亿元，而这个数字在 2015 年达到了 125 203.06 亿元，2019 年增加到 178 609 亿元。其中，商业性房地产贷款余额在近几年一直稳定增长，从 2014 年第一季度的 154 200 亿元逐步增加到 2020 年第二季度 488 300 亿元。自 2016 年第四季度开始商业性房地产贷款余额的当季同比开始下跌，代表着贷款额度的增长幅度呈现出一个显著的下行的趋势（见图 3

—70)。

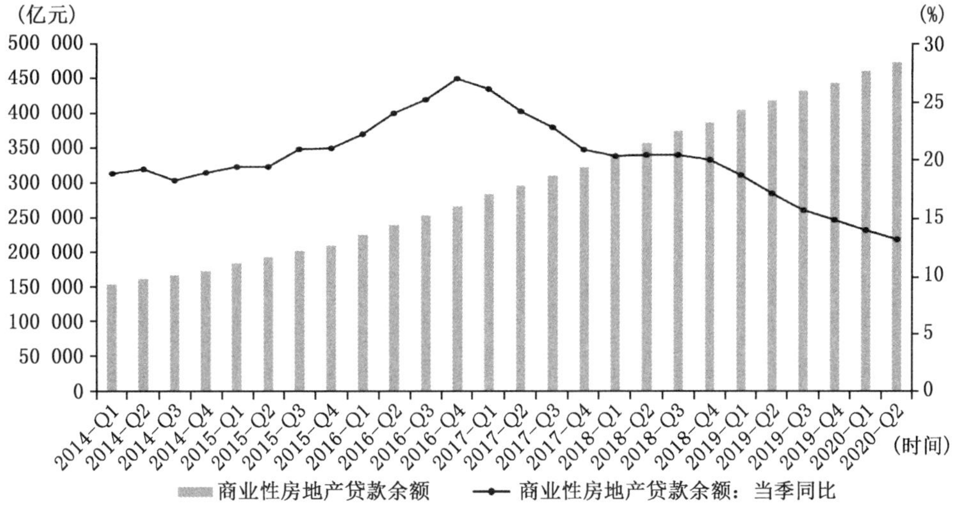

资料来源:前瞻数据库。

图 3—70　商业性房地产贷款余额以及当季同比

从资金来源来看,2010—2016 年房地产企业最主要的资金来源是自筹资金,占到所有资金的 35%～40%(见图 3—71)。近几年,定金以及预付款的比重迅速增加,到 2019 年已经成为房地产开发企业最重要的资金来源,占到总额的 35.6%。此外,个人按揭贷款的比重也显著提升。而国内以及国外的贷款受到企业本身资质以及政策的影响,虽然稳步增长,但是在所有资金来源中的比重正逐步下跌。由于疫情的影响,2020 年第一季度房地产开发企业的贷款累计值同比下跌了 5.9%。然而随着经济恢复到正常运行,第三季度的贷款累计值同比已经增加了 4%。

多年来,房地产业主要依靠借债贷款来实现扩张和发展,为了避免房地产企业债务过高产生的不利影响,在监管层面上,政府正强化对房地产融资的管理。7 月 24 日,“房地产工作座谈会”以罕见的高规格召开,并首次提出“要实施好房地产金融审慎管理制度,稳住存量、严控增量,防止资金违规流入房地产市场”。2020 年 9 月 16 日,银保监会印发的《关于加强小额贷款公司监督管理的通知》中强调了对小额贷款公司贷款用于房地产市场违规融资的限制。此外,8 月 20 日住建部与央行召开的重点房地产企业座谈会上,在官方关于座谈会的通报中,首次提及“重点房地产企业资金监测和融资管理规则”。正在酝酿中的房地产融资监管新规被市场解读为“三道红线”,即房企剔除预收款

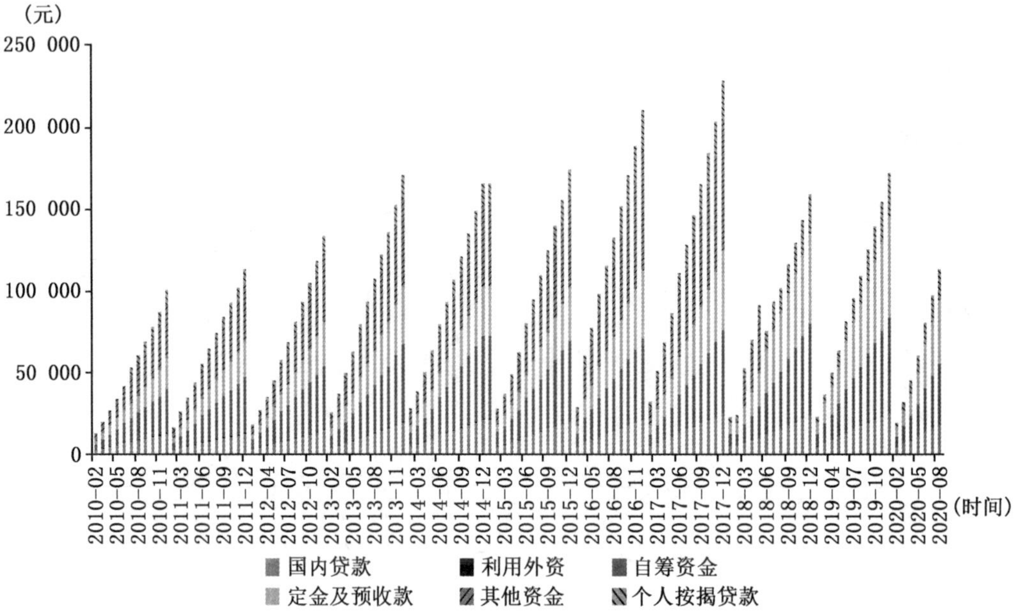

资料来源：国家统计局。

图 3—71 商品房开发经营资金来源

后的资产负债率不得大于70%，净负债率不得大于100%，现金短债比不小于1。① 房企的年度有息负债增速将与这三条红线挂钩，来控制房地产企业的债务规模。这使得很多房地产企业将同时面临收入下降和降负债的压力。

（五）商业地产发展政策建议

考虑到商业地产当前的发展趋势，以及在支撑经济增长，促进消费和城市发展方面的作用，我们认为面对商业地产的短期政策措施应以支持和纾困为主，而中长期政策则可以偏重监管和引导。

1. 加强对商业地产运行监测，采取区别于住房地产的监管机制

在这次新冠肺炎疫情中，零售业以及旅游业受到的冲击最为严重。所以，商业地产市场受到的影响比住房地产市场更严重。在防疫工作常态化的情况下，消费和旅游需求处于持续受限的状况，商业地产企业的运营和收入在短期内也将持续受到影响。若是商业地产市场出现系统性的问题，不但会波及批发零售业以及旅游业，同时还会影响到城市投资和发展的信心。因此，需要进一步加强对商业地产运行以及商业地产企业运营情

① 中国新闻周刊. “三道红线”终结地产金融红利[OL].[2020－11－03]. http://www.xinhuanet.com/fortune/2020－11/03/c_1126690936.htm.

况的监测，避免由于短期影响而致使商业地产企业出现大规模的运营以及债务危机。

在金融监管方面，可以对商业地产项目实行区别于住宅地产项目的监管机制，可以对商业地产运营活动和商业地产开发活动实施有区别的监管机制。短期内应该禁止金融机构对商业地产企业断贷、抽贷，鼓励延长还贷周期。对于疫情爆发初期响应号召对租户减租免租的企业以及信誉较好的企业以及优质项目应该适当放宽贷款限制，加快贷款审批和发放。对于受疫情影响最为严重的中小旅游地产企业，可以通过专项基金扶持或是企业并购重组的方式进行支持，避免出现规模性的企业倒闭和员工失业问题。

2. 在重点区域以及发展方向加大政策支持力度

2020 年 9 月国务院办公厅出台的《关于以新业态新模式引领新型消费加快发展的意见》中提到了“围绕国家重大区域发展战略打造新型消费增长极，培育建设国际消费中心城市，着力建设辐射带动能力强、资源整合有优势的区域消费中心，加强中小型消费城市梯队建设”。在一些商业重点发展区域和消费中心城市可以根据自身条件加大政策支持力度，通过更为灵活的土地使用和规划措施，适当调整土地出让金的缴纳方式以及税收激励政策来引导商业地产的投资、开发和运营，从而稳定商业地产市场的发展，并带动这些重点城市和区域的商业消费升级。此外，应该借助这个契机引导和鼓励社区商业和乡镇、农村基础商业社区的投资和开发，提升城市和农村社区的商业环境和人民生活质量。

3. 推进供给侧改革，引导商业地产健康发展

随着商业地产存量的积累，市场竞争持续增加，盈利空间不断下降。如何提升商业地产的管理运营水平，增强盈利能力成为商业地产发展的关键。对于商业地产来说，需要持续推进供给侧的改革，发展商业消费的新模式，来满足消费结构的升级。一方面，商业地产除了需要提升消费服务水平和质量，也要加强运营模式创新，借助于数字新科技，增强线上线下协同，加强消费服务和物流的结合，拓展商业零售未来发展的空间。另一方面，政府通过基础设施和公共服务投资引领社区商业、乡镇商业的建设，满足社区和农村消费提升的需求。

五、推动房地产投资信托 REITs 在中国房地产金融领域的发展

（一）中国房地产融资现状

2008 年全球金融危机之后，因房地产资产价格下跌引发的企业债务融资风险日益受到学者与政策制定者的关注。国际货币基金组织近期指出，由于企业债务负担上升和偿债能力减弱，大部分经济体企业部门的金融脆弱性显著上升。历史上，当企业债务增

速超过GDP增速、利润增速不及GDP增速时，债务危机可能就在路上。以美国为例，目前美国企业总利润在2014年左右的水平，企业利润GDP占比在2005年左右的水平，同时企业负债高企，负债质量下降(BBB级别债券占比超过70%)，中小企业违约风险持续累积。

新冠肺炎疫情引发的房地产资产价格波动会对企业债务规模、债务期限结构以及债务融资方式产生重大影响。房地产资产作为债务融资的最重要抵押品，是新冠肺炎疫情冲击传导实体经济的核心。房地产作为中国家庭资产配置的重要组成部分，房地产价格的波动对个人家庭财富产生重大影响。住房作为大多数家庭资产组合中最重要的组成部分，拥有住房也常常被视为创造家庭财富的一个重要渠道(Beracha和Johnson，2012)。然而，次贷危机引发的全球金融危机加剧了我们对房地产市场不确定性的担忧，因为个人家庭财富高度集中在住宅房地产。根据2010年消费者财务调查，大约有67.3%的美国家庭拥有房产，但这些房产价值在2007—2010年下降了17.6%，伴随着住房拥有率的显著下降。就中国而言，自20世纪末我国逐步停止住房实物分配，全面实行住房分配货币化以来，各商业银行的住房抵押贷款迅速增加。1997年当年的累计发放住房抵押贷款总计为190亿元，2005年急升至4.91万亿元，仅8年的时间就增长了258倍，可见其需求增长之迅猛。截至2015年，我国的住房抵押贷款余额已达10万多亿元。首付贷以及楼市杠杆化更是引发市场对房地产市场风险的担忧。一旦房地产价格出现下跌，住房贷款的违约概率增加，房地产风险必然迅速蔓延到银行业，随时可能引发金融市场的系统性风险。

作为我国国民经济支柱产业的房地产已经经历了近20年的快速发展，房地产资产价格自2003年开始迅速上涨，到现在呈现区域化的特征：①一二线城市的房价一度在2016年出现脱缰式上涨，而三四线城市在中长期内也已出现高库存和房地产建设增速放缓的迹象；②商业地产短期出现过剩，根据五大地产咨询报告，上海陆家嘴写字楼的空置率在2019年第二季度已达到13%。同时，鉴于房地产本身还作为大规模的资本项目还对经济有着极强的拉动效应。为应对上一轮全球金融危机，大量的资金被投放到了不动产领域，但我国房地产融资模式融资结构比较单一，仍以间接融资为主，企业的新房地产项目，大多数以项目抵押物的形式从商业银行获取贷款。图3—72显示了房地产企业资金来源同比增速情况。可以看出，近几年，房地产企业利用外资出现了显著增长。

与此同时，我国房地产企业部门债务急剧上升，债务规模已达到令人警惕的水平，这是当前中国经济所面临的重大结构性问题之一，其中2019年共计446家房地产开发商破产。截至2019年底，我国上市房地产企业平均负债率已超过92%(见图3—73)。十

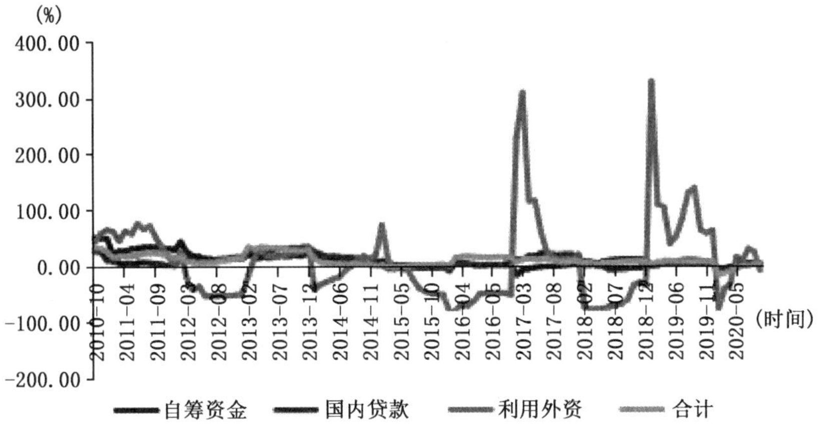

资料来源:Wind。

图 3—72 房地产企业资金来源同比增速:利用外资

九大报告提出:“世界面临的不稳定性不确定性突出,面对全球经济增长动能不足,要坚决打好防范化解重大风险攻坚战。”债务融资是政府服务实体经济的重要手段,是企业融资的重要途径,也是风险管理的关键环节。新冠肺炎疫情对全球的经济结构造成全方位冲击,包括供给、需求、贸易(供应链),以及房地产金融领域。新冠肺炎疫情在 2019 年年底爆发,至当前在全球范围内升级,改变了 2019 年延续至 2020 年初资本市场的大致形态:通胀温和、维持低息、有一定下行风险、波动率较低。

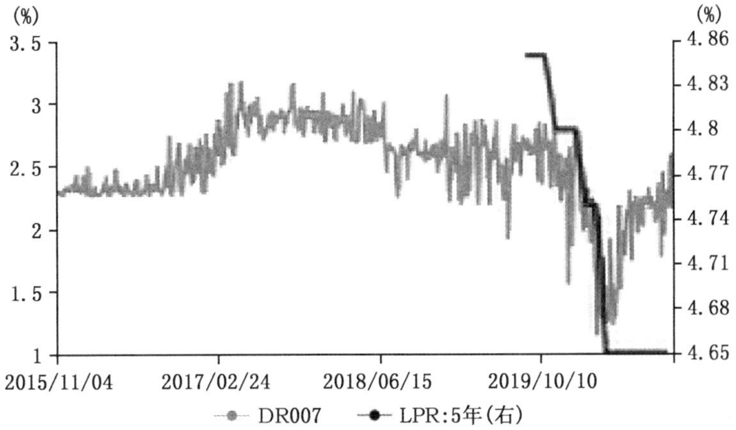

资料来源:Wind。

图 3—73 市场利率

新冠肺炎疫情冲击下,各国货币财政政策的边际作用在不断衰减,全球的信用债市场面临大量资金流出。2020 年 3 月美国高收益债利差从 500 基点升至 900 基点，亚洲高收益债利差从 600 基点升至 1 100 基点，美国高收益债吸引力增加，加剧了外资机构从新兴市场撤出，而中资资金出于 QDII 额度限制等原因无法快速提供买盘。同时，中资地产股的美元债已经于 2020 年第二季度在全球市场招到抛压。若中资地产美元债下跌持续，高负债的地产企业将因其表内债务风险受到市场抛压。

根据 Barclays 和 EPFR 统计的资金流向，新兴市场的权益市场从 2020 年 4 月开始一直处于流出状态；而债券三月大跌后，从 2020 年 5 月起有明显的资金流入，以美元计价债券为主，本币计价债券不明显。这依然反映市场对美联储快速出台的强力度货币和财政政策显示信心，含 Wall Street QE（向金融机构购债）和 Main Street QE（直接向实体部门购债）。新兴市场的货币政策与发达市场的货币政策分化对于债券表现影响很大。在债券大类中，美国和新兴市场的美元信用债预计在后疫情时代仍将最为受益。政治方面和疫情方面的不确定性仍将持续存在，市场对经济最终复苏的时间点和幅度分歧较大。疫情期间的市场是基于救市政策的交易，整体情绪好转，金融资本市场先于经济基本面出现反弹，但美国国债收益率没有上行，债券市场存在明显的信用分层：高负债的房地产上市企业存在较大不确定性和违约风险，降级风险依然存在。2020 年第三季度，国内多家房地产上市企业出现债务违约。宏观风险继续酝酿，经济重启后将加大经济基本面肥尾风险的发生概率。

面对疫情冲击，如何防范和化解债务风险，引导有序稳定地去杠杆并维持房地产企业融资和房地产市场稳定，是后疫情时代继续解决的问题。特别地，随着我国房地产资产价格的区域化发展和企业债务规模、融资结构的变化，还呈现出全新的地理空间特征，研究清楚这些规律、特征及内在的演变机理，对于促进房地产企业平稳持续发展，实现中国房地产市场应对新冠肺炎疫情冲击的软着陆，有着极为重要的现实意义。

（二）不动产投资信托（REITs）与新基建

2020 年 4 月 30 日，中国证监会与国家发展改革委联合发布《关于推进基础设施领域不动产投资信托基金（REITs）试点相关工作的通知》，标志着境内基础设施领域公募 REITs 试点正式起步。

REITs 始于北美，目前已成为全球公共资本市场上房产投资的最主要方式（见图 3—74）。REITs 的投资标的涉及各类不动产资产，包括且不限于土地以及土地上的永久性或半永久建筑，包括办公楼、零售、工业、住宅、酒店、数据中心、仓储、基础设施、医疗保健、林场，以及特殊地产等一级市场投资标的，住房抵押贷款、商业地产抵押贷款、MBS、CMBS 等固定收益类标的（见图 3—75）。

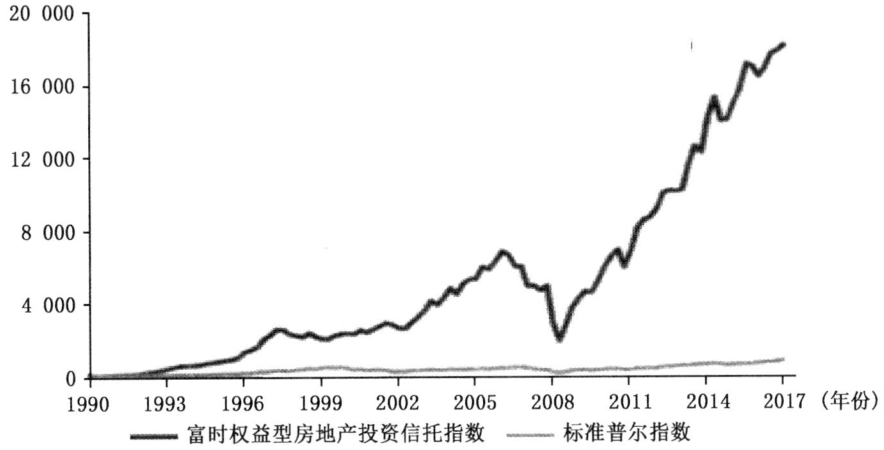

资料来源:NAREIT。

图 3—74　REITs 全球市场规模

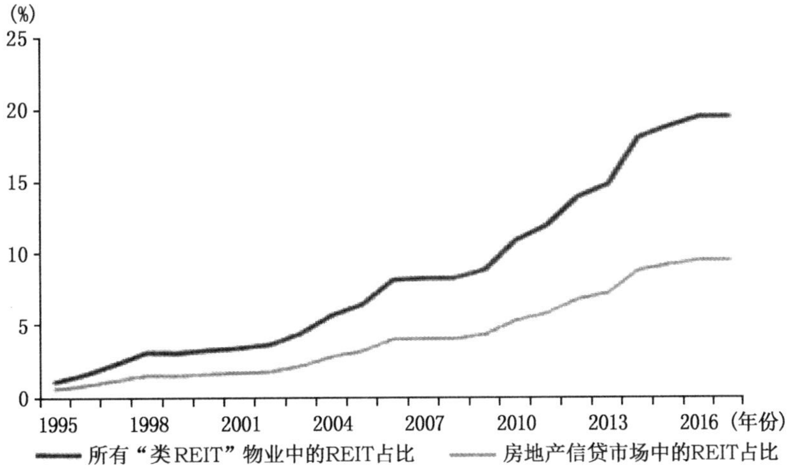

资料来源:NAREIT。

图 3—75　REITs 占商业地产市场规模

REITs 较其他类基金有如下优势:①地产类专业融资模式;②专业化管理;③REITs 制度下的信息透明。REITs 的投资收益包括租金和抵押利率产生的经常性收入,以及房地产增值所产生的资本增值与资本利得。REITs 在全球资本市场上表现突出。过去 20 年,美国 REITs 的表现超过了标普 500 指数以及其他主要指数:美国 REITs 从 1979 至 2019 年的年化收益达到 12.5%,其中 1991 至 2019 年(即“现代 REITs”时代)的年化收益达到 10.6%。

从长期看，REITs 因其现金流稳定且持有标的具有良好的资本增值潜力，REITs 投资回报率持续超过股权和固收类产品。就美国 REITs 而言，REITs 每年派发 700 亿美元分红，其分红率是标普 500 分红率的 2.5 倍(见图 3—76)。

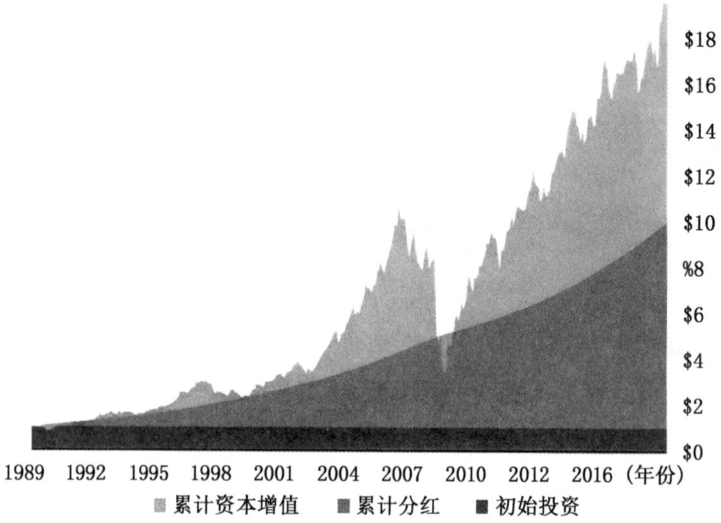

资料来源：NAREIT。

图 3—76　REITs 的分红情况

基于美国 REITs 的制度体系和不俗的市场表现，REITs 目前在世界范围内得到广泛的发展。迄今，全球大约有 40 个国家设立 REITs，包括所有的 G7 国家和大部分经济合作与发展组织(OECD)的国家(见图 3—77)。

就中国而言，目前试点的 REITs 政策主要关注基础设施以及全球 REITs 中的物流、工业或仓储公司。在全球范围内，可投资的基础设施资产规模在不断增长。根据中心广场投资管理公司的数据，截至 2019 年底拥有基础设施资产的 REITs 公司市值将近 1.2 万亿美元，其持有资产涉及铁路、石油和天然气存储、运输设施、电信资产、收费公路以及机场等各类型的公用事业基建设施。基础设施较住宅或商业类不动产投资而言，其波动性较低，总收益与整个 REITs 市场几乎相同。2019 年，基础设施资产的 REITs 公司平均股息收益率约为 3.3%。根据 APREA 估计，中国的 REITs 市场规模将达到 6 000 亿美元到 8 000 亿美元。

(三)政策建议

就全球范围看，REITs 在过去几十年繁荣发展有如下几点原因：①REITs 制度下的信息透明和稳健的回报机制提升了不动产行业的透明度，使中小投资者在全球地产市场

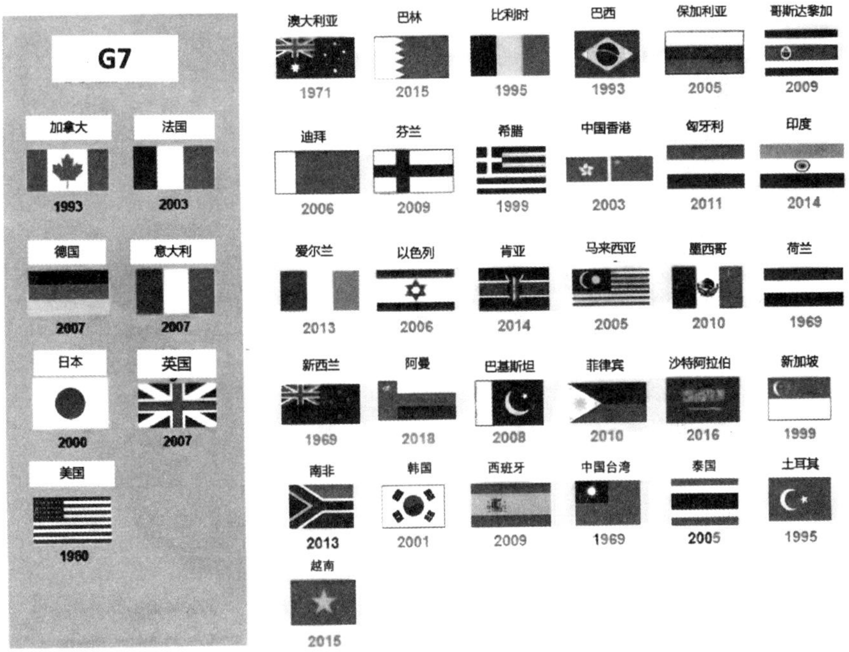

资料来源：NAREIT。

图 3—77 REITs 模式在全球发展

上的投资可行、安全、透明。②REITs 在地产类专业融资模式随着时代和互联网技术保持更新与进一步发展，对新型不动产类别保持开放态度。③REITs 对全球地产物业的专业化管理使其市场表现好于其他房地产投资基金。④REITs 提供了一种和股票、债券弱相关性的资产类别，对大类资产配置有重要意义，在中美贸易摩擦期间，REITs 为投资者提供有效的防御性投资（见图 3—78、图 3—79、图 3—80）。

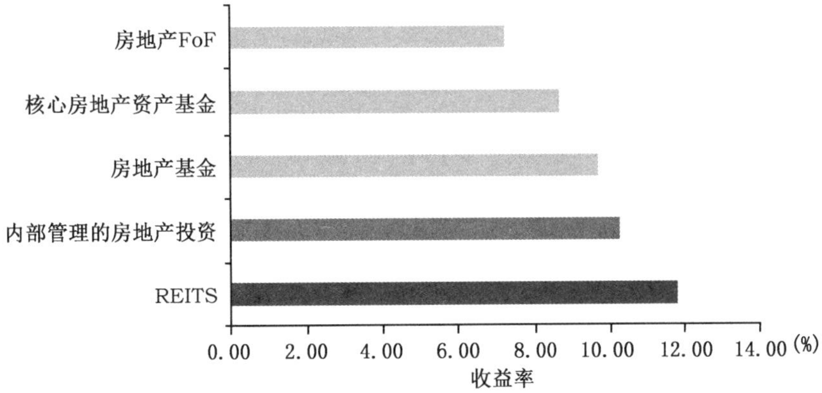

资料来源：NAREIT。

图 3—78 REITs 与其他房地产基金的市场表现比较

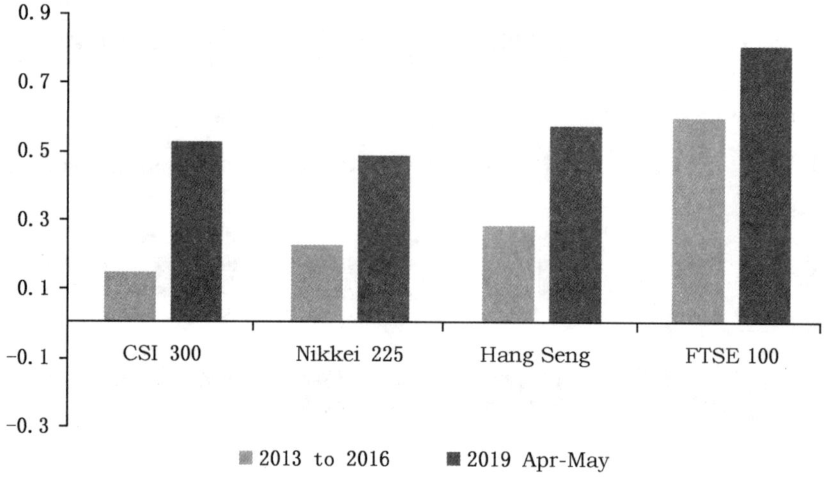

资料来源:NAREIT。

图 3—79 REITs、全球主要股指与标普 500 的相关性

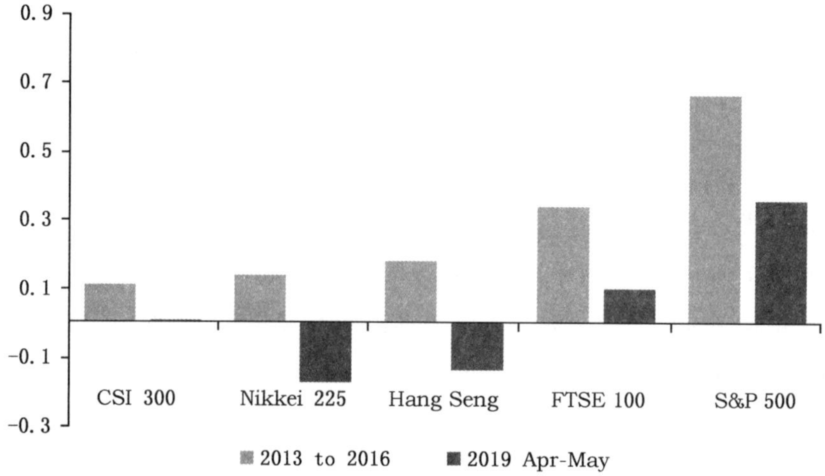

资料来源:NAREIT。

图 3—80 REITs 与全球主要股指的相关性

今年新冠肺炎疫情对全球不动产市场的影响十分显著,但我国的不动产市场表现保持韧性。在后疫情时代,随着经济的恢复和物联网技术的创新与数字化,REITs 在我国的试点有望成为我国新的经济增长驱动力,特别地:

①我国有利的人口结构和城市化等特征有利于 REITs 在我国的发展。基础设施资产的低波动性是在新冠肺炎疫情所致的经济低迷时期进行防御性投资的最佳选择,推广 REITs 试点有助于后疫情时代下的经济重启与复苏。

②我国应在建立世界一流的 REITs 制度，在收入和投资者成本方面提高上市公司的运营透明度。例如：

a. 就当前细则的发行规则，可能造成上市公司管理成本和潜在税费高企。

b. 机构配售占比高，会导致流动性低，不利于做大市场。

c. 相较于商业地产，基础设施往往有区域垄断性，如何对基础设施标的公允评估平衡投资者预期。

d. 目前商业地产的类 REITs 产品从审批上市机制、交易方式、信息披露等制度均按照私募债管理，无法有效配合市场各方主体需求，市场发展缓慢。

这些都是 REITs 试点中需要亟须考虑的问题，应改善整体业务规则，采用最佳实践做法和行业标准。

③在国内不动产信贷的有限供应叠加整体经济增速放缓和利率下降时，与基建相关的活动往往得到改善，因此在后疫情时代基础设施和物流仓储对投资者将是有吸引力的宏观套期保值工具。我们将在全球市场中继续看好全球基础设施和物流仓储这两大主题。基础设施和物流行业的回报率会随着全球经济的复苏不断提高，利用基础设施并结合住宅以及商业房地产投资将显著提高投资收益。基于资产的融资，利用基础设施和物流行业的 REITs，可为房地产行业在短期内提供了一些具有优质现金流特征的抵押品。

参考文献

[1]郝威亚，魏玮，温军．经济政策不确定性如何影响创新？——实物期权理论作用机制的视角[J]．经济管理，2016(10)．

[2]金雪军，钟意，王义中．政策不确定性的宏观经济后果[J]．经济理论与经济管理，2014(2)．

[3]李凤羽，杨墨竹．经济政策不确定性会抑制企业投资吗？——基于中国经济政策不确定指数的实证研究[J]．金融研究，2015(4)．

[4]王义中，宋敏．宏观经济不确定性、资金需求与公司投资[J]．经济研究，2014(2)．

[5]陈国进，王少谦．经济政策不确定性如何影响企业投资行为[J]．财贸经济，2016(5)：5—21．

[6]贾倩，孔祥，孙铮．政策不确定性与企业投资行为——基于省级地方官员变更的实证检验[J]．财经研究，2013(2)：81—91．

[7]顾夏铭，陈勇民，潘士远．经济政策不确定性与创新——基于我国上市公司的实

证分析[J]. 经济研究，2018(2).

[8]陈德球，陈运森．政策不确定性与上市公司盈余管理[J]. 经济研究，2018(6)：91—111.

[9]陈胜蓝，刘晓玲．经济政策不确定性与公司商业信用供给[J]. 金融研究，2018(5)：172—190.

[10]纪洋，王旭，谭语嫣，黄益平．经济政策不确定性、政府隐性担保与企业杠杆率分化[J]. 经济学(季刊)，2018，17(2)：447—449.

[11]刘尚希，武靖州．宏观经济政策目标应转向不确定性与风险——基于经济周期视角的思考[J]. 管理世界，2018(4)：8—16.

[12]彭俞超，韩珣，李建军．经济政策不确定性与企业金融化[J]. 中国工业经济，2018(1)：137—155.

[13]中国房地产指数研究院，2020年7月，2020中国商业地产发展白皮书．

[14]Baker S R，Bloom N，Davis S J. Measuring economic policy uncertainty[J]. The Quarterly Journal of Economics，2016，131(4)：1593—1636.

[15]Baker，S. R.，Bloom N.，and Davis S. J. 2016. Measuring Economic Policy Uncertainty[J]. Quarterly Journal of Economics，131 (4)：1593—1636.

[16]Bloom，N. 2009. The Impact of Uncertainty Shocks[J]. Econometrica，77 (3)：623—685.

[17]Bloom，N. 2014. Fluctuations in Uncertainty[J]. Journal of Economic Perspectives，28 (2)：153—175.

[18]Born，B.，and Pfeifer J. 2014. Policy Risk and The Business Cycle[J]. Journal of Monetary Economics，68：68—85.

[19]Gulen H，Ion M. Policy uncertainty and corporate investment. The Review of Financial Studies，2015，29(3)：523—564.

[20]Husted，L.，Rogers J.，and Sun B. 2019. Monetary Policy Uncertainty[J]. Journal of Monetary Economics，forthcoming.

[21]Jurado，K.，Ludvigson S.，and Ng S. 2015. Measuring Uncertainty[J]. American Economic Review，105 (3)：1177—1216.

[22]Nagar V，Schoenfeld J，Wellman L. The effect of economic policy uncertainty on investor information asymmetry and management disclosures. Journal of Accounting and Economics，2019，67(1)：36—57.

[23] Nguyen N H, Phan H V. Policy uncertainty and mergers and acquisitions. Journal of Financial and Quantitative Analysis,2017,52(2): 613—644.

[24]World Bank,2014—2015 West Africa Ebola Crisis: Impact Update,http://www. worldbank. org/en/topic/macroeconomics/publication/2014—2015—west—africaebola—crisis—impact—update,(2016)

[25]吕本富,佟仁城.SARS的经济影响分析方法研究[J]. 数量经济技术经济研究,2003,000(007):59—63.

[26]杜新波.非典对房地产市场影响分析——以北京市为例[J]. 中外房地产导报,2003(13):19—21.

[27]叶晨曦,许韶立.疫情对我国旅游业影响的定量研究——以SARS和甲型H1N1流感为例[J]. 乐山师范学院学报,2012,27(003):78—81.

[28]J. W. Lee,W. J. McKibbin,Estimating the global economic costs of SARS,in: K. M. Smith et al. One Health 7 (2019) 100080 5 S. Knobler, A. Mahmoud, S. Lemon, A. Mack, L. Sivitz, K. Oberholtzer (Eds.), Learning from SARS: Preparing for the Next Disease Outbreak: Workshop Summary, National Academies Press, Washington, DC, 2004Institute of Medicine (US) Forum on Microbial Threats https://www. ncbi. nlm. nih. gov/books/NBK92473/

[29]张凌,杨霖尊.基于CEEMD的重大事件对香港住宅价格影响的实证分析[J]. 浙江大学学报(理学版),2020,v. 47(03):123—133.

[30]Grace,Wong. Has SARS infected the property market? Evidence from Hong Kong[J]. Journal of Urban Economics,2008.

[31] Smith, K. M. , Machalaba, C. C. , Seifman, R. , Feferholtz, Y. , & Karesh, W. B. (2019). Infectious disease and economics: The case for considering multi—sectoral impacts. One Health,7,100080.

[32]Lee,C. ,& Ki,M. (2015). Strengthening epidemiologic investigation of infectious diseases in Korea: lessons from the Middle East Respiratory Syndrome outbreak. Epidemiology and health,37.

[33]D. Rassy,R. D. Smith,The economic impact of H1N1 on Mexico's tourist and pork sectors,Health Econ. 22 (2013)824—834,https://doi. org/10. 1002/hec. 2862.

[34]袁小川.甲型H1N1流感是一连串事件——浅谈甲流疫情对中国经济的影响[J]. 现代经济信息,2009,000(013):15—15.

[35]Sands, P. , El Turabi, A. , Saynisch, P. A. , & Dzau, V. J. (2016). Assessment of economic vulnerability to infectious disease crises. The Lancet, 388(10058), 2443—2448.

[36]卢为民,唐扬辉. 我国土地市场的发展变迁和展望[J]. 中国土地,2019(01): 45—48.

[37]徐思超. 中国城市土地市场分化研究[D]. 中国农业大学,2017.

[38]Burnard K, Bhamra R. Organizational Resilience: Development of a Conceptual Framework for Organizational Responses[J]. International Journal of Production Research, 2011, 49 (18): 5581—5599.

[39]Sharma S K. Team Resilience: Scale Development and Validation[J]. Vision the Journal of Business Perspective, 2016, 20(1): 37—53.

[40]Stephenson A V, Vargo J, Seville E. Measuring and Comparing Organizational Resilience in Auckland[J]. Australian Journal of Emergency Management, 2010, 25 (2): 27—32.

[41]苏敬勤,刘畅. 中国企业外部情境架构构建与研究述评[J]. 外国经济与管理, 2016(3): 3—18.

[42]孙聪,刘霞,姚玲珍. 新时代住房供应如何契合租购群体的差异化需求?——以上海市为例[J]. 财经研究,2019(1): 75—88.

[43]唐旭君,姚玲珍. 商品住宅市场营业税政策调控有效性分析——基于上海数据的实证研究[J]. 上海财经大学学报,2012(6): 90—96.

[44]王勇,蔡娟. 企业组织韧性量表发展及其信效度验证[J]. 统计与决策,2019 (5): 178—181.

[45]陈杰,吴义东. 租购同权过程中住房权与公共服务获取权的可能冲突——为"住"租房还是为"权"租房[J]. 学术月刊,2019(2): 44—56.

[46]肖文涛,王鹭. 韧性视角下现代城市整体性风险防控问题研究[J]. 中国行政管理,2020(2): 123—128.

[47]张书海,刘文勇. 居民房产投资决策影响因素的实证分析[J]. 理论探讨,2010 (6): 86—89.

[48]王秀玲,李文兴. 我国商业地产现状与发展趋势[J]. 建筑经济,2011,12: 54—56.

[49]Lowe M. The regional shopping centre in the inner city: a study of retail—led

urban regeneration [J]. Urban studies,2005,42(3):449—470.

[50]Singhal S,McGreal S,Berry J. An evaluative model for city competitiveness: Application to UK cities [J]. Land Use Policy,2013,30(1):214—222.

[51]高波,赵奉军. 中国商业地产业发展的实证分析[J]. 产业经济研究,2009(4):44—52.

[52]吕本富,佟仁城. SARS的经济影响分析方法研究[J]. 数量经济技术经济研究,2003,000(007):59—63.

[53]王晓光. 后SARS时代思考——北京市商务房地产商会"后SARS时代思考"大型系列座谈会实录[J]. 现代物业,2006(8):53—58.

[54]Hao X,Cheng S,Wu D,Wu T,Lin X,Wang C. Reconstruction of the full transmission dynamics of COVID-19 in Wuhan [J]. Nature,2020,584(7821):420—424.

[55]Reggiani A ,Graaff T D ,Nijkamp P . Resilience: An Evolutionary Approach to Spatial Economic Systems[J]. Networks & Spatial Economics,2002,2(2):211—229.

[56]Martin R ,Sunley P ,Tyler P . Local growth evolutions: recession,resilience and recovery[J]. Cambridge Journal of Regions Economy & Society,2015,8(2):141—148.

[57]王宝义."新零售"的本质、成因及实践动向[J]. 中国流通经济,2017(7).

[58]张宁,郭楠. 基于格兰杰因果检验的电子商务与商业地产价格的实证分析[J]. 五邑大学学报(自然科学版),2014(02).

[59]张红,陈嘉伟,李维娜. 电子商务发展对商业地产的影响——来自中国的观察与实证研究[J]. 中国房地产,2016(18):13—24.

第四章

中国数字经济新基建

在后疫情时代，数字经济和数字经济新基建的重要性进一步凸显。在本章中，我们在讨论了数字经济在疫情防控中的作用和问题后，重点讨论了发展数字经济新基建的内涵、数字经济新基建的发展路径、重点领域以及存在的问题与挑战，并提出了针对性的政策建议：为了避免重复建设，必须处理好系统谋划和顶层设计的问题，而且发展数字经济新基建要充分发挥新型融资模式的作用，并协调好发展信息化与网络安全，此外也要做好区域协调与城乡协调的问题，避免数字鸿沟进一步扩大，最后要积极应对美国等国对中国的科技围堵和打压。

一、引言

2019 年年底开始爆发的新型冠状病毒肺炎疫情，迅速蔓延至中国所有省份，到 2020 年 7 月底已致全国 8 万余人感染，病亡 4 600 余人。这次新冠肺炎疫情，是新中国成立以来在中国发生的传播速度最快、感染范围最广、防控难度最大的一次重大突发公共卫生事件[①]。虽然到 2020 年 3 月底疫情在中国本土的传播已经被基本阻断，但在全球已经发展成一个大流行病（Pandemic），并且是 1918 年大流感以来的全球最大疫情（Correia 等，2020；Barro 等，2020）。疫情不仅严重危害民众身心健康，还在短时期内对全球各国的经济运行造成严重冲击，目前所有国家的大多数行业都遭受疫情的影响（Chen 等，2020；Atkeson，2020）。同时，新冠肺炎疫情对经济运行的影响，不仅仅限于疫情本身，而且更重要的是为应对疫情而采取的防控措施，封城、封街、断路、闭户等措施，对很多经济活动按下了暂停键。在这种“新冠肺炎疫情式危机”（陆岷峰，2020）中，尽管大多数行业

① 习近平总书记在 2020 年 2 月 23 日召开的“统筹推进新冠肺炎疫情防控和经济社会发展工作部署会议”上对本次疫情的定性，http://cpc.people.com.cn/n1/2020/0223/c64094－31600380.html。

在面临如此剧烈的疫情冲击的时候，只有招架之势，而无还手之力，但仍然有少部分业态可以逆势而上，为减缓疫情对经济社会的冲击发挥了一些非常独特的作用。在这些逆势而上的业态当中，数字经济（包括数字金融），就是其中的一个重要领域。

本次新冠肺炎疫情是数字经济时代的第一场大疫。根据2016年G20杭州峰会通过的《二十国集团数字经济发展与合作倡议》，所谓"数字经济"，是指以使用数字化的知识和信息作为关键生产要素、以现代信息网络作为重要载体、以信息通信技术的有效使用作为效率提升和经济结构优化的重要推动力的一系列经济活动。在数字经济时代，互联网、云计算、大数据、物联网、金融科技与其他新的数字技术应用于信息的采集、存储、分析和共享过程中，改变了社会互动方式，包括在面对疫情时的应对方式。例如，在2003年非典时期，国内外虽然不能说完全没有数字经济，但其体量与现在是不可同日而语的：淘宝平台2003年6月才上线，微信和支付宝当时更是毫无踪迹，而到2020年，网购已经占中国全社会零售总额的20%以上。为控制疫情导致的传统生产生活方式的暂时停顿，对石油等传统产业造成了极大的影响，但数字经济在疫情期间却取得了难得的发展机遇。例如，2020年一季度，受疫情影响，餐饮消费同比下降46.8%，但同期网上消费中，食品类商品同比增长32.7%；同样的，在2020年第一季度全国GDP同比下降6.8%的情况下，信息传输、软件和信息技术服务业增加值同比增长了13.2%，同时电子商务服务投资也增长了39.6%。实际上，根据吕本富（2020）的总结，抗疫催生了24个数字经济新业态。这些数字经济的发展，不仅本身对冲了疫情对经济的总体冲击，而且为其他行业，以及政府和居民对抗疫情，缓解疫情冲击，创造了条件。

数字经济在疫情期间的表现凸显了发展数字经济新基建的重要意义。数字经济新基建是技术创新的新载体，有助于5G、人工智能、大数据、物联网、云计算和区块链等技术的融合创新和场景化应用，为数字经济发展厚植"数字土壤"。数字经济新基建通过对技术、人才、资本、数据等各类产业资源的泛在连接、弹性互补和高效配置，打通全要素、全产业链、全价值链，促进各行业深度融合、上下游联动，帮助更多企业提质降本增效减存，实现新旧动能转换。同时，加快发展数字经济有利于更好满足人民对美好生活的需要，是推动消费升级新动力。依托数字基础设施所形成的智慧城市、智慧医疗、智慧交通、智慧家居等智能服务体系，能够提高公共服务质量，为医疗、教育、交通、餐饮、娱乐等领域深度赋能，催生更多消费新形式，提升消费服务水平，改善民生福利。最后，发展数字经济既能创造数字基建等巨大投资需求，又能撬动庞大的消费市场，乘数效应和带动效应显著，有效提振市场主体信心，稳定市场预期，因而可以作为疫情冲击下的逆周期调节重要措施，是化危为机的新抓手。与此同时，数字经济新基建能带动传统基础设施的数字化改造和智能化升级，实现基建投资整体结构的优化。

因此，在疫情防控逐步走向常态化的情况下，如何促进数字经济的进一步发展，特别是解决发展数字经济需要的新型基础设施，是我们需要思考的重大问题。在本章中，我们在讨论了数字经济在疫情防控中的作用和问题后，重点讨论了发展数字经济新基建的内涵、数字经济新基建的发展路径、重点领域以及存在的问题与挑战，并提出了针对性的政策建议。具体而言，本章余下部分安排如下：在第二部分，我们对数字经济在抗击疫情中的重要作用和暴露出的问题进行探讨；第三部分介绍数字经济新基建的内涵和发展机遇；第四部分则详细讨论数字经济新基建的主要特征、发展路径和重点领域等；第五部分则分析数字经济新基建发展中存在的问题与挑战，并提出针对性的对策建议。

二、数字经济在抗击疫情中的价值和瓶颈

促进数字经济进一步深入发展，是发展数字经济新基建的最终目的，因此为了论证发展数字经济新基建对于数字经济的必要性，以及数字经济新基建的重点领域，我们在本部分首先讨论数字经济在新冠肺炎疫情防控中表现出的重要价值：主要是其为保持社交距离，维持非接触经济创造的前提条件，以及成为疫情防控的直接工具抓手和对冲疫情冲击的渠道机制；同时数字经济在疫情防控中也暴露出严重的局限，特别是数字鸿沟的问题，对此我们在本部分也给予了一些讨论。

（一）数字经济在抗击疫情中的价值

1. 社交距离的前提条件

新冠肺炎主要通过呼吸道、接触等方式进行传播，而且到本章定稿之际，仍然没有公认的特效药，因此在疫苗大批量生产之前，人们只能通过非常传统的方法来进行疫情防控，其中最主要的手段就是所谓隔离（quarantinen）、封锁（lockdown）和扩大社交距离（social distance）等（Alvarez 等，2020；Fang 等，2020；Kraemer 等，2020）。其中，社交距离是本次疫情爆发后非常流行的一个概念，意指通过暂时性的扩大人们之间的距离，而阻隔病毒的转播，比如鼓励居家办公和生活，减少外出。无论是理论模型的文献，还是基于数据的实证研究，现有文献已经广泛证明，扩大社交距离对新冠肺炎疫情防控有非常明显的作用（Alvarez 等，2020；Jones 等，2020；Greenstone and Nigam，2020；Berger 等，2020；Qiu 等，2020；Fang 等，2020；Kraemer 等，2020）。

然而，如果没有数字经济的发展，社交距离的扩大也就没有那么容易实现了。例如，如果没有数字经济发展带来的便捷的外卖服务，居家生活将非常困难。根据中国国家统计局的统计，2020 年一季度，受疫情影响，餐饮消费同比下降 46.8%，但同期网上消费

中，食品类商品同比增长 32.7%。考虑到人是社交生物，如果没有数字发展带来的各种在线娱乐方式和在线社交方式，宅在家里会变得非常枯燥（O'Brien 等，2020），特别是对于远离家庭成员或没有家庭成员的人群（Hamermesh，2020）。到目前为止，中国居家隔离或其他社会距离政策效果执行效果很好，这跟中国本地生活行业的数字化有很大关系。中国本地生活数字化进程已有近 10 年的历程，O2O 模式深入到衣食住行的方方面面。此外，互联网问诊平台也为居家隔离人员减少不必要的求医，避免医疗资源挤兑和医院交叉感染，发挥了重要作用。

当然更重要的是，由于数字技术的广泛渗透，很多工作变得可以居家完成，这也成为扩大和保持社交距离的重要前提，毕竟我们必须在防范疫情和维持基本经济生产之间取得平衡。根据 Dingel 和 Neiman（2020）的研究，在美国目前的经济生态下，大约有 37% 的工作可以居家完成。Hensvik 等（2020）利用疫情前数据的分析也表明在美国 15%的劳动时间是居家完成的，当然他们认为疫情期间这个比例可以显著提高。英国国家统计局的一项最新研究也表明，27%的英国职工说他们之前曾居家工作过，其中 5%的职工声称主要靠居家工作为生（United Kingdom Office for National Statistics，2005）。不过，能够居家完成的工作比例在发展中国家中要稍低一些（Saltiel，2020）。而居家工作、生活和娱乐之所以成为可能，很大原因是因为数字经济的发展，Chiou 和 Tucker（2020）基于美国某 App 记录的 2 000 万移动设备的定位系统，考察了美国民众在疫情期间是否离家外出的问题，结果发现高速畅通的互联网能够在很大程度上解释不同地区民众减少出门之间存在的差异。

2. 防控疫情的工具抓手

数字经济的深入发展和数字技术的广泛渗透也对防疫工作提供了直接的帮助，已经成为防疫工作的重要工具和抓手。在本次疫情中，中国电信部门基于电信运营商大数据，能够更加实时、准确、全面地为疫情防控提供强有力的决策支撑①。例如，在保证用户隐私安全的基础上，电信部门配合相关部门重点开展对定点医院、发热门诊、人员聚集区等重点区域的人流变化分析，提供疫情防控相关人口流动大数据分析支撑服务。在其他国家，特别是亚洲国家中，也有类似基于电信大数据开展的疫情防控工作。例如，韩国在 2015 年的 MERS 期间②，就通过摄像头、刷卡记录，以及汽车和手机的 GPS 数据来追踪病人的行踪；而本次新冠肺炎疫情期间，数字手段继续在韩国发挥作用，一旦发现新的

---

① 信息通信管理局，电信大数据分析支撑服务疫情防控阻击战，http://www.miit.gov.cn/n1146290/n1146402/n1146440/c7673966/content.html，2020－2－12。

② 韩国曾在中东呼吸综合征（MERS）中遭受重创，2 个月内感染人数近 1.7 万人。

病例，韩国人的手机就会震动提醒，发出警报，网站和智能手机应用程序也会实时详细报告受感染者的出行时间表和交通工具，甚至是否戴口罩（石光，2020）。

在本次疫情防控中，最新的 5G 网络发挥了非常重要的作用。例如武汉市在疫情期间新建成的火神山医院和雷神山医院覆盖了 5G 网络，可承载 2 万至 3 万人的通信需求，从而方便实现远程诊断和远程探视。数字经济在疫情防控中的作用还体现在“健康码”上。最早是从 2020 年 2 月 11 日起，杭州市启用“健康码”防控措施，居民可在支付宝领取健康码，凭码通行。其原理是根据过去一段时间是否被诊断为确诊（疑似）病例，或为密切接触者、有高风险地区旅行史等，将使用者的健康码分为红色、黄色和绿色，分类管理①。随后这一经验被迅速推广到全国，2020 年 2 月底，《全国一体化政务服务平台防疫健康信息码接口标准》出台，很快实现了全国健康码的互联互通。根据 Xiao（2020）的研究，健康码对中国在做好防疫工作的同时推动经济活力的恢复，发挥了非常重要的作用，具体而言，根据他的估算，这一项大数据技术为中国疫情期间 GDP 增长做出了 0.5—0.75 个百分点的贡献。

网络检索和社交媒体是人们获取疫情相关信息的重要渠道，从而也可以成为疫情防控的重要抓手。例如，Li 等（2020）基于中国数据的研究表明基于百度、谷歌（Google）和新浪微博的关键词搜索是实验室确诊病例趋势的先导指标。百度发表了新型冠状病毒肺炎搜索大数据报告和复工复产大数据报告等，为判断各地区民众对疫情的重视程度、复工复产进度等提供了重要参考。② 在社交新媒体方面，很多地方积极利用新媒体开展防疫工作，例如浙江省政府利用手机 APP“浙里办”，建立新冠病毒公共服务管理平台。该平台包括主动申报与疫情线索提供、互联网医院新型肺炎通道、居家医学观察服务与管理、集中医学观察服务与管理、信息发布与健康教育、网上智能问诊与人工服务等功能模块，使人们可以一个平台搞定防疫。根据郑世林和李梦丹（2020）的研究，政府新媒体的使用显著降低了新冠肺炎疫情确诊人数，主要机制是新媒体有助于政府控制人口流动。刘诚等（2020）的研究结论也表明，政府政务信息化可以提高疫情防控的公共政策效率，具体而言，他们发现城市政务信息化水平每提高 0.1，确诊病例将降低 65.6 个，每万人死亡人数降低 0.008 个。

---

① 浙江省市场监督管理局，《传染病防控人员健康码管理规范》，浙江省地方标准，DB33/T 2242—2020，2020 年 2 月 29 日。

② 人民网研究院，百度 APP，百度新型冠状病毒肺炎搜索大数据报告，https://voice.baidu.com/act/virussearchreport/virussearchreport?pageIndex=1。

3. 对冲疫情的渠道机制

本次疫情中，很多传统行业都受到了严重的冲击，但疫情也给数字经济发展带来契机。此消彼长的发展可以缓解疫情对经济的总体影响。例如，根据杨钋和刘永烨(2020)基于某教育科技企业数据进行的实证研究，发现疫情形成了“自然的助推”，促使更多学校、教师和学生开始使用在线教育服务。在本次疫情中异军突起的业态还有远程协同办公，有序复工以后，很多企业不能够满足到现场办公，所以纷纷开始利用科技公司提供的远程协同办公进行工作和举行会议。“腾讯会议”的用户成倍增长，到3月底，日活跃账户数超过了1 000万人。总之，在应对新冠肺炎疫情的过程中，大量线下需求转移到线上，刺激了互联网行业发展。这一点在总量数据中也有所反映，在2020年第一季度全国GDP同比下降6.8%的情况下，信息传输、软件和信息技术服务业增加值同比增长13.2%，同时电子商务服务投资也增长了39.6%。根据吕本富(2020)的总结，抗疫催生了24个数字经济新业态，[①]这些数字经济的发展，对于缓解疫情对经济的总体冲击，提高经济的韧性，起到了很大作用。

当然，数字经济在疫情期间的发展，不仅仅限于完全新生的业态，很多传统的业态也在加速转型到互联网之上，由接触经济转为非接触经济。例如，在疫情之前，商业银行本来就在数字化转型当中，而疫情的爆发，对于这一转型起到了加速的作用。例如，2020年3月，中国银行业协会联合多个机构，发起“无接触贷款助微计划”，计划利用半年左右时间支持1 000万家中小微企业，为其提供线上支付、线上小额贷款等数字化服务，得到很多银行的响应。

疫情期间，数字经济和数字金融的价值不仅限于其本身发展对减弱疫情总体冲击的价值，还在于数字经济和大数据技术也为疫情期间的精准救助提供了可能。以包括个体经营户在内的各类微型企业为例，他们在疫情中遭受的冲击非常明显，同时又缺乏对冲疫情的手段，对其精准帮扶，特别是通过信贷手段的帮扶对提高其抗风险能力和生存能力至关重要。而在这一方面，由于抵押物不足等问题，微型企业获得传统信贷的难度较大，因此基于数字技术的信贷可以发挥更好的作用，因为在各种电子化支付工具的使用中，以及积累了很多宝贵的数据，可以来对微型企业进行信用分析。基于数字技术实现的精准贷款对微型企业和个体经营户产生的积极作用已经在部分文献中有所体现。

---

① 这24个新业态分别为：在线办公(在线会议、在线论坛)、云签约(电子合同)、“零接触”金融、共享员工、共享制造资源、智慧餐厅、无人点餐码、社区物流接驳站、无人配送体系、智能化产销直供链、智慧菜场、智能化称重、智慧化社区店、5G网络远程会诊、问诊前置、K12智能化教学平台、K12网络教学资源、健康通勤码、“短视频”+电商、“短视频”+微商、“短视频”+宣发、“短视频”+知识传播、“短视频”+社交、“短视频”+MCN。

Huang 等(2018)使用阿里小贷的数据,发现获得贷款的商户在接下来的一段时间里,营收增加的同时经营也会变得更加稳定。Gambacorta 等(2019)的研究则表明,基于数字技术释放的贷款能够有更强的逆周期性,在面对整体环境发生改变时,贷款的违约率更少。根据陈赟等(2020)的研究发现,线上基础设施有助于企业开展线上运营、缓解企业受疫情冲击影响。此外,一些数字金融机构利用支付等数字金融服务中积累的关于微型企业的大数据,解决了获客难与风控难的问题,进而服务了大量的线上与线下微型企业。根据王靖一等(2020)的研究,数字金融在缓解疫情冲击中发挥了重要的作用:基于数字技术精准发放的贷款每增长 1%,疫情对线下微型商户营业额的负面影响平均就减弱 2.57%;而如果一个地区基于数字技术精准发放的贷款,能从全国的均值发展到杭州的水平,会使得疫情的负面冲击下降 51%。

(二)数字经济在抗击疫情中暴露出的问题

数字经济为疫情防控和缓解疫情冲击的确做出了突出的贡献,但同时在本次疫情的冲击中,也暴露出数字经济发展中存在的一些问题,特别是数字鸿沟问题更加凸显。

如上文所述,疫情期间,有条件的人通过数字技术可以居家办公和生活娱乐,但并非所有人都有这个条件。很多人不外出工作,就没有收入来源,例如各种路边小店和流动商贩等个体经营户,疫情对他们的冲击是实实在在的,不能开市复业,就没有收入来源(王靖一等,2020b)。来自疫情最严重的国家——美国的证据就显示了数字鸿沟的问题,根据 Chiou 和 Tucker(2020)基于移动设备定位大数据的研究,在美国疫情之前的 2 月,美国富人集聚区的民众外出的比例更高,穷人区民众留在家里的比例更高;而到了疫情严重的 3 月,情况就完全颠倒了,富人区人们更多地居家躲避疫情,而穷人区则更多人外出。而且他们还发现,当控制了这些地区的互联网网速之后,上述外出比例和收入水平之间的关系就基本消失了;而如果低收入遇到低网速时,外出的比例会更高,因此他们认为,数字鸿沟是影响美国居民是否外出的重要因素。

这种收入不平等,以及接触数字经济机会不平等的数字鸿沟在疫情中暴露无遗。Irlacher 和 Koch(2020)等人的研究则表明社交距离、居家工作这些防疫政策对于本就相对贫穷的民众会受损更大,因为收入越高的民众越可以居家工作,反之亦然。Lou 和 Shen(2020)的研究也表明,在美国低收入群体相对更加难以遵守居家令。Bacher-Hicks 等(2020)关于教育中的数字鸿沟研究也发现,3 月全美学校停课后,那些收入更高、网络条件更好的地区,人们对在线教育的搜索更加明显。在中国,也曾有新闻报道了一个案例，有农村学生因为家里上网课的智能手机数量不够，而有轻生之举。[①] 当然，数字鸿沟并不是近日才有，而是一个长期存在的问题，之前已被大量文献广泛关注（Keller，1995；Servon；2008），例如在电子商务领域（Hoffman 等，2000）、互联网使用领域（Goldfarb 和 Prince，2008）、农村数字金融领域（郭峰和王瑶佩，2020），新冠肺炎疫情只是让这个问题再次以更加悲壮的面目凸显。

数字经济鸿沟的客观存在和疫情之后的进一步恶化，进一步凸显了发展数字经济新基建的重要意义。通过发展数字经济新基建，促进数字经济的发展更全面、更具有包容性，在后疫情时代，具有了更突出的意义，而关于数字经济新基建的内涵及其他方面的发展机遇，则在下一部分进行更详细地阐述。

三、数字经济新基建的内涵与发展机遇

（一）新基建与数字经济新基建

近两年，我国政府已在多个场合明确提出要加快“新基建”的建设步伐。譬如，在2018 年 12 月 19 日至 21 日的中央经济工作会议上，就明确提出“加快 5G 商用步伐，加强人工智能、工业互联网、物联网等新型基础设施建设”。此后，“新基建”又多次出现在政府文件当中，尤其是进入到 2020 年，“新基建”概念被密集提及，并已进入高层的布局之中。那么什么是“新基建”？什么又是“数字经济新基建”呢？

1. 新基建

所谓新基建，即新型基础设施建设。基础设施是指为社会生产和生活提供基础性、大众性服务的工程和设施，是社会运行和发展的基本条件，包括交通运输、邮电通信、水利等硬件设施，还包括教育、科技、医疗卫生、文化、体育等软性设施。基础设施建设作为拉动经济增长的重要力量，尤其在经济面临下行压力时，是稳定经济增长的重要手段。而“新基建”是指以新发展理念为引领，以技术创新为核心，以信息网络为基础，面向高质量发展需要，提供数字转型、智能升级、融合创新等服务的基础社会设施体系。“新基建”立足于高科技的基础设施建设，目前主要包括七大领域，即 5G 基站建设、大数据中心、人工智能、工业互联网、特高压、城际高速铁路和城市轨道交通、新能源汽车充电桩。[②]

新基建的“新”是相对传统基建而言的。具体而言，从建设主体看，传统基建主要由政府所主导，而新基建则需要政府、市场与企业的多方共建。从建设方式看，传统基建只考虑物理空间布局，科技含量较低，主要以铁路、公路、电力、机场等硬件设施为主，俗称

---

① 邓州市人民政府新闻办公室，《关于邓州一女孩赌气喝药的情况通报》，2020 年 3 月 1 日。

② 2020 年 3 月 4 日中央电视台中文国际频道《中国新闻》节目报道。

"铁公基",而新基建则是统筹考虑,注重行业与产业的协同,科技含量高,更加注重新一代信息技术和大数据的应用。从建设目的看,传统基建主要着眼于稳投资、保增长、促就业、惠民生,而新基建除了短期的稳投资、保增长、促就业、惠民生价值外,在长期可以支撑经济社会数字化转型,带动产业的转型升级,促进我国产业迈向全球价值链中高端。

2. 数字经济新基建

所谓数字经济新基建,或者说"数字经济时代"的"新基建",主要是指为数字经济发展提供保障的新型基础设施建设。具体而言,数字经济新基建,主要包括以下五个方面:

第一,5G(第五代移动通信技术)基站建设为数据采集和传输提供了物质基础。与4G相比,5G技术具备超高带宽、超低时延、超大规模连接数的移动接入能力,服务对象从人与人的通信扩展到人与物、物与物的通信,实现万物互联。

第二,大数据中心提供数据存储与数据处理服务,是数字经济运行的基本保障。数据中心以数据为基本管理对象,融合互联网数据中心、云计算、区块链、人工智能等新技术于一体,成为集数据、算力、算法三大要素于一身的数据基础设施。数据中心是加速智能社会高效治理的关键支撑,从短期来看,社会治理能力的提升对城市数据中心提出需求,从中期来看,国家治理现代化需要跨行业、跨地域的协作通道,从长远来看,构建全国一体化国家数据中心体系尤为必要。

第三,人工智能将为数字经济时代提供算法支撑。人工智能基础设施建设将为社会生产和居民生活提供智能化公共服务,如智能医疗、智能政府、智慧城市、智能物流等,同时也将对传统基础设施进行智能化升级改造,智能机器人、智能交通、智能制造、智能家居等。人工智能基建的核心是数据资源和计算能力,其中数据资源是实现算法赋能的原料,而计算能力是实现算法赋能的工具。

第四,工业互联网为数字化在工业领域的继承应用。工业互联网平台是工业互联网的核心载体,它是满足制造业数字化、网络化、智能化需求,构建基于海量数据的采集、汇聚、分析和服务体系,支撑制造资源泛在连接、弹性供给、高效配置的开放式工业云平台。工业互联网通过平台推进人、机、物的深度融合,构建万物互联、数据驱动、软件定义、平台支撑、组织重构的新型制造体系,加速制造业数字化、网络化、智能化转型升级。

第五,物联网为数字经济时代提供海量的数据源。物联网是将各种信息传感设备与互联网结合起来形成一个巨大的网络,实现人、机、物的互联互通,从而实现对物品及其流动过程的智能化感知、识别和管理。在人、机、物交互的过程中,将有大量的数据产生。目前,随着全球物联网产业规模的迅速扩张,全球物联网设备所产生的数据也呈现出爆发式发展。

（二）数字经济新基建发展面临的机遇

改革开放四十年，中国经济依靠劳动力、土地、资源实现了飞速发展。然而，经过这么多年的发展，人口红利早已结束，伴随而来的是老龄化时代，同时土地和资源也面临紧缺的状况。因此，中国经济迫切需要由依靠要素和投资驱动转向依靠创新驱动，由高污染、高耗能的粗放型经济增长方式转向绿色环保的集约型发展方式。而数字经济新基建正是以新发展理念为引领，以技术创新为驱动，集约环保的基础设施体系建设。因而，数字经济新基建正好符合我国当前经济、社会的发展需要。同时，我国当前的经济发展、产业转型升级、疫情防治、政策制定与制度改革等都为数字经济新基建的实施带来了非常好的发展机遇。

1. 经济发展新阶段为数字经济新基建的启动提供了新机遇

一是对冲短期经济下行压力，需要数字经济新基建。当前，面对疫情全球大流行、欧美经济深度衰退、中美贸易摩擦、产业转型升级等重大挑战，中国经济下行压力严峻。那么，如何对冲经济下行？最简单有效的办法还是基建，特别是数字经济新基建。具体而言，数字经济新基建通过需求端的率先复苏，进而带动生产端走出困局，从而实现稳投资、稳就业、稳增长，达到对冲经济下行的目的。数字经济新基建不仅自身可以拉动经济，还会带动上下游相关行业增长，促进投资与消费需求增长。基建通常是一个逆周期调节，在经济周期下行时通过政府主导的大规模基础设施建设投资，抵御经济衰退的风险，增加就业，提高居民收入。此外，基建具有的投资规模大、外部效应强等特点，也有助于提振市场信心，稳定社会投资，从而维持经济增长。

二是中长期内促进经济发展质量的提升也需要数字经济新基建。在中期，数字经济新基建能够创造新的有效需求，带动消费和投资增长。现阶段，我国社会主要矛盾已经转化为人民日益增长的美好生活需要和不平衡不充分的发展之间的矛盾。数字经济新基建不但涉及新的领域，而且能够补足传统基建的短板，可以满足人民对于美好生活的需要。不仅如此，数字经济新基建涉及的产业链长，拉动效果明显，带动消费提升效果更好。2020 年 7 月，中央政治局会议提出，当前经济形势仍然复杂严峻，不稳定性、不确定性较大，我们遇到的很多问题都是中长期的，必须从持久战的角度加以认识，加快形成以国内大循环为主体、国内国际双循环相互促进的新发展格局。数字经济新基建的发展，对拉动内需，做好“内循环”，促进“双循环”都有积极作用。在长期内，数字经济新基建则能够扩大有效供给，通过增加资本存量和提高全要素生产率促进经济长期增长，促进我国经济高质量发展。过去 40 年，凭着适度超前的基建，使得中国制造发展出强大的竞争力。比如大规模的网络宽带建设，促进了互联网的繁荣发展。从历史看，1998 年亚洲金融危机时中国增发特别国债加强基建，2008年全球金融危机时推出大规模基建投资，这些投资虽然在当时存在争议，但也大幅降低了运输和生产成本，提升了中国制造的全球竞争力，释放了中国经济高增长的巨大潜力。

2. 科技进步产业升级为数字经济新基建提供新动力

长期经济增长取决于技术进步、劳动力、资本等要素。就劳动力而言，自1978年我国恢复高考以来，我国高等教育产业不断发展，高校毕业生人数也随之大幅增加。根据教育部统计，2020年我国应届高效毕业生人数达874万。由于经济下行叠加新冠肺炎疫情的冲击，导致高校毕业生就业存在较大困难。而我国人口老龄化持续严峻，根据中国发展基金会发布的《中国发展报告2020：中国人口老龄化的发展趋势和政策》，自2000年迈入老龄化社会之后，我国人口老龄化的程度持续加深，到2022年左右，中国65岁以上人口将占到总人口的14%。这导致我国短期内面临高校毕业生就业压力，而长期又面临劳动力不足的困境。因此，要实现经济长期增长，必须要加快技术进步，提高科技创新能力。数字经济新基建所涉及的5G、大数据和人工智能等领域都属于高科技领域。数字经济新基建一方面能为高学历高素质劳动力提供相应的就业岗位，另一方面可以降低人口老龄化所造成的劳动力不足的困境。因而要实现我国科技水平的不断发展，发展数字经济新基建是一个现实可行的新路径。

传统产业转型升级需要数字经济新基建为智能经济的发展和产业数字化转型提供底层支撑。传统产业借助新型基础设施实现转型，有助于整个宏观经济整体效率的提升。数字经济新基建包括以5G、人工智能、工业互联网等技术基础设施为代表的新技术、新理念可以广泛应用于产品的生产制造、货运物流、生产销售等各个环节，推动中国制造业推动形成新的生产制造和服务体系，创新的管理方式与协作方式，从而提升产业链内各环节的竞争优势，同时吸引更多的研发投资和科研人员参与其中，相互促进，共同推动我国制造业攀升至更高的价值链。将大数据、人工智能、工业互联网等新兴技术融入传统制造业，为传统制造业插上智能化、数字化的翅膀，推动我国制造业的转型升级，从而实现科技强国，制造业强国。由此可见，提高科技创新能力，促进产业转型升级，一方面为数字经济新基建的启动提供新的动力，另一方面也为我国数字新基建的实施提供了新的发展机遇。

3. 抗击新冠肺炎疫情为数字经济新基建新使命

疫情期间，为防止新冠肺炎疫情的传播，居家隔离成为常态，餐饮、零售、旅游等行业受到重大冲击。2020年的2月、3月和4月，全国社会消费品零售总额累计同比增长分别为－20.5%、－19%和－16.2%。虽然在疫情被基本控制住的情况下整体消费市场有所回升，但由于整体经济疲软，居民消费意愿降低，因此全年的消费需求仍会受到严重影响。同时，由于全球新冠肺炎疫情的蔓延，外贸对我国经济的贡献也将大幅下降。就目前的情况来看，新冠肺炎疫情对我国经济的拖累和居民生活的影响仍将持续。因此，如何最大限度地降低疫情的影响，复工、复产、复学对经济和社会意义重大。疫情期间，产业数字化转型步伐提速，云上办公、在线教学、在线娱乐、无人配送、无人餐厅等新产业形态不断涌现，对于推动疫情后的复工、复产、复学，进而稳定经济发挥了重要作用。在本次疫情期间，以数字化、人工智能和数据中心为代表的数字经济新基建发挥了重要作用。无论是政府决策部署、企业复工复产，还是居民日常生活，都已离不开数字化基础设施，比如政府借助在线政务服务平台开通疫情防控专题，提供健康码、在线门诊、口罩预约、复工申报、出入登记等服务；企业借助远程办公软件，实现了员工居家办公、云视频会议等线上工作场景；学校通过直播教学的方式保证学生在疫情期间正常学习，这些都得益于数字经济新基建的良好基础。面对新冠肺炎疫情肆虐全球的境况，以及未来可能出现的新的疫情防控要求，这些都对我国数字经济新基建提出了更高的要求。

4. 国家治理现代化为数字经济新基建提供新支撑

推进国家治理体系和治理能力现代化是全面深化改革的总目标。就经济领域而言，如何更加精准地实施政策以实现高质量发展是推进国家治理体系和治理能力现代化的关键。而以往的政策在实施落地过程中由于技术和条件的限制往往难以有的放矢。如2014—2015年，为缓解小微企业融资难、融资贵的降息降准，在政策执行过程中，由于资本的逐利性，导致资金流向股市、楼市而引发资产价格泡沫。而一旦试图控制资产泡沫，往往又会造成对中小微企业和民营企业的“一刀切”现象，如“钱荒”事件等。其中很重要的原因在于政策制定者所依据的数据往往是总量型数据，如GDP、社会融资等。这些数据或许可以反映中国经济的整体状况，但难以反映不同细分主体的结构性特征，结果可能导致政策未达到预期的目标。对于微观数据的采集，传统的手段是依靠政府和相关统计机构的基层人员采取抽样、问卷调查等。这种方式一方面由于统计成本较高难以获得高频率的数据，另一方面由于条件限制而无法了解更加细致的情况。而在数字经济时代背景下，可以通过税务部门、银行、社保等部门之间进行数据交换和共享，全面提升政府对企业经营、居民财富的数据获取能力，从而能够制定更加精准的政策，提高我国的现代化治理水平。因而，推进国家治理体系现代化对数字经济新基建提出了更好的要求，也为数字经济新基建的应用提供了新的发展机遇。

总之，我国的经济发展、科技进步、产业转型、防控疫情以及制度改革都为数字经济新基建提供了发展良好的机遇与广阔的应用前景，从而为我国经济高质量发展提供了现实路径。

四、数字经济新基建发展模式与重点

(一)5G 网络基础设施

作为数字经济新基建领域的重要代表，从狭义上看，5G 新基建主要聚焦在网络建设方面，包括标准体系、芯片、器件、系统设备、终端、运营设备、终端、运营等关键领域环节；从广义看，5G 同时作为重要的工具性产业，还包括大量基于 5G 衍生的服务及应用。遵循着移动通信每十年一代的迭代周期规律，移动流量快速增长及巨大的万物连接需求驱动着 5G 的发展。5G 是具有低时延、高可靠、可连接万物、可实现海量信息传输的网络，是构建万物互联的基础，与云计算、人工智能、大数据、视觉技术、传感技术、边缘计算等新一代信息技术的结合激发了数字经济的发展潜能，并且服务于生活娱乐、消费零售、交通出行、城市管理、工业制造、农业生产、医疗健康、教育文化、旅游等领域。

据中国信通院测算，从产业规模看，在直接产出方面，2025 年、2030 年将分别增长到 3.3 万亿元、6.3 万亿元；在间接产出方面，2025 年、2030 年将分别带动 6.3 万亿元和 10.6 万亿元。按产业间的关联关系来看，2025 年 5G 直接拉动的 GDP 将达 1.1 万亿元，2030 年预计 5G 对经济增加值的直接贡献将超过 2.9 万亿元，2025 年 5G 间接拉动的 GDP 将达到 2.1 万亿元，2030 年将进一步增长到 3.6 万亿元(见图 4—1)。

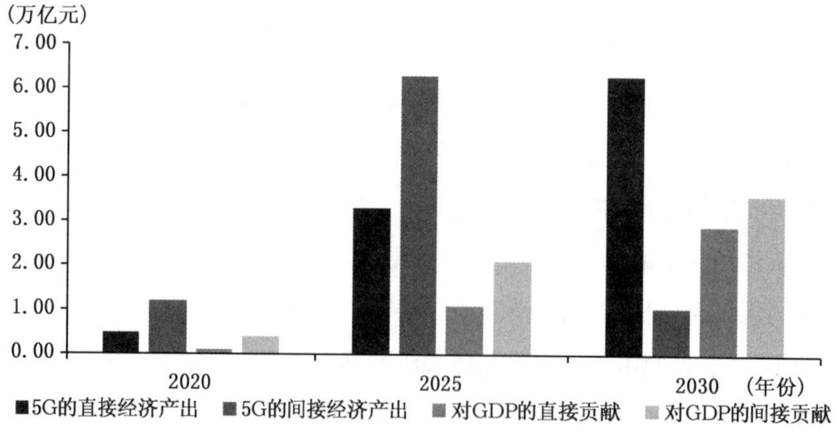

资料来源：中国信通院。

图 4—1 5G 行业直接和间接经济产出以及对 GDP 的直接和间接贡献走势预测

1. 主要特征

(1)产业链特征。5G 的产业链条较长，主要由上游移动通信基础设施、中游移动通信运营商服务以及下游终端及应用场景构成，基本形成了千亿级领军企业带动、中小企业辐射型发展的格局。其产业链主要由以下特征：一是基站系统需求巨大，资本驱动效应明显。作为整个5G通信产业基础架构，基站系统建设及后期运营维护需要巨大的资本时间投入。相比于4G，5G通信重构了基站系统的架构，采用"宏站＋小站"的全新组网模式，未来新建5G基站数量预计是4G的两倍以上。二是关键领域受制于人。随着5G天线有源化趋势凸显，未来基站终端设备商将逐步占据价值链高端环节。三是企业体量差距明显，行业洗牌的风险较大。由于5G基站建设处于快速扩张期且进入门槛较低，市场竞争愈加激烈。从体量上看，我国本土企业规模从几百万到几千亿元不等，未来整个市场变数较大。

工信部数据显示，2019年，我国正式启动5G商用，全国开通5G基站12.6万个，预计2020年力争实现全国所有地级市5G网络覆盖，将建设超过60万—80万个5G基站。根据兴业研究的预测数据，目前5G基站的建造数量约为4G的1.2—1.5倍。以此推算，5G基站数量将在2020至2022年迎来大幅增长。预计到2025年，5G基站将达到800万个(见图4—2)。

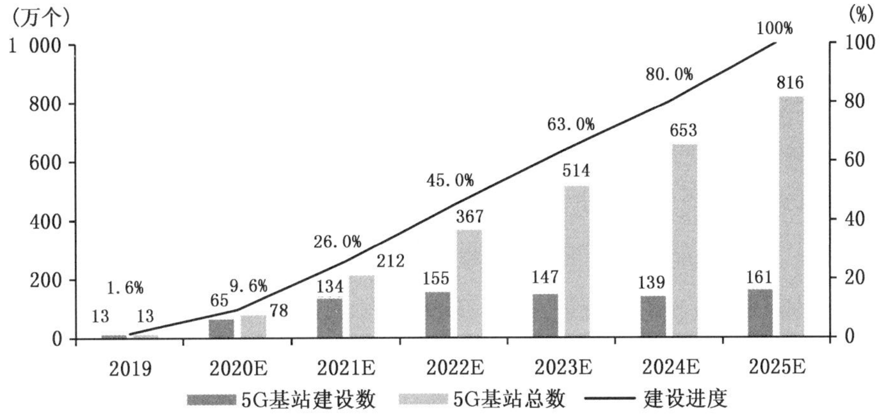

资料来源：工信部、兴业研究所。

图4—2 5G基站投资规模预测

(2)价值链特征。5G的经济带动能力强大，投资与产出规模十分可观。5G应用场景价值链呈现以下特征：一是垂直行业的融合速度加快。2019年上半年以来，各地区、各行业在5G融合应用方面涌现出了一批代表性案例，主要集中在VR/AR、超高清视频、车联网等十大应用场景，5G商用价值在垂直行业应用中得到最大体现。二是VR产业备受瞩目，无人驾驶技术也初露锋芒。VR终端设备现已占据巨大的市场份额，未来5G的高速率、低时延特性将为VR提供更好的体验。三是物联网平台及超高清视频的潜力巨大。目前,我国三大运营商已经开始着手对物联网平台进行部署,随着网络速率提升及应用终端逐步完善,5G对4K/8K超高清视频产业发展将具有重要推动作用。

(3)融资模式。当前国内基建项目主要有两种主流的融资模式,分别是BT模式和BOT模式。BT模式项目期通常在3—5年,周期较短,回报率也比较固定,优点是投资主体明确、结算方式简单,但也存在费用过大、融资监管难度大、分包严重、质量得不到保证等问题。BOT模式则是通过引入社会资本共同运营,共同承担风险,因而可以有效解决BT模式的弊端,项目周期较长,可能长达20年—30年,与之相伴的风险也较大。

5G基建属于数字经济新基建中能够较早落地的领域,其资产相对较轻,投资周期相对较短,适用BT模式进行融资。具体来说,BT模式(Build-Transfer)是政府利用社会资金来进行非经营性基础设施建设项目的一种融资模式,投资者来负责项目的融资和建设,并在规定时限内将竣工后的项目移交给项目发起人,再由项目发起人根据事先签订的回购协议分期向投资者支付项目总投资及确定的回报。在这种模式下,工程承包商依靠BT项目进行抵押获得银行贷款。BT模式下的投资公司在项目前期主要承担了建设期的风险,建成后则将经营风险转移给政府,投资公司仅承担资金到期的风险。在项目前期,政府仅承担监督义务,并在项目建成开始经营后,开始承担经营过程中的风险及偿还投资公司资金的义务。这种模式将大量的非政府资金引入城市基础设施建设中,既能够缓解政府的资金压力,还能为企业开辟新的投资渠道,因此在基建领域得到广泛应用。

2. 发展路径

近年来,以5G为代表的数字经济新基建得到各方高度重视,加快5G商用步伐已经成为各界共识,国家层面也高度重视5G发展。早在2015年,国务院出台的《中国制造2025》中,就明确指出要"全面突破第五代移动通信(5G)技术"。此后,党中央、国务院以及有关部委出台了多个文件,从5G网络建设、融合应用、产业生态、研发创新、安全保障等多个维度,协同加快我国5G发展。2020年以来,中央20天内4次部署"新基建",其中5G两次被提及,意味着5G在"新基建"的地位举足轻重。2020年3月,工信部发布《关于推动5G加快发展的通知》,涉及网络部署、应用创新、技术研发、网络安全等多方面,被业界认为是中国5G发展的"纲领性文件"。我国5G网络建设持续稳步推进,5G基站数量全球排名第一,三大运营商也纷纷加大5G网络建设力度。

我国移动通信产业经历多年积累,已具备实现5G引领的产业基础。曾经历了"1G空白,2G跟随",并未形成产业链的局面。到第三代通过采用与传统欧美FDD技术不同的TDD技术,提出了TD—SCDMA,实现了标准与产业的全面突破,初步建立了我国的移动通信产业链。到4G时期,TDD和FDD形成了在全球同步发展并各占半壁江山的格局，移动通信产业链进一步完善。到了5G，只有TDD技术才能支撑5G这种海量数据的传输需求，我国实现"5G引领"的机遇已经来临。

在我国建设5G网络的过程中，应分以下几步走：

(1)进一步做大做强5G产业链。我国5G发展中，产业链仍然存在薄弱环节，因此要进一步做大做强5G产业链。首先，要加快5G产业链上下游复工复产的进度，与基础电信企业5G网络建设形成供应链协调，稳固产业链相关环节的优势地位，为国内5G建设提供强有力的支撑。其次，要集中力量突破重点产业链薄弱环节，集中力量突破技术瓶颈，围绕着5G核心产业、特色应用、配套服务等多层次、差异化的布局，打造基础扎实、特色鲜明、前景广阔的区域性5G产业群。

(2)以重点垂直行业为切入点做大做强5G应用生态。要推动5G与垂直行业融合。一方面，加快制定5G与重点垂直行业融合发展的规划，推动形成包括技术、标准、产品、服务一整套可复制、可推广的解决方案。另一方面，加强试点示范和推广应用，以垂直行业中的龙头企业带动行业的中小企业应用5G融合方案，加快5G在垂直行业中的应用普及和成熟。注重与AI、区块链等新一代信息技术的融合创新。要完全释放出5G链接的潜能，必须通过融入新兴的IT技术，全面实现从"互联"到"智联"的飞跃，也是5G赋能各垂直行业的关键。注重商业模式的试错和演进。要从基本的管道流量收费模式，逐渐向大数据服务(数据存储、分析等)、垂直行业的平台开发以及数字内容的合作开发等方向演进，为5G持续健康发展探索科学合理的路径。

(3)全方位加强5G领域国际对话和交流。开展政府间高层次5G领域对话。依托中国—欧盟领导人会晤、金砖国家峰会、中国—中东欧国家领导人会晤等高层平台，建立5G领域对话和合作机制，助推我国与全球各区域国家在5G特别是5G网络安全领域达成共识。加大国际规则制定的参与力度。政产学研界要继续发挥在ITU、3GPP等国际标准组织中的作用，尤其是围绕5G议题输送高质量的研究成果和我方观点。加大与ITU、联合国亚太经社会等国际组织合作，推动东非信息高速公路、亚太信息高速公路等多边合作的落地，为我国5G在"一带一路"沿线国家的合作和发展奠定坚实的基础。聚焦物联网、车联网、工业互联网等重点领域与其他国家开展业务创新合作，在技术、标准、应用和安全等方面与世界各国共同推进5G发展，形成5G命运共同体。加大与ITU、联合国亚太经社会等国际组织合作，推动东非信息高速公路、亚太信息高速公路等多边合作的落地，为我国5G在"一带一路"沿线国家的合作和发展奠定坚实的基础。

3. 重点领域

5G是赋能垂直行业数字化转型的核心引擎。应用场景覆盖了各行业和各领域，与垂直行业的融合衍生出了新业态、新模式。

（1）智能医疗领域：5G 在医疗领域的应用，可进一步提升医疗服务的品质与效率，实现医疗健康应用中各要素的全连接。随着 5G 与智能医疗业务的不断结合，医疗服务不断走向云化，医疗设备、信息系统、医务人员、患者、管理人员将通过 5G 等无线网络实现互联互通。医疗领域中的智能化 5G 应用，极大地提高了医疗效率与效益，降低了医疗服务中的人工出错率。

（2）智能电网领域：5G 与智能电网的有机结合是实现能源智能化的重要基础。5G 与智能电网是电力领域的信息化基础设施，可使发电过程更加清洁友好，输变电过程更加安全有效，配电过程更加灵活可靠，隔离承载也更加安全，构造出一张智慧能源互联网。5G 已经成为实现国家电网提出的“智能电网”发展战略的重要技术支持手段。

（3）智能教育领域：5G 与教育领域的结合，能够大幅提升教学体验，让教学变得更加生动，改变现有教学的刻板印象。以可触达、多互动的表现方式，实现教育领域的个性化与智能化。一方面，借助 5G 与 AR/VR 技术，学生的课堂体验不再是黑板呈现的平面内容，而是生动的三维内容，通过可视化展示，能进一步提升学生对知识的认知和理解。另一方面，5G 与 AR/VR 技术的有效结合，能够大幅提升学生的自主学习意愿，在激发学习兴趣的同时提高学习效果，让教育更智能。

（4）智能交通领域：5G 是构建车路云协同的新型智能交通体系的关键技术。5G 与智能交通基础设施的结合应用，可在车、路、云三者之间实现车辆状态信息、路测管理信息、虚拟交通环境信息、远程/辅助驾驶信息等多种信息的实时交互。

（5）云 AR/VR 领域：5G 在云 AR/VR 领域的应用，将有效解决传统 AR/VR 数据传输速度慢以及传输延时高的痛点。一方面，5G 所拥有的大带宽网络特性，可实现存储上云、计算上云，能有效减少 AR/VR 眼镜的重量及成本，加速 AR/VR 技术在场景端的应用；另一方面，5G 网络可降低传输过程中的时延，避免使用 VR 眼镜过程中由于时延导致的眩晕感，进一步提高了 VR/AR 的交互性和沉浸式体验。

（6）超高清视频领域：5G 在超高清视频领域的应用，将解决超高清视频产业的传输痛点，逐步带动超高清视频产业从技术、硬件、应用等多方面的产业升级。随着众多国际赛事的催化，超高清视频采集设备、VR 视频应用设备将成为新的产业突破点。此外，5G 与超高清视频技术的应用，还会带动文教娱乐、智慧医疗、安防监控、工业制造等相关产业的创新发展。

5G 技术在各领域的应用将会构造出智慧生活和智慧生产的全新图景，推动着万物互联的数字化社会的发展，赋能人们生产、生活中的各个领域，为我国经济发展带来了更广阔的发展前景。

(二)数据中心基础建设

在数字经济的背景下,数据中心作为5G应用中的基石,回答了数据如何存储、如何管理及如何应用三个问题。

1. 主要特征

伴随着5G网络、物联网等领域的发展与应用,近年来可获取的数据体量呈现指数化增长,互联网数据中心(Internet Data Center,IDC)发布的白皮书指出,2018—2025年,预计全球每年生产的数据规模将从33ZB增长至175ZB,年均复合增长率可达27%,而我国数据规模呈现更快增速,预计每年数据量增速可达150%,与数据规模扩张同步的还有数据维度的增加。数字经济时代的到来使得数据成为新的生产要素,而数据中心作为存储、提供数据服务的关键部分,在数字经济新基建中发挥着关键的支撑作用,成为数字经济新基建发展的关键领域之一。

数据中心战略地位的强化以及新技术的发展使得数据中心从只提供场地、带宽等基础服务的互联网数据中心进一步演变成融合IDC、区块链、云计算、人工智能等新型技术,以数据为基础,同时纳入算力及算法的数据基础设施,其发展呈现出政策扶持力度加大、规模快速扩张、投资主体多元化的特点。

(1)数据中心建设政策扶持力度加大,政策指引逐渐细化。早在2012年国家及地方政府已经就数据中心建设提出相关政策及指导意见,2012—2017年,国务院、财政部等部门通过出台《促进大数据发展行动纲要》《"十三五"国家战略性新兴产业发展规划》及《"十三五"国家信息化规划》等政策及指导意见,从国家层面明确数据中心建设的战略地位及重要意义。而由工业和信息化部出台的《关于进一步规范因特网数据中心业务和因特网接入服务业务市场准入工作的通告》《关于数据中心建设布局的指导意见》《关于国家绿色数据中心试点工作方案》《关于深入推进新型工业化产业示范基地建设的指导意见》,以及《关于组织申报2017年度国家新型工业化产业示范基地的通知》,均从数据中心的建设规范、与产业间的结合等方面明确了数据中心建设的细则。

从地方层面而言,各地均积极出台相关政策及规定以推动数据中心及相关产业建设与发展,早在2016年,北京、上海、重庆等地已分别出台《北京市"十三五"时期信息化发展规划》《上海市大数据发展实施意见》及《重庆市大数据发展工作方案(2016－2018)》以明确数据中心的相关建设规划,确定了数据中心建设的战略地位。

而2020年3月,中共中央政治局常委会在会议上首次明确表示数据中心建设为新基建建设范围,会议指出"加快5G网络、数据中心等新型基础设施建设进度",这标志着在新基建的背景下，数据中心的关注度及政策扶持力度持续加强。

伴随着发展规划的快速出台，各地针对数据中心建设的政策也在不断细化以保证政策及指导意见在实际践行过程中的有效性。遵循“新基建”的集约高效、智能绿色原则，为实现数据中心能源利用的高效性，2015 年出台的《关于国家绿色数据中心试点工作方案》中明确规定了截至 2017 年能效平均需提高 8%，并制定了绿色数据中心相关国家标准及最佳实践。

(2)市场规模不断扩张，投资主体呈现多元化。在过去的五年间，中国 IDC 业务在市场规模及单体规模两方面均实现快速扩张，截至 2019 年，市场规模已达 1 562.5 亿元，2014—2019 年年复合增长率达 33%，呈现持续扩张趋势(见图 4－3)。同时在 2020 年疫情期间，线上疫情防控所需及在线办公模式的大规模普及驱动了数据中心整体需求端的延伸，预计 2020—2022 年数据中心规模将引来新一轮的快速增长。数据中心机架数量在 2019 年达 227 万，相比 2016 年机架数量增长 83%。在单体规模方面，单个数据中心呈现大型化趋势，按照机架规模可将数据中心依次划分为超大型数据中心、大型数据中心、中型数据中心及小型数据中心等，其中机架数量大于 1 万的为超大型数据中心。去年年底，我国已建成的超大型及大型中心数量占比达 12.7%，而规划在建的数据中心中 36.1%为超大型、大型数据中心[①]，加之 2020 年国民经济和社会发展计划草案中明确说明将推动区域级数据中心集群建设，而十三五规划亦明确划分了 15 个将建立集群化数据中心的城市群，预计单个数据中心的平均规模将持续扩大，呈现大型化、园区化、集群化趋势(李晨等，2020)。

与传统基建相比，数字经济新基建除去以新兴技术为驱动，具备科技含量较高的特点外，其在建设主体方面也从传统的政府主导发展为由政府、企业及市场多元主体共同建设的模式。在此背景下，伴随着产业链的扩张与发展，数据中心的投资主体也逐渐呈现多元化的特征，由单一的通信运营商主导发展为由第三方数据中心以及行业企业等多投资主体(张瀚，2020)。投资主体的开放与扩张带来了产业投资规模的大幅增长，2019 年我国数据中心投资规模已达 3 698 亿元，同比增长连续三年超过 13%[②]。据赛迪顾问预测，预计受到疫情影响，2020 年数据中心投资规模增速同比将出现下滑，增速低于前三年平均水平，但总体来看数据中心投资规模将持续保持稳定增长态势(见图 4－4)。

---

① 数据来源：科智咨询，《2019—2020 年中国 IDC 产业发展研究报告》，http://www.idcquan.com/Special/2020baogao/mindex.html。

② 数据来源：赛迪顾问。

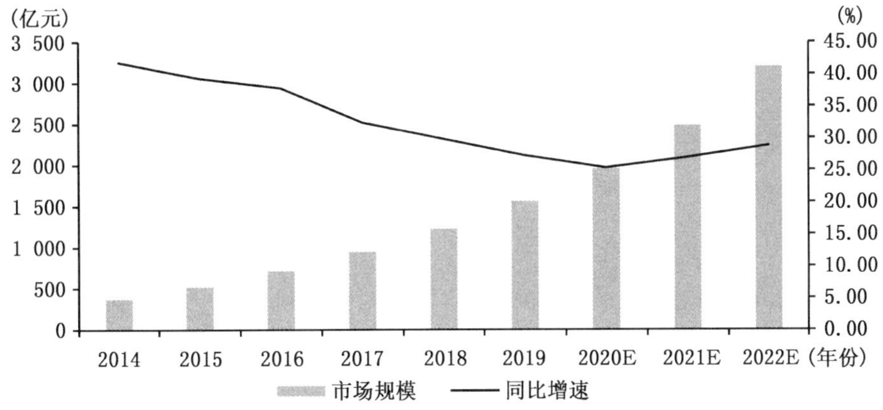

资料来源:科智咨询。

图 4—3　2014—2019 年中国 IDC 业务市场规模及增速

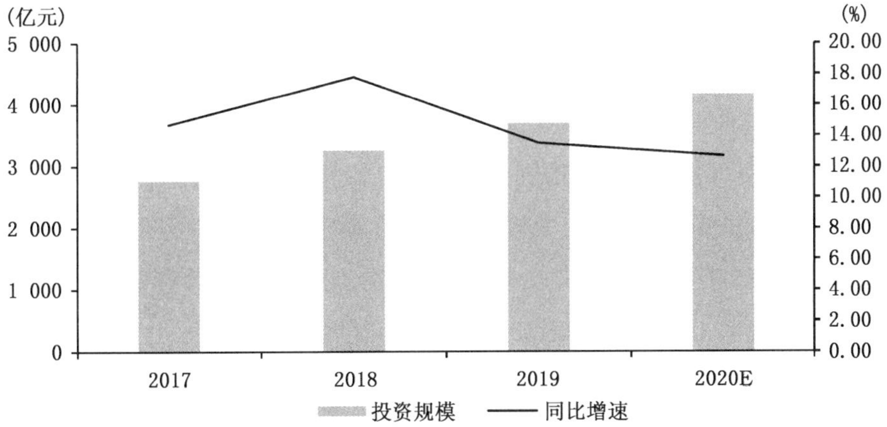

资料来源:赛迪顾问。

图 4—4　2017—2020 年中国数据中心 IT 投资规模及增速

2. 发展路径

(1)主动探索国际市场,以横向、纵向延伸形成整合优势。伴随着全球数据中心市场环境的快速发展,产业发展呈现国际化趋势,一方面以阿里、华为、中国电信为代表的我国优势企业加快了在国际市场上的布局,其中阿里云已完成超大型数据中心的全球布局,在全球可覆盖 56 个可用区,中国电信已在境外建设 13 个自有数据中心,并与全球 80 多家企业建立了 IDC 合作①;另一方面,别国企业也在发力抢占中国市场,CyrusOne 已

① 数据来源:中国电子信息产业发展研究院,《中国"新基建"发展研究报告》,http://www.cena.com.cn/industrynews/20200617/107291.html。

与万国数据签订战略合作协议并开展数据中心业务合作，苹果公司也借助其本身业务发展，在贵州完成了数据中心搭建。从本土市场向全球化市场的探索已成为企业重要发展方向。

市场竞争加剧所带来的是企业之间的整合与业务范围的拓展。数据中心产业链主要囊括上游的基础设施、中游提供服务与解决方案的IDC专业服务、云服务商及下游的应用厂商。其中基础设施主要包括IT、电源设备、动环监控，中游主要包括IDC集成、运维服务及IaaS、SaaS、PaaS等服务的提供商，而数据中心的下游应用范围较广，可囊括互联网、金融、公共服务等多个方面。目前，在数据中心的产业链各阶段均已出现例如中恒电气、中兴、浙大网新为代表的优势企业。张瀚(2020)指出，位于同一产业链阶段的优势企业通过横向并购进行资源整合已成为必然趋势，而在横向整合的基础上，依据产业链的纵向延伸趋势也逐渐加强，其中从中下游向上游延伸的通道已逐渐清晰。

(2)业务内容不断扩张，业务结构加速调整。在发展的过程中，数据中心的概念不断外延，如今数据中心已经成为融合了云计算、人工智能等技术，集数据、算法及算力于一体的基础设施，其业务范围也从最初的单一的网络存储业务延伸至云计算、云存储服务等复合型服务。与此同时，其业务结构也发生了明显变化，以提供空间、网络等基础服务为核心的主机托管、宽带租赁等传统业务占比降低，而以安全系统运维、系统集成服务为代表的增值服务呈现高速增长(王子帅等，2020)。2019年，托管业务虽然仍为业务结构中的最大组成部分，但相比2018年出现0.2个百分点的下滑，云计算业务比例同比增长1.6个百分点，达到27.5%，成为仅次于托管业务的主要业务内容。①

(3)数据中心趋向模块化、层次化发展。数据中心模块化技术按照其内部构建形式可大致分为集装箱数据中心、微模块数据中心及仓储式数据中心。集装箱数据中心顾名思义将服务器、网络设备等集中于集装箱内；微模块数据中心则将独立的微模块作为机房的基本单位，单个微模块内包含空调、消防设备等；仓储式数据中心内部可采用集装箱或仓储式结形式，通常表现为多层建筑结构。为增强各个功能模块的弹性，模块化已成为数据中心的重要发展方向，通过独立模块的形式，使得各个功能模块独立、可调整与扩展，从而进一步挖掘设备的使用价值，提高运维效率。

李晨等(2020)指出，伴随着数据规模的扩张以及精细化程度加强，在未来，数据中心将呈现层次化布局，数据中心的建设将结合所在区域的用户、业务承接模型、土地、电力等运营成本的特点选择建立国家级、区域级(省级)、边缘数据中心及用户端节点。

---

① 数据来源：科智咨询，《2019—2020年中国IDC产业发展研究报告》，http://www.idcquan.com/Special/2020baogao/mindex.html。

3. 重点领域

数字经济时代下智慧社会的发展要求数据中心基础建设逐步实现跨行业、跨地域，最终建立完善的全国一体化数据中心体系。

(1)加快与垂直行业的融合，推动智慧社会发展。智慧社会的建设以及5G的应用都在不断推动数据中心与垂直行业的融合，其中智慧社会的建设要求数据中心能够在公共安全、市场监管、生态保护等方面优化城市综合治理的水平，在政务办理、医疗健康、交通出行等方面为居民提供更加高效智能化的服务。

(2)实现跨行业、跨地域建设，搭建标准化、绿色化的一体化数据中心。伴随着数据中心基础建设的快速铺开，数据中心建设的标准化及规范化程度将进一步提升。李晨等(2020)指出未来数据中心基础建设过程将在选址、布局、建设结构、内部设备等多个方面实现标准化与规范化，以服务于数据中心的建设与扩展。与此同时，数据中心建设过程中应加强对于能源利用的关注，绿色化、集约化的数据中心将成为其发展的必然趋势，绿色化数据中心的建设要求在未来不断提升制冷、供配电等基础设施的能源利用水平。

从中长期来看，数据中心的应用需要实现跨行业、跨地域的融通，破除行业壁垒，实现行业间的数据共通，推动协同发展，破除地域壁垒，搭建全国一体化的数据中心，推动数据共享以实现城市间、区域间的协同发展。

(三)人工智能基础建设

人工智能是指通过使用机器模拟人类实现认知、识别和决策等过程，分别对应认知能力、感知能力以及计算能力。人工智能基础建设是指在智能经济时代背景下为社会生产及居民生活提供智能化公共服务的开放平台建设以及基础设施智能化升级改造。我国新一代人工智能市场规模在2018年已达83.1亿美元[①](见图4—5)，其中人工智能与政府应用、互联网、医疗、金融等领域的快速融合与发展推动了其市场规模的进一步扩张，预计2019—2022年人工智能市场规模将保持持续扩张趋势，2020年受疫情影响，人工智能与各个行业的结合速度或会产生差异，其中人工智能与医疗、人工智能与包括人脸识别在内的安防等领域的结合或进一步加快。

1. 主要特征

区别于传统基础建设，新基建更加注重利用协同效应，人工智能基础建设表现出投资主体、数据资源、人才资源等多个方面的协同开发特征。

(1)投资主体协同。基础建设具有投资成本大、投资周期长的调整，与传统基建不

---

① 数据来源：中国电子学会，《新一代人工智能产业白皮书(2019年)——主要应用场景研判》http://www.199it.com/archives/1072046.html。

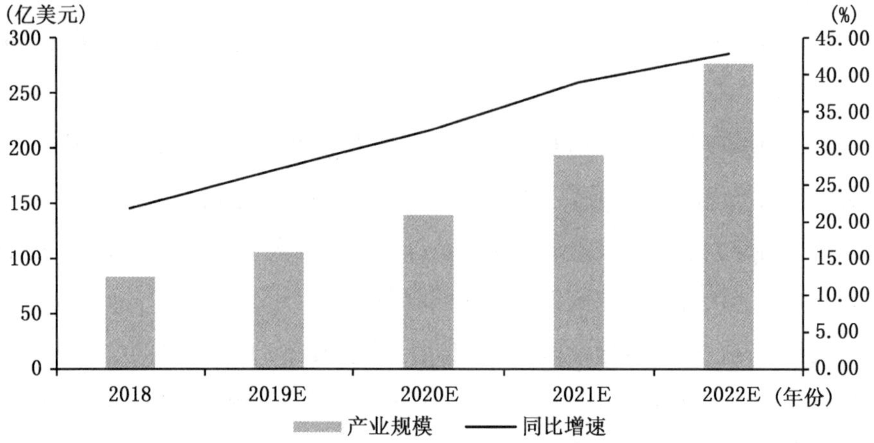

资料来源:中国电子学会。

图4—5 2018—2022年中国新一代人工智能产业规模及增速

同,数字经济新基建在投资主体上由政府主导逐渐发展为政府、行业、企业的协同模式,充分发挥市场的力量。在人工智能基建的过程中,政府应主要发挥引导、支持作用,从人才培养、融资环境等角度进行基础建设的环境保障建设,将主导权交予行业及企业。

(2)数据资源协同。数据资源作为分析计算的基础及主要对象,是支撑人工智能核心算法库的关键要素,由此在人工智能建设的过程中要求保障数据的规模及使用效率。为进一步拓展数据规模,应推动政府、行业、企业的数据开放及数据融合,实现更大范围的数据聚合,同时为保障使用效率与数据使用安全,在使用中应加强使用标准规范、践行数据安全管控。

(3)人才资源协同开发。针对人工智能领域人才资源的开发主要分为两个方面:一是通过加强基础教育及人员培训,在社会实现理念和应用的推广,培育更多的人工智能人才;二是通过人工智能算法开源平台的建设,促进算法库、模型库等软硬件能力的交流互动,提升已有人才能力的基础上,降低人工智能的门槛及开发成本。

2. 发展路径

结合人工智能及基础设施的定义,人工智能基础设施建设是指在智能经济时代的背景下,从社会生产和居民生活两个角度提供的公共服务系统建设。其主要包括两个层面:从社会生产的角度而言,为更有效地推动个人及企业创新、发挥行业间的协同效应、优化产业生产效率,提出了人工智能开放平台的建设;从居民生活的角度而言,人工智能需要与传统基础设施相结合,为居民提供智能化的基础设施,进一步保障和优化居民生活。

(1)人工智能开放平台建设。为降低企业的创新门槛,加强人工智能的普惠性,同时通过开放人工智能技术推动创新发展,生产效率提高,进而反哺智能社会建设,2017—2018 年,由政府牵头,与百度、阿里云、科大讯飞等各行业的大型企业联合,推动我国首批国家级人工智能开放平台的建设,而伴随着国家级开放平台的引领,松鼠 AI1 对 1、京东等企业也开始实践开放平台建设。

典型的人工智能开放平台一般包括算力层、算法层以及应用层。以腾讯觅影 AI 辅诊开放平台为例,其医学知识图谱、诊断模型以及名医专家库等构成了平台的算力层,通过计算机视觉、深度学习以及自然语言处理等人工智能技术进行处理,最后实现早期筛查、辅助诊断等平台核心功能应用。类似的,百度、阿里云、科大讯飞、商汤科技分别在自动驾驶、智能城市、智能语音及智能视觉细分领域实现了开放平台的建设,而之后京东、松鼠 1 对 1 也分别实现了智能教育及智能零售方面的平台建设,推动了开放平台在各行业的覆盖率。

(2)传统基础设施智能化升级改造。传统基础设施的智能化升级主要指将智能算法嵌入包括电力、交通等原有的基础设施上,以满足智能经济、智能社会的发展需求,其中本书将以智慧城市的发展历程为切入点,说明包括城市服务、交通管理、智能建筑在内的传统基础设施智能化升级的发展历程。

2008 年,智慧城市的概念首次被 IBM 提出,并引起了全球的广泛关注,标志着智慧城市建设的开始。2013 年,我国针对智慧城市建设设立了第一批试点,开启了智慧城市在我国的快速发展,2013—2015 年间我国智慧城市的建设进入由政府主导的爆发期,截至 2017 年,智慧城市的投资规模达到 3 274 亿元,试点城市达 572 个,相比 2013 年增长 104%[①]。2016 年至今,智慧城市的发展进入理性实践阶段,国家及地方政策从爆发期的试点推广转向智慧城市建设过程中的实际问题指引,在该阶段发布了《智慧城市技术参考模型》《智慧城市顶层设计指南》等指导文件,完成了国家标准体系的搭建,而相关技术的发展也将进一步推动智慧城市的实践落地。2020 年全球疫情的出现进一步驱动了人工智能在城市防控领域的渗透,推动人脸识别、行动轨迹监测等技术的应用,预计 2020—2022 年全球智能安防产业的规模增速将持续不断提升,到 2022 年全球智能安保在城市公共安防领域的渗透率或将达到 25%(见图 4—6)。

① 数据来源:艾瑞咨询研究院,《中国智慧城市发展报告》,http://www.199it.com/archives/851101.html。

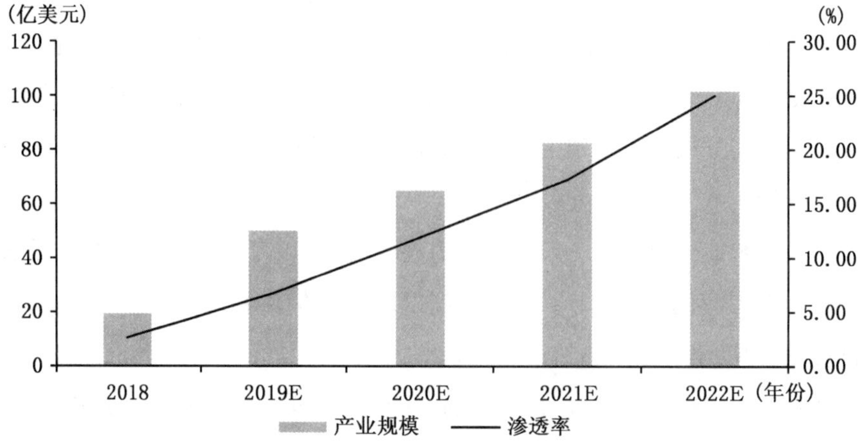

资料来源:中国电子学会。

图4—6 2018—2022年全球智能安防产业规模及新一代人工智能的增速

3. 重点领域

在未来,人工智能基础建设一方面需要继续推进核心技术的研发,另一方面将进一步在开放平台建设与传统基础设施智能化升级改造继续探索。

(1)推进人工智能核心技术研发。人工智能产业链可划分为基础层、技术层及应用层,其中基础层以传感器、AI芯片、服务器为代表,主要包括网络、算法、硬件设施,对应计算基础设施。基础层是实现人工智能应用的基础,但就目前而言,我国在AI芯片等基础层设施的企业较少,且平均技术水平相对发达国家落后,高端芯片仍以进口为主要获取渠道,预计伴随着人工智能在行业的进一步应用,人工智能芯片的重要性将进一步加强。

(2)探索开放平台建设及传统基础设施智能化升级路径。目前,我国虽在人工智能开放平台的建设以及传统基础设施智能化升级方面取得了一定的进展,但同时也暴露了一些问题——开放平台的权责明晰仍须加强,传统基础设施智能化升级改造的范畴仍需扩大。

一方面,针对开放平台的建设需建立完整的开发、运营规范,在开发前期须明确建设主体,保证多个主体之间的责任明晰、规划一致,同时明确相应的运营维护主体及成效评价等保障措施及规范。另一方面,无论是开放平台还是传统基础设施的建设,其与行业融合的广度及深度都将进一步实现拓展。从广度来说,在现有的教育、医疗等行业的基础上进一步纳入公安、能源、交通、金融等领域从深度来说,与行业融合的过程中将进一步提升相应领域的代表性企业尤其是科技企业在建设过程中的作用,以实现投资主体的协同，充分发挥市场的作用。

(四)工业互联网

工业互联网是新一代信息技术与工业经济深入融合的新业态模式，广泛应用于制造业、建筑、能源、交通、医疗等领域，以传统制造业为支撑，融合数据感知、先进计算和智能分析等能力，促进了传统产业的转型升级。2019 年国务院《政府工作报告》提出，打造工业互联网平台，拓展“智能＋”，为制造业转型升级赋能。2020 年，受新冠肺炎疫情影响，受到冲击的各个行业被迫加速数字化转型，工业互联网越发成为推动产业智能化升级的利器。

1. 主要特征

工业互联网本质是制造技术与信息技术融合的产物，通过系统构建网络、平台、安全三大功能体系，打造人、机、物全面互联的新兴网络基础设施，形成智能化发展的新兴业态和应用模式。工业互联网所呈现的“工业数据＋工业云平台＋工业应用”的功能层及架构，是由信息技术企业、工业企业、互联网企业和众多开发者共同构建的生态体系。

近年来，我国工业互联网产业规模迅速扩大(见图 4—7)。2019 年我国工业互联网产业总体规模为 2.13 万亿元，增速达 47.3%，对数字经济增长的贡献率达到 15.6%，预计在 2020 年工业互联网产业整体增速将达到 48%，直接带动 255 万个新增就业岗位。目前，“5G＋”工业互联网正加速向企业生产核心环节衍生，注册的标识总量已突破 54 亿，进入工业互联网平台的工业设施已达 4 000 多万台。据统计，我国工业互联网直接产业增加值和渗透产业增加值均呈逐年增长态势，其中渗透产业增加值增速高于直接产业增加值。2019 年，我国直接产业增加值为 0.92 万亿元，同比增长 19%；渗透产业增加值为 2.49 万亿元，同比增长 23%。工业互联网对三次产业增加值规模的拉动效应同样显著，其中对第二三产业增加值规模带动远大于第一产业。2019 年，我国工业互联网带动第二产业增加值规模达 1.94 万亿元，带动第三产业增加值规模为 1.79 万亿元，略小于第二产业(见图 4—8)。

(1)工业互联网在融合应用方面不断走深向实。近三年来，工业互联网融合应用潜力逐步得到释放，大中小企业融通发展不断深化，推动上下游产业链的协作水平。同时，工业互联网应用创新持续活跃，涌现出了各类新模式、新业态。“5G＋”工业互联网融合应用加速落地，工业互联网＋金融等特色应用模式加速成型，成为实体经济数字化转型的全新驱动力。产业发展环境持续优化，基础设施加速推进，产业规模持续增长，形成了战略引擎、规划指导、政策支持、技术创新、产业推进良性互动的局面。

(2)工业互联网平台加速推进。在平台方面，工业互联网平台体系快速壮大，赋能能

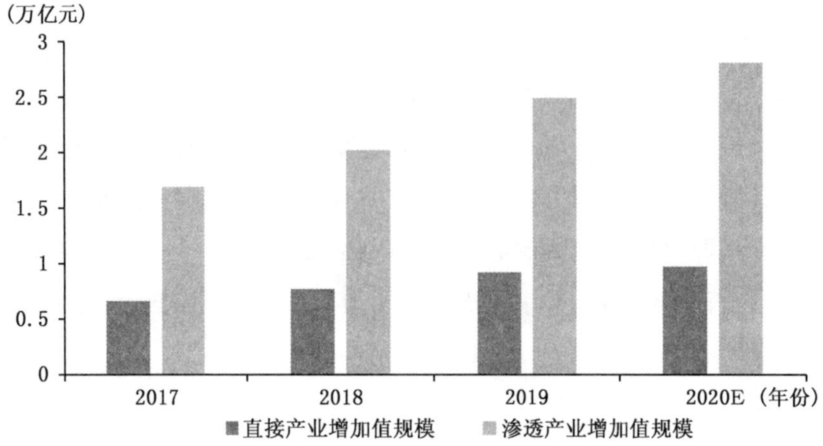

资料来源:中国工业互联网研究院。

图 4－7 2017—2020 年中国互联网增加值规模结构分布情况及预测

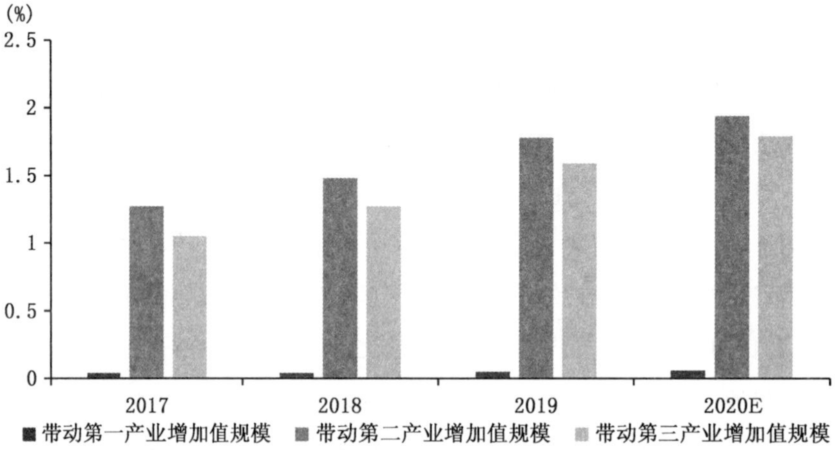

资料来源:中国工业互联网研究院。

图 4－8 2017—2020 年中国互联网带动三次产业增加值规模统计情况及预测

力不断增强,网络建设与改造成效显著,服务质量明显提升,“5G＋”已经成为行业改造的全新路径。工业互联网标识解析体系实现了从 0 到 1 的突破,以国家顶级节点为核心的工业互联网标识解析体系成效显著,“东西南北中”一体化格局初步形成。标识应用的全面展开使企业不断探索出产品追溯、供应链管理、产品全生命周期管理等多种特色应用模式。

目前,具有一定行业、区域影响力的工业互联网平台已达 70 多个,其中跨行业跨领域平台、垂直行业、专业领域和企业平台各具特色,多层级优势互补的平台体系初步形成。工业互联网基础设施建设的持续推动，使现有网络基础得以夯实，标识解析体系越发健全，平台发展核心实力和安全保障能力有效提升，同时工业互联网围绕重点行业、重点领域和重点企业的应用，直接培育出一批系统解决方案供应商和运营服务企业。

(3)工业互联网产业支撑显著增强。当前，我国工业互联网的产业生态加速完善，支撑水平显著提升，呈现出优势壮大、新兴领跑、短板追赶的差异化发展态势。作为新兴基础设施建设的关键领域，工业互联网对经济、社会发展的促进作用正在以更广范围、更深层次快速显现，助理企业提质降本增效，带动智能化和生产效率显著提高，促进形成经济增长新动力。

2. 发展路径

2012 年 11 月，美国通用电气公司(GE)发布《工业互联网：打破智慧与机器的边界》白皮书，指出工业互联网将传感器及其他先进的仪器仪表嵌入各种机器，收集并分析海量数据，用以改进机器性能，提高系统和网络的效率。当从智能设备和系统收集到足够的信息以促进数据驱动的学习时，就会出现智能决策，工业互联网的全部潜力得以发挥，并使整个工业经济都享受到提高生产力、降低成本和减少排放的收益。白皮书首次正式提出了工业互联网的概念，并认为工业互联网是 200 多年以来继工业革命、互联网革命之后的第三次影响世界的革命性转折。

2011 年 4 月，在汉诺威工业博览会上出现了“工业 4.0”这一概念，德国政府投入 2 亿欧元来支持这一工业领域的革命性创新。研究表明，以信息物理系统(CPS)为核心，旨在实现全生命周期内的制造单元自动控制，推进制造业向智能化转型的工业 4.0 将会引领制造业的下一代变革。

2014 年 3 月，美国电话电报公司、思科、通用电气、英特尔和国际商用机器公司宣布成立工业互联网联盟(IIC)，以大企业来带动更多企业开始采用工业互联网技术，参与成员不断扩展。这标志着工业互联网进入模式应用推广阶段。联邦政府资助建立“数字化制造与创新设计研究中心”，启动“数字制造公共平台”作为数字化制造的开源软件平台，鼓励中小创新机构、创业者和创客等开发面向不同制造业领域的软件解决方案。

2015 年日本提出“工业 4.1J”计划(Japan Industry 4.1J)，将工业智能化从单一企业延伸到产业整体价值链。其架构包括四部分：一是用工业网关进行工厂数据收集；二是平台进行数据传输与存取；三是对所收集的数据进行分析；四是专家系统进行数据解读并提供建议。该计划将日本分散在世界各地的工厂串联起来，实现集安全管理、资产管理、零件订购管理、远程服务、控制技术支持等于一体的智能工厂环境，利用云端技术监控系统实时观察正常生产情况，实现安全的资产管理、采购管理、远程服务、高级控制技术支持环境。

为推进产业转型升级，不断提高生产效率，2015 年 3 月，李克强总理在政府工作报告中提出了“中国制造 2025”的概念，之后不久中国政府又发布了《国务院关于积极推进“互联网＋”行动的指导意见》。2016 年 2 月，在工业和信息化部的支持和指导下，中国信息通信研究院联合制造业、通信业、互联网业等企业联合成立了工业互联网产业联盟(AII)，其发布的我国《工业互联网体系架构(版本 1.0)》为开展工业互联网时间提供了参考依据，对推动我国工业互联网产业发展起到了积极作用。截至 2017 年，德国电气电子和信息技术协会已经发布了工业 4.0 的标准化路线图，意味着工业 4.0 从建议方案走向了实际阶段，西门子等传统巨头也已经开始部署实验性项目建设。

与国外工业互联网平台相比较，我国平台在 IaaS 层具有技术基础，但脱胎于消费互联网，优势不明显；在 PaaS 层对行业知识和专业技术方面积淀不足，尚未解决工业互联网与消费互联网之间专业性巨大差异问题；在 SaaS 层尚未实现细分领域蓬勃发展。特别是在 PaaS 层，美国 PaaS 层技术具有绝对优势，全球各国工业互联网平台 PaaS 核心架构几乎均采用美国的 Cloud Foundry(开源 PaaS 云平台)和 Docker(开源应用容器引擎)等开源技术，美、德一些企业具备将核心经验知识固化封装为模块化的微服务组件和工具开发能力，我国 PaaS 层相关技术刚起步，还处于探索阶段。

3. 重点领域

当前，我国工业互联网行业处于产业发展初期，未来有望进一步扩大自身影响范围，成为各方势力追逐资本的最新热点。其中，处于产业链重要地位的三个细分领域分别是工业软件、工业云平台和工业大数据。

(1)工业软件。工业软件是指应用于工业领域，为提高工业研发设计、项目管理和过程控制管理水平的相关软件及系统。从宏观的角度来看，工业软件包括生产控制软件、信息管理和嵌入式工业软件，主要承担工业大数据采集和处理工作。近年来，日渐加剧的制造业竞争和客户多样的个性化需求使得制造企业对工业软件提出了更高的要求，互联网、物联网、移动通信的快速发展，计算和存储能力的迅速提升，软件开发技术的不断创新、虚拟现实及三维技术的普及，也在为工业软件发展带来更多的机遇。

(2)工业云平台。基于数据采集、汇集、分析的服务体系，工业云平台主要面向对制造业数字化、网络化和智能化有需求的制造业企业，支撑优势资源的高效配置。伴随着国内物联网、边缘计算、数字孪生等技术的快速发展，工业云平台在推动工业与互联网融合、OT 与 IT 融合的浪潮中的作用越发突出，它连接了政策和产业之间的重要环节，为工业的诸多细分行业提供各自差异化发展的沃土。

(3)工业大数据。工业大数据是指在工业领域中,以智能制造模式为基础,从客户需求到销售、订单、计划、研发、生产、交付、服务等整个产品全生命周期的各个环节中,所生产的各类数据及相关技术和应用的总称。这一领域包括企业生产经营相关业务数据、设备运行数据、外部数据等,工业大数据对数据的真实性、实时性和完整性提出了更高的要求。

(五)物联网

1. 主要特征

物联网是在互联网基础上的延伸和扩展的网络,将各种信息传感设备与互联网结合起来而形成的一个巨大网络,能够实现在任何时间、任何地点,人、机、物的互联互通,即通过各种网络接入,实现物与物、物与人的广泛连接,实现对物品及其流动过程的智能化感知、识别和管理。其主要具备以下三种特性:其一,物联网具备感知判断、有效传输、智能控制与处理等属性;其二,物联网通过实现感知、传输、处理与应用数据的一体化,将人与人、人与物之间的交流联系拓展到物与物之间;其三,物联网的发展不能脱离互联网,必须建立在互联网发展到一定程度的基础之上。

2. 发展路径

调查数据显示,全球互联网产业规模从 2008 年的 500 亿美元至 2018 年已经增长至 1 510 亿美元,年均复合增长率实现了 12%的突破。另外,全球国际物联网的渗透率在 2017 年实现了 29%,并预计到 2020 年将有高于 65%的企业和组织会将物联网广泛应用到其产品中,全球联网设备数量将达到 260 亿个,全球互联网人数的规模有望实现 60 亿。而全球联网设备带来的数据将是 2012 年的 22 倍,实现 45ZB 巨大数据量,年复合增长率将达到 48%。可以说,全球互联网的发展已经进入了新阶段。从国内来看,全国物联网近几年保持较高的增长速度,“十三五”以来,我国物联网市场规模稳步增长,到 2019 年底中国物联网市场规模达到 1.77 万亿元,未来物联网市场仍有极大的上涨空间,预计 2020 年中国物联网市场规模将突破 2 万亿元(见图 4—9)。

目前,产业成熟度的提升和联网技术的升级促使物联网设施成本不断下降,与十年前物联网相关设备的价格相比,现在的处理器价格只有十年前价格的 2%,而传感器价格是之前的 46%,成本的下降极大地推动了全球物联网的普及。而随着 5G 技术、以太网、LTE—V 等技术的不断升级,全球互联网不断向深层次发展,数据的处理能力和处理速度实现了较大的突破,极大地推动了互联网的革新。

全球物联网技术的发展表现为多国齐头并进,近年来欧美各国逐渐将其置于国家战略层级,并视为新的经济增长点和科技竞争优势的要害所在。欧盟、美国、日本等主要经

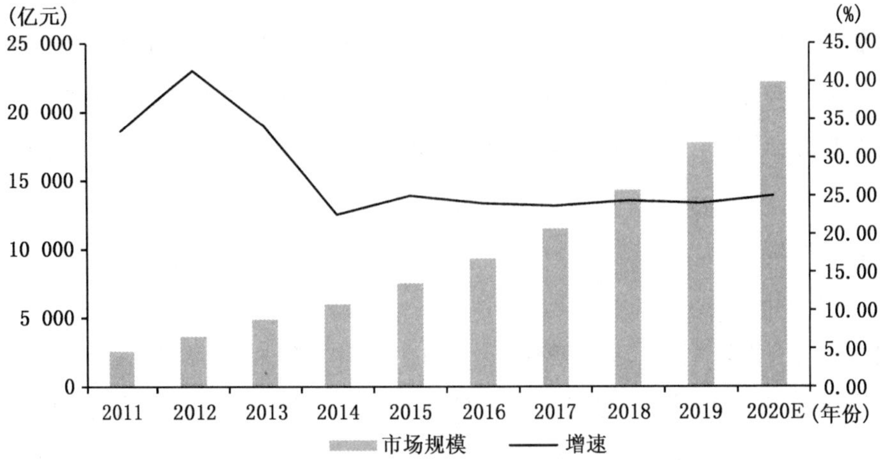

资料来源:工信部。

图4—9 2011—2020年中国物联网市场规模统计及预测

济体于多年前相继进入物联网技术的试验和探索阶段,日本的“U-Japan”和韩国的“U-Korea”,以及IBM提出的“智慧地球”概念,都反映出世界物联网研究的蓬勃发展之态。从研究情况来看,RFID作为一种英国早期用于战争时期的无线通信技术,其发展至今已广泛应用于门禁识别、物品溯源、特定场所的管理系统等领域,当下已经被作为智能标签重点发展。在未来,RFID技术将会应用于更多更复杂的场景、更加多样的环境,多个国家研究组织已经启动了相关标准的制定和完善,多所顶尖世界名校实验室也在逐步开展相关领域研究工作。

我国的物联网发展布局同样进展显著,目前物联网发展正以强有力的劲头,逐步深化到互联网的各个领域,立足互联网发展范围,结合电子商务各种模式,对接物品生产与人的生活需求。国家对物联网的研发及发展处于高度支持状态,多次发展规划中都明确支持必须深化物联网发展,合理规划物联网产业,拟定相应的物联网发展战略,实现物联网“有章程”“有组织”“有后台”的科学协调推进,在现代化社会发展中逐步挖掘及发挥潜能,促进信息技术革新。

工信部对移动物联网(NB—IoT)的网络覆盖提出了明确要求,到2020年底NB—IoT网络将实现县级以上城市主城区普遍覆盖、重点区域深度覆盖,预计NB—IoT网络质量将得到大幅提升,进一步推进NB—IoT新场景的开拓。中国信通院的数据显示,2019年我国移动物联网基站数达122个,其中中国联通、中国移动、中国电信分别为34个、43个、45个,预计到2020年我国移动物联网基站数将达到150个(见图4—10)。

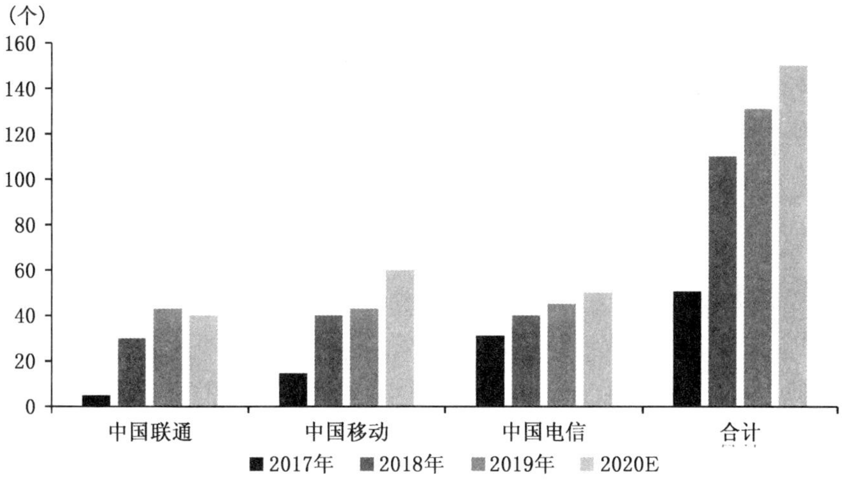

资料来源：运营商官网、中国信通院。

图 4－10　2017—2020 年中国移动物联网(NB-IoT)基站数

3. 重点领域

我国工信部于 2011 年年底发布《物联网“十二五”发展规划》，规划要求到 2015 年初步完成物联网产业体系构建，形成较完善的物联网产业链，在十个重点领域完成一批应用示范工程。十大物联网应用的重点领域分别是智能电网、智能交通、智能物流、智能家居、环境与安全检测、工业与自动化控制、医疗健康、精细农牧业、金融与服务业、国防军事。

(1)智能电网。智能电网可以自动优化相互关联的各个要素，分别在发电、配送和消耗环节测量能源，实现整个电网更好地供配电决策。电力用户可以随时查看用电记录获取用电价格，根据了解到的信息改变其用电模式；电力公司可以实现电能计量的自动化，摆脱大量人工繁杂工作，通过实时监控实现电能质量监测、降低峰值负荷，整合各种能源，以实现分布式发电等一体化高效管理。最终实现更高效灵活的电网运营管理，达到节能减排和可持续发展的目的。

(2)智能交通。通过采集汇总地理感应线圈、数字视频监控、车载 GPS、智能红绿灯、手机信令等交通信息，可以实时获取路况信息并对车辆进行定位，优化车辆行程，避免交通堵塞，选择泊车位置。交通管理部门可以对公共交通进行智能调度和管理，对私家车辆进行智能诱导以控制交通流量，高效侦查、分析和记录交通肇事行为，对进出高速的车辆进行无缝识别、标识和自动收取费用，提高交通通行能力。

(3)智能物流。通过在货物或集装箱上加贴 RFID 电子射频标签，同时在仓库门口或其他货物通道安装 RFID 识别终端，自动跟踪货物的入库和出库，识别货物状态、位置、性能等参数，并通过有线或无线网络将这些信息位置和货物基本信息传送到中心处理平台。通过该终端的货物状态识别，可以实现物流管理的自动化和信息化，改变人工识别盘点和识别方式，显著提高物流效率和企业竞争力。

(4)智能家居。狭义的智能家居是指各类消费类电子产品、通信产品、信息家电及智能家居等通过物联网进行通信和数字交换，实现家庭网络中各类电子产品之间的“互联互通”；广义的智能家居则是指智能社区建设，即以信息网、监控网和电话、电视网为中心的社区网络系统。随着数字技术的发展和管理体制的改革，目前独立的互联网、电话和电视网三个网络正逐步融合为一个统一的综合网络，实现信息资源共享和设备的优化配置。

(5)环境与安全检测。物联网可以广泛地应用于环境与公共安全检测中，可监测内容包括震动、压力、流量、图像、声音、光线、气体、温湿度、浓度、化学成分、生物信息等。建立完善的公共安全监测物联网可以为公共安全风险提供有效的预防机制，使得重大安全事件得以及时、有力、透明的解决。

(6)工业与自动化控制。物联网技术可以应用于生产线的过程检测、实时参数采集、生产设备与产品监控管理、材料消耗监测等，并通过与企业 ERP 系统对接，实现管控一体化和质量溯源，提升生产管理水平和产品质量档次。物联网与环保设备融合可实现对工业生产过程中产生的各种污染物 COD 等关键指标进行实时监控，防止突发性环境污染事故的发生。另外，还可灵活应用于员工出勤管理，采用 RFID 射频技术实现考勤的完全自动化。

(7)医疗健康。智慧的医疗保健系统将建立以病人为中心的真正的医疗保健系统，将药物研发、药品流通、病人、医疗机构、保险商等人、物环节很好地连接为一个整体，提高服务效率，改善医疗环境，融洽医患关系，达到经济效益与社会效益的双赢。

(8)精细农牧业。在精细农业方面，物联网可以通过有线或无线传感器终端采集常用物理参数，将数据发送到中心处理平台进行综合处理，提高农产品环境监测效率；在畜牧精准养殖方面，通过给每个牲口固定 RFID 耳标的方式，自动跟踪并随时掌握家畜的重要属性，生产操作数据化，降低人工成本，保证畜产品安全，为提高农牧产品质量起到重要的促进作用。

(9)金融与服务业。物联网的发展给金融和服务业带来了许多全新的发展空间，当下的手机支付已经具备远程及移动支付等强大功能，能够随时随地享受金融支付服务，同时具备网上银行的所有功能，而安全可靠的技术支持有效避免了银行磁卡容易复制盗用的风险。在餐饮服务和旅游服务业,物联网相继打造了智慧餐厅系统和智慧旅游服务中心,极大地提高了服务质量和服务效率。

(10)军事国防。物联网技术将军事领域的各种军事要素(如人员、车辆、武器装备、卫星、雷达等)整合为有机整体,实现作战部队互联、互通,达到精确感知战场态势。通过对作战地形、气候等战场环境,对敌我双方兵力部署、武器配置、运动状态等信息的实时掌握,形成高效的作战平台,进而综合分析敌我双方的计划和意图,精确、动态地继承和控制各类信息资源,进行战术指挥,快速打赢现代信息化战争。

五、发展数字经济新基建中面临的挑战与对策

(一)面临的挑战

1. 数字经济新基建存在重复建设的较大可能

数字经济新基建作为新兴事物,其投资模式与传统基建项目区别较大。首先,投资规模跨度较大,从几十万元至数千亿元不等,投资期限也长短不一。其次,数字经济新基建投资主体更加多元化,既包括政府主体也包括社会主体。数字经济新基建有着社会需求大、建设周期长且溢出效应明显等特点,能够形成强大的投资带动效应。此外,传统基建多以政府投资为主导,因融资渠道狭窄且缺乏畅通性,常导致基础设施建设延滞、短期化行为严重等问题。而数字经济新基建不同于传统基建的大型设施,在一定程度具有公共物品属性,这就决定了数字经济新基建不仅需要充分发挥政府的投资作用,而且因投资规模巨大,在充分调动民间的投资积极性的同时,社会各领域资本特别是民营企业、中小微企业也均积极参与其中。投资主体积极参与新基建建设推动了其长足发展,也为数字经济新基建建设带来了新的挑战。

当前,各地纷纷出台投资计划,投资过程中可能存在重复建设、产能过剩、重建设轻运营等问题,个别存在“一放就乱”的现象,缺乏可持续发展的经济增长模式以及准确且具有针对性的实施方案,新基建投资若统筹不到位,极易导致投资失控。

2. 数字经济新基建存在较大的融资缺口问题

在传统的基础设施建设中,往往以政府、国企为主,民营社会资本参与门槛较高。这与基础设施的特点及作用相关,基础设施建设投资作为逆周期调节手段,承担了稳定经济增长的重要作用,以铁路、水利工程为代表的传统基础设施建设具有公共服务属性明显的特征,所呈现的外部性导致其难以通过市场化的方式实现获利,投资回报率低,因而与以利润为经营目标的企业不匹配,同时基础设施投资周期长、投资成本大的特点也会使得其投资主体承担较高的财务风险,因此在传统基础设施建设中主要以政府或国企为

主要的投资主体。与此同时,政府及国企在进行投资的过程中也主要采用财政拨款或发行专项债券等非市场化的手段进行募资。

与传统基础设施建设相比,数字经济新基建的公共服务属性有所弱化,更注重与各个行业的融合应用,强调行业、产业间的协同以及商业化的发展,但其投资成本大、投资周期长的特点仍旧存在,且数字经济新基建下科技含量的提升对于投资主体及日后的运营都提出了更高的要求。与此同时,数字经济新基建的发展并不意味着传统基础建设的弱化与消亡,而是推动数字经济新基建与传统基础建设的统筹协调,在此情况下,数字经济新基建的发展过程中,其土地、资金、人力等资源要素将进一步受限。

3. 数字经济新基建面临新型安全挑战

数字经济新基建与传统的基建相比,最大的不同就是"数字化、网络化、智能化"。5G、人工智能、数据中心、工业互联网、大数据等新型信息基础设施将整个社会带入了万物互联的智能时代。数字经济新基建将对城市的管理效能、企业的生产方式、交通的出行体验、社区的管理模式等产生深度的变革,人类社会更多的基础设施控制、更多的关键角色也将被机器接管。例如,智能电网中的自动调度、智慧城市中的交通控制、智慧家庭中的家用电器控制,甚至金融、证券、保险中的部分投资决策也被机器人替代等。智能化将带来整个社会生产效率和社会服务便捷性大幅度提升。

但是数字经济新基建在带给人们生产效率和生活便捷性提升的同时,也带来了巨大的网络安全挑战。随着整个经济社会的全面数字化、网络化和智能化,网络信息数据的安全也越来越重要。新技术、新业态和新场景在带来发展机遇的同时,也让该行业的数据安全和隐私保护问题更加突出,网络安全风险与日俱增。随着数字经济新基建的启动,未来越来越多的民生与产业命脉都与网络安全相关,尤其是物联网、车联网、智慧城市、工业互联网中的海量设备接入网络,"万物互联、数字孪生"成为现实。万物互联将使得传统的网络防御策略和机制将难以应对新型的攻防对抗,从而对网络的稳定与信息数据安全提出了全新的要求,使得社会经济面临的网络安全的挑战也愈加严峻。

4. 数字经济新基建存在突出的区域与城乡的不平衡问题

由于不同区域的发展水平存在差距,地方政府的财政状况有所不同,因而对数字经济新基建的投入也存在差异。具体而言,东部地区经济较为发达,其财政收入也较多,相应地对数字经济新基建响应更加积极,而广大中西部地区经济发展水平相对落后,地方政府财政收入较少,部分地区甚至常年依靠中央财政转移支付,相应地对数字经济新基建响应较为消极。由于我国各区域经济发展水平已经存在较大差距,如果通过数字经济新基建导致经济发展差距进一步拉大,则将产生马太效应,即经济发达的地区将变得更为发达，而相对落后的地区由于缺少新的发展动能而发展得更为缓慢，这对我国区域协调发展，实现共同富裕的目标构成挑战。

同样地，城乡也存在类似的问题。目前我国城乡发展不平衡，城乡收入、教育、医疗、政府公共投入等都存在较大差距。发展数字经济新基建是否会因农村人口相对稀少无法产生规模收益而投资较少或不投资，从而导致城乡之间的“数字鸿沟”进一步拉大，由此导致城乡的基本公共服务供给产生较大差距，造成城乡差距进一步扩大，这也是数字经济新基建需要应对的挑战。

5. 数字经济新基建面临突出的国际形势变革的冲击

自唐纳德·特朗普 2016 年就任美国总统以来，美国政府不断加紧对中国的围堵和打压。中兴、华为、海康威视、360 等多家中国科技企业，以及部分高校和研究所都被列入美国“实体清单”。根据美国《出口管理条例》，列入“实体清单”的企业将无法再与美国有任何商业交易。观察美国近年来对多家中国公司及机构的“卡脖子”行为，不难发现，美国对中国高科技企业及机构的制裁及打压，绝大多数都集中在芯片、精密仪器制造、通信、数据资源安全等高科技领域。

美国对中国的围堵和打压是全方位的，包括贸易、科技、外交等领域。而高科技领域作为引领未来产业发展方向的关键领域，可以说谁掌握了高科技领域，谁就掌握了未来的竞争优势，因而科技领域是美国打压中国的重点。数字经济新基建作为支撑未来科技进步、产业转型升级的新型基础设施，对我国实现强国复兴至关重要，因此，不可避免地受到美国的制裁和围堵。如何在这种复杂的外部环境中，继续实施数字经济新基建，实现我国的科技强国和制造业强国之梦是我国必须面对的挑战。

(二)对策建议

1. 处理好系统谋划和顶层设计的问题

从政府层面来看，要加强统筹规划，优化体制机制。一要加强规划。建议将数字经济新基建纳入国家和各地的“十四五”规划，并制定专项规划，做到一次规划，分步实施，避免各地一哄而上，形成恶性竞争。数字经济新基建同传统基础设施建设也要做好衔接，数字经济新基建中包含大量的硬件建设任务，可以发挥立竿见影的经济刺激作用。同时，要注意有节有序推进，不能用力过猛和过度刺激。二要制定政策，加强引导。针对各个领域和细分领域，做到精准施策，对政策效果进行跟踪评估，动态调整。特别是应出台财税、产业政策。对数字经济新基建相关产业，给予税收减免支持，提供低息贷款、专项贷款、专项债，在上市、发债等资本市场行为上也应予以大力扶持。切忌进行简单粗放式的投资，须聚焦高精尖行业，瞄准核心技术，实施重点措施进行精准建设。三要建立统一的监管平台。建议由国家发改委或者工信部设立数字经济新基建项目库和监管平台，设定门槛，优质项目入库，同时利用大数据、物联网和云计算技术，建立全生命周期新基建项目管理平台、信息公开，实现对各类数字经济新基建项目的开放透明监管。四是促进产业链和价值链壮大。高度重视数字经济新基建产业生态建设，在已有产业互联网生态建设的基础上，加强产业链上下游企业的协同发展，鼓励在技术、资本和市场方面相关性较高的企业共同构建包容开放的生态共同体，催生新业态、新产业、新服务发展，最大限度实现新基建的放大效应，推动我国经济转型升级。五是积极加强数字经济新基建专业人才队伍建设力度。高等院校可以开设大数据、人工智能等新专业，改革人才培养模式，加强学科交叉融合。同时，发挥各类职业院校的作用，培养一批高技能型人才。

2. 充分发挥新型融资模式的作用

从市场层面来看，充分发挥市场机制调节作用，增强市场活力。政府不能包办，而是要充分激发市场活力，构建以政府引导和市场主导相配合的投资模式。一是创新投融资机制，大力推行政府和社会资本合作(PPP)模式。在数字经济新基建具体投融资模式选择上，应根据基础设施所在行业的风险和收益特性，引入与之相匹配的投资方，有针对性地设计个性化的投融资方案。二要拓宽融资渠道。进一步扩大地方政府专项债规模，设立专项建设基金等措施支持新基建项目，更大程度发挥政策性金融作用。三要发挥政府资金的引导作用。政府投入应聚焦基础性、公益性部分，通过政府投入改善营商环境和产业条件，撬动更多的社会资金投入。充分调动民间投资积极性，为民营企业等拓宽融资渠道，以此进一步激发市场活力。四要完善监管机制。监管机构可重点加强金融机构数字化改造的支持力度，推动传统金融机构通过线上平台创新线上产品，加强智能风控，低成本、高效率地服务小微企业，缩小双方数字化鸿沟。

3. 协调发展信息化与网络安全

数字经济新基建的网络安全与信息化需要协调发展。要建立新的网络安全理论和技术体系来应对未来的信息化发展。例如，近年来提出的“零信任”理论以及从“纵深防御”到“先发制人”的策略转变等。2014 年 2 月，在中央网络安全和信息化领导小组第一次会议上，习近平总书记强调指出，网络安全和信息化是一体之两翼、驱动之两轮，必须统一谋划、统一部署、统一推进、统一实施。做好网络安全和信息化工作，要处理好安全和发展的关系，做到协调一致、齐头并进，以安全保发展，努力建久安之势、成长治之业。这些指示和精神同样适用于数字经济新基建。

此外，要高度重视以零信任为代表的新型安全理念。万物互联的一个明显特征是防护边界变得模糊，传统网络化行之有效的边界防护策略将无法适应“无处不在”“随时随地”的计算环境。特别是随着以5G、工业互联网为代表的数字经济新基建的不断推进，会进一步加速安全防护策略的“无边界”进程。零信任理念“不以便捷作为信任条件”构建的网络空间安全新型体系，通过运用大数据、云计算、人工智能有效解决过去难以解决的安全难题。

4. 注重区域协调与城乡协调发展

注重区域协调发展，完善各地区数字基础设施建设，打造城市群发展新动力，弥合区域间、城市间的“数字鸿沟”，注重数字经济新技术的普惠性和可及性，提升全民信息化素养。由于不同地区的信息和网络技术发展水平、应用程度等都存在较大差别，因而，数字经济新基建在实施过程中要注意点面结合，协调发展。城市群是区域协调发展战略的重要载体。据统计，2018年19大城市群地区集聚了我国大约80%的人口，创造了超过80%的GDP。要将城市群、都市圈作为布局数字经济新基建的重点。以京津冀、长江经济带、粤港澳大湾区建设等重大战略为引领，加快构建城市群数字网络，带动人流、物流、资金流、信息流的合理流动和高效集聚，提升资源配置效率和生产效益，开拓区域融合发展新空间。推进城市群内、城市群间基础设施的数字化、智能化改造，实现区域协调发展。

数字基建的普惠性还需要进一步下沉，推动中西部地区、落后地区等数字基础设施建设与改造，缓解城乡之间的“数字鸿沟”，为实施乡村振兴战略和助力脱贫攻坚形成有力支撑。加大农村地区信息和通信基础设施建设力度，完善信息终端和服务供给，加快解决之前未能有效覆盖的短板，避免“信息落差”“知识分隔”带来新的贫富分化加剧。构建数字经济时代城乡融合发展的数字基础设施体系，畅通以数据为代表的新型生产要素在城乡间的双向流动。例如，在农村电子商务、远程教育培训、自然资源遥感监测和农业物联网平台、智慧农业基础设施等方面重点发力，切实发挥“数字乡村”建设在完善乡村产业体系、实现农业农村现代化中的重要作用。强化数字技术使用的宣教普及，培育全民信息化素质素养。

5. 积极应对美国等国对中国的科技围堵和打压

始终坚持独立自主，坚持新技术研发，持续加大研发投入尤其是基础研究的投入。正如2016年2月3日，习近平总书记在江西考察时指出，“核心技术是买不来的”“我国发展必须依靠创新。掌握核心技术的过程很艰难，但这条路必须走”。中美在高科技领域竞争日趋激烈，美国战略遏制中国高科技发展已经昭然若揭。冷静应对美国的科技封锁和打压，结合中国自身的实践、坚定不移深化改革开放，保护知识产权、持续加大研发投入。同时正确、有效地实施产业政策，积极支持对芯片、基础软件等短板领域以及5G、人工智能等新技术的研发。

此外，统筹利用国内和国际两个市场，打破美方对中国的高科技封锁和围堵。首先深化国际数字经济合作，携手更多国家和地区共同探索数字经济创新，完善数字经济协商机制；其次，推进“一带一路”数字基础设施建设，提升跨境交流水平，改善区域通信状况；再次，积极打造和参与国际化的开源社区、开源平台等基础设施建设，吸引全球优秀团队、行业企业和优秀的开源项目入驻平台，促进技术的写作攻关与迭代；最后，积极参与制定国际数字标准体系与数字治理机制，加强国际数据治理规则研究与治理政策储备，健全知识产权保护等法律法规，完善数据跨境交易、流通与监管机制，构建网络空间命运共同体。

参考文献

[1]陈赟，沈艳，王靖一. 重大突发公共卫生事件下的金融市场反应[J]. 金融研究，2020(6)，20—39.

[2]丛林. 基于技术、应用、市场三个层面的我国物联网产业发展研究[D]. 辽宁大学.

[3]郭峰，王瑶佩. 传统金融基础、知识门槛与数字金融下乡[J]. 财经研究，2020(1)：19—33.

[4]韩贵黎. 信息化时代下分析物联网工程的发展趋势[J]. 老字号品牌营销，2020(9)，67—68.

[5]胡晶. 工业互联网、工业4.0和“两化”深度融合的比较研究[J]. 学术交流，2015(1)：151—158.

[6]姬少宇，王凡，曹方. 迎接新基建浪潮，推动5G产业高质量发展[J]. 科技中国，2020(4)：59—62.

[7]李晨，陈元谋，孙雪媛."新基建"赋能大数据中心演进及布局思考[J]. 通信世界，2020(21)：37—40.

[8]刘诚，钟春平，郑国楠. 信息化提高了公共政策效率吗？—基于新冠肺炎疫情准自然实验的实证分析[J]. 财经研究，2020(9)：4—18.

[9]陆岷峰. 新冠肺炎疫情式危机与金融的数字化应对. 零壹财经公众号，2020，https://www.01caijing.com/blog/335218.htm.

[10]吕本富. 抗疫催生的24个数字经济新业态. 数字经济研学会公众号，2020，http://sa.sogou.com/sgsearch/sgs_tc_news.php?req=gNWjMh9kjpEtYgjReTdUXWklEob

iroD4C39nebtRztLjmrAlinWJQjyWoUlnhmox&user_type=1.

[11]吕素昌．基于产业经济学视角的我国物联网产业发展分析[J]．当代经济，2018(24):28—29.

[12]吕晓慧，陈菁菁，李凯．数字金融促进商业模式创新[M]//黄卓．数字金融的力量:为实体经济赋能．北京:中国人民大学出版社．

[13]毛振鹏．发展工业互联网推动工业数字化智能化转型升级[N]．青岛日报，4月24日第八版．

[14]石光．新冠肺炎疫情呼唤产业互联网加快发展．腾讯研究院，2020，https://mp.weixin.qq.com/s?src=11&timestamp=1603977314&ver=2674&signature=j8dNH3ohFUHdt9om6nYqh7U9qmed0Oomzis8uRtdYSUWlCjFtLXHpkVwaIjyOR04HSvggnlCxYM1Msa0l39zUqWJrZppVyiWRhUUp0RGgIsmA8ROpd4AiTIu7PlDdqBp&new=1.

[15]王靖一，郭峰，李勇国．中国线下微型商户总量估算及影响因素分析:来自金融科技公司的证据，北京大学数字金融研究中心工作论文，3月．

[16]王靖一，郭峰，李勇国．新冠肺炎疫情对线下微型商户短期冲击的定量估算——兼论数字金融缓解冲击的价值，北京大学数字金融研究中心工作论文，3月．

[17]王立斌．产业经济学视域下优化物联网发展路径探析[J]．中国集体经济，2020(19):23—24.

[18]王子帅，黄贞静，祁麟，公静．"新基建"背景下提升数据中心建设质量路径研究[J]．电子质量，2020(6):74—76.

[19]王文军．工业互联网迎来加速发展期[N]．中国城乡金融报，2020—09—11.

[20]吴文君，姚海鹏，黄韬，王露瑶，张延华，刘韵洁．未来网络与工业互联网发展综述[J]．北京工业大学学报，2017，43(2):163—172.

[21]王宇，黄浩东，宋万伟，陈昊佢．5G时代下的物联网产业链发展[J]．电脑编程技巧与维护，2020(8):80—93.

[22]杨钋，刘永烨．疫情与大规模在线教育应用——以某教育科技企业数据为例[J]．香樟经济学(北京)云会议汇报论文，2020—04—05.

[23]杨骅，王雪颖．5G新基建打造数字社会新图景[J]．移动通信，2020，44(8):66—72.

[24]张瀚．对新基建数据中心建设布局的有关思考[J]．改革与开放，2020(13):29—33.

[25]张鑫,王明辉. 中国人工智能发展态势及其促进策略[J]. 改革,2019(9):31—34.

[26]赵首花,闫育芸. 工业互联网发展应用分析探究[J]. 工业控制计算机,2020,33(8):12—05.

[27]郑世林,李梦丹. 政府新媒体使用与新冠肺炎疫情防控[C]. 香樟经济学云会议报告论文,2020—04—05.

[28]Alvarez,F. E. ,Argente,D. ,and Lippi,F. ,2020,"A Simple Planning Problem for COVID-19 Lockdown", NBER Working Paper No. 26981, Available at http://www. nber. org/papers/w26981.

[29]Atkeson,A. ,2020,"What Will Be the Economic Impact of COVID-19 in the US? Rough Estimates of Disease Scenarios",NBER Working Paper No. 26867,Available at http://www. nber. org/papers/w26867.

[30]Bacher-Hicks,A. ,2020,Goodman,J. ,and Mulhern,C. ,"Inequality in Household Adaptation to Schooling Shocks: COVID-Induced Online Learning Engagement in Real Time",NBER Working Paper No. 27555,Available at http://www. nber. org/papers/w27555.

[31]Barro,R. J. ,Ursua,J. F. ,and Weng,J. ,2020,"The Coronavirus and the Great Influenza Pandemic: Lessons from the "Spanish Flu" for the Coronavirus's Potential Effects on Mortality and Economic Activity",NBER Working Paper No. 26866,Available at http://www. nber. org/papers/w26866.

[32]Berger,D. ,Herkenho,K. ,and Mongey,S. ,2020,"An SEIR Infectious Disease Model with Testing and Conditional Quarantine", NBER Working Paper No. 26901,Available at https://www. nber. org/papers/w26901.

[33]Chiou,L. ,and Tucker,C. ,2020,"Social Distancing,Internet Access and Inequality", NBER Working Paper No. 26982, Available at https://www. nber. org/papers/w26982.

[34]Chen,H. ,Qian,W. ,and Wen,Q. ,2020,"The Impact of the COVID-19 Pandemic on Consumption: Learning from High Frequency Transaction Data", Working Paper, Available at https://papers. ssrn. com/sol3/papers. cfm? abstract _ id = 3579423.

[35]Correia,S. ,Luck,S. ,and Verner,E. ,2020,"Pandemics Depress the Economy,Public Health Interventions Do Not: Evidence from the 1918 Flu",Working Pa-

per, Available at https://papers. ssrn. com/sol3/papers. cfm? abstract_id=3561560.

[36] Dingel, J. I. , and Neiman, B. , 2020, "How Many Jobs Can be Done at Home?", NBER Working Paper No. 26948, Available at https://www. nber. org/papers/w26948.

[37]Fang, H. , Wang, L. , Yang, Y. , 2020, "Human Mobility Restrictions and the Spread of the Novel Coronavirus (2019 - nCoV) in China", NBER Working Paper No. w26906, Available at https://www. nber. org/papers/w26906.

[38]Gambacorta, L. , Huang, Y. , Qiu H. , and Wang, J. , 2019, "How do Machine Learning and Non-traditional Data Affect Credit scoring? New Evidence from a Chinese Fintech Firm", BIS Working Papers No 834, Available at https://www. bis. org/publ/work834. htm.

[39]Greenstone, M. , and Nigam V. , 2020, "Does Social Distancing Matter?", Becker Friedman Institute for Economics at Uchicago, Working Paper No. 2020—26, Available at https://bfi. uchicago. edu/working-paper/2020—26/.

[40]Goldfarb, A. , and Prince, J. , 2008, "Internet Adoption and Usage Patterns are Different: Implications for the Digital Divide", Information Economics and Policy, (1), 2—15.

[41]Hamermesh, D. , 2020, "Lock-downs, Loneliness and Life Satisfaction", NBER Working Paper No. 27018, Available at https://www. nber. org/papers/w27018.

[42]Hensvik, L. , Barbanchon, T. , Rathelot, R. , 2020, "Which Jobs Are Done from Home? Evidence from the American Time Use Survey", IZA DP No. 13138, Available at https://www. iza. org/en/publications/dp/13138.

[43]Hoffman, D. L. , Novak, T. P. , and Schlosser, A. , 2000, "The Evolution of the Digital Divide: How Gaps in Internet Access may Impact Electronic Commerce", Journal of Computer Mediated Communication, 5 (3), JCMC534.

[44] Huang, Y. , Li, Y. , and Shan, H. , 2018, "Fintech and Firm Selection: Evidence from E - commerce Platform Lending", Working Paper, Available at https://www. utm. utoronto. ca/imi/sites/files/imi/public/shared/PDF/events/11. Fintech% 20and% 20Firm% 20Selection% 20Evidence% 20from% 20E - ommerce% 20Platform% 20Lending. pdf.

[45]Irlacher, M. , Koch, M. , 2020, "Working from Home, Wages, and Regional In-

equality in the Light of COVID-19", CESifo Working Paper No. 8232, Available at https://www.cesifo.org/en/publikationen/2020/working-paper/working-home-wages-and-regional-inequality-light-COVID-19.

[46]Jones, C., Philippon, T., and Venkateswaran, V., 2020, "Optimal Mitigation Policies in a Pandemic: Social Distancing and Working from Home", NBER working paper 26984, Available at http://www.nber.org/papers/w26984.

[47]Keller, J., 1995, "Public Access Issues: An Introduction", In Public Access to the Internet, 34—45. MIT Press.

[48]Kraemer, M. U. G., et al., 2020 "The Effect of Human Mobility and Control Measures on the COVID-19 Epidemic in China", Science, Doi: 10.1126/science.abb4218.

[49]Li, C., Chen, L., Zhang, M., Pang, C., Chen, H., 2020, "Retrospective Analysis of the Possibility of Predicting thebCOVID-19 Outbreak from Internet Searches and Social Media Data, China, 2020", Europe's Journal on Infectious Disease Surveillance, Epidemiology, Prevention and Control, 25(10), 1—5.

[50]Lou, J., and Shen, X., 2020, "Is the Lower-income Group Harder to Follow the Stay-at-home Order?", Working Paper, Available at https://ssrn.com/abstract=3585376.

[51]O'Brien, M., Moore, K., and McNicholas, F., 2020, "Social Media Spread During COVID-19: The Pros and Cons of Likes and Shares", Irish Medical Journal, 133(4), 52.

[52]Qiu, Y., Chen, X.; Shi, W., 2020, "Impacts of Social and Economic Factors on the Transmission of Coronavirus Disease 2019 (COVID-19) in China", Journal of Population Economics, forthcoming.

[53]Saltiel, F., 2020, "Who can Work from Home in Developing Countries?", COVID Economics Vetted and Real-time Papers, (6), 104—118.

[54]Servon, L. J., 2008, "Bridging the Digital Divide: Technology, Community and Public Policy". John Wiley & Sons.

[55]Xiao, K., 2020, "Saving Lives Versus Saving Livelihoods: Can Big Data Technology Solve the Pandemic Dilemma?", Working Paper, Available at: https://ssrn.com/abstract=3583919.